"十三五"国家重点出版物出版规划项目
本书的研究与出版得到以下项目的联合资助：
国家自然科学基金项目（71872039，71572128）
天津市高校创新团队培养计划（TD13-5019）
中国重大工程技术"走出去"投资模式与管控智库

全过程工程咨询理论与实务

严玲 宁延 鲁静 李伟仪 何丹怡 等著

机械工业出版社

全过程工程咨询是中国建筑业供给侧改革的重要组成部分，较之于传统工程咨询模式，全过程工程咨询的重要转变是"对碎片化进行整体性治理"。要实现对以智力服务、非显性产出为特征的全过程工程咨询项目整体化的有效治理，一是需要构建围绕全过程工程咨询项目整体治理的理论，二是需要厘清全过程工程咨询项目实施模式的可操作路径。为此，本书从全过程工程咨询项目的"治理机制、实施模式、企业转型"三个角度阐述了全过程工程咨询项目的理论体系和实务操作。首先，阐述了全过程工程咨询的"项目治理模式""组织设计""控制机制""知识共享""合同体系与取费机制"等理论层面的问题；其次，重点分析了"项目决策综合性咨询""以设计为主导的全生命周期工程咨询""以项目管控为主导的全过程工程咨询"以及"EPC模式下以投资管控为核心的全过程工程咨询"等典型的全过程工程咨询项目的实施和运作关键因素等，以期满足业界对全过程工程咨询落地的理论和实践需求；最后，从全过程工程咨询企业视角阐述了咨询企业内部组织结构设计、专业人士管理以及咨询企业转型等相关内容。

本书可供工程咨询、全过程工程咨询领域的学者、科研人员和行业专业人士使用，也可供工程管理、工程造价专业师生参考。

图书在版编目（CIP）数据

全过程工程咨询理论与实务/严玲等著. —北京：机械工业出版社，2020.12

"十三五"国家重点出版物出版规划项目

ISBN 978-7-111-67111-4

I. ①全… Ⅱ. ①严… Ⅲ. ①建筑工程–咨询服务–研究 Ⅳ. ①F407.9

中国版本图书馆 CIP 数据核字（2020）第 249213 号

机械工业出版社（北京市百万庄大街 22 号　邮政编码 100037）
策划编辑：刘　涛　责任编辑：刘　涛　佟　凤
责任校对：李亚娟　封面设计：马精明
责任印制：邵　敏
河北宝昌佳彩印刷有限公司印刷
2021 年 1 月第 1 版第 1 次印刷
184mm×260mm・24.75 印张・610 千字
标准书号：ISBN 978-7-111-67111-4
定价：158.00 元

电话服务	网络服务
客服电话：010-88361066	机 工 官 网：www.cmpbook.com
010-88379833	机 工 官 博：weibo.com/cmp1952
010-68326294	金 书 网：www.golden-book.com
封底无防伪标均为盗版	机工教育服务网：www.cmpedu.com

序

加快工程咨询业"走出去"

随着"一带一路"倡议的深入实施，2013—2019年，中国与沿线国家签订承包工程合同额接近8000亿美元，一大批重大项目和产业园区相继落地见效。但对外工程承包的一些细节问题逐渐显现出来，总体增长疲软、工期拖延、设施运营绩效低，甚至严重亏损的情况日益严重。其中重要原因在于，我国与对外工程承包配套的工程咨询业"走出去"力度太小，不能对我国的对外工程承包业进一步的高质量发展提供有力配套支撑。为使我国与"一带一路"沿线国家对外工程推进更加顺畅，应加快工程咨询业"走出去"。

长期以来，我国工程界重视对外工程承包在国际上的地位与规模，而工程咨询服务"走出去"意识淡薄。究其原因：首先，专业人才储备不足，工程咨询专业人才不仅需要懂技术、管理、经济，还要具有国际视野与高水平的外语沟通能力；其次，西方国家长期对国际咨询行业的垄断，增加了我国进入这一高端行业的畏难情绪；最后，工程咨询服务产品较为低端，无法对标国际咨询公司的管理技术标准。因此，我们既要借鉴国外工程咨询的先进经验，又要结合我国工程咨询实践，在新的思想与思维的指导下，开展工程咨询理论、方法与应用的创新研究，加快推进全过程工程咨询的应用与发展。

近来，由天津理工大学严玲教授、南京大学宁延教授带领的研究团队，一方面，坚持理论先导，在国家自然科学基金面上项目"组态视角下全过程工程咨询项目多主体协同治理研究"和"公平感知对工程项目承包商的履约行为诱导研究：基于契约参照点效应的视角"项目研究成果支撑之下，确立了全过程工程咨询项目三边治理结构的定位，并以此为出发点探讨全过程工程咨询项目的治理模式、组织设计和整合机制等理论问题；另一方面，坚持实践落地，研究过程中通过与中咨工程管理咨询有限公司、中交第四航务工程勘察设计院有限公司以及中量工程咨询有限公司等开展全过程工程咨询业务的咨询公司展开产学研深度合作，通过大量访谈、实地参观和座谈，从不同角度分析我国工程咨询碎片化服务现状的成因、知识异质化的咨询公司发展战略和路径、全过程工程咨询开展的主要模式落地的关键问题。他们最终完成的《全过程工程咨询理论与实务》对全过程工程咨询的理论机制、实践模式、企业转型等关键问题进行了深入探究，提出了原创性理论体系以及一系列创新性管理方法与技术。

在理论机制方面，该书在科学描绘全过程工程咨询历史演进的基础上，阐述了全过程工程咨询的核心理念、内在逻辑及发展方向，通过对全过程工程咨询项目治理结构与治理机制及对全过程工程咨询介入后项目管理绩效改善路径的基本规律揭示，基于业主、咨询方和承包商多方参与视角，构建出全过程工程咨询项目的组织运行机制、控制机制、知识共享机制、合同体系与取费机制等基本治理框架，开拓了针对全过程工程咨询机理研究的新视角，以具有中国特色的实践和原创性理论进行了深入的思考和创新。

在实践模式方面，该书围绕项目前期决策综合性咨询、以设计为主导的全过程工程咨询、基于"1+N+X"的全过程工程咨询以及EPC模式与全过程工程咨询相结合四种实施模式，深入阐述各种实施模式的特征与核心思想，并依据"做什么""谁来做""怎么做"的逻辑思路详细剖析了各种实施模式的筋骨脉络。这不仅丰富了全过程工程咨询的落地模式，也为指导全过程工程咨询企业开展全过程工程咨询服务提供了科学的指南手册。

在企业转型方面，该书基于工程咨询服务产品供给侧出现的产品结构与供给方式的问题，结合全过程工程咨询对服务产品的新要求，提出了基于价值提升的产品结构拓展与供给方式的创新方式，并从宏观视角描述了全过程工程咨询企业可选择的升级路径，探究了不同类型工程咨询企业转型升级的战略方向，对全过程工程咨询企业改造或更新现有的服务产品和企业竞争战略具有前瞻性指引意义。

以上内容对于国内全过程工程咨询从业人员深刻认识全过程工程咨询具有基础性和引导性作用，也标志着工程咨询服务在学术研究基本模式和路径上出现了"低端稀少"到"高端丰富"的重要转变。同时，我们要看到，工程咨询实践如此复杂与纷呈，科学问题始终在发展，相应的理论也在不断升华，所以希望该书为学术界提供理论创新的开场话题，能激发更多学者积极、深入地开展具有自主性、深入性的工程咨询研究。

随着我国与"一带一路"沿线国家合作的深入推进，该书将成为当前我国全过程工程咨询推广落地的重要指南，同时为我国工程咨询行业发展做出重要贡献，也为我国工程咨询"走出去"指出了非常值得借鉴的方向。以全过程工程咨询匹配工程承包方面的"组合拳"必定会为我国和"一带一路"沿线国家带来互利共赢、共同发展的国际工程建设新局面。

张水波

全国政协委员

天津大学管理与经济学部教授、国际工程管理学院院长

2020年6月

前言

2017年《国务院办公厅关于促进建筑业持续健康发展的意见》（国办发〔2017〕19号）提出培育全过程工程咨询，进而拉开了全过程工程咨询改革的序幕。随后，国家和各省都相继出台了全过程工程咨询相关的指导性文件。实践中，业界和学界都认识到过往破碎的咨询服务方式阻碍了业主的投资管理效率，降低了咨询服务的有效供给，同时也难以支撑"走出去"等重大发展战略。

全过程工程咨询推行以来，业主和咨询方都进行了不同程度和形式的摸索和实践，不同类型的咨询企业也都提出了实施全过程工程咨询的策略和进路。政府部门、行业协会相继出台了一系列的导则、指南等，以规范和引导全过程工程咨询的良性发展。全过程工程咨询研讨会频繁召开，探讨全过程工程咨询推进过程中存在的问题和改进的路径，分享了一些良好的实践做法。在学术领域，研究学者获得了基金的支持进行科学研究探索，出版了一系列的著作论文等。这些信号体现了建设行业对全过程工程咨询的重视，大家都意识到全过程工程咨询是工程咨询行业乃至整个建筑行业改革升级的一次重要契机。

然而，全过程工程咨询改革并非一个单一事件，而是处在一个大的行业、社会发展改革浪潮当中。因此，对于全过程工程咨询的实践需要注意三种情况：一是，不能脱离这些行业大背景孤立地看全过程工程咨询的实践和推广。自2014年以来，国内建筑行业出现了大量改革，如审批制度改革、工程总承包、BIM、资质改革、建筑师负责制等，而全过程工程咨询实践跟这些新型的管理模式、现代化的技术等是紧密相连的。二是，要积极总结过往工程咨询实践中的深层次问题，尽可能少地重蹈覆辙。新一轮的全过程工程咨询改革需要各方从工程咨询的发展历史中吸取经验，如推行监理、代建、招标代理等咨询业务以来的得与失。三是，加强全过程工程咨询的理论研究，坚持问题导向运用实证研究方法，寻找全过程工程咨询绩效改善的基本规律。自全过程工程咨询推广以来，行业实践仍存在一定的障碍，如：业主的接受程度尚且不高；部分业主有需求，但缺乏科学系统的策划，初次探索后反而产生了疑虑；咨询企业中意于全过程工程咨询的大蛋糕，但对整合多咨询专业缺乏充足的信心；咨询企业仍处于观望状态；尽管业界和学界都广泛讨论了各类全过程工程咨询模式并剖析了不同模式的优劣势，但对不同模式的理论基础尚缺乏有效的分析。

基于上述背景，我们撰写了本书。本书主要特点包括以下四点：

第一，提出了工程咨询服务运作的基本原理，分析了全过程工程咨询治理模式、组织设计、控制机制、知识共享和合同设计等方面的关键原理。

第二，强调策划的重要性，并提出了面向业主的咨询服务需求策划和面向咨询企业的供给策划。业主需要理性、科学的策划，如：系统策划"业主—承包人—咨询方"三者的工作界面和协调机制，并从更宽的尺度、更高的视野来策划全过程工程咨询；从需求侧提出全生命周期导向和全过程工程咨询集成融合的要求，而非简单的咨询业务叠加。咨询企业需要对咨询项目进行整体策划，充分满足业主要求以及促进不同咨询业务的有机融合。

第三，突出不同咨询业务的融合机制。咨询企业可通过融合机制促进传统咨询业务质量的提升，同时也可以在全过程工程咨询模式下提出新的融合性成果，如限额设计、可施工性审查、过程结算等。

第四，强调做实工程文件。工程文件（策划文件、成果文件等）是全过程工程咨询的理念落地的重要载体。业主和咨询方都应当重视并且做实工程文件。本书详细划分了不同类型的工程文件，并介绍了相应的要求。

本书力图呈现全过程工程咨询理论研究和实践操作的融合，为此组建了一个产学研合作的撰写团队。这个团队由研究团队和实务团队组成。研究团队是由天津理工大学与南京大学共同组建的跨学科团队，在项目治理、项目管理、代建制管理等方面拥有丰富的研究积淀，为本书提供了严谨的理论支撑。实务团队则来自中交第四航务工程勘察设计院有限公司（简称中交四航院）、中咨工程管理咨询有限公司（原中咨工程建设监理有限公司）以及中量工程咨询有限公司（简称中量咨询），他们主要承担本书实务部分内容的提供。这三家企业都承担过全过程工程咨询项目，其中：中交四航院前身为交通部第四航务工程勘察设计院，是中国最具行业代表性的设计院之一，具有集咨询策划、勘察、设计、建设运营于一体的综合服务能力，在国家交通与城市基础设施领域提供一站式综合技术服务；中咨工程管理咨询有限公司是中国国际工程咨询有限公司的核心骨干企业，是国内从事工程监理类业务的领军企业；中量咨询则是以工程造价为基因，开展工程建设项目全生命周期的全链条顾问服务的综合性咨询公司。

严玲、宁延、鲁静、李伟仪和何丹怡共同负责全书的整体章节策划和内容安排。全书分为四部分：第一部分是总论，回顾我国内地全过程工程咨询的过去、现在和未来，分析全过程工程咨询的内涵和业务特点，包括第1章绪论；第二部分是基本原理，其中包括治理模式、组织设计、控制机制、知识共享和合同机制等，涉及第2章至第6章的内容；第三部分是全过程工程咨询典型实施模式策划，其中包括项目前期决策综合性咨询实施模式、以设计为主导的全过程工程咨询项目实施模式、基于 $1+N+X$ 的全过程工程咨询实施模式、EPC 模式下以投资管控为核心的全过程工程咨询实施模式等，覆盖第7章至第10章的内容；第四部分是工程咨询企业的转型，包括第11章的内容。

全书章节内容和撰写分工如下：第1章系统地梳理我国工程咨询的制度变革历程，阐述全过程工程咨询的核心理念和内在逻辑，由严玲、宁延撰写；第2章全面阐述业主方项目管理模式演变与全过程工程咨询模式的关系、全过程工程咨询项目的三边治理结构与治理机制的形成以及全咨制度下建设项目管理绩效改善途径，由天津理工大学严玲教授指导，张萌负责撰写；第3章分析全过程工程咨询集成业务开展必须突破的第一关，全过程工程咨询项目的组织模式、面临全咨业务的工程咨询企业组织设计和全咨团队项目部的组织设计，由南京大学宁延教授指导，曹泽芳、张娜负责撰写；第4章讨论全过程工程咨询项目三边治理结构下的双层控制机制，一是围绕全咨团队专业服务代理关系的多种控制机制，二是围绕承包人履约行为和结果的全过程工程咨询团队控制机制，由天津理工大学张亚琦负责撰写；第5章讨论全过程工程咨询项目的知识管理，包括全咨项目跨职能团队的知识分享以及咨询团队内部的知识分享机制，由天津理工大学李杰负责撰写；第6章深入分析全过程工程咨询委托合同的重要条款的设置及其功能，讨论全过程咨询服务取费的主要方式，由天津理工大学李冲负责撰写；第7章在厘清项目决策综合咨询服务业主目标的基础上，探讨项目决策综合咨询服务实施的三大关键问题，即做什么、谁来做、怎么做，由宁延教授和严玲教授共同指导，曹泽芳、张娜、李杰、张萌等负责撰写；第 8 章分析全生命周期视角下开展以设计为主导的全过程工程咨询服务开展的组织结构、组织分工、工作流程等关键问题，由中交四航院李伟仪总指导，覃杰、查恩尧、饶梓彪等负责撰写；第 9 章探索以全过程项目管理为主线的全咨服务模式落地的关键问题，由中咨工程管理咨询有限公司鲁静指导，刘刚、刘伟、崔伟华等负责撰写；第 10 章构建在 EPC 模式下以投资管控为核心的全过程工程咨询体系和融合性业务，由中量公司何丹怡指导，张建平、范振刚、余庆生等负责撰写；第 11 章从宏观层面勾勒国内典型工程咨询企业的转型发展路径，由鲁静、李伟仪和何丹怡等负责撰写。此外，天津理工大学硕士研究生李卓阳、张思睿、陈思颖、李政道、赵春喆、周进朝、吕竺霖等人参加了案例整理和相关文字校对等工作。

  本书只是提供了一个框架性的"知"，工程咨询行业的发展更需要开拓进取的"行"。全过程工程咨询的行远至稳需要业主、咨询企业、政府、行业协会等各方的通力合作和锐意进取，如业主科学理性的策划；咨询方提升融合、跨专业协作的能力；政府和行业协会的引导以及出台相关规范标准等。

  全过程工程咨询推行时间尚短，理论体系等尚不完善。同时作者自知才疏学浅，仅略知皮毛，书中错谬之处在所难免，敬请各位学者、同行不吝指出，作者将不胜感激。

作者

2020 年 8 月

目录

序
前言
第1章　绪论 ··· 1
　　1.1　工程咨询的产生及发展 ··· 1
　　1.2　国内工程咨询的现状与问题 ··· 6
　　1.3　国内全过程工程咨询的兴起 ··· 8
　　1.4　全过程工程咨询的发展之路 ·· 17
　　1.5　全书框架与内容 ·· 21
第2章　全过程工程咨询项目及其治理模式 ·· 23
　　2.1　业主方项目管理模式的主要类型 ·· 23
　　2.2　全过程工程咨询项目的界定与治理结构 ··· 31
　　2.3　全过程工程咨询项目治理机制与项目管理绩效 ·· 38
第3章　全过程工程咨询项目的组织设计 ··· 47
　　3.1　全过程工程咨询项目的组织策划 ·· 47
　　3.2　全过程工程咨询项目部的组织设计 ··· 53
　　3.3　全过程工程咨询企业的组织设计 ·· 70
第4章　全过程工程咨询项目的控制机制 ··· 82
　　4.1　全过程工程咨询项目组织结构与控制的关系 ··· 82
　　4.2　全过程工程咨询项目中专业服务代理关系的控制机制 ······························· 87
　　4.3　全过程工程咨询项目中全咨团队对承包人的控制机制 ······························· 96
　　4.4　全过程工程咨询项目控制的典型案例分析 ··· 100
第5章　全过程工程咨询项目的知识共享 ··· 110
　　5.1　全过程工程咨询的知识体系 ·· 110
　　5.2　全过程工程咨询项目的界面整合与知识分享机制 ···································· 113
　　5.3　全过程工程咨询联合体成员跨组织的知识共享与组织学习 ······················· 117
　　5.4　全过程工程咨询企业内的知识共享与沟通协调 ······································ 122
第6章　全过程工程咨询项目的委托合同与取费 ·· 134
　　6.1　交易特征与合同功能 ··· 134
　　6.2　全过程工程咨询服务委托合同的关键条款识别 ······································ 138
　　6.3　全过程工程咨询服务委托合同的关键条款设计 ······································ 148
　　6.4　全过程工程咨询服务的取费方式 ·· 163
第7章　项目决策综合性咨询实施模式 ·· 174
　　7.1　项目决策综合性咨询的服务特征 ·· 174
　　7.2　项目决策综合性咨询的服务内容 ·· 179

7.3 项目决策综合性咨询项目实施 ………………………………………… 191
7.4 项目决策综合性咨询项目案例分析 …………………………………… 206

第8章 以设计为主导的全过程工程咨询项目实施模式 …………………… 216
8.1 以设计为主导的全过程工程咨询项目的服务特征 …………………… 216
8.2 以设计为主导的全过程工程咨询项目的服务内容 …………………… 220
8.3 以设计为主导的全过程工程咨询项目实施 …………………………… 230
8.4 以设计为主导的全过程工程咨询项目案例分析 ……………………… 245

第9章 基于 1+N+X 的全过程工程咨询实施模式 ……………………………… 254
9.1 基于 1+N+X 的全过程工程咨询的服务特征 ………………………… 254
9.2 基于 1+N+X 的全过程工程咨询的服务内容 ………………………… 257
9.3 基于 1+N+X 的全过程工程咨询项目实施 …………………………… 265
9.4 基于 1+N+X 的全过程工程咨询服务案例分析 ……………………… 287

第10章 EPC 模式下以投资管控为核心的全过程工程咨询实施模式 ……… 296
10.1 EPC 模式下以投资管控为核心的全过程工程咨询的服务特征 …… 296
10.2 EPC 模式下以投资管控为核心的全过程工程咨询的服务内容 …… 305
10.3 EPC 模式下以投资管控为核心的全过程工程咨询服务的组织结构 … 322
10.4 以投资管控为核心的全过程工程咨询项目案例分析 ……………… 337

第11章 工程咨询企业向全过程工程咨询服务的转型 …………………………… 348
11.1 工程咨询企业咨询的业务拓展分析 ………………………………… 348
11.2 工程咨询企业的转型升级路径分析 ………………………………… 355
11.3 不同类型工程咨询企业转型战略分析 ……………………………… 369

参考文献 …………………………………………………………………………… 380

第 1 章

绪　　论

/本章导读/

- 全过程工程咨询的过去、现在和未来。
- 全过程工程咨询的核心理念和内在逻辑。
- 全过程工程咨询的发展需遵循业主需求、集成管理与全生命周期的导向。

1.1　工程咨询的产生及发展

1.1.1　工程咨询的含义

1. 咨询的定义

咨询（consultancy）通过知识经验对各种信息资料进行综合加工，从而产生智力劳动的综合效益。在汉语中，"咨"和"询"原是两个具有不同语义的词，咨为商量，询是询问，逐渐形成一个复合词，具有以供询问、参谋策划等含义。作为一项服务性的社会活动，咨询在军事、政治、经济等领域中发展起来，已成为社会、经济、政治活动中辅助决策的重要手段。咨询是对任务或一系列任务的内容、过程、结构提供帮助的形式，而现代咨询则以信息为基础，依靠专业人士的知识和经验，对客户委托的任务进行分析、研究，并提出建议、方案和措施，在需要时协助其实施（尹贻林，2006）。显然，咨询是一种智力密集型服务活动（蒋兆祖，1996）。

2. 工程咨询的定义

工程咨询（engineering consultancy）是咨询的一个重要分支，是适应现代社会经济发展和工程建设的需要而产生的。工程咨询专业人士通过充分利用信息、集中群体智慧、运用现代科学技术、经济管理、法律和工程技术等方面的知识，为工程建设项目决策和管理提供智力服务（尹贻林，2006）。故工程咨询是受客户的委托，将知识和技术应用于工程领域，为解决建设工程实际问题而提供的服务（蒋兆祖，1996）。《工程咨询行业管理办法》（中华人民共和国国家发展和改革委员会令第 9 号，2017 年）将工程咨询定义为一种遵循独立、公正、科学的原则，综合运用多学科知识、工程实践经验、现代科学和管理方法，在经济社会发展、境内外投资建设项目决策与实施活动中，为投资者和政府部门提供阶段性或全过程咨询和管理的智力服务。

3. 工程咨询的分类

根据服务的阶段，工程咨询一般可以划分为项目投资决策咨询，项目建设准备阶段的咨询，项目实施阶段的咨询，项目运维、拆除以及再利用等阶段的咨询。工程咨询公司在工程建设项目前期阶段提供的咨询服务主要是投资决策综合咨询；建设准备阶段的咨询是在项目确定以后，直到施工开始之前的阶段，为项目建设准备工作所提供的咨询服务，主要包括工程设计、设计审查等；项目实施阶段的咨询服务是从项目开工到竣工的时间内，为保证项目的进度、质量等目标和要求而实施的项目管理等；项目运维阶段的咨询就是对已建成的项目进行运维咨询、后评价、项目绩效评价等咨询。

4. 工程咨询的服务范围

《工程咨询行业管理办法》（中华人民共和国国家发展和改革委员会令第 9 号，2017）⊖中规定的工程咨询服务范围包括以下四种，如图 1-1 所示。

1）规划咨询：含总体规划、专项规划、区域规划及行业规划的编制。

2）项目咨询：含项目投资机会研究，投融资策划，项目建议书（预可行性研究）、项目可行性研究报告、项目申请报告、资金申请报告的编制，政府和社会资本合作（PPP）项目咨询等。

3）评估咨询：各级政府及有关部门委托的对规划、项目建议书、可行性研究报告、项目申请报告、资金申请报告、PPP 项目实施方案、初步设计的评估，规划和项目中期评价、后评价，项目概预决算审查，及其他履行投资管理职能所需的专业技术服务。

4）全过程工程咨询：采用多种服务方式组合，为项目决策、实施和运营持续提供局部或整体解决方案以及管理服务。

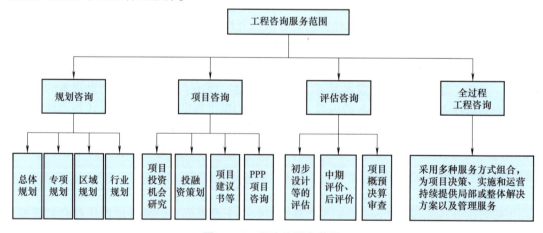

图 1-1 工程咨询服务范围

⊖ 按照我国《国民经济行业分类（附 2019 年第 1 号修改单）》（GB/T 4754—2017），M 门类"科学研究和技术服务业"中 74"专业技术服务业"下，748"工程技术与设计服务"分为：7481 工程管理服务，指工程项目建设中的项目策划、投资与造价咨询、招标代理、项目管理等服务；7482 工程监理服务，指依照法律、行政法规及有关的技术标准、设计文件和建设工程承包合同，对承包单位在施工质量、建设工期和建设资金使用等方面，代表建设单位实施监理的服务；7483 工程勘察活动，指建筑工程施工前的工程测量、工程地质勘查和咨询等活动；7485 规划设计管理，指对区域和城镇、乡村的规划，以及其他规划。

1.1.2 工程咨询业的产生

产业是社会分工的产物,社会发展带来社会专业化分工,产业也必然应运而生,并伴随社会分工的发展而发展(苏东水,2000)。第二次世界大战结束后,伴随着市场经济的发展,特别是在产业分工出现后,社会结构越来越复杂,对专业化的需求日益强烈。发达国家出现了涵盖金融、教育、培训、房地产、法律、财务等多个行业的"知识型服务产业",成为实现行业价值乃至增值的重要环节。这种"知识型服务业"以咨询服务最为典型。

工程咨询业作为一个独立的行业,随着近代工业化萌芽于18世纪末19世纪初的第一次工业革命时期,1818年英国土木工程师协会成立,标志着工程咨询业的产生。1904年,丹麦国家咨询工程师协会成立,标志着工程咨询业的名称正式应用(蒋兆祖,1996)。1955年,国际咨询工程师联合会成立,标志着国际工程咨询业已走向成熟。

建筑产品具有体量大、专业复杂、一次性交易等特征。随着建筑业的逐步发展,建设工程的交易难度和交易成本日益增加,这为工程咨询业的诞生提供了直接的推动作用。进入20世纪80年代以来,在英美等发达国家的建筑市场又出现了提供专业工程管理服务的中介机构,他们主要以工程管理承包或工程管理取费的方式向业主提供建设项目施工管理服务。同时,施工承包商的专业技术分工也进一步细化,大量的专业承包商(分包商)独立出来。例如,工程安装公司、工程装饰公司,甚至进一步细分出来的机械安装公司、电器安装公司、水暖安装公司等专业公司,以及如屋顶专业建筑公司、天花板悬吊公司、建筑油漆专业公司、结构装配专业公司等各种各样的单一性、专一化的承包商相继出现。进而在工程施工专业分工中又产生了总包商、分包商和专业分包商等一些新的层次和界面。图1-2所示为英美等发达国家建筑业中各参与主体的分工演化过程。

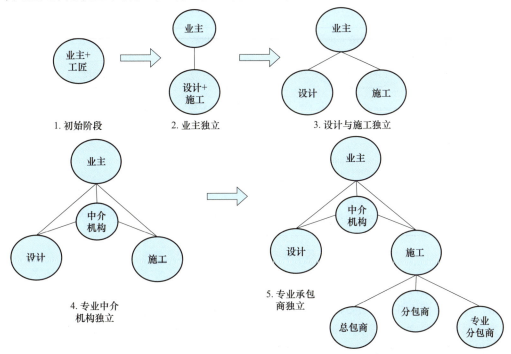

图1-2 英美等发达国家建筑业中各参与主体的演进示意图

建设项目业主为了减少内部管理成本，提升专业分工带来的效率，更倾向于委托外部专业机构来承担部分咨询工作，工程咨询业得以分工，故工程咨询的产生是建筑业追求交易效率的结果。这一演化过程中，工程咨询专业人士/机构的职能和作用逐步转化与定位于业主的顾问角色，重点解决建筑产品专业分工深化而引致的交易双方信息不对称的问题，为业主提供"信息救济"（严敏，2013）。

1.1.3 工程咨询业的发展历程

1. 国际工程咨询业的发展阶段

国际咨询业产生于 19 世纪 90 年代，至今已有百余年的历史。咨询业的形式从最初单人单项的个体咨询发展到多人单项或多项的集体咨询，咨询内容从单一的专业咨询发展的多方面的综合咨询，咨询范围逐渐扩展到了政治、法律、金融等多个领域。

工程咨询业作为咨询业的一个重要分支，自第一次工业革命起，在 100 多年的发展历史中呈阶段性发展，共经历了个体咨询、合伙咨询、综合咨询三个发展阶段。最早自称"土木工程师"的人是设计艾迪斯通灯塔的建筑家约翰·斯梅顿，随后一些工程师在英国开办了土木建筑事务所专门从事咨询，从而形成了早期的个体咨询。为了提高竞争力，咨询业者之间开始出现联合，咨询形式也由个体咨询发展到合伙咨询。第二次世界大战以后，欧美各国在恢复建设中加快了向现代化发展的步伐。由此出现了很多大型、巨型工程，这些建设项目技术复杂、规模巨大，对建设项目的组织和管理工作提出了更高的要求。专门从事建设项目管理的工程咨询公司逐步形成和建立起来，建设管理的业务内容也逐步扩大。从个人执业发展到个体联合，再发展为全过程执业，工程咨询的服务范围逐渐拓展，服务内容日益丰富。20 世纪 50 年代，信息技术的产生和发展掀起了第三次工业革命的浪潮，促进了工程咨询业的进一步演进。国际工程咨询业各发展阶段的主要特点及业务范围如图 1-3 所示。

时间	19世纪	第二次世界大战以后	20世纪50年代末至今
划分	个体咨询阶段	合伙咨询阶段	综合咨询阶段
主要特点	工程师个体成立咨询机构，以个人执业为主	个体咨询业者之间联合，整合能力、扩大咨询业务及范围	项目复杂，不确定性大；咨询产品多样化、一体化；咨询内容向纵深扩展
典型代表	1909年W. A. Bethtel创立W. A. Bethtel Co.	1930年，Hoover Dam水坝项目中，以Bethtel为首的6公司联盟	
业务范围	以土木、铁路工程为主，兼顾公路工程	从土木工程扩展到工业、交通、能源等领域	进一步向水利、化工、航天等领域扩展，全过程执业

图 1-3　国际工程咨询业各发展阶段及其特点

从咨询服务的内容维度来看，工程咨询可分为分阶段的专业咨询和全过程的综合咨询两种类型。专业咨询专注于特定的某个领域，采取聚焦战略和差异化战略，在建设工程的某个阶段为项目提供深度的专业化咨询。综合咨询为响应客户个性化整体咨询解决方案的需求，为项目提供综合性、跨阶段、一体化的咨询服务。

2. 国内工程咨询业的发展阶段

中国的工程咨询业发展于 20 世纪 80 年代初期，1982 年 8 月，由国家计委组建的中国国际工程咨询公司成立，随后各省、自治区、直辖市等相继成立了 41 家省级工程咨询公司。中国工程咨询业的发展大致经历了四个阶段：

1）"一五"时期，中国的投资决策体制沿用苏联模式，采用方案研究、建设建议书、技术经济分析等可行性研究方法，初步形成了主要围绕项目建设前期工作的工程咨询服务体系。

2）20 世纪六七十年代，受到国家经济发展的影响，工程咨询服务能力的发展停滞。

3）改革开放以来，随着经济体制改革和对外开放的实行，各行业和各省市先后成立了各种专业性、综合性的工程咨询公司，形成了较完备的工程咨询服务能力体系。

4）20 世纪 90 年代以来，中国工程咨询的产业化进程加快，工程咨询行业逐渐趋于规范，随着中国加入 WTO，中国工程咨询业的发展也进入了一个全面迎接国际竞争的时代。

工程咨询业的发展离不开国家各级部门的政策推动，以国家政策发布为时间点，中国工程咨询业发展历程如图 1-4 所示。

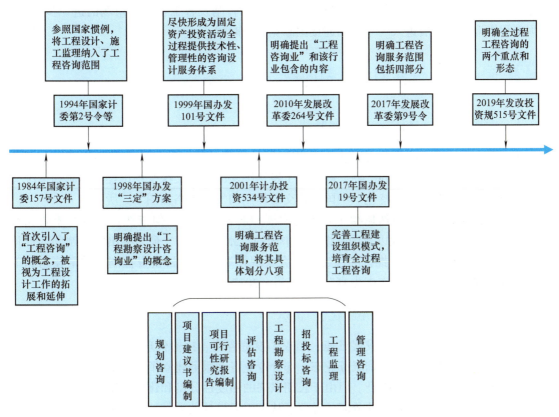

图 1-4 中国工程咨询业发展历程

1982 年，国家计委明确规定，把可行性研究纳入基本建设程序，开始了中国在建设领域推行工程咨询服务。1984 年，国家计委发布的《关于工程设计改革的几点意见》首次引入了"工程咨询"的概念，将其视为工程设计工作的拓展和延伸。1994

年，国家计委第 2 号令将工程设计和建设工程监理纳入了工程咨询的范围。1995 年 12 月，建设部决定开始全面推行建设监理制度。1997 年颁布的《建筑法》，在第三十条规定，国家推行建筑工程监理制度，国务院可以规定实行强制监理的建筑工程的范围。1998 年，国务院对建设部改革的"三定"方案中，明确提出"工程勘察设计咨询业"的概念。随着相关行业协会的成立和法律法规的颁布实施，中国工程咨询业的发展进程不断加快，工程咨询市场逐步发育，行业的业务范围也逐步多样化。产业的进一步分工的推动，使工程咨询的服务范围逐渐得以明确，2001 年国家计委发文（534 号文）将工程咨询服务范围具体划分为规划咨询、项目建议书编制、项目可行性研究报告编制、评估咨询、工程勘察设计、招投标咨询、工程监理、管理咨询八项业务。2017 年国家发展改革委颁布第 9 号令，将工程咨询的服务范围划分为规划咨询、项目咨询、评估咨询和全过程工程咨询四个部分。2019 年，《国家发展改革委　住房城乡建设部关于推进全过程工程咨询服务发展的指导意见》（发改投资规〔2019〕515 号），明确了全过程工程咨询的两个重点和形态。

与此同时，国外工程咨询机构开始大力开拓中国市场，国内工程咨询业也开始尝试融入国际市场。随着政府机构改革、科研设计单位的全面转制及各工程咨询市场的进一步开放，中国工程咨询业的发展进入一个全面迎接国际竞争的时代。

1.2　国内工程咨询的现状与问题

1.2.1　中国建筑交易体制的发展脉络

1980 年 4 月，邓小平关于建筑业和住宅问题的讲话拉开了建筑业改革的序幕，中国的建筑交易体制是市场化改革的产物，既借鉴了发达国家的经验又深受中国经济体制和传统文化的影响，具有鲜明的中国特色。中国建筑交易体制的发展脉络如图 1-5 所示。

中国的建筑交易体制虽然取得了长足的发展和明显的成效，但依然存在着的矛盾和问题，如《建筑法》的局限性以及国际惯例在中国的"水土不服"，最为突出的是制度的退化与失灵。例如，2004 年开始推行的代建制没有实现预期的对项目投资控制、质量控制和工期控制效果的改善，最终"未老先衰"（沙凯逊，2017）。

1.2.2　中国工程咨询的"碎片化"服务

中国工程咨询服务市场化发展迅速，形成了投资咨询、招标代理、勘察、设计、监理、造价、项目管理等专业化的咨询服务业态，部分专业咨询服务建立了执业准入制度，促进了工程咨询服务专业化水平的提升。但由于长期以来的制度性分割和建设体制缺失，造成了设计与施工的分离、技术与管理的分离，导致了从事工程设计的人员缺乏施工经验，从事技术的人员不熟悉工程管理，工程管理人员技术功底不扎实。工程咨询行业条块分割严重，各阶段之间存在明显的技术壁垒，缺乏交流。建设工程监理、建设工程造价咨询、项目管理等各成系统，工程设计、工程监理、招标代理、工程造价四类咨询企业形成了碎片化、同质化的市场竞争格局，如图 1-6 所示。

项目法施工和项目经理责任制
1982年11月,鲁布革水电站项目中的引水隧洞工程首次利用世行贷款,采取国际招标程序,取得了巨大成功,产生"鲁布革冲击"
1987年9月,国务院召开全国施工会议提出推行项目法施工,把项目经理责任制作为工程项目管理的基本制度

招标投标制
1984年11月,国家计委和建设部联合印发《建设工程招标投标暂行规定》
1999年9月,《招标投标法》正式颁布,2000年1月施行

工程监理制
1988年7月,建设部颁发《关于开展建设监理工作的通知》,开展试点
1995年12月,建设部和国家计委联合颁布《工程建设监理规定》
1997年11月,《建筑法》正式颁布,其中第三十条规定"国家推行建筑工程监理制度"
2000年12月,建设部颁发《建设工程监理规范》(GB 50319—2000)

合同管理制
1991年,工商行政管理局和建设部联合制定《建设工程施工合同》(GF-91-0201),推行建设项目合同管理制
1999年3月,《合同法》正式颁布。同年12月,《建设工程施工合同(示范文本)》(GF-1999-0201)印发

项目法人责任制
1996年4月,国家计委印发《关于实行建设项目法人责任制的暂行规定》的通知,规定国有单位经营性基本建设大中型项目在建设阶段必须组建项目法人

工程总承包和工程项目管理
2003年2月,建设部颁发《关于培育发展工程总承包和工程项目管理企业的指导意见》

代建制
1993年,厦门市开始试行代建制试点工作
2004年7月,国务院颁发《关于投资体制改革的决定》,规定对非经营性政府投资项目加快推行代建制

PPP
2004年3月,住建部颁发《市政公用事业特许经营管理办法》
2013年12月,全国财政工作会议以"政治和社会资本合作模式"的名义正式提出PPP
2014年9月,财政部发出《关于推广运用政府和社会资本合作模式有关问题的通知》,后相继颁布《政府和社会资本合作模式操作指南(试行)》等

图 1-5 中国建筑交易体制的发展脉络

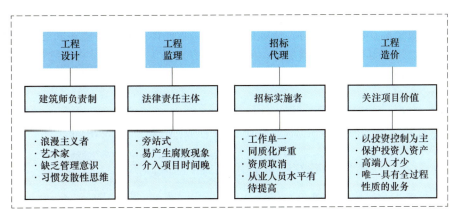

图 1-6 工程咨询业碎片化、同质化的市场竞争格局

当前中国工程咨询（从决策、实施到运营阶段）条块化分割严重，工程咨询的资质分类多且混杂，由于归属不同部门管理，整个行业被分成工程咨询、工程造价咨询、工程监理、勘察设计、招标代理五种资质，并且这五种资质的执业范围在一定程度上有一定的重叠性。资质分为甲、乙、丙三个等级，有 31 个专业分类，还有八项服务范围。不同等级、不同专业资质有相对应的不同咨询项目规模，对咨询市场的划分造成诸多不便。工程咨询行业条块分割过细也造成了咨询行业多头管理的乱象和工程咨询服务的制度性分割，各咨询方只关注自身合同内容，缺乏有效的协同机制，造成了设计单位、施工单位、监理单位等"各扫门前雪"的局面，增加了项目协调的界面和难度，严重影响了建设项目管理效率及工程全生命周期价值的实现，极其不利于中国咨询行业的结构调整和升级（沙凯逊，2012）。

最突出的例子就是工程监理制在发展中遇到的问题。"监理工程师"是中国自主探索的制度，实行之初，监理职责曾体现出全过程项目管理的特点，在"三控两管一协调"方面发挥了积极的作用。然而在后来的实施发展中，一方面由于没有坚持国际通行的以设计为主导的原则，导致监理企业技术含量及权威性不足，另一方面由于造价咨询制度和招标代理制度的推行，监理的投资控制及项目管理职能被削弱（沙凯逊，2017）。工程监理的角色逐渐演变成甲方的"质量员""安全员"，形同虚设。2014 年，深圳市决定在工程建设领域进行改革试点，对社会工程全部取消强制监理，并将非强制监理范围逐步扩大到政府工程（俞小明，2014）。

另外，工程造价咨询也是"碎片化"服务的典型代表。工程造价咨询发展至今，主要停留在预结算的编制和审查阶段。严格地讲，其主要停留在施工和竣工阶段的事后管理与控制，如编审预、结算造价，从事工程计量支付的计价确定，审核工程款的支付申请，变更签证的审核，竣工结算的审核等方面。其缺乏对项目投资的管理能力，缺乏对项目前期可行性研究及投资估算，缺乏对设计方案优化和设计概算的编审，造价工作者还未形成全过程造价管理、动态控制的理念，很少涉及项目投资计算、投资效果分析，更谈不上对现代项目管理内容三大管理系统即目标管理系统、资源管理系统和综合管理系统的咨询服务。这就使得项目业主在不同阶段需要选择不同的咨询单位，导致整个建设项目的造价咨询服务缺乏系统性、完整性，从而导致了工程造价咨询服务"碎片化"的现状。

研究表明，中国工程咨询相关政策的主要问题是：界面不清晰、监管模糊等，缺少有效的管理制度和执业规范等文件。同时，相关法律法规尚不健全，不当行为缺乏合理约束，难以对各参与方形成有力控制。在碎片化模式下，建设工程项目的项目定义文件由设计、造价咨询、招标代理等机构分别完成，建设意图由各家"碎片化"表述，从项目建设过程的源头上就存在大量错漏、缺陷、矛盾，造成信息孤岛、责任体系断裂等诸多问题，必然会造成后期变更增多、工期延误，成本增加等。同时，多方责任主体对工程共同负责却难以追责，造成业主协调工作量巨大，各参与方内耗加大，最终导致项目利益受损。

1.3 国内全过程工程咨询的兴起

1.3.1 项目交易方式与业主方项目管理模式

1. 项目交易方式的构成要素

建设项目交易方式所包含的内容不仅有业主与承包商之间形成的发承包模式（也称为项目交付方式），还应该包括业主层面的项目管理模式。其中，项目交付方式所涉及的主要是设计、采购、施工、安装等施工建造的生产管理工作，往往以工期、成本、质量、安全等项目目标作为结果变量，而业主方项目管理则是以某一个建设工程为对象，对项目的工期、质量、安全、成本等进行高效、有计划地组织、监督、协调设计和施工过程的管理方法。两者共同构成了完整的建设项目交易方式，如图1-7所示。

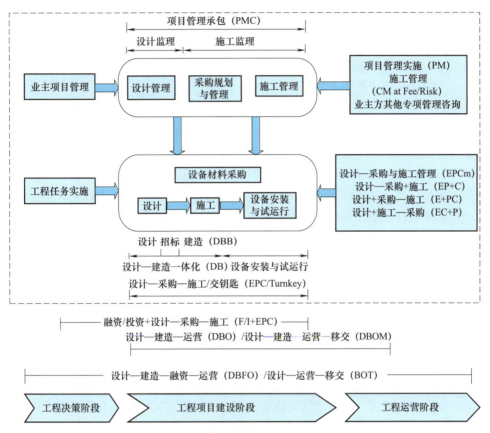

图 1-7　建设工程项目实施、项目管理与项目交易方式

2. 项目交易方式的构成要素之一——项目交付方式

虽然各学者对项目交付方式（Project Delivery Mode，PDM）的分类的观点各有不同，但大部分学者均认同的PDM主要包括DBB、DB和CMR三种模式。随着近几年来综合项目交付方式（IPD）的出现、发展和成功应用，美国建筑师学会（AIA）和总承包商协会（AGC）将IPD模式加入PDM基本模式中，并对PDM初级读本进行了修订，其中描述了上述四种PDM模式的定义性特征和典型性特征，见表1-1。

表 1-1　不同 PDM 的特征（AIA/AGC）

PDM 类型	定义性特征	典型性特征
DBB	三个主要参与方：业主方、设计方、承包方 两个分离的合同：业主方—设计方，业主方—承包方 最终承包方的选择是基于最低报价法或最佳价值法（总成本）	三阶段：设计、招标、建造，这些阶段可能是线性的或是搭接的 有明确且广泛成文的职责、完整的说明书、清晰的质量标准 施工开始前各方一致同意成品的配置和细节

（续）

PDM 类型	定义性特征	典型性特征
CMR	三个主要参与方：业主、建筑师、CMR 两个分离的合同：业主方和建筑师、业主方和 CMR 最终承包方的选择是基于 QBS 法（基于资质的选择）或最佳价值法（费用）	在设计阶段聘任 CMR 合同规定的说明产生清晰的质量标准 确定限定最高价
DB/EPC	两个主要参与方：业主和 DB 方 一个合同：业主方和 DB 方	设计和施工连续执行 根据不同项目具体特点确定并文件化各方角色 部分施工相关决策在项目开始之后做出

3. 项目交易方式的构成要素之二——业主方项目管理模式

随着行业的发展，建设工程业主方项目管理模式也经历了一个从起步到逐渐成熟的发展过程。尽管不同的国家建设项目管理的起步时间不同，但根据其发展阶段和特点，可以大致划分为几个相互交叉、并行发展的阶段，即业主自行管理、委托他人专业化管理、多种模式并存的综合集成项目管理，每种管理模式都有各自的特点和适用条件。

（1）建筑工程管理模式（Construction Management，CM 模式） CM 模式通过采用"Fast-Track"快速路径法，让具有施工经验的 CM 单位在建设工程开始阶段就介入项目，以便为设计人员提供施工方面的建议。通过完成一部分设计就进行招标、施工的方式实现设计与施工的充分搭接，从而缩短了建设项目的周期。CM 模式的两种常用形式为代理型 CM 模式和风险型 CM 模式。代理型 CM 模式下，CM 经理是业主的咨询和代理，业主与 CM 经理的服务合同规定费用是固定酬金加管理费。风险型 CM 模式下，CM 经理同时担任施工总承包商的角色，需对项目做出保证最大工程费用的承诺，若最后结算超过最大费用值，则由 CM 公司赔偿。无论哪一种类型的 CM 模式，CM 单位对设计单位没有指令权，只能向设计单位提出一些合理化建议，二者之间为协调关系。但风险型 CM 模式与代理型 CM 模式的最大区别就在于其要承担风险，而不仅起到咨询的作用。

（2）项目管理模式（Project Management，PM 模式） PM 采购模式中，业主聘请一家具有一定实力的项目管理公司作为"项目管理承包商（Project Management Contractor，PM 承包商）"，向业主提供合同管理、信息管理和组织协调等服务，代表业主根据合同约定对整个建设工程项目的实施进行管理和服务。在该采购模式中，业主仅需保留对一些关键问题的决策权，PM 承包商则负责完成剩余的项目管理工作。PM 模式可以帮助业主减少协调管理工作量，改善投资效率，更好地实现项目目标。

（3）项目管理总承包模式（Project Management Contract，PMC 模式） PMC 模式是在 PM 模式的基础上衍生出来的一种建设项目管理模式，指发包人以招标形式选择具有实力的项目管理公司，代表发包人利益，协助发包人将项目管理深入到项目开展各项工作中对工程项目进行全过程、全方位的项目管理，包括：项目策划、融资策划、设计、采购、施工监督、工程运行等，从而实现对施工质量进行监控，对工期进度进行控制，对工程成本做出预算和控制。整个管理过程呈现集约化特点，使各项管理目标得到优化。对于大型复杂、技术管理难度较大的项目，一般会选择 PMC 模式进行项目管理工作。

（4）代建制 国际上并无"代建制"的说法，"代建制"是中国政府投资项目委托管理的特定称谓——可称为中国政府投资工程项目的委托管理制。它最初产生于福建省厦门市针对市级财政性投融资社会事业建设项目管理中"建设、监管、使用"多位一体的弊端，以及由此导致的工程项目难以依法建设、工程建设管理水平低下和贪污腐败等问题进行的政府投资项目的改革实践。2004 年，国家发展改革委在其《投融资体制改革方案》中正式提出了政府投资项目代建制的概念。该文件指出：加强政府投资管理，改进建设实施方式。……对非经营性政府投资项目加快推行"代建制"，即通过招标等方式选择专业化的项目管理单位负责建设实施，严格控制项目投资、质量和工期，竣工验收后移交给使用单位。代建期间，代建单位按照合同约定履行项目建设期间项目业主职能，有关行政部门对代建项目的审批程序不变。

政府投资项目代建制的推行主要解决两个问题，一是专业化管理，用委托专业项目管理取代临时筹组非专业机构实施项目管理，保证了项目建设和管理的专业化水平。这就解决了分散管理、机构重复设置的问题，也避免了外行业主所带来的种种问题，同时促进第三产业的重要分支——工程咨询服务业的发展。二是管、建、用分开，让专业化代建人承担实现项目管理目标的责任。这就解决了"投资、建设、管理、使用"同为一体化所造成的政府（国家）业主的"虚位"的矛盾，并以经济合同保障政府投资人的权益，从市场、合同、法律等各方面形成对项目代建人的激励约束机制。可以说，代建制是在公有产权下解决政府投资项目建设管理中的"投、建、管、用"一体化行政委托弊端而采取的一种市场化的政府投资项目委托管理制度。

纵观建设工程项目交付模式和管理模式的演变历程，项目管理模式紧随项目交付模式的发展步伐，从最初的业主自行管理，逐渐演化为委托他人专业化管理，并且在项目交付模式逐步走向集成化的进程中，项目管理模式也逐渐趋于综合集成化。项目管理实施主体从最初的工程师发展为社会化、专业化的工程公司和项目管理企业，他们因其全过程的集成项目管理能力，为业主提供分阶段的或全过程的项目管理咨询，或者项目管理承包（PMC）。在这一演变过程中，业主的决策权不断被削弱，外部机构由工作责任不独立（为业主提供服务与支持，但不需要承担决策责任）发展为不完全独立（业主管理的必要补充），进而发展为责任基本独立（代表业主实施管理），对工程项目的管理由"建管合一"逐步发展为"建管分离"（周宇，2009）。

1.3.2　集成化项目交付方式与全过程工程咨询

美国总承包商协会（Associated General Contractors of America，AGC）将项目交付方式（PDM）定义为："为设计和建造一个工程项目而分配合同责任的综合过程，确定了为项目绩效承担合同责任的主要参与方"（Kenig M E，2011）。Anderson（2003）和 Oyetunji（2006）等则认为，PDM 定义了工程项目阶段的顺序、项目参与各方及其角色和职责的隐性分配。不同研究从不同属性来界定 PDM，包括管理过程、采购和风险分配策略、工作打包和排序、团队建设策略、角色与责任、融资策略等。

美国建筑业学会（Construction Industry Institute，1997）认为，PDM 只有三种基本的表现形式：DBB、DB 和 CMR，其他方式都是这三种方式的变异形式或混合体。学者王卓甫等（2010）、丁继勇等（2017）指出，经典的 PDM 包括 DB、EPC、CMR 和 DBB 模式，它们的核心差异是承包范围不同。他们以工程设计深度或工程建设阶段为坐标，建立了建设工程项目交付方式谱并列出了 PDM 的各种衍生方式，如图 1-8 所示。由此可见，不同 PDM 的设计深度和工程实施阶段是不同的。

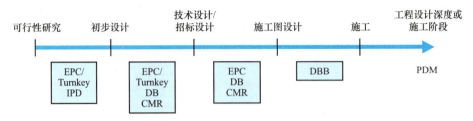

图 1-8　建设工程项目的交付方式谱系

项目集成交付模式是将人、各系统、业务结构及实践经验集合为一个过程的项目交付方式，在集成的过程中，项目的参与方可以充分利用各自的才能和洞察力，通过在项目实施的各个阶段中通力合作，最大限度地提高生产效率，减少浪费，为业主创造更大的价值（王玉浩等，2013）。在集成交付模式下，项目各参与方之间在工程实施各阶段的交流沟通较为顺畅，群策群力，只要项目的最终成本低于目标价值，就可以实现成员之间的利益共享。集成交付模式则可认为是在 DB 模式的基础之上发展而来的一种更为综合的 PDM。从国内外发展趋势来看，工程建设行业正在转向越来越综合的项目交付模式（丁继勇等，2017），如 EPC 交钥匙以及 IPD（Integrated Project Delivery）⊖等模式，逐渐显现出集成化趋势。

基于分工范式的 DBB 三角模式下，由于业主管理能力不能满足日趋复杂的项目，故自身仅负责项目重大问题的决策。而工程师作为雇主代表直接从事工程项目的管理，一方面促成了项目管理作为一个专业的出现，同时也促进了项目管理技术与方法的不断发展。但分工范式下，工程建设是一种"推式"思维方式，导致项目存在极大的信息不对称性。建设项目组织实施方式日益向集成化交付方式转变，如工程总承包如 DB/EPC 模式已成为当前国际上大型工程项目发承包的一个趋势，此集成范式下，工程建设是一种"拉式"思维方式，即以终（项目运营和使用的最终目标）为始（指导全过程建设管理），因此发承包双方更多表现为伙伴式关系，项目控制权向承包方集成，而全过程工程咨询就成为项目集成化交付方式中的重要一方，有利于形成责任明确、业主对承包人能有效监督和控制的"业主—咨询—承包商"的新三角关系。理论和实践表明，建设单位在固定资产投资项目决策、工程建设、项目运营过程中，对全过程工程咨询需求日益增强，综合性、跨阶段、一体化的咨询服务能够更好地实现投资建设意图，尤其是在重大/复杂工程项目引入全过程咨询是一种必然（乐云，2019）。

业主方对项目管理进行外包的情况下，业主方项目管理工作是组合还是拆分应该与项目特征匹配，才能使得业主方项目管理的交易成本和生产成本之和最小。业主方项目管理委托管理的方式和范围需要根据业主需求和发承包模式来设置，如图 1-9 所示。

⊖ IPD 集成交付模式是将人、各系统、业务结构及实践经验集合为一个过程的项目交付方式，在集成的过程中，项目的参与方可以充分利用各自的才能和洞察力，通过在项目实施的各个阶段中通力合作，最大限度地提高生产效率，减少浪费，为业主创造更大的价值。

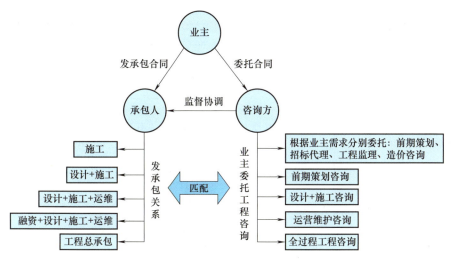

图1-9 工程发承包模式与工程咨询模式的匹配

在图1-9中，工程咨询在建筑市场中起着非常重要的作用，围绕工程项目建设活动的主体主要有三方关键参与人，即业主方、工程咨询方和承包方。他们在相关法律法规的约束下，构成相互制约的合同关系，在很长一段时间里形成了稳定的建设项目管理三角模式。

全过程工程咨询模式就是与集成化建设项目组织实施方式匹配最典型的工程咨询模式。此时，它把项目生命周期分阶段的咨询融为一体，通过新技术、新管理在项目上的应用和专业综合人才投入使得相关方满意，最大化地实现项目目标。工程咨询业将走向综合型、国际化，突破以技术为核心的狭义服务，向融资、建设和经营领域逐渐延伸。

1.3.3 全过程工程咨询的内涵

1. 全过程工程咨询的定义

就建设工程项目管理而言，业主方项目管理主要分为三种模式，即业主方依靠自身条件与资质自行管理，业主方委托一个或多个工程管理咨询单位进行全过程全方位的项目管理和业主方委托一个或多个工程管理咨询单位进行项目管理，但业主方的人员也需参与管理。整体管理模式逐步由传统建设管理模式的业主自管向委托管理转变，然而咨询服务机构在不同阶段介入建设项目，为业主提供的碎片化服务易导致管理困难、工作推诿等问题，因工程咨询涵盖内容过广而形成的信息和资源壁垒也同样阻碍了组织间的协同。为此，国务院办公厅于2017年2月21日发布的《国务院办公厅关于促进建筑业持续健康发展的意见》（国办发〔2017〕19号）中首次明确提出了"完善工程建设组织模式，培育全过程工程咨询"，标志着全过程工程咨询这一国际成熟的咨询模式在中国落地生根。随后，住建部发布了5份规范性文件，在9省市以及40家企业开展全过程工程咨询试点工作。全过程工程咨询应运而生，中国工程咨询行业也进入了转型发展的新时期。

国家大力推行全过程工程咨询，各相关部门及和各省市纷纷针对全过程工程咨询的发展颁布了诸多政策，在政策文件中也给出了全过程工程咨询的定义，政策文件中全过程工程咨询的定义见表1-2。

表1-2 政策文件中全过程工程咨询的定义

政策文件名称	发文部门	全过程工程咨询定义
《国务院办公厅关于促进建筑业持续健康发展的意见》（国办发〔2017〕19号）	国务院办公厅	采用多种服务方式组合，为项目决策、实施和运营持续提供局部或整体解决方案以及管理服务
《工程咨询行业管理办法》（国家发展改革委2017年第9号令）	国家发展改革委	全过程工程咨询是对工程建设项目前期研究和决策以及工程项目实施和运行（或称运营）的全生命周期提供包含设计和规划在内的涉及组织、管理、经济和技术等各有关方面的工程咨询服务
《关于推进全过程工程咨询服务发展的指导意见》（发改投资规〔2019〕515号）	国家发展改革委和住建部联合发文	大力发展以市场需求为导向、满足委托方多样化需求的全过程工程咨询服务模式 重点培育发展投资决策综合性咨询（项目决策阶段）和工程建设全过程咨询（建设实施阶段）

表1-2中，全过程工程咨询的定义明确了两个特点，一是服务的时间范畴，即全过程工程咨询是对工程建设项目前期研究和决策以及工程项目实施和运营的全生命周期；二是服务范围，即全过程工程咨询提供包含设计和规划在内的涉及组织、管理、经济和技术等各有关方面的工程咨询服务。因此，全过程工程咨询是工程咨询业务的一种，是一种高端的业务形态。

学术界也对全过程工程咨询有所定义，丁士昭（2018）认为，全过程工程咨询的实质是在全生命周期项目管理视角下对工程建设项目前期研究和决策以及工程项目实施和运营阶段提供包含规划和设计在内的涉及组织、管理、经济和技术等各有关方面的工程咨询服务。王伟等（2018）认为，全过程工程咨询是由具有一定执业水准的土木工程勘察、设计、监理等专业人员组成全过程工程咨询企业，建设单位按照自己意图和建设工程项目的基本要求，将项目建议书、可行性研究报告编制、项目实施总体策划、报批报建管理、合同管理、勘察管理、规划及设计优化、工程监理、招标代理、造价控制、验收移交、配合审计等全部或部分业务一并委托给一个全过程工程咨询企业，全过程工程咨询企业组织符合要求的专业力量，全权负责包括建设单位委托的事项在内的全过程一体化项目管理。

此外，提供全过程工程咨询服务的单位需要在提供单项咨询服务的基础上向上下游进行服务的延伸以满足业主对一揽子服务的需求。各省市在全过程工程咨询试点方案中对全过程工程咨询涵盖的服务内容做出了相关的规定，具体见表1-3。

表1-3 全过程工程咨询服务内容分析表

服务内容 省份	前期策划	工程设计	工程监理	招标代理	造价咨询	工程勘察	项目管理	后期运营
福建	√	√	√	√	√			
湖南	√	√	√	√	√	√		
广东	√	√	√	√	√	√	√	
四川	√	√	√	√	√	√		√
广西	√							
河南	√							
浙江	√	√				√	√	
江苏	√							

因此，全过程工程咨询服务的内容主要包括前期策划、工程勘察、工程设计、工程监理、造价咨询、招标代理以及项目管理等咨询服务，涵盖了工程建设项目前期研究和决策以及工程项目实施和运行的全生命周期。而除了这些传统工程咨询服务之外，如何将全过程工程咨询与建筑数字技术领域的创新技术结合起来以拓展全过程工程咨询的服务内容也是目前研究的焦点，包括发展 BIM 咨询、绿色建筑咨询等。不同的项目类型所需要的咨询服务内容也具有一定的差异，如输变电工程的全过程工程咨询服务还可以包括环境保护、水土保持监理，质量评价，工程后评价等。

2. 全过程工程咨询的核心理念

全过程工程咨询的重要转变是"对碎片化进行整体性治理"（丁士昭，2017），这也是全过程工程咨询的核心理念。现阶段中国的勘察设计、监理、造价、招标代理、设备监理等同属于工程咨询范畴，但却由多头主管，组织管理碎片化。多头主管、管理内容重复交叉等导致了工程咨询服务产业链条松散化和碎片化。理论上，解决松散化和碎片化的关键是整体治理。工程管理是一个整体性的、持续的、动态的过程。根据整体性治理理论，对于碎片化问题要进行有机协调和整合，不断从分散走向集中，从部分走向整体，从破碎走向整合，协调、整合、逐渐紧密与相互涉入，为工程业主提供无缝隙且非分离的整体型服务，如图 1-10 所示。

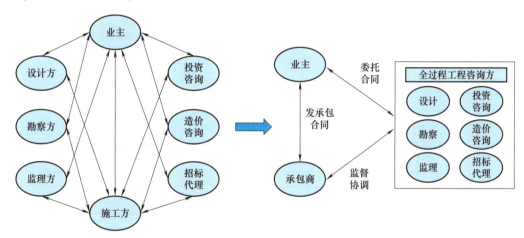

图 1-10　碎片化向整体集成转变

对全过程工程咨询核心理念的理解可以包含以下三个层面：

（1）以业主需求为导向　业主需求是全过程工程咨询服务的基本出发点，全过程工程咨询方应以业主需求为导向，为业主提供定制化的咨询服务。

（2）整体性的咨询服务方案　全过程工程咨询实现了多专业、多阶段、多组织的协同。首先，全过程工程咨询涵盖了如规划、设计、造价等多个业务条线，各业务条线通过技术和管理手段相互配合，实现成果文件的一体化和连续性；其次，全过程工程咨询单位在工程前期参与项目战略目标的制订，在项目的实施保证目标的落实和调整，以及在项目运营阶段进行总结反馈，多个阶段环环相扣，实现了跨阶段的协同，有效打破阶段之间的壁垒；最后，前期咨询、设计、造价、监理等多个业务条线都具有其相应的服务组织，而这些组织共同构成了全过程工程咨询服务团队，通过制订管理措施、形成组织文化等实现多个组织之间的协同。

（3）以实现项目价值增值为目标 全过程工程咨询是一种以项目（业主）需求为导向，以协调（协同）、整合、责任为治理机制，为项目（业主）提供整体性服务的工程咨询业务，其目标是通过一系列整体性的解决方案，实现项目成功乃至项目管理的成功，从而实现项目价值增值。

3. 全过程工程咨询服务运作的内在逻辑

全过程工程咨询是中国咨询业升级换代的突破口，也是中国咨询业核心竞争力不断增长、提高咨询水平走向国际市场的助推力。但是，业界对于全过程工程咨询的研究忽视了全过程工程咨询服务运作内在逻辑研究的重要性。实际上，只有明确了咨询服务过程中做什么、谁来做，以及怎么做这三个全过程工程咨询项目实施中所需要解决的通用性问题，才能在此框架上结合项目类型、业主类型、业主需求等项目实际情况针对性设计项目的具体实现方式，如咨询项目的交易模式以及全过程工程咨询（简称全咨）企业内部的管理模式等，两者关系如图1-11所示。

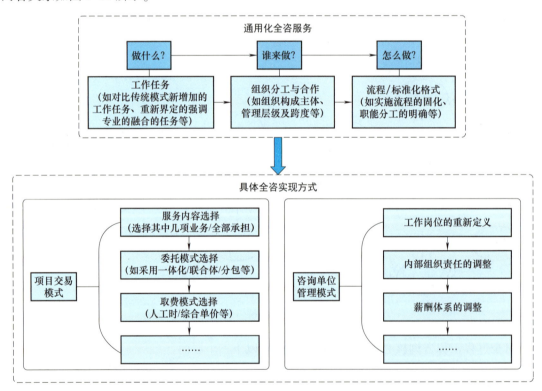

图1-11 全过程工程咨询通用化服务与具体实现方式的关系

（1）全过程工程咨询项目视角下通用化全咨业务开展要点

1）工作任务的设计。对所有的咨询服务的内容进行策划和界定，可能存在新增加的工作任务，如限额设计、可施工性分析。也可能存在对原有工作任务内涵的重新界定，如招标代理的施工招标文件在碎片化模式下由招标代理负责起草，但在全咨模式下，其他的咨询业务可协同融合，如设计的参与、监理的参与等有助于提升招标文件的整体质量。对工作任务的设计应当是"全菜单式"，需要考虑不同咨询业务的搭接融合等问题。

2）组织的分工与合作。主要针对工作任务的职能划分，如负责、参与、核查、决策等不同的管理职能。这些管理职能要落实到不同的组织责任中，如设置咨询领导小组负责关键问题的决策等。在组织的分工与合作界定的基础上，可形成各专业和岗位的岗位说明和工作责任，最终用于岗位绩效考核等。

3）形成流程和标准化表格。在组织分工的基础上，进一步理清每个工作的基本流程以及流程中的表格等，形成标准化的工作输入和输出。

（2）业主视角下开展全咨服务考虑的重点

在面对具体项目和不同类型的业主时，业主需要在策划咨询服务的委托方式，集中考虑：

1）哪些工作任务要打包在一起，如选择造价和招标代理作为一个合同包、设计和监理作为一个合同包，抑或是全部咨询形成一个包。在业主具有项目管理能力的情况下，自己负责项目管理的相关工作。

2）不同的咨询合同中的整体协调。

（3）咨询企业视角下开展全咨服务的重点

全过程工程咨询服务是一种整合服务方式，较之传统分阶段或分模块咨询服务，对工作任务、组织分工与合作的内容进行了重新界定，因此，咨询企业的内部管理也应当做相应的调整，其中包括：

1）工作岗位的定义。在全过程工程咨询赋予了咨询工作新的工作内容和新的内涵基础上，工作岗位的内容有相应的调整。

2）组织责任的调整。同样的，基于在全过程工程咨询服务新的组织分工，不同岗位专业人士责任体系进行新的调整。

3）薪酬及考核体系的调整。基于在全过程工程咨询服务新的组织分工，不同岗位专业人士薪酬体系和绩效考核需要调整。

1.4 全过程工程咨询的发展之路

1.4.1 全过程工程咨询服务业主需求导向视角

1. 以业主需求为导向的全咨服务的内涵

国家发展改革委、住房城乡建设部于2019年3月发布《关于推进全过程工程咨询服务发展的指导意见》（发改投资规〔2019〕515号），肯定了业主的多样需求，倡导多种形式的全过程工程咨询业态。而全过程工程咨询采取何种业态应由市场中的"客户"来决定，咨询方需提供满足业主方项目管理需求的咨询服务。

为了满足各类型业主需求、适应不同的项目特征，工程咨询方需要根据项目的实际情况，充分了解业主的需求，凭借自身的资源和实力，向业主提供有针对性的、个性化的工程咨询服务。全过程工程咨询存在的意义是为业主提供管理和技术服务，做好协助业主实现管理目标的管家，因此，满足业主多样化需求是工程咨询业务模式的重要切入点。以业主需求为导向开展定制化的全过程工程咨询服务，是指工程咨询企业遵循匹配承发包方式开展咨询活动，并满足业主战略性需求，继而把复杂的咨询业务系统拆分成各个模块，使这些模块之间能够在标准结构中通过标准化接口实现即插即用。其中，企业经营业务整合形成模块化的针对性咨询业务，并结合业主的特定需求提供定制化的差异化咨询。咨询服务标准模块与定制模块或定制方案进行搭配，既可以解决业主对于建设项目管理的基本需求，又可满足业主对项目管理效率整体提升的要求，解决标准化与定制化的问题，减少企业资源的消耗。

2. 满足业主战略层级的需求

业主对于工程咨询服务要求逐渐提高，不再是满足阶段性的目标和聚焦于项目实施阶段，而是针对其更高层级的战略性需求，在业主产生建设意图时，工程咨询方为业主提供项目决策、实施以及运营阶段的全局观、全过程的咨询服务。同时，业主需求的多样化与动态性特点，导致工程咨询方识别和理解业主需求变得困难。一般的工程咨询方仅能达到"业主要什么，咨询给什么"的"不科学"的迎合，理解并引导业主需求成为难题，工程咨询企业需要清楚的是满足业主的战略性需求，而非仅针对某一目标或某一阶段的需求。

3. 匹配业主项目管理的策略

业主与承包商、业主与咨询方的合作方式及内容体现着业主对项目的管理策略，同时这两种关系是相互影响的，业主与承包商之间的合作形式也限制了业主选择工程咨询服务的委托方式。如采用集成程度较低的项目交付方式，业主对工程咨询服务集成程度要求较低，分阶段的专业化的咨询服务即可满足业主需求，而业主采用工程总承包模式则会配备综合性与一体化的咨询服务。因此，所有项目的业主不会采用同一种全过程工程咨询实施模式，实施模式应是由业主、项目特点、客观条件、承发包方式等所决定的。从业主需求出发开展全过程工程咨询服务，势必要考虑业主选择承包商的策略，即以业主主导的全过程工程咨询业务模式要根据业主需求和工程承发包模式进行设置。承发包模式的集成程度高低，影响着工程咨询业务的集成程度。工程咨询方在选择心仪的项目投标时，需要注意咨询方案设计时要协调三者之间合作方式的匹配性。

1.4.2 全过程工程咨询服务协同管理导向视角

1. 基于协同管理的全过程工程咨询服务的内涵

以协同管理开展定制化的全过程工程咨询服务包括两层含义，一是指多主体协同管理，各方管理主体之间协同合作，共同对建设项目全要素目标进行管理，包括构建责任体系等；二是指多业务的集成管理，各管理主体不仅要依据职责分工完成各自的全要素集成管理任务，要将咨询成果加以转化以供其他类型咨询方所使用，节省管理成本，扩展咨询视角，促使各类业务咨询服务的衔接与集成，提升咨询的整体效率。以协同管理为导向的全过程工程咨询服务，将多主体参与、多业务衔接的工程咨询整合成具有主线的咨询活动，不再是简单业务的堆积与叠加，形成效率高且整体最优的咨询解决方案。可见，全过程工程咨询实现协同管理的基础是组织集成，并在此基础上构建信息沟通平台为业主提供整合服务方案。

2. 完善一体化责任体系，实现组织集成

细分阶段与专业的咨询业务，工程咨询方在开展服务过程中，各方分工明确，权责利划分明确，"谁干活谁负责"的原则清晰，不会造成无人追责的困境。而全过程工程咨询允许多主体参与，同一项咨询工作将有多方参与，工作责任划分不明确，责任体系不完善，更容易产生责任主体不确定、权利与责任不对等、产生问题无人问责等问题。在全过程咨询服务开展中，通过集成管理，明确了咨询工作实施主体与责任主体，各个咨询参与方要按照一定的责任制度协调一致。通过建立一致性的咨询服务目标，形成统一的组织目标有利于各业务团队建立项目全局意识，通过统筹性规划布局将各项专业服务有机结合起来，解决各专业之间条块分割的问题。各方在提供服务时，应确保总目标分解后，权责利落实到团队中的一线员工以及直属领导，构建完整的全过程工程咨询机构责任体系，组织内部形成责任一体化，保证制订的责任体系对工程咨询任何一方实行一体化决策、一体化组织、一体化控制，增加责任制度有序性，提升各责任主体间的协同。

3. 建立多组织信息沟通平台，提高合作效率

在建设项目中，项目团队各成员间的沟通是否顺畅，将是决定项目团队能否发挥最高的生产力水平的关键因素，也是决定工程咨询团队能否切实地把握项目的质量和效率状况，使其能够按期、按要求、保质量完成的重要保障。传统的工程咨询服务分割给各家专业咨询单位，项目咨询各方间存在严重的交流障碍，各阶段的完成咨询成果与信息不能及时传递和有效沟通，导致工程咨询项目管理的混乱和无序状态，仅能达到局部最优，影响项目整体管理效率。因此，尤其强调处理各技术系统界面和多专业、多组织的协同性，通过集成管理手段，将技术与信息作为管理要素，将管理技术、建造技术、经济技术、信息技术等相互融合与综合集成，增强知识的创造性。设立各咨询参与方之间的信息交流机制，建立共享信息平台，设计高效的信息交流机制，降低不同业务和不同阶段的信息孤岛和信息不对称的负面影响，如将设计咨询与造价咨询的意见反馈到投资决策阶段，提升项目决策的科学性。同时咨询信息也有助于实现连贯性，全过程工程咨询内部形成良好的信息沟通渠道和信息共享平台，降低不同业务和不同阶段的信息孤岛以及信息不对称的影响，建立高效的信息交流机制，有效保证数据信息的互通，为组织的高效运作提供基础。

1.4.3 全过程工程咨询服务全生命周期的视角

1. 基于项目全生命周期的全过程工程咨询服务的内涵

根据工程项目的阶段性，一个工程项目"全过程"的工程咨询服务可以被分解成各阶段以及各个专业的咨询活动，每个阶段不同专业的咨询活动所涉及的管理目标、管理内容、管理方法、管理手段、管理范围均不同。而项目从产生概念到最终废止，本身就是一个有机的整体，如图1-12所示，各阶段之间存在着千丝万缕的联系，决不能因为各阶段咨询活动不同而割裂地进行管理。

图1-12 建设项目全生命周期示意图

全过程工程咨询服务也要遵循项目周期规律和建设程序的客观要求，破除在项目决策阶段和建设实施阶段的制度性障碍，充分体现以全生命周期管理为导向的管理思想，为投资者和建设单位提供高质量智力技术服务，全面提升投资效益、工程建设质量和运营效率。否则，各阶段之间管理目标和管理标准脱节，只将管理重点放在建设项目的某个阶段，仅仅实现某一阶段的管理目标，会对项目运营阶段造成极大阻碍。基于全生命周期的视角思考全过程工程咨询服务运作，就是从整体的角度，以运营为导向，考虑各阶段相互促进与制约。

2. 构建统一的项目目标

将全过程咨询项目看作一个复杂系统，要建立基于工程总目标的项目定义文件，将整个建设项目全生命周期工程咨询相关的组织、管理、经济、合同、技术等方面的知识和经验进行有效集成，以便于所确定的管理目标与管理标准能够得到各阶段相关关系方的同一理解，而不会出现对于同一标准，各阶段理解上的误差，造成阶段的割裂，整体管理的失败，如图1-13所示。

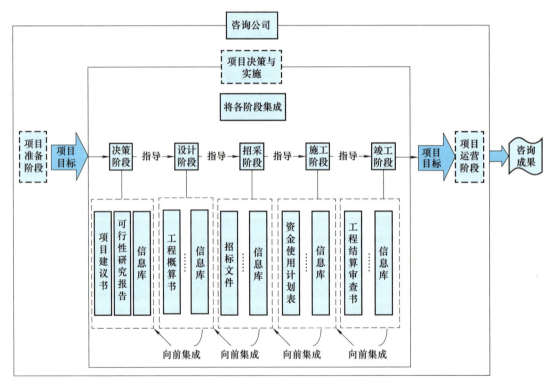

图1-13 建设项目全生命周期下的全过程工程咨询内涵

3. 突破边界的业务融合

以项目全生命周期视角思考全过程工程咨询的运作，是指要以工程的规划、设计、建设和运营维护、拆除、复原为对象提供相应工程咨询服务。在项目的决策、实施和运营阶段的投资咨询、勘察、设计、监理、招标代理、造价、运维等咨询服务，在业主目标下真正地融合起来，按照系统管理理论，尤其是在管理理念、管理目标、管理组织、管理方法与手段等各方面进行有机融合，即在项目的策划阶段充分考虑项目实施将会面对的问题和项目运营的各项要求，在项目的实施过程中充分考虑运营阶段可能出现的情况，对设计提出要求，即将设计与施工融合（设计过程中充分地考虑施工技术和工艺对设计成果的影响），将设计与招标采购和造价融合（设计过程中充分地考虑采购与造价对设计的制约），将设计与运维融合（设计过程中充分考虑产品的使用与维护）。通过项目的筹备、生产、经营等环节的充分结合，使工程咨询各参与方利用公共的、统一的管理语言和规则以及协调的成功标准，秉承贯穿于项目全生命周期的系统管理思想，在开展咨询服务的过程中从超越阶段、超越主体、超越专业的视角思考工程问题，真正形成一体化、全过程的整体最优的咨询方案，以使项目创造最大的经济效益、社会效益和环境效益。

4. 以项目运营成功为导向的策划和项目实施

工程咨询服务的阶段性独立使得建设项目三个阶段的目标有冲突与脱节的问题，尤其是在建设项目的运营目标无法导向决策和实施，最终用户需求无法得到准确、全面的定义，达不到业主"好用"的项目目标。造成全生命周期不同阶段用于业主方管理的信息支离破碎，形成许多信息孤岛或自动化孤岛，决策和实施阶段生成的许多对运营管理有价值的信息往往不能在运营阶段被直接、准确地使用，造成很大的资源浪费，不利于全生命周期目标的实现。而工程项目的价值是通过建成后的运营实现的。工程项目通过它在运营中提供的产品和服务满足社会需要，促进社会发展。因此，各阶段的项目运作要充分考虑项目运营成功的影响，自策划阶段就开始贯彻最终用户的需求，准确、全面地定义项目管理目标，以实现项目运作的优化。

1.5 全书框架与内容

本书基于全过程工程咨询服务开展的业主方和咨询方两个视角，透析全过程工程咨询理论机理，设计全过程工程咨询业务实施，主要分为全过程工程咨询项目理论机制、全过程工程咨询项目实施模式和工程咨询企业向全过程工程咨询转型三部分。

首先，论述全过程咨询的发展历程及其兴起。本书将全过程工程咨询定义为一种以业主需求为治理导向，以信息技术为治理手段，以协调、整合、责任为治理机制，为业主提供整体性服务的工程咨询业务，全过程工程咨询的目标就是通过一系列整体性的解决方案，提高项目管理绩效乃至实现项目管理成功，从而实现项目价值增值。据此，展开全过程工程咨询理论部分阐述，包括全过程工程咨询项目的定义、全过程工程咨询项目三边治理结构和治理机制的论述。本部分对应第1章、第2章。

其次，深入分析全过程工程咨询（简称全咨）项目实施模式，分为理论部分和模式部分。理论部分分别从业主和咨询企业两个视角阐述全咨项目的组织设计、全咨项目多层级控制机制、全咨项目不同界面的知识分享机制以及全咨委托合同的设计、全咨取费机制等全咨落地需了解的理论性问题，满足业界对全过程工程咨询业务运作的理论指导的需求。全过程工程咨询项目实施模式则分为项目决策综合咨询服务、以设计为主导的全过程工程咨询服务、以 1+N+X 为主导的全过程工程咨询服务以及 EPC 模式下以投资管控为核心的全过程工程咨询服务等四种全咨模式，对这些典型全过程工程咨询服务具体运作的关键因素，包括工作范围、融合性咨询工作、团队组建、责任和职能分工、工作流程和环节等内容具体展开，全面阐释了全咨业务的实施运行机制。本部分对应第3章~第10章。

最后，论述工程咨询企业的转型升级路径。随着建设项目对综合性咨询服务需求的日趋增加，传统咨询企业遇到了发展瓶颈，依靠专业化服务模式无法满足市场的高水平需求。因此，咨询企业必须顺应市场的潮流，通过整合内部业务板块、调整企业内部组织结构等发展全过程工程咨询业务，开展联合经营、并购重组，与其他企业联合共赢，打造企业新的核心竞争力，实现企业转型升级。那么工程咨询企业的转型路径如何选择？是联合并购还是做大做强？这将取决于企业自身的服务水平和核心竞争力。因此，工程咨询企业要实现转型，要根据企业自身的类型和特点选择合适的转型路径。从价值链的角度出发，通过流程再造和知识管理、团队建设和人才培养，实现咨询服务价值链的延伸和整合。这一部分对应本书第 11 章。全书架构如图 1-14 所示。

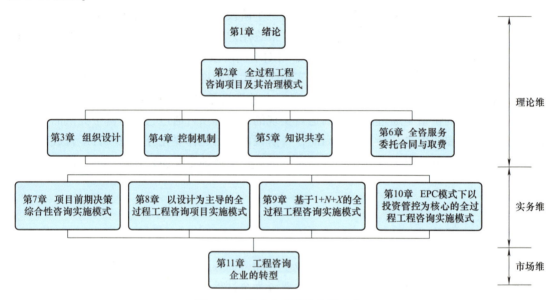

图 1-14　全书章节结构安排示意

第 2 章
全过程工程咨询项目及其治理模式

/本章导读/

- 业主方项目管理与项目组织的基本框架。
- 业主类型与业主方项目管理的主要模式。
- 全过程工程咨询介入业主方项目管理的影响因素和形成的全咨项目治理结构。
- 全过程工程咨询介入后项目管理绩效改善的途径。

2.1 业主方项目管理模式的主要类型

2.1.1 业主与业主方项目管理

1. 建设项目参与方与业主类型

建设项目参与方主要包括：项目业主、总承包商、监理单位、全过程咨询企业、分包商、施工单位、招标代理、勘察设计单位、竞争对手、设备材料供应商、产权人、项目运营人（使用者）、相关社区、政府（项目）、教育机构、项目管理团队、员工、投资者、社会公众、外围合作者、金融机构。其中项目业主作为建筑产品的最终需求和使用者，在很大程度上决定着一个项目的成功与否。

在工程项目建设管理过程中会涉及不同类型的业主。通常按照资金来源可以将业主分为公共部门和私营部门两大类。其中，公共部门项目的业主主要包括中央政府财政部门，政府授予资质的法定组织、地方政府等，政府部门是其最终的业主。而私营部门项目的业主非政府的包括企业和个人的具有独立的投资决策权的经济主体。

另外，在建设项目参与方中，政府也是工程项目管理的主体之一。基于政府在工程项目中的两种不同的角色，政府方的项目管理可以分为工程建设项目的管理和工程建设项目管理两类。其中，政府对工程建设项目的管理是指政府有关部门对工程建设项目所进行的监督和管理，最终目的是为了维护社会的公共利益。而政府的工程建设项目管理是指政府作为业主对建设项目进行管理，与前者有本质上的区别，后者的主要目的是为了实现投资目的，追求最佳的投资经济效果。政府投资项目的业主按照建设项目公共品属性又可以细分为经营性和非经营性项目两类业主。图 2-1 所示为国外工程建设领域所涉及的业主类型。

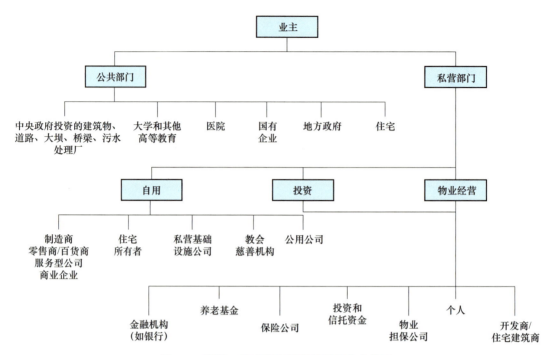

图 2-1 国外工程建设领域所涉及的业主类型

建设项目的业主类型不同，其对咨询服务的需求也不尽相同。公共建设工程㊀往往具有非营利性、投资大、周期长、社会影响的广泛性、审批程序的严格性及委托代理结构复杂性等一系列的特点，且存在管理水平低、决策机制不完善、容易出现投资失控、容易发生滥用职权、滋生腐败的现象等问题。因此，政府业主对造价咨询、项目管理和工程监理的需求更高。同时政府工程项目的性质也决定了其会对工程项目的质量管理提出更高的要求。

而私营部门项目是私人资本为了取得生产和收益根据市场需求所进行的投资项目，其生产性和收益性的特点，决定了私营部门业主更加注重合同目标的实现，也对投资控制提出了更高的要求。同时，建筑项目的复杂性也决定了私人项目业主对风险管控的重视。因此，对于私人项目业主而言，其对招标代理和项目管理的需求更高，同时需要通过造价咨询对工程成本进行严格控制和工程监理的现场管理，实现业主利益的最大化。

2. 业主方项目管理的重要性

工程项目管理不仅涉及工程项目的全生命过程的管理（即包括实施期项目管理、前期策划阶段的开发管理和运营期的设备管理/物业管理），还涉及包括投资方、开发方、设计方、施工方、供货方和使用期的管理方等项目参与方。根据参与方的不同，可将项目管理分为工程建设项目管理、工程设计项目管理、工程承包项目管理等，其对应的管理者分别是业主、设计单位和承包单位。以上所述的项目管理从不同的角度组成了一个项目的项目管理系统的主要组成部分。

（1）工程建设项目管理　工程建设项目管理是站在投资主体的立场上对工程建设项目

㊀ 在国内，公共建设工程项目按照资金来源划分主要是指财政预算内资金投资的政府投资项目，主要类型是指非经营性政府投资项目。

进行的综合性管理，以实现投资者的目标。工程建设项目管理的主体为业主；管理的客体是项目从提出设想到竣工、交付使用全过程涉及的全部工作；而管理的目标是采用一定的组织形式，采取各种措施和方法，对工程建设项目所涉及的所有工作进行计划、组织、协调、控制，以达到工程建设项目的质量、工期和费用要求，尽量提高工资效益。

（2）工程设计项目管理　工程设计项目管理是由设计单位对自身参与的工程项目设计阶段的工作进行管理。因此，工程设计项目管理的主体是设计单位，管理的客体是工程设计项目的范围。虽然大多数情况下是在项目的设计阶段，但业主根据自身的需要可以将工程设计项目的范围往前、后延伸。

（3）工程承包项目管理　工程承包项目管理是站在承包单位的立场上对其承包工程项目进行管理，其项目的主体是承包单位，项目的客体是所承包工程项目的范围，其单位与业主要求有关，取决于业主选择的发包模式，并在承包合同中加以明确。

另外，为了维护社会公共利益，需要政府发挥其相应的职能，对工程建设项目的建设实施强制性的监督管理。此时，管理的主体是政府有关职能部门，管理的客体是工程建设项目，而管理的目标则是维护社会公共利益。

因此，一个工程建设项目涉及不同的参与主体，是业主的投资行为、设计（咨询）单位的服务行为、承包单位的生产经营行为和政府的监督管理行为多方面的集合。各参与主体的工程项目管理特征见表2-1。

表2-1　工程项目各参与主体的项目管理比较

管理主体	管理客体	在项目中的地位	项目管理目标
业主	工程建设项目	项目投资主体，项目所有者	实现投资目标，追求最佳投资经济效益，尽早收回投资
设计（咨询）单位	工程设计项目	提供设计服务以满足业主要求，项目的咨询者	实现合同约定的设计任务，并获得预期的咨询报酬
施工单位	工程施工项目	开展项目的生产活动以满足业主的要求，项目的生产者	实现合同约定的工程承包项目目标，追求最大的工程利润
政府	工程建设项目	对建设项目的全过程进行监督管理，项目的监督者	维护社会公共利益

如上所述，工程建设项目的参与方仅负责对与业主所签订合同的本身任务的履行过程实施管理，而业主方项目管理是整个工程建设项目管理的中心。在业主方层面，他们关注的项目管理主要有三个重点：①前期的策划工作；②中期的建设工作；③后期的运营工作。业主方项目管理的目标，一是保证决策的正确性，根据企业运营/战略需求提出项目需求；二是关注运营，需要获得一个好用的项目。项目如何建设并非其核心业务，但是需要有效的保证体系来确保项目成功。项目保证体系主要包括计划保证、履行保证、报告保证和控制保证。保证体系的作用是向业主方提供信息，帮助他们做出决定，减少项目失败的原因，促进项目成功的条件并取得更好的结果。

3. 业主方项目管理内容

业主方的项目管理工作事务繁杂且责任重大，而业主方项目管理的目标和任务是由业主在工程项目中扮演的角色决定的。业主方项目管理可以定义为，业主或受业主委托代表业主利益的咨询企业在整个项目生命周期或项目生命周期某阶段所进行的策划、组织、计划、控制和协调工作，目的是实现业主的预期目标。虽然业主有不同类型，但是无论哪类业主其所关心的根本问题具有共同点，都是希望能够确保项目按预算、按时完成，并且能将额外费用和工期延误的风险降至最低。

业主方项目管理工作可以分为两个维度，一是在项目实施过程中推动项目按照项目生命阶段有序进行。业主方的项目管理贯穿项目的全生命周期，推进着项目的进行，对项目的成功有着至关重要的积极作用，因此业主方项目管理的目标就是促进项目的成功，见表 2-2。二是在项目实施过程中引导各参与方进行项目建设。业主方项目管理在项目的全生命周期中要积极协调各参与方进入到建设工作中，通过为各参与方提供相应的信息交流平台，充分推动各参与方建设工作保质保量完成，因此业主方项目管理的另一目标就是协调业主内部部门之间和各参与方之间的关系，综合考虑并协调各方的利益关系，保证项目管理工作的有序进行。

表 2-2 建设项目全生命周期不同阶段的业主目标

序号	阶段	业主目标
1	概念阶段	就拟建或开发项目做出投资决策，咨询方应提供一份详尽的商业方案，使业主最终获得满足特定要求的、具有完备功能的物业
2	可研阶段	详细确定项目目标，列出可能的方案，并通过价值和风险评估选择最佳方案
3	策划阶段	明确项目目标、评估与管理项目风险、制订项目计划，建立项目组织结构、确定发包策略以及项目试运行与移交事项
4	施工前准备	与项目部就项目细节达成最终意见，协商确定实施方案以及适宜的价格，并确保详细设计能够有效地用于对成本、工期和质量的预测
5	施工阶段	确保项目个阶段所制定的建设目标顺利完成
6	调试/试运行阶段	保证工程安装按照正确、安全的方式进行，对按照设计要求感到满意
7	竣工交付阶段	批准移交计划和进度、界定业主权责
8	后评价阶段	对项目整体评估，总结经验和教训
9	运营维护阶段	对工作、生活空间进行规划、整合和维护的管理，满足使用人对建筑物的基本需求，增加自身的投资收益

注：施工前准备包括详细设计、招标文件准备以及招投标过程。此阶段项目进入一个法律程序阶段，很大程度上受到法律法规、协议、法令和操作规程的约束。

2.1.2 业主方委托项目管理的主要模式

1. 业主方项目管理的主要方式

业主的项目管理模式主要包括自主管理和委托管理。

（1）业主方自主管理模式 自主管理即业主方依靠自有的人力资源自行管理。在此模式下，业主要组建与建设项目的管理相适应的部门和机构，主要适用于自身具有专业的项目管理部门并具有丰富项目管理经验的业主。业主方进行自行管理，具有较大的主动控制权，能最大限度地保证业主的自身利益，但是也会承担较大的风险。

（2）业主方委托管理模式　业主方委托项目管理模式则包括两种：一是业主方委托一个或多个工程管理咨询（顾问）公司进行全过程全方位的项目管理。在此种模式下，可以由一家具有综合实力的咨询企业作为项目管理承包商来承担，能够充分利用项目管理承包商在项目管理中的丰富经验，提高项目管理水平；也可以由多家具有不同专业特长的工程咨询企业组成的联营体联合承担。二是业主方委托一个或多个工程管理咨询（顾问）公司进行项目管理，但业主方的人员也需参与管理。在此种模式下，业主可以将日常的项目管理工作交给项目管理单位，将更多的精力投入到核心业务的重大决策上，可以更好地保证项目的质量和项目目标的实现。此模式既可以弥补业主方在项目管理和专业技术方面的不足，又可以解决管理力量短缺的问题，因此国内业主方项目管理传统模式大多采用此种方式。

2. 咨询企业介入业主方项目管理的角色

工程咨询企业作为建设项目全过程工程咨询的提供方，满足国家现行法律规定的与工程规模和委托工作内容相适应的勘察、设计、监理、造企业价咨询等资质条件。业主与咨询企业通过咨询合同确定委托代理关系，后者所进行的咨询服务作为业主工作的延伸与补充，不仅以业主利益为主进行专项咨询服务与协调管理，同时还需对项目实施有效控制，监督和帮助承包人如何更好地履约。

根据业主的需要，咨询企业向业主提供的咨询服务内容具有多样化，既可以是技术性咨询服务，如设计单位向业主提供设计图纸；也可以是管理咨询，如提供项目可研分析、项目监理服务等；还可以是法律咨询、融资经济咨询、政策咨询等。咨询企业向业主提供的咨询服务服务范围也可以是不同的，如可以由专职项目管理人员全权代表业主利益进行项目全生命周期管理；也可以仅就工程建设项目某一阶段的某一方面提供咨询。

咨询企业的角色扮演一般包括：最重要的是做到人力资源的补充和增强，有些业主不是不专业，而是人少；授权承担部分或整体的业主管理工作（监理、设计管理面对设计和设计顾问、采购管理联合招标代理公司、成本管理联合造价咨询企业控制成本、工程管理联合工程管理咨询公司）；始终代表业主的利益、做业主忠实的顾问；业主脑的延伸和手的伸长（争取比业主专业、比业主想得多）；持续专业服务、持续价值创造、持续知识贡献。进一步归纳，具体大致可以分为三种角色：

（1）独立管理型　工程咨询企业可根据企业自身的优势和特点积极延伸服务内容，提供项目建设可行性研究、项目实施总体策划、工程规划、工程勘察与设计、项目管理、工程监理、造价咨询及项目运行维护管理等全方位的全过程工程咨询服务。

独立管理型组织结构为全过程工程咨询项目团队受到业主的委托，按合同约定执行咨询服务，代表业主对工程项目的组织实施进行全过程工程咨询服务，如图2-2所示。

特点：咨询企业在项目中不仅以顾问的形式参与，并且直接对项目的具体实施进行管理。并且咨询企业可根据自身的能力和资质条件为业主提供单项咨询服务。

（2）协作参与型　协作参与型指业主方与工程项目管理咨询公司按照合作协议，共同组建一体化项目部，实施全过程工程项目管理的模式。"一体化"即组织机构和人员配置的一体化、项目程序体系的一体化、工程各个阶段和环节的一体化，以及管理目标的一体化，如图2-3所示。其具有如下特点：

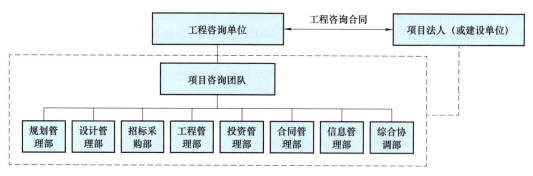

图 2-2 独立管理型角色下的组织间关系

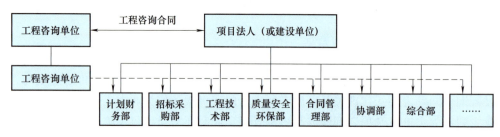

图 2-3 一体化协同型角色下的组织间关系

1）业主管理与专业化管理相结合，能发挥两方面的优势。业主的项目管理人员与专业化的项目管理公司组成联合项目管理组，既能发挥专业化人员的项目管理经验和管理技术，又能充分发挥业主在项目执行过程中的主导作用。

2）业主的控制力较强，有利于发挥业主的主导作用。在 IPMT 组织机构中，项目管理公司主要提供技术、方法和建议，业主人员承担重要的决策作用。适用于业主管理能力较强的大型石油化工工程建设项目的管理。特点：双方共同组队对项目实施管理、履行业主方的职责。除此咨询企业还可根据自身的能力和资质条件提供单项咨询服务。

（3）咨询顾问型　全过程工程咨询项目团队受到业主的委托，按合同约定执行咨询服务，为工程项目的组织实施提供全过程或若干阶段的顾问咨询服务，如图 2-4 所示。其特点为咨询企业在项目中只以顾问的形式参与，不直接参与整个项目的实施管理。

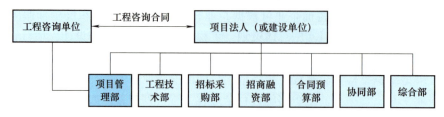

图 2-4 咨询顾问型角色下的组织间关系

2.1.3 政府投资项目管理模式的演变

1. 政府投资项目管理的自管模式

与政府投资项目公有产权特征相对应，长期以来，国内政府投资项目的治理和管理都是由政府及有关职能部门依靠其特有的行政权力和职能来进行运作，是以建设单位（即资金使用单位）为龙头。建设单位作为资金使用单位和项目最终使用单位，提出项目建议书和可行性研究报告，政府投资管理部门进行审批决策，确定投资额度和年度计划，财政部门核拨资金，再由建设单位成立基建办公室，或成立政府事业单位，或成立项目指挥部等机构全权负责项目管理。图2-5概括了我国政府投资项目自管模式的治理框架。

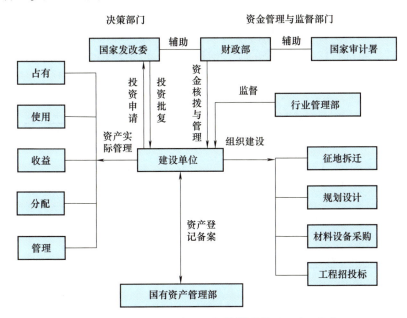

图2-5　我国政府投资项目自管模式的项目治理框架

但是在政府作为项目业主的情况下，项目实施过程中，各级政府部门既当"裁判员"又当"运动员"，在项目实施和监督两个方面都介入，往往两个方面都管理不好。

2. 政府投资项目管理的行政委托代管模式

非经营性政府投资项目的政府业主分为两种情况：一是"一次性业主"部门，是指主要业务不是工程建设的行政事业性单位，如文化、教育和卫生等政府行政部门。二是长年有建设项目的政府行政部门，如水利、铁路、民航、公路等专业性政府部门。

这两种政府业主的项目管理模式主要有：

1）工程指挥部型。中国政府投资的公共项目，尤其是大型建设项目建设和管理模式就是成立工程项目指挥部，作为政府项目的代理业主，负责对项目的全过程进行管理。该机构一般临时从政府有关部门抽调人员组成，负责人通常为政府部门的主管领导，当工程项目完成后，即宣布解散。

2）基建处（室）型。多数行政部门（如教育、文化、卫生、体育）以及一些工程项目较多的建设单位均设有基建处（室），具体项目的实施一般由基建处进行，建设单位（政府业主/使用单位）主要是进行常规性的行政性管理。这两种情况实际上都是一种业主行政代理模式，即国家把政府投资项目公有产权的控制权给各级行政机构，由政府化的代理人充当项目业主，是一种政府投资项目投资建设的内部委托代理关系，在实际运作中有很大的弊端，表现为：①临时性机构，缺乏专业性，管理成本太高。②同位一体化现象造成外部约束差,投资失控。③政府业主对政府投资项目投资监控不力,责任不明确。

3. 政府投资项目管理的委托代管模式

自2004年我国开始推行非经营性政府投资项目代建制,对社会化、专业化的工程项目管理单位接受政府业主全过程或部分委托,按照委托代建合同约定对工程项目组织实施全过程或若干阶段的建设工程服务活动,以及由此形成的项目契约组织中的委托代理关系进行优化的一整套涉及政府投资人、代建人、使用人、承包商、政府部门、银行等项目利益相关者共同治理的合同和制度安排。代建制的核心是针对由代建人的代建活动所形成的项目契约组织中的委托代理关系进行优化而安排的项目治理模式,包括治理结构和治理机制,如图2-6所示。

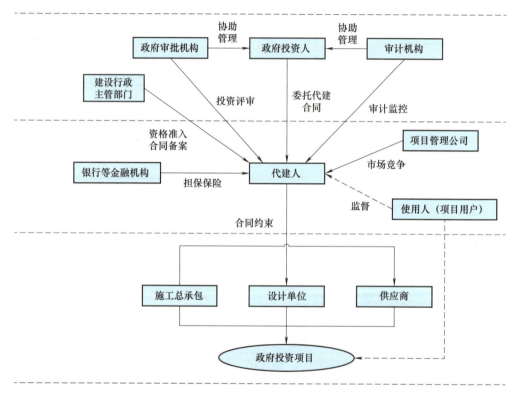

图2-6 代建制的内涵及其分析框架

从性质上看代建制框架下的政府投资项目代建管理活动也是工程项目管理服务的一种,即工程咨询服务,而不是工程总承包的生产服务。代建制下代建人是政府业主的代理人,是业主方代表,但是其权利和地位取决于委托人的授权。代建人接受委托为政府业主提供的代建服务也可以是多元化的:既可以是项目管理前期的可研服务、设计服务,也可以是建设工程监理服务,也可以提供招标代理服务,还可以采用项目管理承包(PMC)的代建模式,代建人对建设项目提供从项目筹建到项目竣工交付使用为止的全过程项目管理服务(PMC)。

1996年5月国家计委《关于实行建设项目法人责任制的暂行规定》(计建设〔1996〕673号)提出项目法人的设立、组织形式和职责,明确在建国有单位经营性基本建设大中型项目原则上执行项目法人责任制。项目法人责任制,其本质内涵就是按照现代公司制要求组建一个对项目全过程负责的责任主体，提高工程项目的投资效益。项目法人拥有包括各级政府在内的所有投资形成的全部法人财产权，具有独立支配财产的权利，能够独立承担风险。一般来讲，对于属于经营性公共项目范畴的基础设施项目，建成后有长期、持续、稳定的收益，项目自身具备有一定的融资能力，还可以吸收政府以外的企业和外商投资，这类项目有条件实现建设项目法人责任制，由项目法人负责从项目筹划直至生产经营管理，归还贷款以及资产保值增值的责任。实践也证明，这类经营性公共项目采取项目法人责任制效果显著。

综上所述，中国内地非经营性公共项目管理模式，可参照表2-3。

表2-3 中国内地政府投资项目管理的典型模式

序号	代理业主	特点	举例
1	临时性管理机构	成立基建办公室的建设单位或者"一次性业主"的房屋建筑工程的建设单位	文化、教育、卫生等政府部门的建设项目
2	工程指挥部	政府或事业单位成立项目管理部门对政府项目进行管理	常年有建设任务的政府部门，如水利、交通
3	代建制	政府机构集中代建，或者招标选择代建企业实施全过程代业主方项目管理	非经营性政府投资项目必须采用
4	项目法人制度	在项目策划时根据项目内容，指定相关政府部门利用已有或新建国有或国有控股公司承担项目法人职责。这类法人既承担项目管理职责，又承担项目建成后的营运管理职责	大型基础设施经营性公共项目

2.2 全过程工程咨询项目的界定与治理结构

2.2.1 全过程工程咨询介入下的业主方项目管理

1. 全过程工程咨询介入业主方项目管理的影响因素

建设项目管理模式各有利弊，已有文献表明，选择合适的建设管理模式对于项目绩效的提升具有促进作用。经过文献整理发现，不同学者对于建设管理模式影响因素的研究划分主要分为管理主体、管理客体和管理环境，即所谓项目层面的外部因素、组织层面的内部因素和环境三大部分。因此，建设管理模式选择主要影响因素，即业主委托工程咨询的影响因素也可以分为三大类，分别是内部因素、外部因素和环境因素。

（1）项目内部因素 项目条件因素包括内部条件和外部条件。内部条件主要是指项目参与方的特征，包括参与方承诺、业主经验、业主技术能力、项目管理能力、咨询能力和承包商能力等。经过对以往的文献和案例的研究，本书将上述内部条件归纳为业主能力、业主风险偏好、全咨单位能力和承包商能力。

1）业主能力是指业主通过项目管理手段达成项目目标的能力，主要包括业主获取资源能力、组织协调各参建方能力、信息管理能力、整合和管理资源能力等。按照业主自身项目管理能力（项目管理成熟度）来划分，业主又可以分为大业主和小业主。所谓"大业主"通常有持续开发建设任务、具有强大的项目管理团队和多年建设开发经验；而"小业主"

有持续间断的建设开发任务、临时组建的项目管理团队技术力量一般或工程专业技术人员不足，甚至仅是一次性的建设开发任务，几乎没有专业的项目管理团队。"大业主"群体具备较高的管理水平和技术储备，对全过程工程咨询的服务质量和专业要求会更高，对咨询团队的专业水平也提出了更高的要求。"小业主"通常面临以下常见问题或困境：在特定时间段内建设开发任务量巨大；在项目管理策划方面未有清晰头绪；缺乏成熟可行的项目管理制度和流程；缺乏工程专业团队、缺乏顶层设计和统筹管理的技术性人才。当业主自身具有较强的专业能力和较丰富的项目管理经验时，业主一般会倾向于自主管理的方式，或者是将部分项目管理的辅助工作委托给相应的咨询企业，但业主仍然会在项目管理团队中起到主导的作用。

2）全咨单位能力则主要包括两个方面，一是协助业主进行项目管理的能力，二是全咨单位自身能力，即为业主和承包商提供咨询服务的能力。全过程工程咨询模式对咨询企业来说也是一项严峻的考验。目前的咨询企业因为市场割据、缺乏竞争压力和创新能力等一系列的问题，造成了咨询企业水平参差不齐，各地的咨询企业的规模和能力都存在很大的差异。同时，咨询企业的业务普遍比较单一、没有整体的规划和明确的战略目标，导致其不能适应多变的市场环境完成定制化的咨询项目。另外，咨询人员的整体素质是咨询企业开展咨询业务的基础。咨询人员能力单一、创新能力不足也是咨询企业开展全过程工程咨询的一大制约因素。咨询企业的能力是业主委托全咨模式的基础，也是咨询企业与业主开展深度合作的基础和保障。

3）承包商完成建设项目目标及在项目实施过程中配合业主方项目管理的能力也是需要重点考察的因素。承包商能力主要由资金运作能力、社会资源整合能力、组织协调能力、技术能力和项目管理能力组成，会对承包商的管理能力和履约能力产生重大的影响。目前，建设企业面临着体制、机制不畅，产业组织结构不合理以及设备技术和人员水平低等一系列的难题，这都在一定程度上制约了建筑行业的发展。一般来说，承包商的能力越强、越综合就越能适应全过程工程咨询的模式，也能更好地与业主方和全咨单位配合，共同提高项目管理绩效。

另外，不同类型的业主为了实现项目目标在承担风险的种类和大小等方面的态度有很大的差异，也应当考虑在内。

（2）项目外部因素　外部条件主要考虑的是项目属性，包括合同管理、信息优化、项目规模、技术复杂性、现场条件和项目规划等。经过对以往的文献和案例的研究，本书只考虑项目规模、项目技术复杂度和项目规划因素的影响。

项目复杂程度是指项目复杂性带来的不确定性，可能导致预期的工程量增大、质量目标难以实现等。项目复杂性主要由组织复杂性和技术复杂性组成，反映的是要素之间的差异性和相关性。项目本身复杂性的不断增加和对项目复杂性的低估是造成项目失败的重要原因，也对项目管理的各个方面产生了重大的影响。其在一定程度上会对风险分析、项目计划、控制、目标制定、组织结构设计等一系列的项目管理活动，也在一定程度上对管理者的经验、能力、技能等提出了不同的要求。一般情况下，项目的规模越大，项目的复杂度就越高，项目所需的工期就越长。在工程项目建设的过程中，不同的建设项目的项目规模和复杂程度都有所不同，规模大的项目一般来说复杂程度也会相对较高。因此，大型项目的业主往往不会选择自主管理的方式，此时业主更倾向于选择专业性更强的咨询企业来对项目进行全方位的技术管理和项目目标管理。

（3）项目环境因素　项目的环境条件也是在对委托管理模式进行选择时不可缺少的一环，一般包括法律环境风险、经济风险和项目许可等。本书定义的市场环境则主要包括经济风险、政策和地区差异。在不同的经济环境、政策环境和地区，项目的内部条件和外部条件也可能会发生相应的变化，那么项目的授权程度也会受到相应的影响，项目管理的模式也会随之改变。目前，国家大力推行全过程工程咨询，引导相关企业开展项目投资咨询、工程勘察设计、施工招标咨询、施工指导监督、工程竣工验收、项目运营管理等覆盖工程全生命周期的一体化项目管理咨询服务，力图通过试点先行打造出一批具有国际影响力的全过程工程咨询企业，从而带动行业整体发展，最终实现工程项目全过程咨询服务的产业化整合，培育出一体化的项目管理咨询服务体系。

2. 全过程工程咨询介入业主方项目管理的方式

业主委托全过程工程咨询目的是改变以业主自管模式或制度分割所形成的"碎片化"咨询服务的格局。这种由"碎片化"到集成的转变，是业主和工程咨询企业间关系的转变，也是咨询企业集成能力的转变。

工程代建的本质是使用单位将建设项目委托给代建单位即专业化工程项目管理公司代为建设直至交付使用，通过专业化项目管理最终达到控制投资、提高投资效益和管理水平的目的。但在此模式下，业主方参与程度低，只是负责"上传下达"，提出自身需求并监督咨询单位工作的落实。

在咨询单位主导模式中，咨询单位承担大部分管理工作，由职能部门提出解决方案或处理意见，重要事项由建设单位的相关负责人做出最终决策并签发指令。在这种模式下，业主方既有一定的参与度，又弥补了自身在专业知识和人力上的不足。咨询单位具有一定的自主决策权，能较为充分地发挥自身在专业知识和管理水平上的优势；与此同时业主方既保证了自身的决策权又有效减少了繁杂的管理实务，还提高了自身的管理水平，培养了专业人才。在业主方主导模式下项目管理团队的大部分技术人员是由业主方提供的，咨询单位仅仅安排少量的技术人员，协助业主方完成项目管理工作。这种模式是以业主方为主、咨询单位为辅。咨询单位主导模式和业主主导模式都可以充分发挥双方的特点和在项目管理方面的优势，最终实现"共赢"的结果。而选取何种模式应当视业主方和咨询单位双方的情况具体决定。

咨询单位顾问模式是指由业主方自行组建项目管理团队，咨询单位只是提供专业的咨询并不参与项目部的组建。此种模式与前三种模式有很大的不同，在此模式下咨询单位的参与程度很低，只是完成专业的咨询服务，只对提供的咨询服务成果负责，而业主方则需要对工程建设所有的事项负责。在建设项目实施过程中，咨询单位作为建设项目的顾问，需要面对各种各样的专业技术问题，但具体问题需要业主方另外委托专业机构去解决。

阮朋华等（2019）总结了工程咨询企业介入业主方项目管理的四种方式下，业主与咨询企业的工作界面和职责划分，见表2-4。

表2-4中工程代建模式主要是适用于国内非经营性政府投资项目的全过程工程咨询模式，项目委托人通过招标等方式选择具有相应资质的、专业能力强的工程项目管理公司作为代建单位，负责项目实施过程中的项目管理工作，严格控制各项项目目标，并在建成后交付项目使用单位的项目管理模式。而全过程工程咨询模式中的咨询单位并不是一个独立的主体

而是业主方意志的延伸,业主方始终保持着对项目的掌控和关注,在充分发挥咨询单位专业能力的同时保持自身在项目中总控的地位。可以说,在代建模式中更强调专业化项目管理单位的"代业主"的角色,独立完成全部项目管理工作。而在全过程工程咨询模式中,更强调业主的参与和咨询单位接受委托的定制化专业服务,全过程工程咨询企业更倾向于"管家"角色。

表 2-4 工程咨询企业介入项目管理的方式

业主方项目管理团队组建形式		工作界面和责任划分		咨询公司现场服务方式
		业主方	咨询单位	
工程代建		负责上传下达,提出功能需求并监督落实	负责工程板块有关的所有工作事项,对有关技术、方案、合同、法规、造价、质量、进度、安全、施工现场管理等管理事项负主要责任	组建项目部驻场服务
共同组建	以咨询公司为主建设单位为辅(类似于PMC)	负责上传下达,负责重大决策和与政府部门沟通协调工作	参与工程板块有关的所有工作事项,对有关技术、方案、合同、法规、造价、质量、进度、安全、施工现场管理等事项,对其专业性、合理性、合法性负主要责任	专业工程师参与组建项目部并驻场
	以建设单位为主咨询公司为辅	对所有工程有关事项决策和指令负主要责任	咨询公司负次要责任	
业主方自行组建		对工程建设所有事项负责	只对被委托的服务内容和咨询成果负责	每周驻场 1~2 天,有需时到场解决工程实际问题

2.2.2 全过程工程咨询介入后的项目治理结构

1. 对项目组织认识的演化过程

项目组织是从事项目具体工作的组织,是由项目的行为主体构成的,对其的认识也在项目实践中逐渐深入。

(1) 项目作为临时性组织 临时性组织(temporary organization)是指缺乏正式结构、陌生成员间短期协作、完成特定任务后解散等特征的组织,临时性组织在实践中的普遍存在性,而建设项目团队则被认为是最为典型的临时性组织(Lundin & Söderholm, 1995)。在此阶段,学者们围绕时间、任务、团队和情境嵌入性对临时性组织的内涵进行了深入的探讨,并将建设项目团队定义为一种在规定的时间和预算范围内,为创造独特的产品、服务或成果而进行的临时性工作的临时性组织。

(2) 永久性组织组成的项目组织 随着对项目管理的深入研究,学者们对此项目是临时性组织的公理提出了质疑。Winch(2014)认为,大多数的项目组织都是由相对永久的组织形式组成的。他通过对项目组织的相关文献的回顾,提出了一个项目组织的概念框架,定义了项目组织的三大领域:项目和项目群、项目型企业,及所有者和经营者。具体内容如图 2-7 所示。其中,项目型企业的项目管理与治理、业主方的项目管理与治理、跨组织的项目管理与治理是项目组织领域的重点内容。

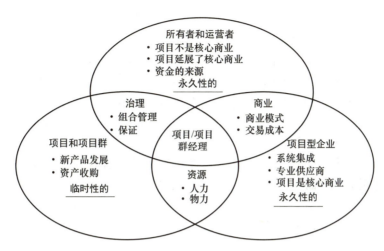

图 2-7　项目组织的三大领域

（3）社会网络组织　在对项目管理的研究范式由管理层面转入制度层面之后，学者们越来越关注利益相关者之间的关系问题。近 20 年来，主流治理理论沿着从单个公司到企业集团、从传统企业到网络组织的发展脉络，逐步形成了股权至上逻辑下的单边治理、利益相关者合作逻辑下的共同治理以及协同竞争逻辑下的网络治理等理论。在这一阶段，关系治理、社会资本理论、声誉理论等理论方法被引入项目管理领域，从而增强了项目这一临时性社会网络中的信任与规范程度，为项目治理添加了润滑剂。

建设项目投资规模大、周期长、技术复杂、环境动态多变、相关利益主体众多，且项目环境和项目活动固有的社会属性、组织要素间复杂的正式和非正式关系，决定了项目是行动者、行动者间的关系所组成的面向机会的、跨越组织边界的网络型组织。在项目周期中，负责指导、策划、执行项目的多个具有独立经济利益的主体通过契约方式组合到一起，构成了网络组织的节点。项目各个参与组织之间存在各种各样的交互关系，工程项目的时效性使其形成随时间不断演化的动态网络。而全过程工程咨询项目是依托于建设项目而存在的，其具备建设项目的某些特性，同样是由项目利益相关者组成的跨越组织边界的动态网络组织。

2. 全过程工程咨询项目的概念与界定

全过程工程咨询项目是指以建设项目集成交付为目标的，以"业主—承包人—全咨团队"三方责任主体形成的三边关系为核心的项目网络组织，既包含以业主委托全咨团队进行项目管理的专业服务交易，又包括业主委托承包人进行项目实施与交付的项目交易，两者共同构成了完整的全咨项目组织结构，如图 2-8 所示。

在图 2-8 中，全过程工程咨询项目组织结构分为两个层级，第一层级是业主与全咨单位之间的专业服务交易所形成的委托代理关系；第二层级则是业主、全咨单位与承包商新三角关系下的项目实施与交付形成的委托代理关系。全咨项目组织结构的多边关系凸显

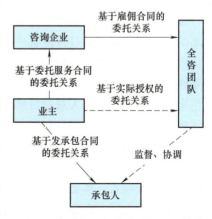

图 2-8　全过程工程咨询项目组织结构

了在网络组织视野下的跨边界者的作用和功能。具体分析如下：

（1）全咨项目的专业服务交易层面的委托代理关系　全过程工程咨询通过把项目生命周期分阶段的咨询融为一体，提供集成性的管理和专业咨询，最大化地实现项目目标。全过程工程咨询企业受业主委托，并在企业中择取特定的专业人士，组成跨越职能部门的全过程工程咨询团队（简称全咨团队）。全咨团队依照咨询合同接受业主的全部或部分授权，以业主利益为主进行全阶段或分阶段的专业咨询服务，同时监督和帮助承包商行使权利和义务，协调业主与承包商之间的关系。

全过程工程咨询项目中的专业服务交易主体之间存在委托代理关系，即委托方和咨询方针对特定的专业服务形成的委托代理关系，其中业主与全过程工程咨询企业之间存在基于委托服务合同的委托代理关系，全过程工程咨询企业与全咨团队之间存在基于雇佣合同的委托关系，业主与全咨团队之间存在基于实际授权的委托关系。显然，形成了业主与咨询企业为双委托人，咨询团队为代理人的共同代理关系，如图2-8所示。

（2）全咨项目的实施与交付层面的委托代理关系　业主委托承包人进行施工建造等任务实施，并将工期、质量、安全、成本等项目目标作为建设项目交付成功的衡量指标。建设项目实施前，业主与承包人会签署发承包合同，并针对特定的建设项目采取适合的项目交付方式。DB、EPC等集成化交付方式的出现，使得发承包双方对项目控制权的分配发生了变化，总承包人也需要以项目的成功交付和使用为目标，进行全过程项目管理。

全咨项目的工程建设任务实施过程中业主作为工程项目管理的核心，承担建设项目总决策者、总控制者、总组织者等角色。全咨团队作为业主的缺位和补位，以业主利益为主，对业主的工作进行延伸和补充。承包人作为建设实践活动的主要执行者，充分利用以往项目管理的成功经验行使权利和义务。这一层面主要包括业主与承包人之间发承包合同的委托代理关系，同时业主委托全咨团队对承包人进行监督与协调，那么全咨团队与承包人之间存在监督、协调关系，如图2-8所示。为确保承包人在业主委托下顺利并积极进行工程任务实施、实现项目成功交付，全咨团队应在业主的实际授权下对承包人履约进行控制。

（3）全咨项目中全咨团队的跨边界者角色　全过程工程咨询项目组织结构的不同交易层级中存在不同的委托代理关系，而全咨团队则成为全咨项目中的跨边界者，第一个应有之义是接受业主委托参与业主方项目管理，为业主提供好的技术和管理服务方案（策划咨询、工程设计、勘查、工程管理等）和参考意见，确保业主方项目管理目标实现；第二个不可忽略的基本职责就是通过行使管理的计划、组织、协调、控制等全过程项目管理职能，通过强化项目管理来监督和帮助承包人能按合同约定的项目目标完成工程。此时，全咨团队不仅仅是通过专业知识来弥补业主与承包人之间信息不对称产生的冲突，更需要通过发挥跨边界角色来降低业主和承包人对项目感知的不确定性，减少业主和承包人之间的不信任状态及沟通屏障，促进双方进行信息和资源交换、规范和协调交易双方的行为。

综上所述，全过程工程咨询服务的内容涵盖了工程建设项目前期研究和决策以及工程项目实施和运行的全生命周期，全过程工程咨询是与集成化建设项目组织实施方式匹配的最典型的工程咨询模式。那么，当业主委托全过程工程咨询服务后，形成了业主、全过程工程咨询方、承包人为三方责任主体，既有业主委托全过程工程咨询服务的委托代理关系，也有业主委托发承包合同的委托代理关系。

3. 全过程工程咨询项目的治理结构

交易成本理论认为，交易与治理结构的合理匹配，可以在一定程度上抑制资产专用性、不确定性和交易频率带来的消极影响。理想合约、长期合约和关联合约分别与前面的古典型契约、新古典型契约和关系型契约相对应。在理想合约中，有着详尽的合同，严格按照合同规定的权利和义务进行交易，并没有涉及资产专用性；长期合约中则涉及资产专用性和不确定性，但是不确定性也增加了合同关系破裂的风险；关联合约则可以在一定程度上解决这些问题，主要是涉及高交易频率，要求专门的组织来完成交易。交易与治理结构的匹配见表2-5，其中++、+和0分别表示强、半强和弱。

表2-5 交易与治理结构的匹配

交易频率		资产专用性		
		0	+	++
交易频率	偶尔	市场治理	三边治理	
	经常		双边治理	科层治理

全过程工程咨询项目是以工程项目为载体的，而工程项目有较强的资产专用性和较低的交易频率，因此，全过程工程咨询项目也应该采用三边治理结构（图2-9），以达到降低交易成本，对项目进行有效治理的目的。业主首先根据自身和项目的客观需求选择工程咨询企业，工程咨询企业受业主的委托与业主一起完成承包商的选择。在这一过程中，咨询企业可以利用自己的专业知识协助业主做出选择，并在一定程度上可以抑制业主的有限理性，选出最合适的承包商。在工程项目实施的过程

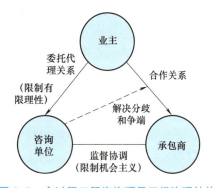

图2-9 全过程工程咨询项目三级治理结构

中，咨询企业不仅可以起到监督承包商、抑制承包商机会主义行为的作用，还可以进行各方面的协调工作，达到工程项目的整体最优。可见，全过程工程咨询企业的介入可在一定程度上解决业主与承包商之间的信息不对称的问题，增加两者之间的信任关系，促进两者之间的合作。

4. 全过程工程咨询项目组织的生产属性

全过程工程咨询项目中业主对咨询服务的核心关切点就是希望在合同框架内（承包合同、咨询服务合同以及合同中约定的技术标准和要求）解决工程项目的技术和管理问题，希望所有的结论均是基于对技术和功能所做出的判断。因此，全过程工程咨询企业为建设项目价值增值的基本途径包含两个方面：第一个应有之义是为业主提供好的技术和管理服务方案（策划咨询、工程设计、勘查、工程管理等）和参考意见；第二个不可忽略的基本职责就是通过行使管理的计划、组织、协调、控制等全过程项目管理职能，帮助承包商按合同约定的项目目标完成工程。可见，全过程咨询项目的生产属性既包括业主方委托全咨单位项目管理提供知识服务的过程，也包括通过强化项目管理激励承包人履约，成功交付工程项目的过程。

2.3 全过程工程咨询项目治理机制与项目管理绩效

2.3.1 全过程工程咨询介入下项目管理绩效困境

1. 全过程工程咨询介入视角下项目管理绩效的内涵

全过程工程咨询作为以智力服务为主导、通过集成手段实现割裂式业务整合的管理模式，其注重的不再是传统意义上的成本、进度和质量，而是各参与方之间的协同合作关系，通过各方协作是否都可以完成项目目标，以及能否在满足业主要求的同时，促进各方合作关系并完成各方目标，是全咨企业介入后业主方项目管理绩效关注的重点。

全过程工程咨询项目不同于一般的项目，其具有知识密集型的特点，因此全咨介入视角下项目管理绩效可以定义为：针对某一委托人委托的相对独立的某个全过程工程咨询项目或项目群，以全过程工程咨询项目部为主体，全咨单位所开展的项目管理行为和取得的管理成效的综合体现。对全咨介入视角下项目管理绩效内涵的理解可以分为以下两个方面：

1）全咨介入视角下项目管理绩效关注的是考虑项目"过程+结果"的综合反映：一是关注建设项目整体目标的实现，追求的是在预设的成本不超出的情况下按时、保质地完成项目要求输出的产品；二是关注咨询服务本身的质量，追求的是除却成本、质量、进度以外所包含的咨询服务质量，即能够在相应的时间范围内提供让业主满意的咨询服务产品。

2）全咨介入视角下项目管理绩效还要关注参与方的组织绩效：项目的参与者主要是项目管理团队，即业主方和咨询企业派出的项目团队以及咨询企业的相关职能部门，由此所关注的主要是参与方所形成的组织绩效，是指参与方在承担具体任务时的工作开展情况，体现为项目成员的表现与各自目标的实现。

综上所述，项目管理绩效评价指标可以分为微观指标和宏观指标。全过程工程咨询项目的目标是为了能够提供有效的集成式智力服务，而不是将所有视线集中于质量、工期和成本，也应反映项目参与方自身目标和整体目标的实现程度和满意程度。因此，结合全过程工程咨询项目特点，在 Boehm 等、Lim 等、Chan 等以及邓娇娇的项目管理绩效量表的基础上进行了修正，得出了全咨视角下项目管理绩效的四个题项，包括：咨询任务完成后，实现了项目管理目标（包括但不限于投资、工期、质量、安全）；咨询任务完成后，咨询单位实现了自己的目标；咨询任务完成后，其他各方实现了各自的目标；咨询任务完成后，业主对项目实施过程及其结果表示满意。

2. 全过程工程咨询介入后的项目管理绩效难题

随着建设项目规模和投资的不断增加，业主方自主管理模式已经无法满足日益增长的项目管理需求，而业主方委托管理模式又因咨询企业介入时点不同容易导致服务碎片化和管理困难，为业主方项目管理带来了一系列的难题。在此背景下，全过程工程咨询的提出为业主方项目管理提供了新的方法，其对"碎片化进行整合性治理"的思想也为项目管理绩效改善提供了新的思路。然而，全过程工程咨询项目与传统的代建项目中"代业主"的情况不同，业主作为建设项目的总控制者，在充分利用咨询企业专业技术能力提升自身项目管理水平的同时也要对建设项目保持一定的参与度、掌控度和监督力。因此，全过程工程咨询模式下，建设项目形成了以业主、咨询企业和承包商为核心的三边治理结构，其是以核心企业为结点并基于一定目的建立的动态适应性的合作组织。业主方应在与咨询企业建立深度合作的基础上，发挥咨询企业的项目管理优势，才能更有效地提高项目管理绩效。

另外，与传统的委托代理关系相比，全过程工程咨询模式中的受托人和委托人更倾向于一种"管家"的关系，业主方和咨询企业之间并没有明显的利益冲突。在项目实施的过程中，咨询企业具有追求自我价值实现的强烈动机，其追求的是业主方利益的最大化，并把自身的利益视为项目整体利益的组成部分。作为项目实施阶段的业主代理人，咨询企业将项目组织视为自我延伸，并朝着组织成功的方向努力。咨询企业会根据咨询服务委托合同的约定履行建设项目的全过程项目管理工作，如承包商选择、合同缔结与履行、项目控制等；而业主则需要对咨询企业的选择、咨询企业的行为等进行监管等工作，如图 2-10 所示。

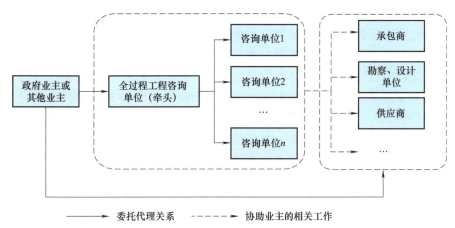

图 2-10 业主委托项目管理所形成的多层委托代理关系图

咨询企业作为业主方的"管家"，其既不是简单的"社会人"，也不是单纯的"经济人"，而是集两者于一身的"复杂人"，激励仍然是促进咨询企业服务于业主方和项目、提高项目管理绩效的有效手段。然而咨询企业不仅有物质的需求，也有精神上的需求，仅靠报酬的许诺已经无法满足其复合的需求。

从理论分析与实践效果来看，全过程工程咨询制度通过引入市场竞争，利用专业化方式进行建设项目的项目管理，理论上讲能够以较低的成本取得较大的经济效益与社会效益，是一种低成本、高收益的高效合理的制度安排与创新。全过程工程咨询制度确实在一定程度上会提高咨询服务效率，为业主和项目带来潜在的效益，但也可能因为业主对咨询企业的错误定位而产生相反的效果。而这其中的关键在于业主对自身的认识和对咨询企业合作与控制之间平衡的掌握。因此，业主应该综合各影响因素，选择合适的管理模式与咨询企业以及治理机制。

2.3.2 全过程工程咨询项目的关键治理机制

全过程工程咨询的选择主要取决于治理结构中组织网络各节点与节点间关系的适配程度。网络治理是一种"多对多"的结构关系，而以"业主-咨询单位-总承包商"为基础的三边治理结构，则可将业主、咨询单位和总承包商分别作为"三角形"组织网络的节点。其中，将节点要素作为企业组织内治理属性，节点间关系作为组织间治理机制。全过程工程咨询作为一种通过多种服务方式组合，为项目提供涵盖全生命周期的项目管理及组织、管理、经济和技术专业化咨询的知识密集型服务，因此其节点结构的重点不再是总承包商与其他参与方的关系，而是主要集中于咨询单位与业主上。本书将全过程工程咨询三边治理结构中业主与咨询单位的节点与节点间关系的要素组合作为适应影响项目管理绩效的适配性因素，寻求其节点间治理机制组合及节点与节点间共同组合对于项目管理绩效的改善程度。

1. 组织间（企业间）的项目治理机制

（1）控制权配置机制　控制权配置指控制权应在一个合理的范围内由业主授权给全过程工程咨询企业。在集成化管理下，全过程工程咨询企业为项目提供专业化、阶段式或者全阶段的咨询服务，这种服务处于"半垄断"式供应，当业主自身能力或管理程度无法达到全过程工程咨询企业所提供的智力型服务的"半垄断"要求，那么业主的主动性与主导地位将会受到全过程工程咨询企业的威胁。如果全过程工程咨询企业所获得的控制权配置不合理，很容易导致项目变更或者争议失败，甚至可能会造成业主大权旁落，降低业主与全过程工程咨询企业之间的合作效率，破坏双方合作关系，最终影响项目目标实现。对于全过程工程咨询企业与业主之间的有效控制权配置，应致力于获得"1+1>2"的效果，而不是由一方被动受制于另一方。

全过程工程咨询企业虽有提供智力服务整合、促进信息协同的特点，但业主与全过程工程咨询企业之间的关系更注重一种资源配置的手段，即关注项目价值自身增值。

（2）激励机制　激励机制在契约治理中具有明显的激励作用，通过激励合同效用改善项目管理绩效。国内学者在代建项目中，对于管理服务的报酬标准现状主要集中于三个方面，一是基于委托代理模型，以解决委托方信息缺失问题；二是考虑项目风险因素，提出风险报酬作为管理服务报酬的重要部分；三是引入风险分担机制，形成对代理人的报酬激励。由此可见，对于代建项目而言，报酬都是一种组合型的收入形式，即"固定报酬+风险报酬"同时存在。故对于全过程工程项目而言，在符合项目实际要求的前提下，也需要具有补偿性质。

全过程工程咨询收取的报酬涉及各阶段不同咨询服务内容的费用，由于信息不对称等因素贯穿整个全过程生命周期，因此咨询报酬在一定程度上体现双方的公平原则，避免由于利益获取意见不一致而出现涉及隐瞒信息或冲突等问题，形成最优激励合同。另一方面，报酬的公平原则能够有效激励全过程工程咨询企业，使全过程工程咨询企业在项目管理过程中提高自身努力程度，促使其行使尽善履约行为，并在项目具体实施过程中能够有效行使代业主权力，积极与三边关系中各方进行积极有效的沟通，并协助承包人行使合同任务，通过协调各方关系，促使项目顺利实施。由此可见，在全过程工程咨询的推进过程中，报酬机制作为重要激励手段，收费标准是否合理，影响着全过程工程咨询企业是否可以不断完善并提供优质服务，从而影响项目管理绩效的改善。而一般情况下，报酬机制并不单独存在于影响项目管理绩效的关系链中，项目的合同设计往往需实现企业"责-权-利"的有效统一。因此，对于全过程工程咨询项目而言，需要将控制权配置与报酬机制有机匹配和整合，同时探寻新的组合方式，实现对于实施项目管理的全过程工程咨询企业的激励，提高项目管理绩效水平。

（3）信任机制　全过程工程咨询项目具有一般项目一次性、临时性等特征，因此，在项目治理框架下的信任概念具有其特殊性。全过程工程咨询项目中主要信任来源于业主与全过程工程咨询企业，业主需对全过程工程咨询企业建立信任，并与其进行深度沟通，充分体现全过程工程咨询的优势，即建立信任意味着接受由项目风险所产生的不确定性。业主和全过程工程咨询企业在面对风险时会选择不同的行为方式，而在信任的基础上，这种行为方式将减少向机会主义行为倾向靠近。与此同时，如果业主与全过程工程咨询企业曾经拥有互动经验，这种信任会进一步得到强化并提高项目绩效。

与其他项目相比，全过程工程咨询项目中全过程工程咨询企业不仅承担部分或整体服务，同时兼顾协调业主与总承包商的义务。项目组织结构不稳定、角色冲突、信息不对称等原因都会引发项目参与方之间冲突，影响项目管理绩效。而信任有利于从合作伙伴关系角度出发，审视参与方之间所存在的冲突矛盾，促进合作双方相容性，从而提高项目管理绩效。业主与全过程工程咨询企业基于伙伴关系所达成的一项善意的咨询合同，在这种相互信任的氛围中，双方可以共同确定和达成针对管理的计划、组织、协调、控制及相关责权利分配的一致意见。

（4）沟通机制　无论何种性质的项目，保持信息传递的准确性和完整性都是很重要的一个环节，信息传递失误不仅会导致资源浪费，影响项目管理绩效，甚至会影响整个项目的完成。有效的信息沟通与交流平台构建，都会减少由信息失真所造成的交易成本。全过程工程咨询企业与业主之间所呈现的信息透明与知识共享，都会促进参与方之间的信息沟通与关系质量。由此可见，项目组织之间的沟通便显得尤为重要。

全过程工程咨询项目的成功需要网络治理结构中各参与方的共同努力，其中，全过程工程咨询企业在与其他参与方进行协调合作的过程中都离不开沟通。在执行全过程工程咨询项目的过程中，当发生合同中未约定的事件或突发情况时，掌握信息更为全面的一方将事件信息告知全过程工程咨询企业，通过全过程工程咨询企业的信息传递中介，使双方信息尽可能对称，减少项目完成过程中分歧和冲突的发生。全过程工程咨询企业作为业主提升项目管理能力的抓手，当总承包商为了获得一定的利润不公开掌握的基本市场信息时，全过程工程咨询需要从业主利益出发，监督总承包商行为，并对业主与总承包商之间的关系进行沟通协调。

2. 咨询企业的项目治理机制

（1）多项目环境下项目型组织的治理　Turner（1999）是最早研究项目型组织治理的学者之一。他认为在项目型组织中存在三个层次的治理，一是公司（此处公司是指项目型组织）治理层次；二是公司治理和单个项目之间的项目群和项目组合的治理；三是单个项目层次上的治理（Turner，2006）。

在公司治理层次上，通过定义正确的项目组合（project portfolio）、项目集和项目来实现公司战略目标。Turner把英国项目管理协会（APM）的Governance SIG小组提出的GoPM（Governance of Project Management）归为公司治理层次。在公司治理和单个项目之间的层次，可以概括为"做正确的项目"和"正确地做项目"。通过适宜的项目组合和项目集治理及管理结构来支持单个项目，并通过提高项目管理能力实现项目、项目集和项目组合的良好运作。在单个项目的治理层次上，项目治理包括三种角色：经纪人（broker）——制定项目目标，管理员（steward）——明确项目的交付成果如何产生，项目经理（project manager）——对项目进行监管，保证在预算内按时、保质地交付项目成果。

可见，项目型组织的治理将项目治理作为一种决策机制，认为项目治理是公司治理的一部分，项目的存在是为了实现企业的目标，因此，项目治理的功能就是从战略高度保证项目成功且有助于企业的成功。项目治理实质就是"从企业的高度出发，保证项目成功的方法集合"。在项目型组织中，战略层面的公司治理与运作层面的项目管理之间的关系是研究的焦点，通常认为二者之间存在双向循环作用，项目治理可以有效弥补战略层面的公司治理与运作层面的项目管理之间的缺口。

（2）项目管理的治理　有效的项目管理治理保证了组织的投资项目组合与组织目标的一致性，项目组合的有效执行及其可持续性。项目管理治理是关于项目管理公司治理活动的子集。同时表明涉及日常项目管理的大多数方法论和活动都不包含在公司治理之中。

在公司治理层次上，公司治理支撑着项目管理、项目群（programme）管理、项目组合（portfolio）管理，反过来，项目组合、项目群和项目所采用的治理和管理结构是实现公司战略目标的一种手段，也是监控整个组织绩效的流程的一部分，尤其对大型项目、项目群、项目组合的监控至关重要。公司治理要求项目型组织中的 CEO 和董事会应该做出相应的决策，以在组织内营造一个支持项目的环境，并且英国项目管理协会（APM）已经发布了一个非常及时的关于项目管理治理的报告。该文件列出了项目治理的四个主要因素：①项目组合指导的效力和效率；②项目发起的效力和效率；③项目管理的效力和效率；④披露和报告。同时，APM 的指导文件同是给出了项目管理治理的 11 项原则（表 2-6）。

表 2-6　项目管理治理的 11 项原则

序号	项目管理治理原则
1	董事会对项目管理治理全权负责
2	明确界定项目管理治理的角色，责任和绩效标准
3	在整个项目生命周期内运用严格的项目治理安排机制
4	商业策略和项目组合之间保持一致和互相支持的关系
5	所有项目都有批准点，只有到达该点商业论证才能够得到批准，而且与所有相关人员就这些批准点的结果进行充分沟通
6	被授权进行批准的团队成员具有充分的代表性、能力、权威和资源使他们能做出适当的决策
7	项目的商业论证都有准确的相关信息来支撑
8	董事会或其授权机构能够识别出什么时候需要对项目进行外部审查，并且严格进行相应的审查
9	对于所报告的项目状态以及逐渐升级的风险和事宜有明确定义的标准
10	组织提倡一种持续改善和公开披露项目状态的文化氛围
11	项目利益相关者参与的程度应与其对组织的重要性相一致，并努力促进相互之间的信任

（3）咨询企业项目管理的治理水平　咨询企业是一种典型的项目型组织，其项目治理具有一定的特殊性，兼具公司治理和项目治理的部分特征，既要符合公司治理的要求又要满足项目治理的需要，是一种对项目管理进行治理的手段，即项目管理的治理（Governance of Project Management，GoPM）。

在项目实施的过程中，咨询企业不仅要对项目进行监督和管理，还要为项目提供必要的支持，项目本身的管理、项目经理的个人能力和公司的支持都是提高项目成功率的重要影响因素。因此，全过程工程咨询项目的成功不仅与进度、成本、质量等密切相关，也在很大程度上取决于咨询企业项目管理的治理。全过程工程咨询项目中的咨询企业是建设项目生产过程的集成者，也是工程项目管理的核心。对于咨询企业来说，项目管理的治理是对于其在整个项目生命期内的一种宏观调控，是可以熟练完成各种制定项目的能力，咨询团队应在各环节进行有效细化和衔接。具有较好项目管理治理水平的组织能够及时清晰地发现自身内部项目管理过程中所出现的问题，及时修正并不断提高组织的项目管理治理的能力。项目管理的治理会对项目效率产生影响，进而影响项目管理绩效。

2.3.3 绩效改善导向下的全过程工程咨询项目治理模式

1. 基于项目治理的项目管理绩效改善路径

许多学者针对建设项目管理绩效的内涵，将项目管理绩效改善大致分为两个阶段：一是围绕新制度经济学范式，认为正式的契约治理是改善项目管理绩效的有效方式，且良好的制度安排可以减少项目利益相关者之间所产生的逆向选择和道德风险问题；二是在第一阶段的基础上，针对正式制度安排提出具体项目管理绩效的改善途径，如杜亚灵等所提出的"治理-管理-绩效"的项目管理绩效改善模型，并试图将项目治理作为公共项目管理绩效提高的根本性动因；Müller将治理视为组织内进行决策和管理行动的整体框架，以控制权和所有权角度探寻提升项目管理绩效的方法。

除了正式契约治理外，相关研究也就关系治理与项目成功的关系进行研究。孟宪海在供应链视角，认为得失共享、信任、联合工作、沟通、绩效测量与改善可以用来表示关系的具体形式；Black则将信任、沟通、高层承诺和具有奉献精神的团队等作为项目伙伴关系成功的重要构成要素。Doloi通过研究证明沟通在影响合作项目及合作关系成功上具有重要作用，同时也验证了不同关系要素对于项目成功的作用情况，如信任在沟通过程中起补充作用等。此外，还有学者从其他角度进行相应研究，如从社会资本视角入手，认为在参与方之间的凝聚力达到一个适当水平的时候，可以有效提高项目绩效，甚至达到最大化水平。

然而，无论通过何种角度，关于项目管理绩效改善或提升的研究都仅仅是从单一项目治理机制切入，没有考虑不同治理机制之间的交互作用，同时忽视了在整个项目网络中节点性质与项目治理机制之间关系对项目管理绩效的综合影响。

2. 全咨介入视角下项目管理绩效改善模型的构建

组织间治理机制中正式治理与非正式治理之间的联系，在供应链、战略联盟和公共项目治理的相应研究中，已有针对二者替代与互补的部分结论出现。其中，以委托代理理论与交易成本理论为基础提出的契约治理不可替代性认为，合同本身即是缺乏信任的表现，制定合同便是为了应对对方信任一开始便处于较低状态的有效反应，同时在交易双方建立良好关系后，这种信任的提升还会对合同强制执行起到消极作用。因此，有学者认为这种关系和合同共存的状态是相互制约的，不能有效提高绩效。随着合同协调功能逐渐受到认可，合同本身可看作是承诺的一种表现形式，以这种角度切入，如果正式治理与非正式治理之间具有某种适配性，那么在二者共同作用下将对绩效产生促进作用。Abdi等针对不确定性认为正式和非正式治理之间即可以替代也可以互补；严玲等也在针对公共项目关系治理与契约治理的替代和互补关系研究中，认为二者互补效应对公共项目管理绩效的改善效果明显高于二者单独的效果叠加总和。由此可见，契约治理和关系治理对绩效的影响均发挥着重要作用，且二者之间存在某种互补关系，即一种治理的使用增加了另一种治理使用的好处。

全过程工程咨询项目中委托代理关系更为复杂，正式治理中所包括的权利和义务界定、对有效完成咨询服务的奖励和进行机会主义行为的惩罚等,均有助于减少在全过程网络中信息不对称,支持公平环境,促进非正式治理的发展。同时,全过程工程咨询企业与业主之间基于信任所创造出的"双赢"心态,会促进双方正式机制的有效实施。然而,正式治理机制中不同维度对非正式治理机制也会存在不同影响,只有当正式治理和非正式治理平衡时,绩效才会得到改善。因此,在全过程工程咨询项目中正式与非正式治理之间存在某种互补关系,这种关系可视为机制之间的交互效应,即通过正式与非正式治理机制的有效匹配,可以在一定程度上改善项目管理绩效。

另外,在全过程工程咨询项目中,咨询团队作为协调各方关系的重要枢纽,其内部的治理机制同样会对项目管理绩效产生影响。咨询团队对于协调项目内外各利益相关者需求的特殊性,其治理机制的选择会对团队成员的工作方式、工作态度、忠诚度和归属感等产生影响,进而影响咨询团队和项目组织的稳定性。同样,团队也可以通过有效的制度安排与奖惩激励提高团队效率,从而使专业咨询人员更好地为业主与总承包商提供咨询服务。因此,在全过程工程咨询视角下,业主为保证项目管理绩效的有效改善,除了要对组织间治理机制的替代互补效应进行有效筛选外,还应将咨询企业项目治理机制纳入改善路径中,考虑该治理机制是否具有直接必要性,且该治理机制与组织间治理机制的匹配是否对项目管理绩效具有组合促进效应。

综上所述,本书选取了以控制权配置、报酬机制、信任、沟通为代表的组织间项目治理机制和咨询企业项目管理的治理水平,构建了全过程工程咨询视角下项目管理绩效提升的理论模型,如图 2-11 所示。

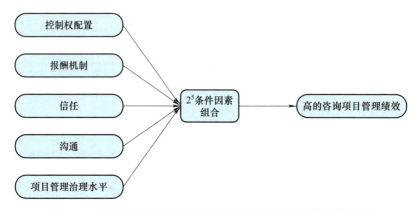

图 2-11　全过程工程咨询视角下项目管理绩效提升的主要路径

3. 全过程工程咨询项目的主要治理模式类型

基于上述分析,参考 Fiss 的组态思想,采用 QCA 方法寻求针对项目管理绩效的最佳匹配特性。定性比较分析法的结果表明,组织间项目治理机制与咨询企业项目治理机制的 3 种治理模式将有利于全过程工程咨询项目管理绩效的提升,分别为基于 PMC 的全咨项目治理模式、基于 PM 的全咨项目治理模式和基于伙伴关系的全咨项目治理模式。主要构型分析如下。

1) 基于 PMC 的全咨项目治理模式。基于 PMC 的全咨项目治理模式要求咨询企业具有较好的项目管理的治理水平,且对双方之间的沟通程度有较高的要求,是一种以咨询企业为主导的提升项目管理绩效的途径。该模式有三种具体的表现形式。其中，第一种形式中咨询企业具有较好的项目管理的治理水平、合作双方具有较高的沟通程度以及较高的信任水平。该形式是一种比较理想的状态，当咨询企业项目管理的治理水平较高时，业主基于咨询企业的项目管理治理能力会给予对方较高的信任，较高的信任又会促进双方在项目实施期间的沟通和交流，而良好的沟通和交流会更好的激发双方的学习能力，以此促进咨询企业项目管理治理水平的提高，使双方的合作处在一个良性循环之中。这必然会对相关管理绩效产生积极作用。

第二种形式中咨询企业项目管理的治理水平较高、双方的沟通程度较高且报酬机制运用较为合理。该形式表示当咨询企业项目管理的治理较好，业主对咨询企业的报酬机制达到较为合理的要求，且对于双方而言沟通处于较好的水平时，项目管理绩效将会得到有效改善。这表明当咨询企业的项目管理治理水平较高且得到的报酬较为合理时，咨询企业有能力且愿意为咨询项目付出更多的时间和精力为业主方提供更高质量的咨询服务。在此基础上，双方也更倾向于频繁有效的沟通，这也会对项目管理绩效产生促进作用。

第三种形式中咨询企业项目管理的治理水平较高、合作双方信任水平较高，但沟通水平较低、报酬机制的运用较不合理且控制权配置水平较低。该形式表示当业主对咨询企业的控制权配置和报酬机制均未达到合理要求，且双方沟通水平较低时，业主应选择项目管理治理较好的咨询企业，并提高双方之间的信任水平，以实现项目管理绩效的有效改善。此构型表明，在咨询企业具有较好的项目管理的治理水平且存在较高的信任时，双方追求更多的可能是一种长期稳定的合作。

由此可见，基于 PMC 的全咨项目治理模式中项目管理的治理水平和沟通是影响项目管理绩效的重要因素，其与信任机制及报酬机制的匹配与交互作用是实现绩效提升的关键。

2）基于 PM 的全咨项目治理模式。基于 PM 的全咨项目治理模式中，合作双方具有较高的沟通水平、较高的信任水平，报酬机制的运用未达到合理要求及控制权配置水平较低。该模式表示当业主对咨询企业的控制权配置与报酬机制均未达到较为合理的要求，是一种典型的以业主为主导的类型，在此类型中对咨询企业的项目管理的治理水平并无要求，但是较高的沟通和信任水平在一定程度上能够弥补正式控制机制运用不当所造成的不足。因此，在基于 PM 的全咨项目治理模式中，更应当注重信任和沟通等非正式控制机制对项目管理绩效改善的重要作用。

3）基于伙伴关系的全咨项目治理模式。基于伙伴关系的全咨项目治理模式表示咨询企业项目管理的治理水平较高、业主与咨询企业信任水平较高、报酬机制的运用达到合理要求且控制权配置水平较高。该模式表示当业主选择项目管理治理水平较好的咨询企业，且对于报酬机制的运用和控制权配置均达到合理标准，同时重视业主与咨询企业之间的信任关系，这表明双方形成了一体化项目管理团队，将有助于项目管理绩效的有效提升。这显然是一种基于信任的项目管理绩效提升途径，在此类型中业主方通过授权增加咨询企业的自主性和积极性，而咨询企业较好的项目管理的治理水平不但有利于改善项目管理绩效，还会增加业主方对咨询企业的信任，促进双方的交流和沟通，从而起到提高项目管理绩效的作用。

4. 全过程工程咨询项目治理机制的选择

1）咨询企业项目管理的治理水平是促进项目管理绩效改善的基本因素，且与其他前因变量组合具有互补效应。网络是可以减少单位自身受到独立性风险的威胁及获得外部资源的一种机制，其目的是获得资源的控制权。业主在进行全过程工程咨询时，其目的不仅是为了完成项目，同时也是为了获取资源和能力，业主在全过程中充当了一个学习者的角色。

当业主无法进行全过程项目管理时，业主会根据咨询业务的空缺程度选择符合咨询要求的咨询企业。当咨询企业具备很高的项目管理水平时，其自身信息链条和管理策略均较为完整，不仅对咨询业务与整体项目目标的有效实现具有积极作用、能更好地满足业主的需求，同时业主可以从中获取自身所需资源与能力，产生学习效应。因此，业主与咨询企业之间具有友好的信任、沟通关系，抑或合理的报酬机制和控制权配置，均会在该情境下得到促进，从而改善咨询项目管理绩效。

2）非正式治理机制具有针对正式治理机制改善项目管理绩效的替代效应。当业主所提供的报酬机制及控制权配置未达到所需要求时，处于第一次合作的咨询企业可能会感到自身受到不平等对待，抑或认为所获权利不对等。因此，咨询企业会产生消极情绪，会频繁与业主进行谈判，严重影响项目进度，不利于项目管理绩效的提升。在此情况下，需要业主采取合理有效的方式与咨询企业进行沟通，同时应解决双方之间由于信息不对称所造成的误会。而当咨询企业本身与业主有过长期友好合作，那么出于初始信任，咨询企业将会更为理解性地接受业主安排，如有其他争议，再相互沟通以寻求最佳解决方案。由此可见，信任和沟通所形成的非正式治理机制对于报酬机制和控制权配置而言具有替代效应。

3）针对项目管理绩效改善，报酬机制单独作用效果高于与其他前因变量的组合效果。传统模式下监理单位所追求的为个人利益最大化，作为第三方监督承包商时同样可能产生与承包商相同的机会主义行为，某种程度上会导致监理单位与承包商的合谋现象。相反，在全过程工程咨询项目中，为解决承包人机会主义行为问题，业主可能更需要同咨询企业构建信任合作关系，以减弱咨询企业同承包商合谋的可能性。其中，报酬机制的重要前提是已包含对风险分担的合理约定，对激励咨询单位有重要作用，可独立发挥作用。因此需要精心设计咨询服务报酬机制并选择合适的咨询服务合同类型。

第 3 章
全过程工程咨询项目的组织设计

/本章导读/

- 全过程工程咨询项目的组织模式有三种，一体化模式、联合体模式以及部分组合模式，需要根据项目特点和实际需求进行选择。
- 全过程工程咨询项目部是业主与全咨企业组成的，项目部的组织设计需要考虑项目咨询目标、组织模式以及服务范围等进行组织结构设计，最终形成合理的任务分工、职能分工和工作流程。
- 全过程工程咨询企业是典型的项目型组织，需要统筹考虑企业职能部门与项目团队之间的关系，合理设计企业项目管理的运行机制。

3.1 全过程工程咨询项目的组织策划

3.1.1 全过程工程咨询项目组织模式

1. 全过程工程咨询项目组织模式的内涵

在全过程工程咨询项目中，组织设计的内容可以归纳为组织模式、任务与管理职能分工和工作流程等三个方面。全过程工程咨询项目组织是由业主、勘察、设计、施工、监理等多方责任主体⊖在一定规则和程序规定下，为了实现全过程项目管理功能和项目绩效而形成的网络组织。理论上讲，推行在全过程工程咨询模式，工程咨询项目组织的主要责任主体就演化为以业主、全过程工程咨询企业以及承包人为核心的三方责任主体模式。显然，在开展全过程工程咨询服务的过程中，项目组织中责任主体之间存在多种关系，任务具有相互依赖性，共同为项目的特定目标而努力。因此，国内开展全过程工程咨询服务过程中，首要工作是进行全咨项目的组织模式设计，明确责任主体之间的组织结构、权力边界和正式关系。可以说，合理的组织模式才能有利于建设单位与全过程工程咨询单位更好地协作，保证全过程

⊖ 在建设部 2003 年印发的自 2003 年 7 月 1 号起施行的《建筑工程质量责任主体和有关机构不良记录管理办法》（试行）中，将施工图审查机构、工程质量检测机构等和原来的五大责任主体——建设单位、勘察单位、设计单位、施工单位、监理单位等一并纳入该《办法》的管理范畴，这就形成了后来所谓的七大责任主体的说法。

工程咨询的顺利进行。

全过程工程咨询项目的组织模式概念有狭义和广义之分，其中狭义的组织模式即组织结构，是指为实现组织目标，在组织理论指导下经过组织设计所形成的全过程工程咨询项目参与主体及各个部门之间的构成方式；广义的组织模式还包括全过程工程咨询项目参与主体之间的关系类型以及动态的运作机制。

2. 全过程工程咨询项目组织模式的类型

在国际上，全过程工程咨询的概念被称为"全生命周期工程顾问（Life Cycle Project Consulting）"，其大致分为两类，一类是以美国为代表的国家通常将设计、工程管理统一由一个大的组织机构提供全过程的工程咨询服务；美国提倡由大型工程顾问公司为业主提供一站式全过程工程咨询服务，包括工程项目的规划设计类服务以及项目管理类服务；另一类是以德国为代表的国家，自 1996 年以后，通过立法认定项目控制和项目管理不属于建筑师的业务范畴，认为设计类任务和项目控制与管理任务委托一个组织承担，在咨询实践和法律方面都存在一些问题。因此，业主分别和提供规划、设计类服务和工程项目控制与管理类服务的公司签约，并且这两类公司可以建立联合体或合作体和业主签约，其法律上应该承担的责任都有明确界定。

国际上主要工程咨询服务模式见表 3-1，工程顾问公司 B1 和 B2 建立联合体、合作体或分别为委托人提供不同属性的全过程工程咨询服务。工程顾问公司 B1 承担的基本设计服务包括基本数据及资料准备，规划和初步设计，深化设计，审批设计，施工图设计等工作；设计延伸服务包括工程施工招标发包准备，招标发包工作，施工监控、验收及相关的设计工作，工程管理工作，保修期的工程巡查、建档及相关的设计和工程管理工作。工程顾问公司 B2 承担的业务主要是依据 AHO 和业主签订项目控制与管理的合同。

表 3-1　国际上主要工程咨询服务模式

名称	服务提供者	主要服务内容	合同结构
美国模式	大型工程顾问公司如 AECOM、凯迪斯	工程项目规划和设计类服务及项目管理类服务	一站式全过程工程顾问合同
德国模式	工程顾问公司 B1	工程项目规划和设计类服务（基本设计服务、设计延伸服务）	工程项目设计合同（依据 HOAI）
德国模式	工程顾问公司 B2	工程项目控制与管理服务	工程项目控制与管理合同（依据 AHO）

借鉴国际上全生命周期工程顾问的国际经验和全过程工程咨询组织模式，国内全过程工程咨询该如何组织？可以大致分为三种（丁士昭，2018），如图 3-1 所示。

住建部颁发的《关于征求推进全过程工程咨询服务发展的指导意见（征求意见稿）》，在实践中，业主对全过程工程咨询的委托方式也存在以下三种：其中一体化全过程工程咨询提供商（A 模式）为委托单一咨询企业，联营体（B 模式）为委托多家企业组成的联合体，部分咨询组合形式（C 模式）为分阶段委托多家咨询企业。其中，A 模式，遵从美国模式，业主将建设项目全生命周期的工程咨询服务全部委托给一家总咨询企业，包括规划设计类与管理类咨询。由一家咨询公司负总责，与业主之间的权责利关系更容易约定。其他各家咨询公司在勘察、设计或施工监理业务上做类似于分包性质的咨询企业，与咨询总负责签订合同关系，或直接与业主签订合同关系。B模式，业主将设计与管理咨询服务委托给由多家咨询企业组成的联合体或合作体，并一同或分别签订相关服务合同，其中以设计工作执行单位为主体。C模式，业主可根据工程重点与自身能力，划分几个大的阶段和工作，将全部工作连续或跳跃式地与多个咨询企业分别签订合同，分为设计和管理两大类咨询活动。三种组织模式的具体分析见表3-2。

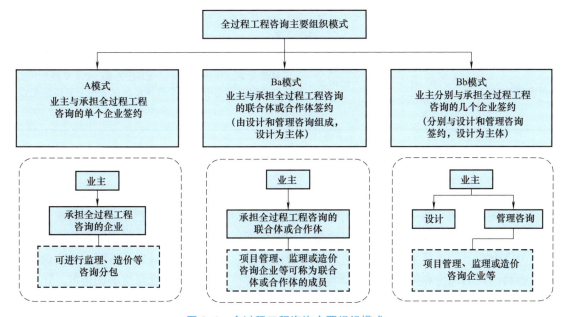

图 3-1 全过程工程咨询主要组织模式

表 3-2 业主委托全过程工程咨询的三种类型

组织模式	承担单位	承担业务	协调配合
A 模式：一体化模式	一体化咨询服务提供商（又称集成化咨询服务提供商）	前期策划、勘察设计、招标代理、造价咨询、工程监理、项目管理及其他咨询业务	一体化咨询服务提供商负责全部咨询工作
B 模式：联合体模式	多家咨询企业组成联合体	各单位分别承担各自的一项或多项咨询服务	各单位签订基于项目的联营合同，以一家咨询单位作为牵头企业负责总体协调，共同合作完成项目咨询服务
C 模式：部分组合模式	多家咨询企业	各单位分别承担各自的一项或多项咨询服务	由业主或业主委托的一家咨询企业负责总体协调

3. 全过程工程咨询项目组织模式的项目内部组织关系

全过程工程咨询企业介入的业主方项目管理中，根据业主对咨询方的授权程度不同，咨询服务所涉及项目的阶段和方面也存在差异，业主选择咨询方的委托方式也不同，业主委托的全过程工程咨询方可能是一家咨询企业，也可能是多家企业构成的联合体。

然而，不同的委托方式对应不同的组织模式，其决定项目的运作模式，进而影响项目内部组织关系。项目内各组织间关系决定了各主体对于项目管理方式的选择。全过程工程咨询模式与项目内部组织关系的比较见表3-3。

表 3-3 全过程工程咨询项目的组织模式比较

运作方式 \ 组织模式	一体化全过程工程咨询	多家咨询企业参与	
		联合体全过程工程咨询	组合型全过程工程咨询
运作模式	组织内部运作	跨组织运作	跨组织运作
项目内合同关系	建设单位与一体化全过程工程咨询提供商为合同关系	建设单位与联营体为合同关系;联营体内部为合同关系	建设单位与全咨牵头单位和其他咨询单位之间为合同关系;牵头单位与其他参与单位为协作关系
项目内科层关系	不同咨询业务板块同属于一体化全过程工程咨询提供商企业内部,为科层关系	无科层关系,联营体内部单位之间存在竞争与合作关系	无科层关系,牵头单位与其他参与方存在工作上的协同配合关系

3.1.2 全过程工程咨询项目组织模式分析

1. 一体化组织模式

(1) 案例选择 在一体化模式中,受托咨询企业是项目唯一责任人,在其完成自有资质证书许可范围内的业务并保证项目完整性的前提下,可在经业主单位同意后,按合同约定将部分咨询业务转委托给具有相应资质或能力的企业。一体化模式减少了不同企业沟通、对接上容易出现的纠纷和问题,且风险和责任具有针对性,减少业主管理与协调难度。该模式的管控难点在于分包管理问题,工程咨询单位应对转委托单位的委托业务承担连带责任。

本书选取江苏省现有全过程工程咨询项目案例为研究对象,发现完整意义上全过程咨询项目一体化组织模式较少,仅 4 个,且均采用邀请招标的方式选择咨询企业。这 4 个案例在项目类型、业主类型、全咨单位类型、承发包类型及工作内容等方面都不尽相同,基本上涵盖了一体化模式中可能涉及的情况,具有一定的代表性和可借鉴性。案例的项目概况见表 3-4。

表 3-4 案例项目概况

序号	项目名称	项目类型	业主单位及类型	全咨单位及类型	承发包模式	工作内容
1	某国投大厦建设工程	办公建筑	某投资经营有限责任公司(私营业主)	某建筑设计研究院有限公司(设计单位)	EPC	前期策划、勘察设计、造价咨询、工程监理、项目管理
2	某开发区商务中心工程	办公建筑	某有限公司(私营业主)	某建设监理有限公司(监理单位)	DBB	前期策划、勘察设计、招标代理、造价咨询、工程监理、项目管理
3	某科教研发用房项目	科研建筑	某研究院集团股份有限公司(私营业主)	某工程监理有限公司(监理单位)	DBB	前期策划、勘察设计、招标代理、造价咨询、工程监理、项目管理
4	某公司迁建新工厂项目	工业建筑	某有限公司(私营业主)	某设计研究院股份有限公司(设计单位)	DBB	前期策划、勘察设计、招标代理、造价咨询、工程监理、项目管理

(2) 一体化组织模式的特点

1) 一体化咨询服务体现了全生命周期的特点。四个案例中一体化咨询服务所涵盖的业务范围包括前期策划、勘察设计、招标代理、造价咨询、工程监理以及项目管理等六项，尽管某国投大厦建设工程中，咨询业务承包单位为全过程工程咨询企业，施工业务承包单位为EPC工程总承包企业，不涉及其他业务的招标工作，但是也可近似理解为一体化咨询服务模式。因此，未来大型企业向具有项目前期咨询、项目管理和融资等集成化服务能力的咨询公司发展；有条件的设计企业以设计与研发为基础，拓展装备制造、设备成套、项目运营维护等业务，逐步形成工程项目全生命周期的一体化服务体系。

2) 一体化咨询企业早期介入。当全过程工程咨询企业具有较强的项目管理能力和专业技术能力时，项目管理能力和经验较弱的业主方更倾向于选择一体化模式，此时的全过程工程咨询企业内部关系应更加简洁且在项目实施的早期阶段介入。

3) 采用邀请招标选择一体化咨询企业。一体化组织模式下，复合型的专业人才对于项目的成功是至关重要的。现阶段，国内全过程工程咨询对于一体化咨询服务提供商的模式应用较少，关键原因为目前企业缺乏资质及优秀的管理人才，导致一体化咨询服务提供商在承揽项目过程遇到很多困难，很少企业具备一体化咨询服务的能力，因此在招标模式上最常见的是邀请招标。

4) 一体化咨询组织模式的控制机制。在一体化组织模式下，业主往往选择一家具有综合能力的工程咨询企业实施，与一体化全过程工程咨询提供商签订合同，以正式控制的手段保证全咨单位按照合同约定提供不同层面的组织、管理、经济和技术等咨询服务。这种全咨项目团队在咨询工作的开展过程中存在很多优点，依赖于权力，如流程、各种决策监督执行的责任和义务的划分。易于形成非正式组织，及进行相对复杂的协调。但其局限性也很明显，如办公室政治、小团体、组织内交织的各种关系影响，部门之间都有自己的立场等，因此需要全过程工程咨询企业通过一定的控制手段来保证企业内部组织运作。

2. "联合体"组织模式

(1) 案例选择　工程咨询企业组成联合体的原因多样，既包括企业资质与能力的缺乏以及项目管理能力不足等主要原因，也包括业务接口协调的原因，如某厂区项目，由于前期的项目策划与招标代理已委托由一家咨询企业负责，因此为保证业务协调，开展全过程工程咨询业务时，使前期已发包业务的合作单位与后期咨询业务负责单位组成联合体开展整体的咨询服务。此外，采用联合体组织模式，可以发挥强强联合的效果，在不同企业都占据所处优势服务咨询领域的同时，解决一体化模式带来的困扰。

在"联合体全过程工程咨询"这一组织模式下，业主为提升业主方项目管理水平，会将全过程工程咨询业务发给由多家具有招标代理、勘察、设计、监理、造价、项目管理等不同能力的咨询单位联合实施。当全过程工程咨询企业采用联合经营方式时，由多家咨询单位联合实施全过程工程咨询合同应明确牵头单位，联合经营单位应接受牵头单位的管理协调，并对其所提供的专业咨询服务负责，明确各单位的权利、义务和责任。全过程工程咨询牵头单位应向投资人承担项目全过程咨询的主要责任，联合经营单位承担附带责任。

本书选取江苏省现有全过程工程咨询项目7个案例为研究对象，这7个案例在项目类型、业主类型、全咨企业类型、承发包模式及工作内容等方面都不尽相同，通常由2~4家咨询单位组成联合体开展全过程工程咨询业务。案例中超过85%的联合体项目均包含工程设计业务，且其中67%的项目中工程设计业务由联合体牵头方负责完成。案例的项目概况见表3-5。

表3-5 案例项目概况

序号	项目名称	项目类型	业主单位及类型	联合体牵头单位及类型	承发包模式	工作内容 联合体牵头单位负责业务	工作内容 联合体成员负责业务
1	某电子类及配套工程项目	市政工程	某市政工程管理中心（政府业主）	某市政工程设计研究院有限公司（设计单位）	DBB	工程设计、项目管理	招标代理、造价咨询，工程监理，勘察
2	某商业建筑项目	商业建筑	某有限公司（私营业主）	某工程咨询管理有限公司（工程咨询企业）	DBB	招标代理、造价咨询、工程监理	工程设计
3	某医学类产业化项目	医疗建筑	某建设公司（私营业主）	某造价师事务所（造价单位）	DBB	造价咨询、招标代理	工程设计，工程监理
4	某住宅工程项目	住宅建筑	某投资控股有限公司（私营业主）	某项目管理有限公司	DBB	招标代理、勘察设计、工程监理（外包）	项目管理
5	某桥梁建设工程	桥梁工程	某开发公司（私人）	某设计集团	DBB	勘察设计、招标代理	项目管理
6	某厂区项目	工业建筑	某机械有限公司（私人）	某设计研究院	DBB	勘察设计、造价咨询、工程监理、项目管理	项目策划、招标代理
7	某地块安置房建设工程	住宅建筑	某开发公司（私人）	某工程监理公司	DBB	项目策划、招标代理、工程监理、项目管理	造价咨询

（2）联合体组织模式分析

1）全过程工程咨询联合体组织模式下，业主不仅与咨询联合体存在合同关系，联营体内部的各个咨询单位间也存在合同关系。不论业主与全过程工程咨询联营体之间、联营体内部各咨询企业之间，还是咨询企业内部的成员个体都需要有效的控制来保障各自工作的顺利开展。

2）联合体内部咨询企业间的运作便依赖市场准则（如合同、企业声誉等），其优点在于价格和竞争的强激励，从而形成最优效率的配置。在这种情况下，白纸黑字，按规矩办事，能把规矩立好，就能有效地进行协调。但也存在局限性，如价格机制失灵、合同不完备、合同执行高成本（在很依赖合同执行的情况下）等，相对企业内部协调，市场机制支持复杂的协调的能力更弱一些。但实际上，多个企业共同承担的时候，还存在市场之外的协调机制，典型的如战略合作伙伴、战略联盟、长期合作伙伴等。如某些设计院虽然没有自己的造价咨询部门，但跟外部的某些造价咨询企业有长期的合作，相互之间很熟悉。

3）联合体成员之间的合作与竞争关系的平衡。联合体成员长期合作也存在很大的矛盾性。一方面，这种基于信任的协调机制某种程度上也弥补了通过完全市场选择的不足，有助于进行快速合作，以应对市场的变化。但另一方面，在缺少市场竞争的情况下，长期合作伙伴的竞争意识会下降，对于创新和提高质量的要求会减少，在这种情况下，项目的整体效率也可能会下降。因此建立长期合作伙伴过程中，也要保持一定的市场竞争性，如采用淘汰机制，与多家相似的企业同时合作等。

3. "部分组合"组织模式

项目业主对交易模式进行选择时，首先考虑自身咨询服务能力。如业主可单独进行某方面咨询服务，或已找到在某方面可以胜任的发包企业，业主往往会选择委托多家模式进行全过程工程咨询。这样既能充分运用自身咨询服务能力，确保在所承担咨询服务范围内的服务质量，同时具有多种选择方式，可对各咨询服务领域内可胜任的工程咨询或全过程工程咨询企业进行比对，以选择最适合且最具能力的企业签约，为建设项目全过程中的几个阶段提供不同层面的组织、管理、经济和技术咨询服务，最大限度满足建设项目要求，完成项目目标。

全过程工程咨询项目部分组合组织模式最接近于传统的各单项咨询业务发包的模式，但是企业通过部分组合模式仅能够实现一半的全过程工程咨询，距离一体化或集成化目标较远。由于国内全过程工程咨询市场仍处于发展初期，全过程咨询项目采取部分组合的组织模式较多，江苏省开展的全过程工程咨询项目中，将近90%的项目采用部分组合模式。

部分组合模式主要是通过部分组合及以菜单式发包的方式将多项业务分发给不同咨询企业，常见的基本咨询业务内容有六种，包括前期策划、勘察设计、招标代理、造价咨询、工程监理和项目管理等服务。工程咨询业务部分组合的方式多种多样，通常由2~5种基本的咨询业务组成，但是并不是完全的随机组合，依据江苏省情况，近80%的全过程工程咨询企业承揽项目管理业务，近85%的项目包含3~4种基本咨询业务，见表3-6。

表3-6 基于业主发包的咨询服务组合模式类型

序号	包含基本咨询业务数量	组合模式占比
1	2项	3.7%
2	3项	44.4%
3	4项	40.7%
4	5项	11.2%

当业主委托多个咨询企业（或机构）共同承担大型或复杂建设项目的工程咨询业务时，业主应明确全过程工程咨询企业作为咨询业务主要承担单位，并由其负责全过程工程项目管理等综合性工作；其他咨询企业应分别按合同约定负责其所承担的专业咨询工作并由全过程工程咨询企业统一协调。然而，各责任主体对委托项目共同负责却难以定责，这就要求业主单位有较强的协调管控能力。因此，其中一家单位作为全过程工程咨询企业负责协调全过程工程咨询业务并负责项目管理业务。

3.2 全过程工程咨询项目部的组织设计

3.2.1 全过程工程咨询项目部的运作过程

1. 全过程工程咨询项目部的组织设计要点

（1）任务分工　组织部门的划分、业务的归属，应兼顾专业分工及协作配合，做到分工合理、协作明确。根据这一原则，首先要进行的是任务分工，要确定组织应当完成哪些任务，应当由哪个部门来完成。这一点在全过程工程咨询项目组织中十分重要，在此组织中各参与方的专业程度都比较高，这样一方面能更加明确各方责任，提高工作效率，但是这样也造成了参与方增多、协调困难和协调成本变高等现象。

（2）管理职能与职能分工　管理职能就是为了完成某一确定的任务所进行的某种专门的活动。在管理工作中一般将职能分为两大类：一类是主要职能，包括规划、决策、执行和检查；另一类是辅助职能，包括安排、协调、了解和参与等。主要职能体现了动态控制的基本原理，每项职能都是缺一不可的；而辅助职能的工作与任务有关，并不是每项任务都具备所有的辅助职能。

（3）工程咨询业务流程　全过程工程咨询业流程应当包括项目任务的基本流程规划和安排，也包括管理工作流程、信息处理工作流程和物质流程。其中项目任务的基本流程策划和安排是对项目任务实施整体的策划；管理工作流程是负责投资控制、进度控制、质量控制、沟通协调、合同管理、设计变更等的工作流程；信息处理工作流程则是负责处理与信息和数据有关工作的流程；物质流程则是指全过程工程咨询项目团队在项目实施过程中出具咨询服务成果的工作流程。

由于全过程工程咨询项目团队的组成并不是一成不变的，会随着业主方项目管理的能力、环境的变化和咨询项目的进展而不断变化，而且全过程工程咨询项目对项目组织的灵活性提出了很高的要求，因此全过程工程咨询的业务流程并没有一个统一的模型，需要根据项目实施的具体情况不断调整。

2. 全过程工程咨询项目部的组织设计流程

全过程工程咨询项目部的运作过程如图 3-2 所示。

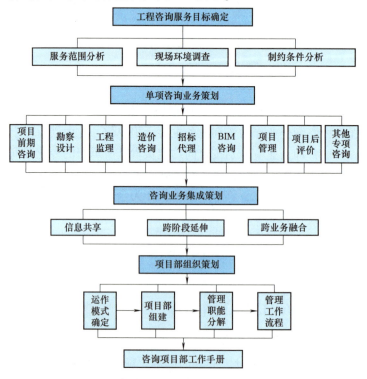

图 3-2　全过程工程咨询项目部的运作过程

其中主要包括：
1. 工程咨询服务目标的确定
2. 全过程工程咨询服务规划
全过程工程咨询服务规划包括单项咨询业务策划和咨询业务的集成策划，其中咨询业务集成策划包括以下三个方面：
（1）信息共享　通过组织层面的信息交流实现信息共享，如通过建立微信群、周工作例会、现场专题会议实现高效信息传递，建立统一信息平台实现资料实时共享，减少信息漏斗，优化管理界面；制定相关全过程工程咨询工作标准、工作大纲、授权清单和管理用表等辅助工作的开展。通过技术层面的技术手段实现信息共享，如应用 BIM 软件实现设计、造价等多项咨询业务信息的集成，达到项目建设各阶段信息共享。
（2）跨阶段延伸　咨询业务实现向前和向后阶段延伸。如设计、监理、运营、设备监造等提前介入项目前期决策决策，设计与造价深度融合，减少前期决策障碍。设计服务向后延伸，实现与项目施工的结合。
（3）跨业务融合　如在项目策划阶段结合造价、监理、设计等多个部门对项目定位提出专业性建议；设计阶段造价部门充分发挥专业能力实现设计优化；招标代理与项目管理、工程设计、造价咨询等相关服务工作团队获取相关信息，并结合相关信息、根据项目特征和实际需要等研究招标文件条款，制定实质性要求。
3. 对应咨询业务的项目部组织策划
（1）运作模式确定　首先，分析采用一站式或联合体模式。如采用一站式，确定哪些咨询业务将进行分包；如采用联合体形式，确定需要哪些外部咨询业务的组合。其次，在一站式模式下，对于分包的业务，咨询项目部要确定管理分包岗位、流程等。相类似的，对于联合体的咨询业务，咨询项目部要确定对联合体的界面问题等。
（2）咨询项目部组建　在确定全过程工程咨询企业所需完成的工作后，组建咨询项目部，确定设置的岗位。
（3）管理职能的分解　在项目部所设置的岗位中，明确管理职能。
（4）管理工作流程　建立咨询项目部与建设单位、承包商的管理工作流程等。基于此，建立项目工作手册。

3.2.2　全过程工程咨询项目部的组建

咨询项目部的组建是全过程工程咨询管理工作流程和管理职能分解的基础。咨询项目部的服务组织结构一方面需要匹配全过程工程咨询工作任务设计，实现工作任务与人才资源的有效结合，另一方面决定了实施流程的主体以及管理职能分工的主体，对实施流程设计和管理职能分工具有关键性影响，合理的组织架构设计才能保证咨询项目部运作的成功。

组织架构的设计是建立组织的过程，通常包括结构类型的确定、组织部门设置、管理跨度与层级设计这三步。而首先需要明确全过程工程咨询服务的职能，才能进行组织部门的设置，如图 3-3 所示。

1. 结构类型确定
常见的项目组织结构有直线式、项目式、矩阵式等多种形式，考虑到全过程工程咨询项目内部专业分工细，但彼此之间存在大量的工作交叉，对信息传递和协调要求高，选择直线式组织结构形式更为合适。一方面可在全过程工程咨询服务组织内部形成集中统一的领导，减少内部的纠纷；另一方面，内部信息传递渠道通畅，传递速度相对较快，且项目任务分配明确，权责利关系清楚，能够加强项目的可控性。

在直线式组织结构基础上结合委员会结构，可设置一个跨越职能界限的组织形态即咨询领导小组，这个类似于委员会的组织可以结合多专业咨询人员的经验和背景，跨越职能界限处理项目决策问题，构建全过程工程咨询内部多方共同决策的机制，对外保持组织责任一体化。

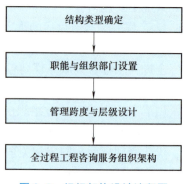

图 3-3　组织架构设计流程图

2. 职能与组织部门设置

全过程工程咨询单位需要提供包括前期策划、设计等在内的六大咨询服务，适合按照专业性质即咨询服务类型为对象进行职能设计，一方面有利于充分发挥各专业咨询人员的专业能力，另一方面有利于工作任务设计的有效落实。

组织部门设置采用按职能划分部门的方法，因此，对应的组织部门包括前期策划团队、造价咨询团队、工程设计团队、工程监理团队、招标代理团队、项目管理团队。此外，全过程工程咨询总负责人以及各咨询团队负责人共同组成咨询领导小组承担项目决策职能，作为临时性机构在项目关键节点通过组织决策会议等形式共同参与项目决策。

3. 管理跨度与层级设计

全过程工程咨询项目涵盖项目的全生命周期，各阶段之间的流畅衔接对其成功运行至关重要。组织结构的设计必须减少信息传递的壁垒，节约经费并提高效率。要注重管理层次和管理幅度相匹配，在提高信息传递效率的同时，也能兼顾各专业负责人的能力和工作的积极性。

为了保证管理的有效性，在全过程工程咨询项目部构建总负责人—专项负责人—咨询工程师的三级纵向管理体系，其中：全过程工程咨询总负责人一方面作为全过程工程咨询服务组织内部最高管理层级人员，对项目进行总体的管理把控；另一方面也作为咨询领导小组成员，负责组织、协调小组的完成决策工作。各专项咨询服务工作团队由专项咨询服务负责人以及工程师组成，专项咨询服务负责人负责该项咨询业务的总体把控以及与其他咨询业务负责人之间的横向沟通，而工程师负责完成具体的技术咨询工作。通过明确的层级分工，有利于工程总目标的层层落实，且有助于咨询团队彼此之间的沟通和协调。

由以上分析与设计得到全过程工程咨询项目部组织架构，具体如图 3-4 所示。

4. 项目团队人员的选择

全过程工程咨询由不同阶段的不同服务组成，其中专业服务占比较大。专业服务指全过程工程咨询服务中由专业咨询工程师所提供的投资咨询、勘察、设计、造价咨询、招标代理、监理等专业咨询工作。同时，由于专业服务在不同阶段所展现的内容不同，因此自身所具备的特征也不是一成不变的。如决策阶段所体现的专业性和高智力处理过程；设计阶段的交付成果无形性；施工阶段涉及监理服务等所展现的专业人士完成型特征；为委托方定制的特征则在运营阶段的资产管理等服务得到体现。这些专业服务特征进一步体现专业服务代理关系的特征，专业性和高智力处理过程及交付成果无形性突出了监督困难的问题，即形成过程难以客观描述且成果质量测量模糊；专业人士完成性体现知识利用的自主性等。

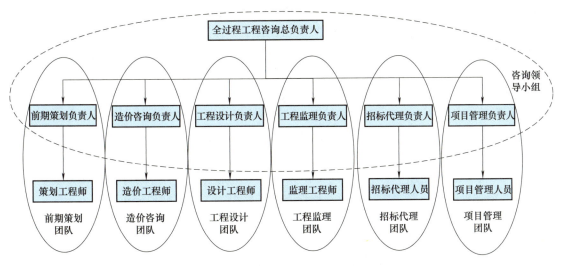

图 3-4　全咨项目部的组织架构图

不同专业服务存在的代理关系差异性，可归类为任务分工类型和知识类型两种。在任务分工类型中，可行性研究报告等提供顾问服务；BIM 咨询等提供技术服务；设计、监理服务等则参与具体事务。知识类型则分为三种，规范类知识、技术型知识和融合型知识，分别对应法律咨询、结构设计和会计审计等专业服务。但无论是什么类型的专业服务，在确定项目团队时，咨询项目总负责人的选择是至关重要的。

在确定项目团队时，咨询项目总负责人通常要考虑以下因素：

1）相关工作经验：是对项目总负责人进行选择的最直观的标准。

2）技术资格：是对项目总负责人进行考核的基础；技术能力的全面性也是全过程工程咨询项目总负责人应当具备的。

3）对项目目标的理解：对项目目标理解的正确与否关系着后续工作的开展，也是一个项目总负责人能力的体现。

4）创新和改革的能力：全过程工程咨询项目本来就是对传统咨询项目的创新和改革，因此总负责人也要具备此项能力才能胜任这项职务。

5）积极性与责任心。

6）积极的团队精神：是任何一个团队的负责人都必须具备的。

7）交流沟通能力：对全过程工程咨询项目的顺利完成至关重要。

在确定全过程工程咨询的项目总负责人之后，项目总负责人在对团队成员进行选择时也要遵循一定的标准。首先，项目成员各自目标是不同的，有时甚至会相互冲突，因此项目经理在选成员时要考虑成员的目标，尽量使团队成员处在一个目标相对统一的环境中；其次，为了顺利完成项目，团队成员的能力也是总负责人需要重点考虑的；最后，团队成员的工作态度、是否具有团队精神等都应在考察范围之内。

5. 全过程工程咨询项目管理团队的整合

（1）多边组织合作的集成壁垒　全过程咨询机构介入业主方项目管理后，建设项目是由不同的参与方组织共同参与的，基于提供集成化综合化一体化综合服务方案的要求，业主对于建设项目产出的目标转向"系统性产品""整体性目标"等,因此,对全过程工程咨询项目管理团队这一临时性多边组织提出了集成与整合要求。

全过程工程咨询项目管理的多组织集成与整合中,各参与方组织之间的沟通交流是集成的前提,组织间的工作配合是集成的方式,多组织耦合作用是集成的结果,制度、文化等是集成的保障和"软环境"。因此需要突破三大组织间合作壁垒:组织间沟通屏障——信息流壁垒;组织间工作界面——工作流壁垒;组织间相互作用隔墙——相互作用壁垒。

1)突破信息流壁垒。组织间信息流壁垒突破的相关研究主要涉及:如何构建多组织相互作用的网络;分析确定多组织网络中起主导作用的组织;核心组织在突破组织间沟通屏障中的职能是什么,以及如何处理组织间信息流壁垒。

2)突破工作流壁垒。针对组织间工作界面、工作流壁垒,"组织间壁垒"突破主要研究:多组织如何协作,跨组织工作流互操作方式,跨组织工作流如何分析。

3)突破相互作用壁垒。项目生态系统多组织协同进化,有助于突破组织间相互作用壁垒,实现项目系统整体功能倍增。多组织协同进化突破组织间相互作用隔墙的研究主要包括:多组织协同进化模型,组织间相互作用影响分析,多组织协同进化模拟仿真。

(2)多边组织合作的集成策略　为了突破多边组织合作的集成壁垒,促进全过程工程咨询项目的顺利实施,提升项目管理绩效,需要采取一定的集成策略和手段。通过对实际案例进行调查并汇总,发现全咨项目的集成手段主要有以下五种。

1)合同管理:合同管理在项目管理中占有重要地位,指导和控制着项目实施的全过程,是项目目标能否实现的关键。同时,由于合同具有很强的专业性,因此管理需要综合型人才。

2)制度保障:与一般项目相同,制度保障是多边组织合作的基础。

3)项目管理主导:项目管理是贯穿项目全生命周期的,是对多边组织进行集成的根本所在。

4)内部沟通机制:沟通可以将组织的观念、想法等传递给其他组织,是组织间进行交流的重要渠道。有效的沟通能确保各个组织和各个部门获得必要的信息,有利于组织之间的交流与合作。

5)项目经理负责制:全咨项目团队作为一个多边组织,要想发挥各组织的优势共同完成项目目标就需要目标统一、确保统一指挥,这也是项目经理的职责所在。

3.2.3　全过程工程咨询项目部管理职能分工

1. 管理职能设计

管理是由筹划、决策、检查、提供信息等多个环节组成的过程,这些环节就是管理的职能。考虑到全过程工程咨询组织内部工作任务复杂,专业分工细,协作程度高,将管理职能分为主要职能和辅助职能两类。其中,主要职能反映了管理工作的有限循环,是全过程工程咨询管理过程中缺一不可的,体现了动态控制的基本原理。而辅助职能与具体的工作任务相关,是为了使某项工作完成得更好而进行的管理工作,并不是每项工作任务都必须具备。

全过程工程咨询服务组织的主要管理职能包括筹划、决策、执行、检查,分别以P、E、D、C来表示,其中,筹划指的是提出解决问题的多种可能方案,决策即从多种可能方案中选择一个执行方案。全过程工程咨询项目涉及多种层次的决策工作,包括全过程工程咨询总负责人根据项目总体情况以及个人经验就可进行决策的工作以及需要咨询领导小组共同参与、必须结合多专业意见才可进行的复杂性决策工作。因此，决策职能分为 E1 和 E2 两种，其中 E1 代表咨询领导小组中全过程工程咨询总负责人决策，E2 代表咨询领导小组共同决策。执行即落实方案的完成，而检查即对决策是否执行以及执行的效果进行检查。

根据对目前管理职能分工的相关研究分析，辅助职能主要包括信息、配合这两种。基于对目前各省市颁布的全过程工程咨询实施方案分析，提供信息是全过程工程咨询各专项咨询工作团队之间沟通联系的一个主要渠道，也是有效调配项目资源的方式，如在江苏省全过程工程咨询服务导则中提出的：在编制项目建议书、资金申请报告等报批文件时，项目策划向造价咨询团队索取项目工程估算表等相关工程造价资料。因此，提供信息这一辅助职能匹配全过程工程咨询项目的需求。

此外，全过程工程咨询团队内部存在着大量的互相配合的工作，各专项咨询团队需要以参与配合的方式持续提供全流程的服务，如造价团队需要参与配合工程设计最终成果文件的完成，也需要配合完成招标文件的编制等。因此，参与配合也是全过程工程咨询服务组织中一项重要的辅助职能。

考虑到多方参与配合的工作需要某个团队或个人进行组织协调才能保证整体有序、合理地实施，而全过程工程咨询内部各专项咨询团队之间处于平级关系，需要某个组织或个人承担组织协调的职能，但全过程工程咨询总负责人所能承担的组织协调工作有限，因此在辅助职能中新增了组织协调这一项以保证管理职能分工与全过程工程咨询项目的匹配度。如在进行可施工性分析的过程中，工程设计团队需要组织各专项咨询团队参与到可施工性分析并协调各方的意见以达到整体效果的最优。

综上，将全过程工程咨询组织内部的辅助职能分为提供信息、组织协调和参与配合三种，分别用 I、O、A 来表示。这三种辅助职能之间不存在交叉，且与主要职能形成了互补，完整地覆盖了全过程工程咨询项目中管理职能的类型。

2. 管理职能分工

职能分工的主体以全过程工程咨询项目部组织架构为基准，确保组织架构与职能分工的统一性，避免分工的遗漏。采用管理职能分工表的形式将管理职能进行分解，实现任务分工和职能分工的综合表达。

（1）项目前期阶段　全过程工程咨询项目前期阶段全过程工程咨询企业管理职能分工具体见表 3-7。

全过程工程咨询前期阶段管理职能分工设计不仅需要考虑如何最大化发挥各咨询团队的专业能力，更需要考虑如何通过分工协作提高前期阶段与设计、施工、运维阶段之间的连续性。基于以上考虑形成以上管理职能分工表，具体解析如下：

1）全过程工程咨询规划。由各咨询专业负责人基于类似项目管理经验、专业判断、项目具体情况等参与到总体服务规划工作中，与全过程工程咨询总负责人共同完成项目整体规划，并基于整体规划大纲各自制定专项服务大纲。

2）多专业参与前期策划分析。工程设计参与项目定义与目标分析论证，有助于工程设计团队深入了解项目的性质、用途、功能定位。针对可明确使用方的项目，可对使用者等进行充分的调查和分析，有助于工程设计团队将使用者需求融入设计方案，以助于提高建设项目的使用价值。

表 3-7 项目前期阶段管理职能分工表

工作任务	主要工作项	职能分工						
筹划—P、决策—E（E1—咨询总负责人，E2—咨询领导小组）、执行—D、检查—C、信息—I、组织—O、配合—A		前期策划团队	工程设计团队	工程造价团队	招标代理团队	工程监理团队	项目管理团队	咨询领导小组
1.1 全过程工程咨询服务策划	总服务规划							PD
	项目管理咨询服务规划						PD	E1
	前期策划咨询服务规划	PD						E1
	工程设计咨询服务规划		PD					E1
	工程造价咨询服务规划			PD				E1
	招标代理咨询服务规划				PD			E1
	工程监理咨询服务规划					PD		E1
1.2 规划咨询	环境调查分析	PD					I	
	项目定义和目标论证	PD	A					E2
1.3 投资机会研究	基本投资机会分析	PD		A				
	投资估算的编制、审核	A		D				
	建设项目经济评价	A		D				
1.4 相关报告编制与评审	编制项目建议书	DO	I	I				E2
	项目建议书报审						D	
	编制可行性研究报告	DO	I	I				E2
	编制技术评估报告	DO			A		A	
	可行性研究报审						D	
1.5 价值策划	项目价值的定义、识别和评估	PDO	A	A	A	A	A	

注：表中蓝色加粗工作项为与传统咨询模式存在差异处，下同。

项目目标影响着项目开展的方方面面，需要结合各专业意见评价其合理性，由咨询领导小组共同进行检查和决策。

3）多专业协助进行决策分析。前期策划团队在编制项目建议书、可行性研究报告等决策分析报告时可根据其工作内容提出需其他阶段服务的各相关工作团队配合提供的资料清单，辅助报批文件的编制，包括向工程设计服务工作团队索取相关设计文件、向造价咨询团队索取项目工程估算表等相关工程造价资料等，并持续跟踪相关团队工作内容的调整，保持资料的一致性。此外，在决策分析报告编制过程中，由咨询领导小组负责进行决策分析报告的内部评审，结合专业经验共同对决策分析报告提出建议，提高前期决策的科学性和合理性。

4）招标代理负责策划外包服务。在技术评估报告编制中，若部分前期策划进行服务外包，则需要与招标代理团队进行协调沟通，及时确定外包团队。

5）价值策划。价值策划是项目前期阶段非常重要的一项工作任务，主要由前期策划团队以策划成果为基础来执行，且其他咨询团队需参与到价值策划过程中，以全面了解项目价值体系，为价值的有效实现打下基础。

（2）勘察设计阶段　全过程工程咨询项目勘察设计阶段全过程工程咨询项目部管理职能分工见表3-8。

表3-8　勘察设计阶段管理职能分工表

管理职能	主要工作项	职能分工						
筹划—P、决策—E（E1—咨询总负责人，E2—咨询领导小组）、执行—D、检查—C、信息—I、组织—O、配合—A		前期策划团队	工程设计团队	工程造价团队	招标代理团队	工程监理团队	项目管理团队	咨询领导小组
2.1 进度管理	分析和论证项目总进度目标	I				A	PD	
	编制项目实施的总进度规划					A	PD	E1
	编制设计阶段项目实施进度计划	A				A	PD	E1
	执行设计进度管理					D	C	
	编制工程发包与物资采购工作的详细进度计划				IA	A	PD	E1
	进度目标和总进度计划的分析与调整					DC	C	
2.2 质量管理	分析和论证项目的质量目标	I					PD	E1
	确定项目质量的标准和要求	A				A	PD	
	设计提出的材料、技术、设备的分析		IA			D	C	
	阶段性设计文件编制		PD			C		
	阶段性设计文件评审							E2
	设计优化		PD	A				E2
	设计过程质量跟踪					D	C	
	可施工性分析		DO	A		A	C	
2.3 投资管理	分析和论证项目总投资目标	I		A		A	D	
	编制和调整设计阶段资金使用计划			A		A	PD	E1
	对设计方案提出投资评价		IA	D			C	
	编制及调整设计估算、概算、施工图预算		IA	PD				E1
	限额设计管理		DO	A		A	C	
2.4 信息管理	建立项目的信息编码体系及信息管理制度					A	D	
	建立会议制度、各种报表和报告制度					A	D	
	设计阶段信息的收集、整理和分类归档		IA	IA		IA	D	
2.5 报批报建管理	设计方案报批	A					D	
	开工报建					A	D	

传统咨询模式下勘察设计阶段主要由设计单位提供咨询服务,一方面难以保证设计咨询成果与后续实施阶段的可衔接性,另一方面忽视了设计阶段控制造价的必要性和有效性。此外,由于缺乏全过程管理的组织,设计阶段的进度管理、信息管理等方面难以做到施工阶段一样的全面把控。基于以上问题的考虑,勘察设计阶段管理职能分工主要进行了如下的考虑:

1)监理提前介入设计阶段。相较于传统咨询模式,具有丰富施工管理经验的工程监理团队提前介入设计阶段,与项目管理团队共同全面负责设计阶段的进度、质量、投资、信息和报批报建管理工作。其中监理主要负责配合项目管理进行计划的编制并负责相关计划的执行和调整,配合项目管理完成报批报建工作,以及对造价文件和设计文件的检查工作等。监理和项目管理共同参与的职能分工方式首先有利于在勘察设计阶段建立起完善的管理体系,提高设计成果的整体质量。其次,有利于监理深入了解设计意图,有效进行后续现场施工的管理。

2)多专业共同开展可施工性分析。由设计团队组织各咨询团队共同开展可施工性分析并进行相应的设计修改,可施工性分析完成后负责编制可施工性分析报告;工程监理主要参与和配合可施工性分析的完成,通过审查设计方案并结合施工经验提出设计方案中不利于现场施工之处并提出改进意见;工程造价团队在可施工性分析过程中主要就改进方案的造价合理性进行分析并提出意见;项目管理团队结合现场管理经验提出改进意见并负责可施工性分析报告的审查工作。

3)多专业共同开展限额设计。由设计团队总体负责限额设计的实施,在设计过程中充分利用价值工程方法,对项目功能设计进行分析和调整,并组织各团队参与限额设计工作。工程监理团队也可配合设计团队对项目功能分析提供一定的建议。造价团队负责确定限额设计指标,并在限额设计实施过程中与设计团队进行充分沟通,进行成本的分析和必要的调整,配合设计团队实现成本和功能之间的平衡。而项目管理团队总体负责限额设计的管理工作,进行限额设计工作中有关决策工作,并对限额设计效果进行审查。

4)造价参与设计优化,咨询领导小组发挥审查决策功能。设计优化过程中工程造价团队可提出工程设计、施工方案的优化建议,以及配合进行各专项方案工程造价的编制与比选,并由咨询领导小组选择最终设计方案。

(3)招投标阶段 在前期策划阶段招标代理团队完成了项目整体的招标策划,因此在招投标阶段主要进行招投标过程的实施和管理,为业主选择合适的承包商。招投标阶段全过程工程咨询项目部管理职能分工具体见表3-9。

在承包商选择过程中,不仅需要项目成本和承包商的技术能力,更需要结合项目实际情况和项目的具体需求进行综合选择,因此,招投标阶段的管理职能分工主要进行如下的考虑:

1)全面收集招标采购需求。招标代理进行招标采购需求的收集,以此为基础开展后续施工单位和供应商招投标工作。前期策划团队可根据前期策划阶段成果为招标采购提供所需的信息,工程设计团队根据设计方案,对涉及的新材料、新设备等提出采购需求,并提供相关技术规格说明等。

2)招标文件开展内部评审。在招标文件编制中,工程造价团队主要负责进行工程量清单以及最高投标限价的编制。此外,招标文件的编制需要咨询领导小组进行内部评审,工程设计负责人可结合设计要求对标段划分、特殊资质能力要求等方面提出建议，而工程监理负责人可结合现场管理经验对承包商选择标准提供合理建议等。招标代理团队结合多方需求和意见进行招标文件的补充修改，更利于全过程工程咨询企业与承包单位之间的配合和管理。

表 3-9 招投标阶段管理职能分工表

管理职能	主要工作项	职能分工						
筹划—P、决策—E（E1—咨询总负责人，E2—咨询领导小组）、执行—D、检查—C、信息—I、组织—O、配合—A		前期策划团队	工程设计团队	工程造价团队	招标代理团队	工程监理团队	项目管理团队	咨询领导小组
3.1 招标采购信息	招标采购需求	I	A		D		C	
	施工单位及供应商信息收集				D		C	
3.2 招标方案编制	进度计划等				D		C	
3.3 招标	招标文件编制及审核			A	D			CE2
	供方考察			A	D			
	发售招标文件				D		C	
	组织现场踏勘、投标预备会				PD		C	
	补遗文件编制及审核			A	PD			
	组建评标委员会				D		C	
3.4 开标、评标、中标	开标				D		C	
	清标、评标			A	D		A	
	中标公示				D		C	
	发出中标通知书并退还投标保证金				D		C	
3.5 合同签订	合同签订		A	A	PD	A	C	

3）多专业辅助评标。评标过程中工程造价团队辅助招标代理团队进行各类招标项目投标价合理性的分析，项目管理团队可结合项目总体计划对施工进度计划进行审核。

4）共同完成合同签订。招标代理团队可集结全过程工程咨询团队多专业力量共同完成合同签订工作，如组织造价团队对相应造价条款进行审核和补充，设计团队就合同中关于新工艺的做法、成果相关的条款进行把关等，保证合同的严谨性和适用性。

（4）施工阶段　施工阶段全过程工程咨询项目部管理职能分工见表3-10。

与传统咨询模式相比，施工阶段管理职能分工的差异体现在以下四个方面：

1）咨询领导小组发挥团队决策功能。对于需要结合咨询团队各专业力量，全方面进行评估才能决策的工作任务，由全过程工程咨询领导小组负责，如重大和关键工序施工方案的选择、工程变更方案比选以及设计变更控制和技术核定等。

2）全过程工程咨询总负责人的个人决策职能。除了参与咨询领导小组的共同决策外，全过程工程咨询总负责人还额外承担部分日常工作的决策职能，如相关计划的审核确认、造价管理工作的最终审核、意外伤害事故处理决策等。作为全过程工程咨询内部审核的最后一个环节，对其他咨询团队工作的成果进行确认。

表 3-10 施工阶段管理职能分工表

管理职能	主要工作项	职能分工						
筹划—P、决策—E（E1—咨询总负责人，E2—咨询领导小组）、执行—D、检查—C、信息—I、组织—O、配合—A		前期策划团队	工程设计团队	工程造价团队	招标代理团队	工程监理团队	项目管理团队	咨询领导小组
4.1 进度管理	审查施工进度计划					D	C	
	编制年、季、月度工程综合计划					D	C	E1
	检查、分析和调整施工进度计划					D	C	
	编制设备采购及设备监造工作计划		A	A		D	C	E1
	施工进度跟踪控制					D	C	
	影响进度的问题处理					D	OC	
	进度协调					A	D	
	审查各年、季、月进度控制报告					D	C	
4.2 质量管理	设计交底及图纸会审		D			A	C	
	设计变更控制和技术核定		A			D		E2
	设备制造单位和材料审查					D	C	
	施工过程相关质量文件审核					D	C	
	施工单位相关资格、标准和成果的审查					D	C	
	设备制造、装配、组装、出厂管理					D	C	
	确定重大和关键工序施工方案					D		E2
	工程变更方案比选					D		E2
	施工过程的质量跟踪					D	C	
	处理工程质量事故					A	D	E1
	质量事故的跟踪检查					D	C	
	隐蔽工程、检验批、分项工程和分部工程验收	A				D	OC	
	工程竣工预验收	A				D	OC	
	专项验收、技术验收、单位工程验收、试生产	A				D	OC	
4.3 造价管理	编制、调整施工阶段资金使用计划			A		D	C	
	施工过程造价动态管理			D		A	C	
	技术经济比较和论证		A	D		A		
	施工阶段采购管理造价控制			D	A	A	C	
	进行工程计量			D		D	C	
	处理索赔事项			D		C		E1
	工程款支付审核			D		A	C	E1

（续）

管理职能	主要工作项	职能分工						
筹划—P、决策—E（E1—咨询总负责人，E2—咨询领导小组）、执行—D、检查—C、信息—I、组织—O、配合—A		前期策划团队	工程设计团队	工程造价团队	招标代理团队	工程监理团队	项目管理团队	咨询领导小组
4.3 造价管理	工程变更管理			D		D	C	E1
	工程签证审核			D		D	C	E1
	工程结算管理			D		A	C	E1
	编制投资控制最终报告			A		A	D	
4.4 信息管理	编写相关施工管理文件					D	C	
	督促各施工、采购单位整理提交工程技术资料					D	C	
	工程信息的收集、整理、存档	A	A	A	A	A	D	
	组织提交竣工资料	A	A	A	A	A	D	
4.5 合同管理	跟踪和控制合同履行					D	C	
	合同变更处理				A		D	E1
	施工合同争议处理				A	A	D	C
	施工合同解除					D	C	
	保修合同签订					D	C	
4.6 安全管理	安全生产相关文件、方案、措施审核					D	C	
	审查制度、资格、手续等					D	C	
	施工过程安全监督					D	C	
	组织现场安全综合检查					D	C	
	意外伤害事故的调查和处理					D		E1
	巡视检查危险性较大的分部分项工程专项施工方案实施情况					D	C	
	整改安全事故隐患					D	C	
4.7 运维准备	总结评估以及回访	A	A	A	A	A	D	
	编制建筑使用说明书、房屋维修手册等材料		A			A	OD	
	运营管理人员培训						D	
	设备设施移交					A	D	
	配合运营的系统调试与修正					A	D	
	质保期管理		A			A	D	

3）多专业协同进行信息管理。施工阶段多专业通过统一信息平台等方式进行统一的信息管理，由项目管理团队负责信息管理总体把控，其他咨询团队通过及时整理和移交档案、定期在信息平台录入数据、参与信息管理培训等各种方式配合信息管理工作。

4）多专业共同进行总结评价。各专项咨询团队在项目管理团队的组织下对策划、设计及施工阶段工作进行总结评价，以及为运维阶段做准备工作。

（5）运维阶段　运维阶段的管理职能分工见表3-11所示。

表3-11　运维阶段管理职能分工表

管理职能	主要工作项	职能分工						
筹划—P、决策—E（E1—咨询总负责人，E2—咨询领导小组）、执行—D、检查—C、信息—I、组织—O、配合—A		前期策划团队	工程设计团队	工程造价团队	招标代理团队	工程监理团队	项目管理团队	咨询领导小组
5.1 工程质量缺陷处理	检查和记录工程质量缺陷					D	C	
	监督实施缺陷处理					D	C	
	调查工程质量缺陷原因，确定责任归属					D	CE	
5.2 项目后评价	项目后评价报告的编制	A	A	A	A	A	D	
	价值实现效果评价							E2
5.3 运维咨询	项目的维修保养和回访	A				A	D	
	运营期绩效考核报告的编制						D	
	运维费用支付审核			D		A	C	
5.4 延续更新咨询	配合项目延续更新	D					C	
5.5 辅助拆除	提供建筑全生命期提示制度，协助专业拆除公司制订建筑安全绿色拆除方案等	D					C	

全过程工程咨询从以下两个方面完善运维阶段咨询服务：

1）咨询领导小组负责价值效果评价。在运维阶段咨询领导小组以价值策划报告为基础，完成全过程工程咨询价值实现效果评价工作，从使用者感受、功能实现程度、全生命周期成本等各方面进行综合分析，完成价值策划、价值实现到价值评价的闭环。

2）根据需求参与项目运维、更新、拆除工作。全过程工程咨询企业作为非临时性组织，可为项目提供长期的运维咨询服务，其中设计团队可结合设计方案、施工技术等制订维修保养计划并由项目管理团队根据回访结果进行对应的调整，以及由造价团队负责进行运维费用管控等。

根据以上分析，以工作任务设计以及组织架构设计为基础进行管理职能设计，有利于建立清晰的职能界面，指导全过程工程咨询团队展开内部的分工协作。

3.2.4　全过程工程咨询项目部工作流程

1. 流程设计的目的

传统咨询模式下工程咨询业务互相割裂，流程体系比较繁冗，各项流程工作的相关性差，缺少有效信息反馈，因此对工程建设进程产生了较大的制约性和局限性。全过程工程咨询服务实施流程的设计是服务组合高效运行的载体。通过实施流程设计可清晰地看到该流程的各个工作环节和各个工作环节的流转关系，以及各个工作环节的相关负责组织，将全过程工程咨询企业内部隐形的工作流程显性化，使相关负责人就流程本身达成共识，避免因对流程认识不清而造成流程效率低下，从而有效提高现有流程的系统集成性。

2. 实施流程设计

实施流程设计首先按全过程工程咨询服务的阶段划分，梳理各主要实施环节在项目建设流程中的顺序关系。然后根据全过程工程咨询项目部组织架构确定实施主体的构成以及各主要环节的实施主体，如由造价咨询团队完成投资估算的编制，由招标代理团队进行招标信息的搜集等。最后将各实施主体的实施环节串联起来，由此实现全过程工程咨询工作实施步骤的固化，实施流程如图3-5所示。

（1）前期阶段　在整个项目开始实施之前，全过程工程咨询领导小组首先进行全过程工程咨询服务规划，以及各专项咨询服务的具体规划工作。前期策划过程主要有前期策划和工程造价团队参与，并由项目管理团队负责报批报审工作。

（2）勘察设计阶段　从前期阶段进入勘察设计阶段，工程咨询实施的主要团队由前期策划团队转为工程设计团队和工程造价团队。勘察设计阶段由咨询领导小组负责进行各阶段设计方案的审核和决策。

（3）招投标阶段　从勘察设计阶段进入招投标阶段，设计团队从负责咨询业务开展的角色转变为辅助角色，由招标代理团队开始发挥主要功能。该实施流程以全过程工程咨询整体策划为主，因此不考虑咨询业务分包的情况，若实际项目存在咨询业务分包，则需要在相应业务开展之前由招投标团队负责进行相关业务的招投标工作。

（4）施工阶段　施工阶段是参与的咨询团队最多的一个阶段。以项目管理和工程监理团队的管控协调为主，造价提供相应的造价管理服务，设计主要提供设计咨询协助。下面以造价管理实施流程为例进一步分析全过程工程咨询项目部在施工阶段如何完成具体咨询业务的实施。

1）付款审核实施流程。施工单位提交付款申请后，首先由工程监理团队中的监理工程师进行付款申请的审核，审核内容包括预付款额度的真实性、计量的准确性、结算的准确性等，并由监理负责人确认。审核完成后由工程造价团队进行复审并由造价负责人确认，主要针对付款申请的工程量以及工程单价进行审核，保证工程价款的准确性。复审完成后交由总负责人进行最终确认，全过程工程咨询企业完成付款审签工作并由业主进行最终审批及支付工作，如图3-6所示。

2）工程变更实施流程。在工程变更实施流程中，全过程工程咨询内部的工程设计团队主要负责提出设计变更以及审核其他单位提出的工程变更方案；咨询领导小组负责进行变更方案的审核。工程造价团队负责对有关造价部分进行审核，并在变更实施后确定变更总造价，完成工作闭环。工程监理团队可提出工程变更申请，并在咨询领导小组确认变更后由监理工程师发布工程变更意向变更通知。此外，监理团队也需要参与变更影响报告的审核。项目管理团队负责工程变更流程整体的把控协调，具体包括提出工程变更以及与业主的沟通、协调、传达等工作，如图3-7所示。

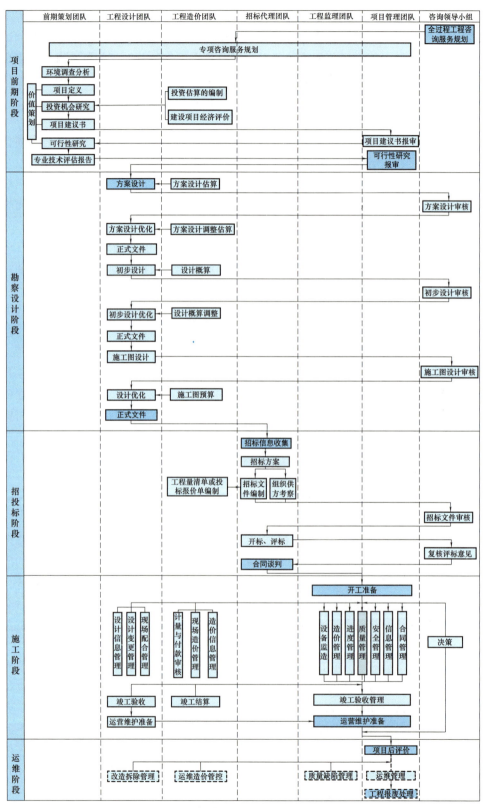

图 3-5　全过程工程咨询实施流程图

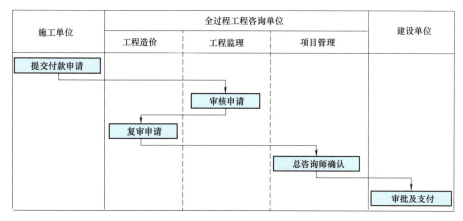

图 3-6　付款审核实施流程图

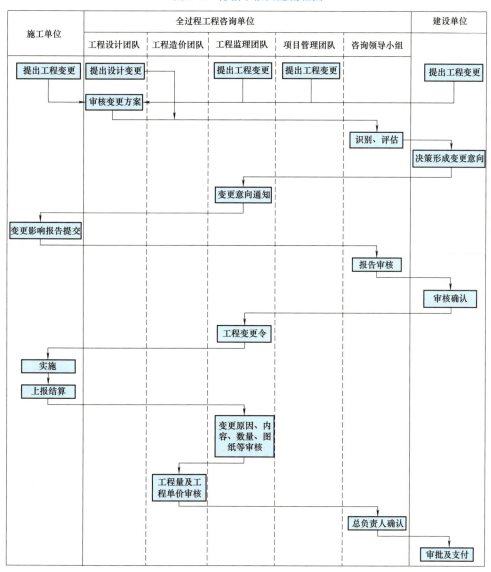

图 3-7　工程变更实施流程图

3.3 全过程工程咨询企业的组织设计

3.3.1 全过程工程咨询企业的项目组织结构

1. 工程咨询企业职能与项目的双层组织结构

全过程工程咨询企业的组织结构分为两个层面,一是为了确保实现企业长期战略目标的企业层面的职能结构层,主要包括职能式、事业部式、矩阵式等基本形式,每种形式都有各自的优缺点;二是为了确保实现项目短期目标的项目层,常见的项目层组织结构包括工作队式、部门控制式、项目式和矩阵式等。同时,这两个层面的组织结构又有自身需要关注和设计的重点。

(1) 工程咨询企业的职能部门层面 由于工程咨询企业的主要业务是运作项目,其企业层面的工作可以从三个阶段进行划分:一是执行项目的决策;二是项目执行过程中的监督和保障;三是执行后的资源储备。

与工作内容相对应,在对工程咨询企业的企业层面的职能结构进行设计时也应该包含这三个方面。首先是决策机制的确定,在项目前期阶段,企业决策层如何决定"做正确的项目"是组织设计的关键,也是确定部门和项目目标的基础;其次是保障和监督机制的确定,项目执行阶段的重点在于为业主提供符合其需求的咨询产品,同时也要确保部门和项目团队与公司战略发展一致,因此制定一些保障和监督机制(如监督、报告和绩效考核等)是十分必要的;最后是资源储备机制,这是指在项目结束后,对项目进行总结、汇总,形成包括知识管理和技术储备的数据库,从而促使企业能够具备重复类似项目的能力。

(2) 工程咨询企业的项目层面 在工程咨询企业的项目层面,其工作主要是在给定资源、给定目标的情况下完成既定的目标要求,该部分要求就落在项目经理的肩上。该层面的主要工作是依据公司/部门目标设定及项目具体要求,设计各项职能管理,如进度、质量、成本控制、风险控制、范围管理、资源控制等。因此,该层面组织设计主要是围绕完成委托咨询项目的绩效目标如何控制与实现而展开。

2. 全过程工程咨询企业内部的组织模式

不同咨询项目的组织模式决定了项目的运作模式,同理,不同全过程工程咨询企业内部组织模式也决定了咨询企业内部组织的运作模式,进而决定了不同组织模式对应的项目组织构架及咨询企业内部组织关系。全过程工程咨询项目在实施前应就特定项目的特定特点,选择适合的组织模式,并明确每种模式的优、缺点,采取适合的控制机制。

全过程工程咨询企业与一般企业相类似,企业的组织结构也可以分为三个层次,分别为决策层、管理与协调层和执行层。但是工程咨询企业的二维结构特征使得咨询企业的组织架构设计需要兼顾企业职能层与项目层的有效结合。因此,全过程工程咨询企业的组织模式主要包括直线式、矩阵式两种,并可以分为决策层、协调管理层和执行层三个层次。

(1) 矩阵式组织模式 矩阵式组织模式适用于大型复杂的综合性项目,或者能分解为许多小项目的工程,适合工程量大、内容庞杂、技术复杂、工期较长、对资源共享程度要求较高的项目,矩阵式组织富有弹性,有自我调节的功能,能更好地适应于动态管理和优化组合,能在保证项目尽力对项目最有力的控制前提下,充分发挥各专业职能部门的作用,具有较短的协调、信息和指令途径。这是一种现代项目组织形式,具体可以分为以下两种子模式。

第一种组织模式如图 3-8 所示。在项目部设置各专业咨询团队,横向设置质保、安全、财务等相关职能部门,纵向按咨询业务内容,每项咨询业务设置一个咨询团队,如招标代理业务设置招标代理团队等。

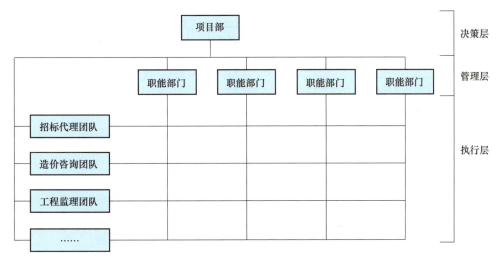

图 3-8　全咨企业项目部矩阵式组织结构

首先,该模式除了一般矩阵式组织所具有的优点外,还具有以下优点:①组织上打破了直线职能式组织以权力为中心的模式,树立以咨询业务为核心的模式;②项目的各种资源由项目部统一管理,能实现最有效、节约、灵活的使用项目的资源;③将整个项目细分成咨询团队之后,可以实行咨询团队负责人责任制,咨询团队负责人对咨询团队的目标负责,有助于实现咨询团队的精细化管理,最大限度地减少管理所占用的资源和降低管理成本;④职能部门更多地充当支持性部门,支持每个咨询团队的生产活动,这样就极大地缩短了协调、信息和指令的途径,提高了沟通速度。

其次,该模式的缺点:①管理难度比较大,需要比较高素质的管理人员;②根据咨询业务划分,每项咨询业务会有一名负责人来负责这项业务,各个咨询业务的负责人可能都会为自己团队的成本考虑,对这项工作进行推诿,从而产生矛盾和分歧。

第二种组织模式如图 3-9 所示。设立类似项目管理办公室(PMO)的组织模式,协调管理横向职能部门和竖向咨询团队。项目管理办公室(PMO)是一个协助项目经理实现项目目标的组织实体,它的基本功能是对项目和项目群进行规划、评估、控制与协调。随着PMO 的逐渐发展,它还可以具备其他职责,如组合管理、咨询和培训项目、制定项目管理的方法和标准等。在矩阵式组织中,PMO 可以很好地协调横向职能和纵向项目的交叉部分。它的一般职能如图 3-9 所示。

该组织具有以下特点:①通过项目经理的知识和技能,应用最新的原则和技术去确保项目的成功完成。PMO 致力于完成与项目目标一致的可交付成果,并且管理每一个项目的成本、进度和资源的利用。②作为项目团队执行管理的直接界面。因为多数的项目团队都可能有自己的技术核心,所以 PMO 会介绍项目管理的原理。这样,PMO 可以帮助项目团队结合他们的技术方法制定确保项目和业务成功的项目管理方法。③从组织指导的角度应用方针政策、标准和行政决定等方式对每一个项目进行管理。在项目管理中，PMO 同样担当管理项目执行和整合业务流程的角色。

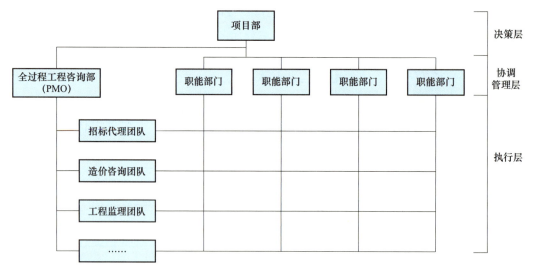

图 3-9 全咨企业项目部设立 PMO 办公室的矩阵式组织架构

该模式的优点：除了具备第一种模式的优点之外，还有以下优点：①全过程工程咨询部可以作为项目经理的有力助手，能协调横向各个职能部门和纵向各个咨询团队，因而可以促进有效沟通，节约时间，防止过多的扯皮，降低项目整体沟通成本；②全过程工程咨询部可以时刻关注项目主线和各阶段的关键性工作，确保项目计划按期完成；③最大限度体现项目管理组织的柔性特点，在项目进行中严格按照项目管理的方法执行和考核，确保每个项目目标的实现。如何扬长避短，充分发挥其作用，全过程工程咨询部可以解决这一问题。

该模式的缺点：①管理难度比较大，需要比较高素质的管理人员；②需建立专业化的管理队伍，尤其是全过程工程咨询部融技术与管理于一体，具有很强的专业性，必须由经验丰富、理论认识深刻的专业人员组成。③需要全员的参与。全过程工程咨询部涉及整个项目部范围，关系到各类人员和资源的集成，在建设的过程中肯定会与其他部门发生冲突和抵触，协调、沟通和理解必不可少，全体员工要有正确的认识和积极的态度。

（2）直线式 该组织模式根据现有组织架构设置相关职能部门，按项目咨询业务种类和发包情况设置咨询业务部门，咨询业务部门和职能部门并列布置。组织模式如图 3-10 所示。

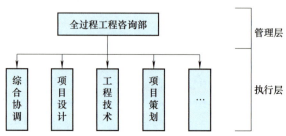

图 3-10 全咨企业项目部直线式组织架构

该模式的优点：①在这种组织模式中，职能部门将所有具有与特定活动相关的知识和技能的人安排在一起，分工明确，有利于管理，职能部门的内部管理效率较高。②由于咨询团队与职能部门并列设置，受职能部门的约束较小，生产效率较高。③该模式为传统模式，员工的适应性强，对该模式的抵触小。

该模式的缺点：①由于项目大，过程中需要大量的跨部门协调，而组织结构又是直线职能式，因此横向沟通困难。部门之间的沟通都需要通过项目经理，这会使纵向层级链出现超载，项目经理每天要批示大量的决策，因此会出现决策堆积，项目经理不能做出足够快速的反应。②该组织适合于项目任务不太复杂、人员素质稍低的项目。对项目需要组织快速适应外部环境、项目人员素质较高，项目任务重、环境复杂等情况，该组织就不适合。③这种组织形式，不利于成本精细化管理，不能进行有效的成本核算和成本管理，很难节约成本。

综上所述，全过程工程咨询企业的组织结构是由企业职能部门和项目团队的组织结构所决定的，并可以进一步分为决策层、协调管理层和执行层，如图3-8~图3-10所示。需要注意的是，由于每个企业自身的情况、面临的外部环境和项目的不同都有可能导致企业组织结构的改变，因此探寻影响企业组织设计的关键因素也是确定全过程工程咨询企业组织结构的一项重要工作。

3.3.2 全过程工程咨询企业的组织设计的关键因素

项目型企业是一种以项目为基本运作单位的新兴组织结构形式，能够对各类智力资源和专业技能进行整合。建设工程项目中全过程工程咨询企业就是项目型企业的典型示例。

项目型企业层面的最重要的两个工作就是决策问题和项目执行过程中的监督和保障。首先，决策解决的是哪些项目将被批准和支持的问题。由于项目型企业是以项目为基本运作单位的，因此如何在企业战略的指导下选择"对的"项目，如何在项目之间进行资源分配就成了企业决策的关键问题。项目型企业在项目执行过程中对项目的监督和保障也是十分重要的；其次，由于项目涉及的利益相关者众多，每个利益相关者都有使自身利益最大化的倾向，有时甚至会损害项目型企业的利益，因此要重视项目执行过程中的监督工作；另外，项目型企业为了保证项目的成功实施，还要为项目和项目各利益相关者提供相应的资源和条件，并协调各利益相关者的关系，对项目的全过程进行管理。

项目型企业的组织结构是分配和协调任务的一种方式，一是决定了组织中的报告关系，即企业的层级和管理幅度；二是能决定组织的组合方式；三是决定了企业内的部门之间沟通协调方式。因此，项目型企业组织结构是反映组织内部各要素之间关系的结构框架，这些要素包括组织内上下级之间、职能部门之间、各个子公司之间、总公司与分（子）公司之间、员工之间等一切和组织运转有关的要素。组织结构具有复杂性、规范性、集权与分权性的特性，其中复杂性是指组织结构在专业分工和职权分级方面的复杂程度；规范性是指组织中各种工作的标准化程度，即组织的规章制度、流程体系等；集权性则描述了组织权力配置的情况，通常由决策权的集中程度来衡量，集权和分权是衡量集权性的两个常见状态。

1. 企业层级组织结构的影响因素与演化

企业组织结构的形式经历了多重演变，从20世纪初传统的职能制组织结构到20世纪60年代的事业部制组织结构和矩阵式组织结构，再到后现代的网络化组织结构。企业的组织结构一直随着时代发展的需要而变化，这也反映了组织结构影响因素的演化。

组织系统理论将组织作为一个开放系统，是由相互作用、相互依存的各要素结合而成的具有特定功能的有机整体。在组织理论发展的整个过程中，学者们不断对组织设计的影响因素进行探索，并形成了一系列的结构模型。如 Leavitt（2003）提出的钻石模型，包含结构、人员、任务和技术四个因素；Galbraith（2005）则认为无论是简单的还是复杂的组织，都包含一些基本要素，并将这些基本要素概括为战略、结构、流程、人员和报酬，形成了五角星模型；另外，Weisbord 在对组织进行诊断时得出了包括目标、结构、关系、协助机制、领导和奖励在内的关键因素，并建立了组织诊断的六盒模型。

借鉴 Daft 对组织设计影响因素的分类，将其分为结构变量和情境变量。结构变量决定了组织结构和工作过程的形式，而结构变量的设计必须考虑与情境要素之间的作用关系，适应情境要素所提供的组织背景。组织中各变量的相互关系如图 3-11 所示。结构变量由规范化、专业化、标准化、集权化、复杂性、职业化、人员结构七个变量因素组成，而进行组织设计的同时，需要考虑组织目标和战略、组织规模、组织所运用的技术、组织文化以及组织的外部环境的影响作用，针对不同的组织情境进行权变的组织设计，如图 3-11 所示。

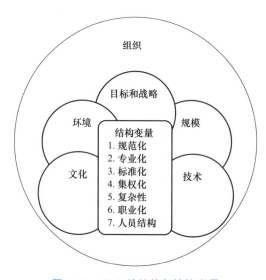

图 3-11　Daft 的结构与情境变量

2. 职能层组织结构与项目层组织结构的平衡

全过程工程咨询企业是项目导向型组织，在组织流程和结构上既强调企业职能结构也关注企业执行层的项目结构。因此，全过程工程咨询企业的组织结构既要保持传统组织结构的优点，延续劳动分工、标准程序、一致性规则带来的效率优势，又要兼顾项目组织结构灵活、具有柔性的特点，最大限度地发挥两者的优势，完成企业的战略目标和项目目标。这样一来，全过程工程咨询企业如何在追求柔性和保持效率之间寻求平衡成为一项挑战。

全过程工程咨询企业是由一般企业转型而来的，企业内部保留着传统的企业运行机制，如职能分工、规章制度等，但是全过程工程咨询企业的业务取决于业主的需求，这就需要企业要具备更加灵活的需求响应机制。因此，要想在顺应环境需求的同时保持稳定持续发展，企业必须在效率和柔性之间进行谨慎的权衡与抉择。处理不好两者的关系，企业要么会因为追求理想的柔性目标而陷入混乱状态，要么会因为坚守标准和职能边界而影响项目协调和及时响应。

对企业效率与柔性的作用机理进行研究可以发现，效率与柔性悖论产生的根源是组织设计三个基本维度所蕴含的内部矛盾：一是职能结构和项目结构的矛盾；二是标准化流程和临时性计划的矛盾；三是战略决策层集权和项目执行层分权的矛盾。借鉴孙秀霞等（2016）对项目型驱动组织效率与柔性均衡的研究，并结合全过程咨询企业自身的特点以及组织结构的影响因素得出了全过程工程咨询企业效率与柔性的均衡模型，如图3-12所示。

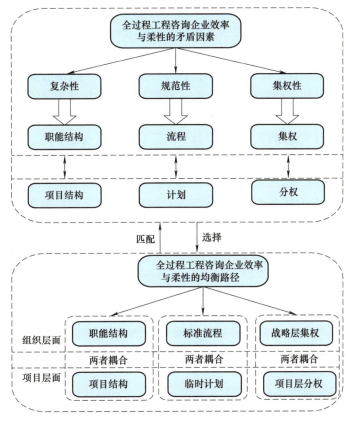

图 3-12　全过程工程咨询企业效率与柔性的均衡模型

3.3.3　全过程工程咨询企业组织设计的关键控制点

全过程工程咨询服务产品的供给过程也属于典型的项目管理过程，也可分为决策阶段、实施阶段和运营阶段。在项目管理过程中的不同阶段，企业组织中不同层次的主体在上述阶段中的职责是各不相同的。但是在全咨项目中决策阶段和实施阶段都有运营导向的思想，所以在本章只介绍更为典型的决策阶段、运营阶段和收尾阶段的关键控制点（严敏，2010）。

1. 战略决策层的关键控制点

（1）决策阶段　对任何工程咨询企业而言，全过程咨询项目的项目管理前期在产品的整个生产过程中都具有重要的意义。在企业的咨询服务产品项目管理活动中，项目前期一般涵盖收集市场信息至与业主签订咨询服务合同为止的所有工作内容。在项目的决策阶段，企业决策层主要考虑的是能否从项目的生产活动中获得合理的经济利润，为业主实现项目的价值提升，形成良好的声誉，进而获得长期的隐性收益，这是企业发展战略的重要组成部分。

上述要求体现在项目决策阶段，意味着决策层必须就企业能否从咨询服务产品的生产过程中实现企业发展目标做出判断，即决策层要决定企业"做正确的项目"，这也是项目决策阶段的关键控制点。

（2）实施阶段　项目实施阶段的工作任务主要包括：根据全过程工程咨询项目的实际情况组建对应的项目团队，根据业主的个性化需求对项目的实施情况进行成本、进度和质量等方面的控制。项目实施阶段进行内控的动机和目标要明确、具体，这一阶段的目标也将直接决定企业的发展战略，决定企业能否实现由企业成长的聚合阶段向正规化阶段，甚至更高阶段的跨越。在此阶段，咨询企业决策层最关心的就是提供的咨询服务产品能否满足业主需求、能否逐渐形成企业的核心竞争力、能否获得良好的声誉，这都需要对项目的实施情况进行质量和进度控制。另外，作为经营性企业，预期利润最大化是企业的目标之一，因此需要在咨询产品生产的过程中有效地控制项目实施过程中的成本。

综上所述，在项目实施阶段，决策层对组织运行的控制点在于确定项目的监督体系，对咨询服务产品生产过程中的成本、质量和进度的控制情况进行必要的审核，关键在于对成本控制情况的审核。

（3）收尾阶段　咨询服务产品的生产过程完成后，整个项目的生产即进入收尾阶段。这一阶段应完成的主要工作包括咨询服务产品的移交、相关费用的结算、咨询服务产品的项目成果资料的总结等。此阶段的控制重点在于咨询服务产品项目的成果资料总结。

2. 管理与协调层的关键控制点

企业的管理与协调层在企业的控制体系中处于承上启下的位置，肩负着传达决策层指令并将执行层的活动情况向决策层反馈的任务。

（1）决策阶段　管理与协调层在项目决策阶段的工作大致可分为三个方面的程序：一是咨询服务产品的立项审批手续；二是咨询服务产品的项目投标程序；三是咨询服务合同的签订程序。

在立项审批程序中的关键控制点分为两个方面：一是对该层级市场开发部门的立项申请进行审核；二是在立项获得决策层批准后，对执行层在某一时期内的咨询服务产品项目生产能力进行核实，以确保项目生产活动的顺利进行。而在投标及合同签订程序中，管理与协调层的关键控制点是对合同条款的完整性、合理性等内容所进行的审核工作。

（2）实施阶段　在全咨项目的实施阶段，管理与协调层的相关部门主要负责对项目实施后的情况进行控制，包括项目的成本、质量和进度的控制，项目阶段性成果的核算等。而由于执行层的项目团队拥有对项目的实际控制权，管理与协调层的控制大都是采用间接方式实现的。如对成本控制，主要手段是月度和年度核算；对质量控制，主要手段是进行客户满意度调查；而进度控制则是根据项目经理填报的项目审批表进行节点控制，这也是此阶段的关键控制点。

（3）收尾阶段　全咨项目进入收尾阶段时，管理与协调层的相关部门需要就项目的完成情况进行完工评价。从项目生产的过程控制角度看，这种完工后的评价机制有利于对企业其他在产或新开发项目的生产过程进行有效的控制。因此，完工评价是此阶段管理与协调层的关键控制点。

3. 项目执行层的关键控制点

执行层是整个企业控制体系的末端，在全咨项目中直接面向客户，是企业组织与外部市场环境进行各种交易活动的边界。因此，在执行层中对项目实施过程进行控制是企业控制体系中最为直接有效的方式和手段。

（1）决策阶段　如前所述，项目前期不同阶段的大部分工作内容都由管理与协调层完成，在此过程中，确定项目团队主要成员是最为重要的控制环节。对于执行层中的项目专业部门而言，选择并确定正确的项目团队主要成员是实现项目管理成功的重要先决条件。

（2）实施阶段　在项目实施阶段，应由项目经理根据项目类型、项目规模、项目特征等方面的因素配置项目专家和项目成员，并组建项目团队，通过计划、组织、指挥、协调、控制，实现项目目标及业主需求。项目经理和项目专家在项目团队中处于不同的层次，对全咨项目管理活动的控制权限也有所区别。此阶段的关键控制点是对项目执行情况进行监督、协调。

（3）收尾阶段　按照前文描述的收尾阶段所应完成的主要工作内容，执行层在此阶段应着重完成项目各类款项的结算，并完成对项目团队普通成员的项目执行情况的绩效考评，这些工作内容一般都应由项目经理负责完成，因而，项目经理是收尾阶段执行层的控制主体，其工作内容是关键控制点。

综合上述分析可以看出，咨询企业在全咨项目的项目管理过程中的不同阶段，内部控制关键节点的执行主体是不同的，一般由不同层次的部门承担。然而，在上述控制体系中仍存在一些问题，突出表现为全咨项目项目管理过程中关键执行主体的职责过于集中，容易导致信息阻塞，造成效率下降等。因此，在设计企业组织运行的控制机制时必须首先对组织中各层级的岗位职责进行合理的界定，并以此为基本切入点，分析如何实现有效的控制，可行的主要手段在于建立对不同层次上各部门的激励与约束机制，这也是企业组织控制机制设计将要涉及的主要内容。

3.3.4　全过程工程咨询企业组织协调规划方案

企业是一个不完备的契约，这就意味着当不同类型的资产所有者作为参与人组成企业时，每个参与人在什么情况下干什么、得到什么，并没有明确的说明。虽然存在这样的缺陷，但是把交易从市场转移到企业内部可以减少交易成本，因此企业的存在有其必然性，这种不完备性也就视为减少交易成本收益的一种代价或成本。为了在取得低交易成本收益的同时弥补企业契约的不完备性，就需要在企业内部存在一个控制机制，来弥补企业契约的不完备性，以保证企业的正常运作和发展。

1. 组织内部控制机制的设计

（1）岗位职责的界定　组织的内部控制机制与岗位职责的确定息息相关，企业的内部控制整体应当遵循相互牵制、程式定位、系统全面、成本效益和重要性原则，同时企业的每一层级各部门的职能设置也存在不同的原则。

1）战略决策层的职能设置原则。战略决策层在企业组织运行中的职能主要包括以下三方面的内容：①制定并实施企业的发展战略，如通过企业的产品结构调整、组织再造等实现企业核心能力提升；②建立企业组织运行机制顺利运行的制度保障，如通过合理的薪酬制度和绩效考评制度激发企业组织中其他层级各行为主体的行为，使其能够与企业发展战略保持高度一致；③对企业组织运行机制中某些重要的内容予以直接控制，如对是否参与咨询服务产品项目的生产做出决定，在资金管理上推行严格的预算制等。

因此，基于内部控制理论的视角，战略决策层的职能设置原则必须满足以下几个方面：首先要能够制定明确的符合企业当前实际状况的发展战略；在此基础上，还要对企业组织运行机制的制度性保障措施做出合理的安排；此外，决策层还需对企业组织运行中某些关键性的环节进行直接控制。

2）管理与协调层（PMO）的职能设置原则。管理与协调层职能设置应能满足以下原则：首先，应保证决策层发出的各种指令和执行层报送的各类信息都能够及时有效地传达；其次，在咨询服务产品的生产过程中，某些关键控制点上相关部门的职能不能集中于某一部门，以免造成管理与协调层面的业务流程阻塞，进而对企业组织运行的畅通性造成不利影响；最后，管理与协调层次的控制体系要求该层次能够高效率地执行战略决策层制定的制度性保障措施。

PMO 的类型包括：①初始级保证型 PMO。保证型 PMO 是其建立的初始阶段，一般向主管副总或者主管领导汇报；在这一阶段，因为缺乏设立 PMO 的经验，所以其主要提供咨询、培训和支持的服务管理功能。②管理级控制型 PMO。在以强矩阵为组织结构的企业中可以设置控制型 PMO，其可以直接向总经理汇报。此阶段 PMO 已较为成熟，能够为企业提供包括立项审批、项目管理、数据分析、员工培训等多方面的管理工作。③优化级战略型 PMO。项目组合管理办公室是企业设置的最高级协调管理机构，直接向企业最高领导者汇报。它将承担着明确企业战略和项目启动管理的双重任务，根据企业战略目标站在最高层面进行项目选择和任务分解。项目组合管理办公室负责对企业多项目进行管理，确保所有项目能够围绕企业的战略目标而顺利实施。企业选择 PMO 类型时，应结合企业自身特点和实际情况进行选择，通常应根据以上类型以保证型 PMO 为起点逐渐升级 PMO。当企业 PMO 发展成熟和完善后，可以选择控制级 PMO 对企业进行多项目管理。

3）项目执行层的职能设置原则。企业组织运行的执行层位于控制体系的末端，是咨询服务产品项目的生产过程中直接面对客户的行为主体。执行层各部门的职能设置原则相对较为简单，关键在于必须能够在实质上响应决策层、管理与协调层对于控制体系的要求。即该层的各部门在设置部门职责时要从保证项目管理成功的角度考虑。

(2) 管理与协调层和执行层的控制机制

1）管理与协调层的激励与约束机制。激励问题源于劳动分工与交易的出现，也正是由于劳动分工，导致了代理制的出现。全过程工程咨询企业运行机制中面临的重要问题之一就是如何在充分授权的前提下强化决策层对整个企业的控制力度。在一般情况下，组织内部常用的控制手段与组织的性质有较为密切的联系。市场运作下的工程咨询企业往往以利润最大化作为企业的重要目标之一，在存在大量不对称信息的条件下，强化组织的控制力度则需要对组织运行中各相关职能主体进行必要的激励，使其在咨询服务产品生产过程中的行为与企业发展的战略目标一致。

如前所述，信息不对称在企业组织运行中广泛存在，同时，由于组织内部各层次职能主体的有限理性，在通过内部控制的基本原理对组织运行中各职能主体的职责定位予以明确界定的条件下，报酬激励机制是构建有效的组织内部激励制度的重要手段。

2）执行层的激励机制。从构建组织内部控制机制的角度考虑，在明晰各层次行为主体责任的基础上，组织运行的控制机制要求企业在组织中的不同层次上均应建立合理有效的激励与约束机制。考虑到工程咨询企业生产要素的某些特征，企业组织运行执行层上的员工所拥有的人力资本是其中的重要生产要素之一，具有一定的专用性。同时，这种形式的资本是一种动态资本，其变化将引起作为各生产要素投入载体的企业的适应性反应，表现为各种新型组织结构的出现。同时，建立基于人力资本专用性的企业组织运行执行层上的激励与约束体系将有助于进一步完善控制机制的作用。

工程咨询企业的产品形特征主要表现为咨询服务，除了为客户提供专业的咨询服务，工程咨询企业还在这一过程中为适应客户的需要建立相应的组织。对于工程咨询企业而言，组织的知识和技能的形成主要表现为以项目经理为代表的项目团队的专用性人力资本的投资过程。人力资源在工程咨询企业咨询服务产品的生产过程中处于相当核心的地位，而项目执行层的项目经理的水平将直接影响到企业的成长。因此，企业组织在项目执行层上的控制主要以对项目经理的激励与约束为主。

2. 明确组织运行中各部门的职责分工

（1）战略决策层的职责　在构建全过程工程咨询组织运行机制的控制体系时，决策层的职责应分为以下三个层次的内容：

首先，决策层负责根据企业发展的外部环境，如工程咨询行业的发展趋势、工程咨询市场的变化等因素，并结合企业发展的实际状况，包括咨询服务产品的结构、企业在本专业工程咨询市场中的地位、企业的专业技术人员构成等，制定符合自身情况的企业发展战略。

其次，决策层应根据企业当前的发展战略，建立企业组织顺利运行的各项制度保障，如针对组织中不同层次行为主体设置合理有效的薪酬激励手段、对项目执行层的咨询服务产品生产过程实施绩效考评等。

最后，决策层的职责还应包括对组织运行中某些重要工作内容的审批，如咨询服务产品生产过程中的项目立项环节、组织运行中的预算审批等。

（2）管理与协调层的职责　管理与协调层负责集中、协调、管理所有项目，职责从直接管理项目到提供项目管理支持。其是组织提高项目分析、设计、管理、检查等方面能力的关键资源，是组织内部项目管理的最佳实践的中心。管理与协调层的主要职责的界定如下：

1）标准化职责。管理与协调层是为了解决组织中项目与项目之间沟通障碍以及项目经验知识积累障碍而出现的。因此其重要职能之一就是通过总结收集，制定出组织环境之下最佳项目管理方法和项目管理框架，包括制定组织内通行的项目管理工作流程、方法、模式、标准、政策等。

2）项目管理信息系统建立职责。信息的获取与积累是企业参与市场竞争的重要资源。掌握市场经验、客户资料、合作者经验和项目经验是获取市场竞争力的重要途径。然而全过程工程咨询企业是一个典型的项目型组织，由于项目及其组织本身的临时性导致在每个项目中产生的文档、资料、经验等很难系统地被保存下来，造成了每个项目因没有标准化的文档、流程和系统化的知识结构，产生了大量重复性的工作，不但耗费了大量的资源，同时还会使管理效率和管理水平都大幅降低。而监理项目管理信息系统则可以避免上述情况的发生，使得企业能够获取项目信息并且通过转化系统形成系统化的项目管理信息。

3）资源配置职责。从整个组织角度对各个项目开展管理与协调工作，包括组织中所有资源的集中和合理配置，协调各个项目对公用资源的争夺和有效利用。

4）服务支持职责。PMO 不是单纯意义的管理机构，其应该对企业各项目提供支持，协助完成项目计划编制、项目方案的确定等工作，并为各个项目管理人员提供各种指导、帮助和支持。

5）学习成长职责。管理与协调层在项目标准制定、项目流程管理及项目信息管理职能的引导下，制定学习培训体系。对项目经理、项目人员提供标准管理流程、方法、技能、软件等方面的培训和指导，使组织最佳实践融入项目中，即在项目中建立标准化、规范化、流程化的项目管理与运行制度，降低项目风险。

6）投资决策职责。参与企业战略规划，制定项目选择标准，对企业的项目进行筛选，制定企业项目优先级，为企业决策者提供决策帮助。项目执行中进行分析与评估，对项目做出继续进行、变更及终止等管理行为。

(3) 项目执行层的职责　在企业的项目执行层，项目团队主要职责集中在根据国家相关规定的要求，以及客户的个性化需求，按照基于项目管理流程的主要工作环节，为客户提供高水平的咨询服务产品。同时，在这一过程中，项目执行层的行为主体（团队成员）还应主动配合管理与协调层对其项目生产活动所做的相关监控。除此之外，项目执行层还需由项目经理负责实施对项目团队成员的绩效考评工作。

3. 完善绩效考评及薪酬激励制度

(1) 完善企业组织中对不同层次部门人员的绩效考评制度　在全过程工程咨询企业中，不同层次部门的员工要采用不同的绩效考评制度。其中，管理与协调层各部门的绩效考评大致相同，即由各部门负责人根据本部门员工的工作完成情况进行评价，并交由人力资源管理部门汇总，作为薪酬激励的重要参考依据。而在项目执行层，上述绩效考评制度则相对较为复杂，由考评责任主体根据工作计划，结合项目实际进展情况，对员工的学习、生产、管理和计划外工作四类指标进行分别评价，将评价结果上报至管理与协调层相关部门，就考评结果进行复核，并以此作为薪酬激励的依据之一。

考虑到全过程工程咨询企业中各部门员工绩效考评制度所存在的问题，并结合影响绩效的因素，通过以下两个方面完善各部门员工的绩效考评制度：一是实现绩效评价基础信息多重来源之间的互补；二是在绩效评价内容的选择上寻求短期与长期目标之间的均衡。

(2) 构建企业组织中不同层次的薪酬激励制度　激励制度作为实现组织内控的重要手段之一，存在着诸多的表现形式，如偏重于物质的显性激励和偏重于精神的隐性激励等。对于企业员工而言，最为直接的，能够使其行为在客观上与企业发展战略相一致的激励措施主要体现为薪酬。而构建更为合理的薪酬激励制度主要从管理与协调层面，以及项目执行层两个层次考虑。

1）基于委托代理关系的管理与协调层各部门薪酬激励。在企业组织运行中，决策层和管理与协调层之间存在委托代理关系。由于信息不对称的情况在组织运行中是广泛存在的，基于委托代理关系的最优激励机制要求管理与协调层必须承担企业组织运行的部分风险，鉴于此，企业组织的部分剩余索取权可由该层次中的各部门所有。即企业组织的管理与协调层各部门需要在一定程度上参与企业生产经营活动，并从咨询服务产品的盈利中按照参与程度给予相应的分成。

2）基于人力资本专用性的项目执行层薪酬激励。人力资本专用性视角下的项目经理激励机制的实施要点在于让其参与分享企业的剩余，同时也承担与其能力相适应的风险。对于项目实施团队而言，如何判断其在团队生产中的绩效，进而建立有效的激励措施，将在相当大的程度上解决薪酬激励的公平性问题。

可根据团队工作的任务关联度和监督的难易程度对团队生产的激励方式进行分类。在全过程工程咨询企业项目团队中，团队任务之间的关联程度高，即项目团队成员之间的相对重要性的差异不大，同时，项目经理也比较容易监督团队成员。此时，采用内部委托人制度（即将某个或某几个团队成员变成委托人，其他成员变成代理人）进行激励比较有效，它可以适当解决搭便车的问题。在这种制度下，作为委托人的内部成员承担风险，并监督其他成员的权利，而作为代理人的团队成员获得合同收入，并接受委托人的委托。因为风险集中在少数人的手中，委托人不但有了更大的自我努力激励，而且也获得了监督代理人的激励。

第 4 章
全过程工程咨询项目的控制机制

/本章导读/

- 全过程工程咨询项目三边治理结构中存在三类委托代理关系，包括业主与咨询企业委托代理关系、全咨企业与全咨项目专业人士的雇佣合同委托代理关系以及业主授权全咨团队后，全咨团队与承包人之间的隐性委托代理关系。
- 针对全过程咨询项目中的专业服务代理关系，组织间和组织内的控制机制如何构建，才能更好实现对全咨团队的激励与约束。
- 针对承包人机会主义行为，全过程工程咨询团队可以采取产出控制、偏差控制、行为控制等手段，单独或联合使用有效控制抑制承包人机会主义行为。
- 项目实施过程中，工程项目三大目标的控制机制如何构建？

4.1 全过程工程咨询项目组织结构与控制的关系

4.1.1 全过程工程咨询项目的交易特征

深刻理解全过程工程咨询的交易特征，是分析各层委托代理关系之间控制关系的前提。全过程工程咨询项目组织中存在多方责任主体，其中，业主、全过程工程咨询方、承包方为主要责任方。业主与全过程工程咨询企业、承包方之间存在不同类型的合同及交易关系，全过程工程咨询项目融合了"全过程工程咨询服务交易"和"工程建设项目交易"两个层面的交易特征。

1. 全过程工程咨询服务的交易特征

全过程工程咨询服务是指根据业主方的要求提供专业服务及建议的知识密集型工作，全过程工程咨询服务的交易特征主要包括以下四个方面。

（1）交付物无形性　全过程工程咨询的交付物以服务和非实体内容为主，例如造价服务、招标服务和项目管理服务等服务内容，以及咨询报告、设计图纸、BIM模型等非实体内容，这些服务和非实体内容均具有无形性，交付物的无形性使得业主单位很难准确客观地把握全过程工程咨询企业所提供的服务及非实体内容的质量，从而导致咨询服务的评价具有困难性。

(2) 交易过程受专业人士影响较大　交易的主体通常为人或组织，交易的客体通常为物品、服务、权利等。全过程工程咨询服务的卖方为全过程工程咨询企业及其内部的专业人士。交易客体即为覆盖全生命周期各个阶段不同形式和内容的专业服务。相较于传统的造价咨询服务而言，全过程工程咨询服务涵盖投资、勘察、设计、监理、造价、招标代理等多个专业，所需解决的问题更为复杂，对专业服务的专业性要求也相对更高。这使得全过程工程咨询服务主要由拥有特定专业知识、技能基础的专业人士来完成。

专业服务委托代理服务中的知识类型可分为显性知识和隐性知识两大类，对于业主而言，显性知识易于获得和理解，因此可采用事前规定和事后监督的方式来对服务内容进行控制。但对于隐性知识，如技术技巧和各种经验，业主则难以事先规定和事后监督，如图4-1所示。可见，在交易过程中受专业人士影响较大，专业人士可充分发挥自身的积极性和主动性，尤其对于知识技术技巧及隐性知识利用上具有自主性，在专业判断和决策方面具有自主权，不受他人的监管和评估。

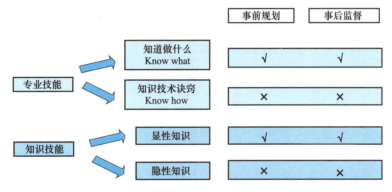

图 4-1　工程咨询服务中专业人士知识利用的特点

(3) 交付物的集成性　全过程工程咨询服务的交付物以集成化的综合性服务为主，这种集成化服务可能覆盖项目的项目决策、勘察设计、招标采购、工程施工、竣工验收、运营维护等一个或多个阶段，此外，全过程工程咨询服务涵盖投资、勘察、设计、监理、造价、招标代理等多个专业，交付物体呈现出一定的集成性。

因此，全过程工程咨询服务的顺利交付依赖于各个专业咨询团队的协同工作，明确各专业咨询团队的任务分工、任务完成方式以及信息交流和分享机制等，保证项目各个专业咨询团队对其分工以及任务界面达成一致理解。另外，在实践中业主通常需要多家咨询单位来共同完成全过程工程咨询服务，必然会牵扯较多的责任主体，这就需要咨询单位确认其所承担的服务范围。同时，交付物的集成性也对业主的协调管控能力提出了较高要求，业主应合理利用控制手段，保障项目各方的合法权益。

(4) 双方共同生产　建设工程项目具有一次性，由于项目特征、业主要求等的不同，专业服务的内容各不相同。在专业服务委托代理关系中，全过程工程咨询企业受业主单位委托，按业主需求及项目特点提供定制化的专业服务，业主往往会参与到全过程工程咨询服务过程中，提出具体的目标和要求，并促使专业服务的质量在服务过程中逐步形成。此时，业主和全过程咨询企业会组成全咨团队，按照合同完成约定的服务内容，在这一过程中，由于业主方的参与，使得全过程工程咨询服务具有业主和咨询方共同生产特征。

2. 工程建设项目的交易特征

（1）业主和承包方矛盾突出　由于在工程建设项目中，业主和承包方通常处于相互对立和防备的状态，二者的矛盾尤为突出，交易过程中极易引起机会主义行为。由于双方所处位置及对建设过程中相关信息的掌握程度不同，因此，业主和承包方的利益总是有一定的差异。承包商出于对自身利益的考虑，可能会利用自身在信息不对称中的专业优势，采取投机行为，违背双方的合约，从而影响工程建设项目的顺利开展。如承包商通过"偷工减料"等手段来达到降低成本的目的，如通过"恶意索赔"来取得更多的获取，而全过程工程咨询企业的介入能在一定程度上缓和业主和承包方之间突出的矛盾。

（2）建设项目的不确定　工程建设项目的复杂性和长期性，决定了工程项目的不确定性。这种不确定性主要体现在两个方面，一是交易过程中行为主体的不确定性，二是项目环境的不确定性。行为主体的不确定性主要因为项目建设过程中涉及设计人员、采购人员、施工人员等多个项目行为主体，不同行为主体会存在自身能力的不确定性、努力水平的不确定性、诚信度的不确定性。这种不确定性在一定程度上影响项目实施过程的顺利开展和项目的交易成本。另外，项目环境的不确定性，如政府出台新政策等，可能需要重新制定或修改项目实施方案，从而提高项目参与方的交易成本。

4.1.2　全过程工程咨询项目中的委托代理关系

1. 全过程工程咨询项目中的多层级委托代理关系

全过程工程咨询企业介入项目组织后，业主、承包方、全过程工程咨询方这三大核心参与方围绕建设项目形成了三边治理的组织结构。对于全过程工程咨询项目，不同参与主体之间包括不同性质的委托代理关系，并呈现出委托代理关系的多层级性，如图4-2所示。

第一层反映业主和全过程工程咨询企业之间专业服务的委托代理关系，这一层的委托代理主体主要涉及业主、全过程工程咨询企业，以及业主和全咨企业共同组成的全咨团队，两两之间共存在三种不同类型的委托关系，其中，全过程工程咨询企业与业主之间存在基于委托服务合同的委托代理关系；全过程工程咨询企业与全咨团队中各专业人士之间存在基于雇佣合同的委托代理关系；而业主则与全咨团队之间存在基于实际授权的委托代理关系。

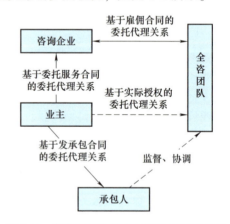

图4-2　全咨项目中的多层级委托代理关系

第二层反映工程项目建设过程中各参与方的委托代理关系，主要包括三种不同性质的委托代理关系，第一类同样为业主与全咨团队之间基于实际授权的委托代理关系；第二类是业主与承包人之间基于发承包合同的委托代理关系；第三类则是全咨团队与承包人之间隐含的委托代理关系，包括全咨团队对承包人的监督与协调等。

2. 业主与全咨企业之间专业服务的委托代理关系

在全过程工程咨询项目的多层级委托代理关系中，第一层反映了专业服务的委托代理关系。专业服务代理关系是指委托方和咨询方针对特定的专业服务形成的合同关系。在全过程工程咨询项目中,所指的就是项目业主与全过程工程咨询企业针对特定的专业服务形成的专业服务委托代理关系,如图4-3所示。

这一层的专业服务委托代理关系中,项目业主方与全过程工程咨询企业签订咨询服务委托合同,全过程工程咨询企业的内部结构较为简单,由管理层统筹管理,由专业人士负责具体的实施工作。对于特定的全过程工程咨询项目而言,业主和全过程工程咨询企业会同全咨团队,负责合同规定的全咨服务具体落实工作。此时不同于传统的双边委托关系,全咨团队与其委托人之间存在"多边关系",呈现出"一仆二主"的共同代理关系。一方面,全咨团队与全过程工程咨询企业之间存在基于雇佣合同的委托关系,咨询企业与专业人士通过签署雇佣合同,委托其提供专业服务。另一方面,全咨团队与业主之间存在基于实际授权的委托关系,全咨团队有责任和义务履行在授权范围内开展全过程工程咨询服务。然而,有委托代理关系的地方往往伴随着责任不对等、信息不对称、激励不相容的问题,针对业主、全过程工程咨询企业、全咨团队之间"一仆二主"的复杂委托代理关系,三者应该互相沟通、层层管理,协调和控制。

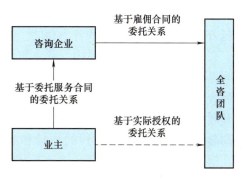

图4-3 专业服务的委托代理关系

另外,在咨询服务实施过程中容易受到环境的嵌入性影响。业主方、全过程工程咨询企业、专业人士共同体以及项目的其他相关方(如承包商、供应商等)均会对委托方与咨询方组成的合作团队的专业服务过程产生影响。与此同时,专业服务代理关系也会受到外部环境的影响,社会网络、制度环境和文化环境的差异性都会影响专业服务代理关系的治理,如图4-4所示。因此,专业服务代理关系应当与环境相适应、相协调,不仅需要从项目内部对其进行控制,而且还应当考虑环境差异对关系治理的影响。

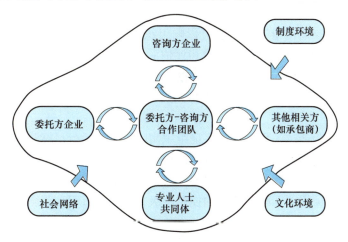

图4-4 专业服务代理关系的环境嵌入性

3. 全咨团队与承包人之间的委托代理关系

在全过程工程咨询项目的多层级委托代理关系中,第二层则反映工程项目建设过程中各参与方的委托代理关系。业主作为工程项目管理的核心,承担建设项目总决策者、总集成者、总控制者、总组织者等角色。全过程工程咨询方作为业主的缺位和补位，不仅以业主利益为主，对业主的工作进行延伸和补充，与业主方共同组成全咨团队。承包方作为建设实践活动的主要执行者，充分利用以往项目管理的成功经验行使权利和义务。业主、全咨团队、承包方之间的委托代理关系各不相同，如图 4-5 所示。

在这一类委托代理关系中，业主与承包方之间是基于发承包合同的委托代理关系，承包方配合业主和其他参与方，通过合作关系来影响其履约绩效，完成项目施工和交付。由于承包商总是比业主更了解工程的环境和实际情况，双方在工程信息方面存在信息不对称，且业主很难直接观察到承包商的建造行为，在这种情况下不能排除承包商为了追求自身的经济利益，做出有损于业主利益的不良行为，如偷工减料、质量欺骗等机会主义行为。

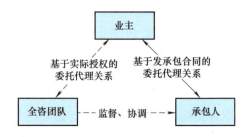

图 4-5 全咨团队和承包人之间的委托代理关系

业主为了消除这些信息不对称所带来的承包人机会主义行为，委托专业的全过程工程咨询团队对承包人进行监督和协调，这就形成了第二类委托代理关系，即全咨团队与承包人之间隐含的委托代理关系。此时业主的利益与全咨团队的行为密切相关。全咨团队在业主授权范围内，以业主与承包商所签署的发承包合同为依据，对承包商进行监督和协调管控，实现业主的利益最大化。

4.1.3 全过程工程咨询项目交易的控制层级

由于全过程工程咨询项目组织呈现出了多主体、多层级的委托代理关系，难免会面临信息不对称、机会主义以及协调困难等难题，以及组成临时性项目组织的永久性项目企业的内部管控难题，从而制约项目目标的实现，而有效的控制作为保证组织行为和项目目标一致性的重要措施和制度，在项目组织中发挥着重要的作用。

在管理领域，控制通常指管理者通过影响组织中的其他成员来实现组织战略目标的过程。最初，控制被认为是对绩效进行监控和评估的过程。随后，Leifer 和 Mill（1996）指出控制是一个调整的过程，即为达成目标或标准，通过对行为或事物的状态进行指导和约束，使各要素按照计划运行的过程，Sohn（1994）则认为任何能够影响到个体行为的过程都可以看作是控制。

本书将控制定义为通过一系列能够保证组织实际行为及运行目标与组织预定的项目目标相一致的措施与策略，来对被控制者的行为进行管控，从而实现项目目标的过程。由于全过程工程咨询项目中的委托代理关系呈现出多层级性，为更清晰地处理不同层级下委托代理关系中存在的各种问题，需要匹配相适合的控制层级。认为全过程工程咨询项目中的控制也可分为两个层级来考虑。

第一层针对全过程工程咨询专业服务代理关系的控制。全过程工程咨询方的介入使得项目组织更加庞大，组织行为复杂多变，全咨团队专业咨询服务的成功开展离不开强有力的控制机制，借助控制机制来保证全咨团队的组织行为与咨询项目目标的一致性。然而，由于业主、全过程工程咨询企业、全咨团队之间的耦合关系，本书将全过程工程咨询专业服务委托代理关系的控制分为了三类：一类是业主对全过程工程咨询企业的控制，一类是全过程工程咨询企业对全咨团队的控制，另一类是专业人士内部的控制。

第二层针对业主与承包人代理关系形成的机会主义行为的控制。本书将这一层级下的控制分为两类：一类是全咨团队对承包人以发承包合同为依据的控制机制，另一类是针对项目质量、成本、工期的项目目标控制。根据中国工程咨询协会《工程项目管理导则》，工程项目控制是指通过安全管理、合同管理、信息管理、组织协调等手段，对工程项目的投资、进度、质量进行有效控制。因此应采取有效的方法对项目目标进行控制。

4.2 全过程工程咨询项目中专业服务代理关系的控制机制

4.2.1 业主对全过程工程咨询企业的控制

1. 业主与全过程工程咨询企业跨组织专业服务合作的难题

在全过程工程咨询项目组织中，全过程工程咨询方充当的是业主方项目管理缺位和补位的角色，业主根据自己的需求及建设项目的实际情况对全过程工程咨询企业提供的专业服务范围和方式进行选择，业主与全过程工程咨询企业为了保证双方交易活动的顺利进行及双方各自战略目标的实现构成了一种跨组织专业服务合作的关系。由全过程工程咨询服务的交易特征可发现业主与全过程工程咨询企业跨组织合作过程中难以避免以下难题。

（1）咨询服务成果质量监督困难　基于成果与行为的控制要求服务成果可客观测量、行为可被观察，从而建立付出与成果之间的联系，并且委托人需要具备相关知识来对代理关系进行控制。然而在全过程工程咨询服务交易过程中，对全过程工程咨询服务成果质量难以客观测量，行为过程难以客观描述，因此难以监督其成果和行为付出，如图4-6所示。具体而言，在交易双方之间的委托服务合同签署之前，业主难以对咨询服务进行全面的评估和预测，事前监督难以实现。在签署合同过程中，业主及全咨企业在谈判时难以对服务过程进行全面界定，对咨询服务的投入以及交付对象的描述往往不够完善。在合同实施过程中，由于服务成果的无形性使得业主难以采用可验证的绩效评价指标对咨询服务成果进行评价。也正是因为这一特点，工程咨询服务的开展对交易主体之间的信任要求很高。

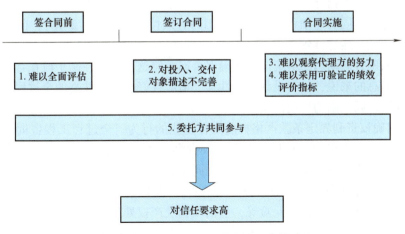

图4-6　信任在工程咨询服务交易中的地位

（2）专业服务合作过程中存在投机行为　全过程工程咨询服务具有业主与全过程工程咨询企业共同生产的交易特征，这意味着全过程工程咨询服务是业主和全过程工程咨询企业共同努力的结果。在这种共同生产的专业服务过程中，尽管业主和全咨企业是跨组织专业服务合作的关系，却不能避免业主和全咨企业对合作任务的认知存在差异，这种认知差异可能会导致双方行为冲突，潜在利益的不同可能会导致双方合作目标存在分歧。业主及全过程工程咨询企业处于各自的立场并对项目不同的感知，往往会采取自我保护的策略，为了实现自身的利益极易采取机会主义行为。

2. 业主对全过程工程咨询企业的控制机制

鉴于业主和全过程工程咨询企业之间存在咨询服务成果质量监督困难、专业服务合作过程中存在投机行为等难题，为保证二者跨组织合作的成功，需要匹配一定的控制制度来缓解和防范合作过程中的难题。

跨组织合作关系下的控制通常分为正式的合同控制和非正式的关系控制两类。如 Poppo 等发现，在跨组织合作关系下，由于投入资源的关系专用性程度和依赖性增加，需要细化合同条款以加强正式控制。Wuyts 等发现合同控制和关系控制的合理配置可减少机会主义行为并促进满意度与关系绩效。

这种关系控制及合同控制同样适用于业主对全过程工程咨询企业的控制中。全过程工程咨询服务委托合同中的责权利约定以及咨询服务过程中的关系控制，均可以作为有效的控制措施和手段来有效激发咨询方的专业潜能，从而更好地实现建设项目的绩效目标。如明确且严格的全过程工程咨询服务委托合同能够在一定程度上解决业主及全咨企业委托代理关系中的信息不对称矛盾及机会主义行为。业主与全过程工程咨询企业之间信任、互惠等关系控制能够在一定程度上克服咨询服务成果质量监督困难等难题。

（1）业主对全过程工程咨询企业的合同控制　合同是双方交易过程中抑制投机行为，保证投资收益，最普遍采用的交易控制机制。业主与全过程工程咨询单位通过签署委托服务合同，借助合同这一正式控制手段来约定双方的专业服务委托代理关系，明确规定交易细节、业务流程、规范双方的权利和义务，能够在一定程度上规避交易过程中各种潜在问题、减少双方因地位差别及信息不对称等现象而诱导的双方机会主义行为等风险，为组织间交易活动提供有效的协调和指导。可见，合同是确保全过程工程咨询项目成功的重要控制机制。

合同控制分为合同的详细程度和合同使用的有效性（霍宝锋，2015），前者更多地考虑了静态的合同功能，通过详细的合同条款来对全过程工程咨询企业权责范围进行有效的控制。而后者则强调合同动态的适应能力，确保合同控制这一正式控制手段在合同执行阶段能够严格有效。但总的来说，只有设计明确性强、适应性好、严格性高的全过程工程咨询合同条款，才能确保合同控制的作用落实。

1）通过明确权责利界定条款严格控制全咨企业的行为。全过程工程咨询服务委托合同的首要功能应与建设工程合同相似，即通过权责利的界定与争议评审机制来实现其控制功能，保障各方的合法权益。全过程工程咨询合同需要设定相关合同条款来解决多方参与的定责困难问题。由于全过程工程咨询服务牵扯的责任主体较多，合同中应特别明确各方的权利、责任与义务，以及执业责任保险等，包括权利及产权处理、保密性、单方终止合同以及争端解决的条款（石慧，2017），这类条款一方面通过明确业主自身及全过程工程咨询企业的权利责任和义务来严格规定来保障交易，另一方面也提供了通过法律或其他机构处理违反合同行为的指导，例如协商调解或仲裁诉讼等。此外，还需对争议评审办法加以规定。

2）通过激励条款来促进全咨企业积极履约。全过程工程咨询项目的交付物主要以服务和非实体内容为主，咨询服务成果的无形性使得全过程工程咨询企业的付出描述较为模糊，难以量化，这增加了业主对咨询服务成果审查与支付的难度。另外，业主与全过程工程咨询企业专业服务代理关系中的知识类型分为显性知识和隐性知识两大类，其中全咨企业对隐性知识的利用具有一定的自主性，然而，许多全咨企业更倾向于选择保守、安全、标准化的方案，减少技术诀窍和隐性知识的利用，此时，专业服务的成果质量往往无法实现最优，无法保障委托方的利益最大化。业主方为控制全咨企业的行为，需要设定相应的激励条款来解决咨询服务成果评价困难的难题、提升咨询服务成果质量。如全过程工程咨询合同中除了包括对合同中基本工作酬金的规定以外，业主还可设置激励制合同条款，主要体现于支付条件及奖励办法上，采取不处罚的措施来有效避免全咨企业损失厌恶情况的发生，采取成本加成合同来激励全咨企业最大化利用隐性知识，激励其创造项目超额收益。

3）通过协调类条款来控制双方的跨组织合作行为。全过程工程咨询服务本质上是一种业主和全过程工程咨询方间的协同工作，其服务旨在为业主提供定制化服务并创造价值。工程咨询服务能否实现项目增值的关键问题之一在于业主单位与咨询单位之间能否通过合作沟通促进项目组织向学习型组织的转变（乐云，2019），这对于合同双方的协调合作提出了更高要求。

全过程工程咨询合同需要设定确保协调功能的合同条款，从而更适应咨询服务这种更为特殊的内涵，此类条款既包括协调功能所强调的工作界面划分，又包括为保障各方协同工作的信息交流与沟通分享机制。跨边界的复杂任务需要合同的协调功能，因为组织中的工作者、交易活动及产品界面都有所交叠，这就需要合同作为一种协调机制来保障各方交流的有序进行。因此，可以通过设置明确的协调类合同条款来明晰决策权、规定信息互通责任、建立边界组织或交互界面、设置项目进度报告程序，从而保证这一功能的实现。

（2）业主对全过程工程咨询企业的关系控制　由于合同控制往往注重对缔约人在履约过程中所完成任务的结果进行评估和监督，通过明确的条款建立监督甚至惩罚机制，这不仅营造出一种紧张的氛围阻碍双方合作关系，且对评价内容的清晰性提出了高要求。全咨服务成果质量具有模糊性，且咨询过程难以客观描述，业主方无法通过明确的技术标准和评价指标来衡量质量绩效模糊的咨询服务，即很难通过明确的合同条款对全咨企业进行合同控制。而关系控制可以减弱合同控制对合作过程灵活性的阻碍和解决服务质量难以控制的难题，在各方自愿执行的基础之上形成的不成文规范，引导双方树立共同的目标，使其形成一种互动合作、共生共赢的组织间关系。因此，可将关系控制看作对合同控制的有效补充，致力于业主单位与全过程工程咨询单位间长期合作关系的建立。

建筑工程领域的关系控制主要包括信任、承诺、沟通、合作、行业惯例等，其中信任被普遍认为是关系控制的核心控制手段，跨组织的信任强调了合作双方共同主观信念的重要性。通过高水平的信任更容易使合作双方形成相同的价值观和文化，从而更容易形成相互尊重的合作关系，极大地降低双方的矛盾，并提升双方的交流协作及信息共享。另外，承诺是关系控制中另一重要控制手段，咨询服务成果质量监督困难、业主和全咨企业双方跨组织合作过程中存在潜在利益冲突等，此时除了需要信任控制以外，承诺这一控制手段能够确保咨询方对组织的认同和参与程度，能够按照事前的承诺执行咨询服务。

1）基于认知的信任控制。基于认知的信任对交易方的可靠性和能力提出了更高的要求。类似于计算型信任，将信任视作为获得更低交易成本而进行的理性计算，这种信任更能促进专业人士隐性知识的使用意愿。在全过程工程咨询委托关系中，业主与全咨企业确定基于委托服务合同的委托代理关系之前，会理性地衡量自身的利益及对方的专业能力。这种信任控制主要体现在业主会在招标之前设定招标准则及标准，对所要选择的全咨企业的声誉、能力以及言行一致性等进行衡量，只有全咨企业符合所设定的招标标准和准则、拥有稳固的声誉和能力，其所提供的隐性知识才会被委托方所期待并认为是有价值的。

2）基于情感的信任控制。基于情感的信任源于双方交往及交往过程中产生的人情资本，通过一定的交往，认为对方是真诚的，有能力、可以依赖且不会利用己方弱点。在这种信任下全咨企业对隐性知识的共享会更高，在全咨项目中全咨企业不仅拥有可以获取并理解的显性知识，还拥有对组织决策至关重要但难以衡量的隐性知识，而这种隐性知识的可用性及使用与否取决于全咨企业的自我决定及与业主的关系。另外，由于咨询服务成果的模糊性，以及全咨企业与业主所处位置的差异及双方信息利益不同使得服务过程中双方对合同任务的认知存在差异，业主应当在服务过程中给予全咨企业一定的关系型信任控制，如业主在服务过程中加强双方的沟通、主动与全咨企业进行项目协商及交流、信任全咨企业不会产生损害业主的利益，不会获取不正当收益，这样才能让全咨企业在长期互惠的工作关系中愿意分享和使用隐性知识，更好地促进工作的开展。

3）彼此对交易规则的理解和信服等制度型信任。制度型信任则源于对于交易规则及其执行力度的理解与信服。这种信任控制存在组织和社会层次，以法律制度以及文化道德形式来控制对方的行为，认为在这种正式及非正式的制度下，对方不会采取违法行为。在全过程工程咨询委托关系中，应当强化这种制度型的信任控制，使得全咨企业和业主在服务委托合同及相关法律法规的约束下保持约束力，业主应当信任全咨企业对双方交易规则理解且信服，信任其可以遵守约定及承诺，能够按照合同约定保质保量地完成全咨服务。

4）全咨企业员工对业主的承诺。业主和全咨企业双方跨组织合作过程中难免会存在潜在的利益冲突，尤其由于咨询服务成果质量模糊性使得全咨企业员工（专业人士）可能利用这一漏洞产生机会主义行为和道德风险，而"承诺"这一控制手段，是在咨询服务成果难以衡量的情况下专业人士能够积极履约的前提。在全咨项目中，全咨企业、业主、全咨企业员工（专业人士）三者之间呈现出紧张的雇佣关系，参与全咨服务的全咨企业成员一方面与全咨企业之间具有基于雇佣合同的委托代理关系，另一方面也要为业主这一重要客户提供咨询服务。因而，业主对全咨企业施加"承诺"这一控制手段，是为了确保全咨企业员工的角色发生冲突时，其可以站在业主这一方面，确保业主利益的实现。

4.2.2 全过程工程咨询企业对全咨团队的控制

1. 全咨团队中专业人士的冲突

针对特定的项目，全咨企业会与具备特定专业知识的专业人士签订雇佣合同，并建立相应的委托代理关系。具备不同专业能力的全咨人士纳入全咨企业后，依托特定的项目参与到全咨团队这一临时性的组织中，并承担起各自的职责。

（1）全咨企业与专业人士的文化冲突　全咨企业呈现出一般官僚机构的特点，组织结构的层级划分较为清晰，下级人员服务上级主管的监督。全咨企业所雇佣的专业人士介入全咨团队后，专业人士会受到"官僚组织"中管理层约束，然而专业人士本身接受过独立完成类似复杂任务的训练，能够借助自身的经验和专业技能执行合同委托的任务，希望能够通过社会及自我控制来进行自我约束，这便使得"文化冲突"产生。尤其，当全咨服务过程中特别依赖于专业人士的专业技能时，这些专业人士便在组织中获得相当大的自主权。然而，当专业人士既负责工作过程的控制，又负责工作结果和目的控制时，这种自主性就会出现问题，专业人士极易利用交易漏洞产生机会主义行为。全咨企业应采取一定的措施监控专业人士的服务行为，促进实现业主利益的最大化。

（2）全咨团队中不同专业团队之间的冲突　全咨团队涉及多个专业咨询团队，如前期策划团队、造价咨询团队、工程监理团队、招标代理团队、项目管理团队等，由于不同专业咨询团队中各专业人士的专业背景和文化背景各不相同，虽然彼此之间存在协作关系，但是他们在沟通和配合的过程中常常因专业视角、目标、价值观的不同而持有不同的观点。当组织中两个职能部门的利益发生矛盾时，为了保护自身的利益和实现预期收益，在矛盾无法协调时就会爆发冲突。冲突一旦产生，组织成员的目标和行为的差异将可能引起咨询服务过程中的种种风险和失误。此时，全咨企业应合理利用上级约束来减少专业团队之间的冲突。

2. 合理的绩效压力是全咨企业对全咨团队控制的重要手段

绩效考核是有组织、有目的地对项目成员的职能活动和工作结果进行科学系统的考察、记录、分析、考核的过程，合理的绩效压力是全咨企业对全咨团队控制的重要手段。

（1）合理利用绩效考核压力能够激发全咨团队专业人士产生维护组织或者组织成员的动机　高标准的绩效考核制度作为压力源，意味着全咨企业对全咨团队各专业人士提出了高要求。全咨团队中各专业人士为了避免压力源对自己造成的威胁和伤害，接受了提升自身的绩效的挑战。在这种高风险、高要求的环境下，全咨团队中各专业人士必然会产生强烈的为组织做贡献的动机，促使在专业服务中产生共同的成果责任感，并将绩效压力作为一种激励力量，依据绩效考核的标准努力工作、规范自身行为。当专业人士意识到当前面临威胁和风险，或者自身对组织的贡献达不到绩效要求时，会更加努力地尝试其他行为来提升组织绩效（李志成，2018）。这也促使专业人士充分发挥自身的专业能力，提升隐性知识的利用，关注咨询服务成果质量，努力提升自身的业绩。

（2）合理利用绩效考核压力能够提升全咨团队的团队效率，保证最终交付高质量的成果　一个团队面临绩效考核的压力，意味着这个团队面临共同的成果责任性、强调工作评估与审查。当团队中的成员共享结果问责时，为了实现团队的高绩效，组织成员会积极参与组织任务，并在任务中花费更多的时间和精力，朝着团队的目标努力。全过程工程咨询服务属于知识密集型服务，在知识密集的环境中，全咨团队为了解决全过程工程咨询项目中的复杂问题，各专业人士会积极参与知识协调过程，不同专业咨询团队会通过努力工作来共同整合他们的知识，并结合团队内部的士气建设和沟通协调，来激励专业人士共同实现高质量的团队绩效。

3. 正确认识绩效压力的弊端，促使绩效压力起积极作用

虽然合理的绩效压力是全过程工程咨询企业进行控制的有效手段，然而由于绩效压力对于服务绩效的双刃剑效应，它在增强团队获得良好结果动机的同时，也会引发损失，使得绩效压力如果在控制过程中利用不当也会产生弊端。

（1）过高的绩效压力可能影响团队交付的成果质量　当面临较大的绩效压力时，全咨团队更可能采用更倾向于寻求一致性、更倾向于采用显性知识、关注项目完成而非学习过程、更倾向于服从领导等。这些行为都有助于实现全咨团队的考核目标，但同时需要意识到，当各专业咨询团队及专业人士之间少了争辩、讨论、碰撞、创新、探索等行为后，全咨团队中各专业人士可能会更倾向于采用已有的、保守的策略，进而实现的结果即使满足绩效考核，也可能是一个次优的结果。

（2）绩效压力可能引致专业人士的机会主义行为　绩效压力的增大，使得全过程工程咨询企业的专业人士为了使自身行为满足高任务要求的绩效考核指标，往往会过度依赖一般的专业知识，而忽略特定领域的专业知识。此时，专业人士个体的思考和反思的能力以及反思意愿便会受到影响，从而做出不准确或轻率的决定，影响最终绩效（李志成，2018）。甚至，过高的绩效压力可能会使得团队成员为了规避绩效考核不达标所带来的惩罚，产生机会主义行为，如对数据进行弄虚作假等违反伦理道德的行为。

因此，全咨企业在对全咨团队通过绩效考核进行控制的同时，全咨团队需要积极地认识及调和绩效压力的矛盾，并根据特定的项目选择适合的绩效考核方式。

4. 全咨企业对全咨团队所设定的绩效考评制度

在明确绩效考核的重要作用及绩效压力的双重作用之后，需要明确全咨企业对全咨团队所设定的绩效考评制度。绩效考评制度是全过程工程咨询企业根据全咨团队中各专业人士工作进展情况、工作完成情况进行评价的重要方式。

（1）通过引入"360度考评"和"用户导向"观念　全咨企业对全咨团队进行绩效考评时，应以业主利益实现为出发点，对全咨团队中各专业人士进行全面考评。一方面，全咨团队中参与到绩效考评的员工来自不同专业，"360度考评"确保全咨团队中不同专业咨询团队不同专业人士均能被达到被评价的机会。另一方面，引入"用户导向"观念，意味着全咨团队中各专业人士提供的服务要具备"业主导向"，建立起客观的绩效考核指标，业主可参与到全咨团队绩效评价活动中，从而确保业主目标的实现及咨询绩效的提高。

（2）选择适合的绩效内容　如郭斌和王端旭（2003）所述，由于短期货币化指标导向的项目组绩效考核制度将会致使人才培养目标受到损害，因此需要在绩效考核方案中加入对团队绩效、员工技能发展的评价内容等。全过程工程咨询企业参与全过程工程咨询项目的长期目标与短期目标同样存在差异，通过合适的绩效考核评价方案可以实现长期价值和短期价值的均衡，如对各专业人士潜在价值进行评价、对项目实施各阶段项目的完成情况进行评价，并做好项目的后评价工作总结，从而为后继项目绩效考核制度的安排提供参考，并实现咨询企业在技术方面的提升、业务及市场方面的拓展。

（3）多种激励制度　在欠缺激励性的绩效考核体制中，常常无法调动员工的工作积极性，容易滋生非常多的懒惰和投机行为。全咨企业对全咨团队中各专业人士的实施情况进行考核时，纳入一定的激励制度可以在一定程度上改变专业人士的投机行为，激发其为了获得高的绩效奖励产生为组织做贡献的动机。其中，薪酬激励制度是重要的经济激励方式，薪酬激励制度通常是与岗位相适应的固定工资加上绩效考评部分，专业人士所获得的收益与其提供的咨询服务产品直接相关，为了获得更多的收益，专业人士会充分发挥自身的工作积极性，实现工作的高效率。在绩效考核体制中，除了经济激励外，其他方面的激励也发挥着重要的作用，如升职通道、培养计划、精神激励等。另外，股权激励是调动员工工作积极性的重要激励制度，股权激励的对象通常为高管及核心员工，通过对这些员工进行激励，更能对创新性产出起到促进作用,从而影响企业业绩、风险分担、投资行为等。全咨企业在进行股权控制时,应重点对全咨团队中咨询领导小组中的成员进行股权激励。同时,通过企业内部员工持续控股计划能够在一定程度上激励员工提高自身的生产效率和创新效率,是可供全咨企业选择的激励方式。

(4) 尽量选择可量化的考核标准　全过程工程咨询的交付物以服务和非实体内容为主,这些服务和非实体内容均具有无形性,因而无法准确客观地把握各种服务及非实体内容的质量,从而导致咨询服务的成果评价具有困难性。全咨企业对全咨团队的服务成果进行考核评价前,对于各种任务的实际完成情况应当明确成可量化的标准,有必要将其分化为常规任务和特殊任务,并且实行阶梯量化标准,将各个任务的完成情况分级,并进行可量化评价。同时建立起各项任务的跟踪机制和人员绩效跟踪档案,方便进行横向与纵向的比较,从而确定量化评价的标准。

4.2.3　全过程工程咨询团队中专业人士控制

1. 全咨团队中专业人士的角色定位

在多层级的委托代理关系中,全咨团队中专业人士的角色定位始终为跨边界者。在"业主——全咨单位——全咨团队"这一层委托代理关系中,咨询企业与专业人士通过签署雇佣合同,委托其提供专业服务。而业主则与全咨团队中各专业人士存在实际授权的委托代理关系,在这种共同代理的专业服务委托代理关系中,专业人士"跨边界者"这一角色定位便十分明显。专业人士的行为即要在业主的授权范围内,又要关注全咨企业的利益。这使得业主在对全咨企业进行放权的同时,减少了自身对项目的绝对领导力。尤其是在当面临一个没有经验的业主时,全过程工程咨询服务过程便特别依赖专业人士的专业技能,使得专业人士在组织中获得相当大的自主权,且专业人士在利用其自身的专业知识及相关经验来提供专业建议及服务时,他们在组织中进行专业判断以及决策等方面通常不受他人的监督和管控。此时,专业人士在处理与业主及全咨企业之间"一仆二主"的共同委托代理关系时,可能会采取形式上满足要求,但实质上存在懈怠、未尽职等行为。因此,有必要寻找行之有效的专业人士控制手段来对专业人士的服务行为进行监督和专业控制。

另外,由于全过程工程咨询服务具有高度的知识密集性,全过程工程咨询企业往往会提供专业化的咨询服务活动。因此,全过程工程咨询项目中,专业人士所构成的组织属于知识型组织。从知识的角度来对组织的本质分析,会发现组织的存在是为了促进个人或团队之间的知识转移和共享,从而产生新知识。知识整合意味着整合多个个体的专业知识,包括显性知识和隐性知识并促进知识创造,知识集成则是一种以个人、团队和组织能力为基础的协作和有目地结合互补知识的过程(Grant R M,1996)。全过程工程咨询项目中咨询团队包含具备不同专业特长和知识能力的专业人士,咨询团队的任务涉及造价、监理、招标代理等多项业务及前期策划、设计、采购、施工、运营等多个项目建设阶段。可见,组织面临的挑战是知识获取的广度和深度,以及对知识进行整合和集成。这就必然依赖组织内部的专业人士控制来对知识整合和集成,并确保全过程工程咨询单位的组织内部有能力将具备不同专业特长、肩负不同职能的人聚集在一起,共同承担任务。因此,有必要借助专业人士控制来规范专业人士的个体行为,并加强组织知识集成与知识共享,实现组织内部协作。

2. 专业人士的自我控制

自我控制强调个体为了达到组织的要求，或维持自己职业的权利和威望，而采取一定的自我监控手段来对自己的道德准则和行为模式进行约束和规范，从而符合自身作为专业人士的身份特性，是一种专业人士自治的控制机制（Covelski，1988）。全咨团队中存在不同专业分工的专业人士，参与专业服务的专业人士通常具有高度自律的特征，能够对自身开展的服务行为及服务过程进行自我监督和控制，从而避免由于自身的具体工作任务或对应的责任义务没有充分落实而影响业主的利益。

（1）专业人士自我设定目标　全咨团队内部专业人士进行自我控制应当包括自我设定目标，全咨团队中存在造价咨询团队、工程监理团队、工程设计团队等不同的专业咨询团队，各咨询团队中具备不同专业知识及技能的专业人士，专业人士都应有明确的个人目标，并按照自我设定的目标自觉履约。目标管理类似于一种"规训技术"，其目的是通过简单温和的方式让个体平等且自愿地传达组织目标，而不是采取暴力及惩罚的手段，这种"规训技术"在专业人士个体体现得尤为突出。专业人士可能会认为实现自己目标的最佳方式是通过实现组织目标。当专业人士被全咨企业雇佣后，具有高职业取向的专业人士会认同自身所处的组织，他们在涉及自身专业的咨询服务中会掌握一定的自主权和权力，为了督促自己按照所设定的目标积极履约落实具体的责任并实现自身的价值，专业人士通常会通过自我设定一定目标来控制自身的行为和举止，从而强化自身咨询服务的绩效。如造价咨询团队相关专业人士的自我控制目标就是实现投资可控，监理团队相关专业人士自我设定的目标为项目的质量验收合格等。

（2）专业人士的自我监控　全咨团队中专业人士高度自律，除了包括专业自我设定目标以外，专业人士的自我监控也同等重要。这种将管理制度落实到个人的自我监督和控制的手段可以最大限度地消除组织成员行为的不确定性及不可观测性（Gibson C B，2007）。这就需要全咨团队内部的专业人士具有良好的职业道德和素质，依据咨询团队内部明确的分工与责任边界及自身设定的个人目标，通过自我监督和控制的方式督促自身恪尽职守，自觉完成其分内工作。

3. 专业人士的社群控制

社群控制是指组织通过营造良好的合作氛围，确立共同的价值观、组织文化、共同愿景、行为规范等来引导和约束组织内成员的行为。全咨团队需要强有力的社群控制来强调咨询团队内部共同的组织文化和良好的组织氛围。

（1）明确全咨团队的组织文化　组织文化决定了项目组织各成员相互之间的关系以及处理问题的方法，具体包括企业规范、组织成员所持有的共同的信念及基本假设。在全过程工程咨询项目中专业人士一旦被雇佣，他们的行为就会受到该组织的文化和规范的影响，并会按照组织设定的要求保持一个高的专业方向。

全咨团队应该遵从全咨企业的企业文化，鼓励各专业人士打通各部门之间的沟通及协作障碍，从而利用整体的智慧、团队的凝集力来有效地解决潜在或已经存在的问题，实现集成管理和资源的有效利用。另外，全过程工程咨询项目的文化背景应当适用于中国情景，对于组织文化的设置应当充分考虑中国文化背景及特定项目的特定情境，借助柔性导向的项目组织文化来促进各专业人士的利他行为和主动性行为，妥善处理项目中潜在的不和谐关系。

（2）营造良好的组织氛围　在知识密集型组织中，组织氛围影响个体认知的转变以及个体知识贡献的行为动机，好的组织氛围可以在一定程度上缓解知识型员工的知识贡献惰性行为。具有相似价值观的成员通常以相似的行为和方式来解决问题，并积极参与到知识共享过程中，从而营造出积极的共享态度和组织氛围，有助于成员为实现共同的目标而努力。

全咨团队属于知识密集型组织，在全过程工程咨询项目中，不同专业咨询团队中的专业人士所处的咨询阶段不同，各自的工作职责也不同，因而，在提供全过程工程咨询服务时不但所承担的责任比例不同，而且他们对于所提供的咨询服务的绩效考核指标也存在一定的差异。这种差异性可能会影响不同咨询部门的团队成员或专业人士在全过程工程咨询项目的开展过程中的工作态度，从而影响组织内成员的协作和交流。此时，良好的组织氛围能够确保组织成员为实现共同目标而付诸行动，促进组织成员形成相似的价值观，激励不同专业人士积极参与到知识的分享和交互活动当中。

4. 行业协会的职业规范控制

除了全咨企业内部对专业人士的控制外，还有行业协会对专业人士的控制。行业协会主要通过行业的行为规范及工作标准等来监督和规范专业人士的职业行为。严格遵守行业规范能够确保全咨团队中专业人士按照相同的行业及工作标准等来约束和规范专业人士的职业行为。目前我国与工程咨询有关的行业协会主要有：中国工程咨询协会、中国建设工程造价管理协会、中国勘察设计协会、中国建设监理协会等。各协会在全国许多地方还设有相应的分会。这些行业协会可以有效地规范专业人士的工作。

（1）完善的法规体系　完善的法律法规体系能够在宏观角度上对控制专业人士的职业行为规范进行管理。政府相关部门应明确约束专业人士的法规体系层级，完善的法规体系一般包括法律、条例、技术规范和标准等三个层级。不同层级的法律法规由不同的行业协会所制定，其中，法律是由议会或议会授权制定，对专业人士的一般行为起到最高的约束作用。条例是根据法律中的授权条款，由政府或其委托的行业协会和学会制定，技术规范与标准则由行业协会和学会制定。行业协会通过制定相关的约束条例和技术规范来约束专业人士的行为。

（2）行业协会管理及内部交流　行业协会组织对专业人士的管理发挥着重要的作用，若全咨团队中的专业人士受其所在的行业协会的严格管理，专业人士自觉服从行业协会的管理，且行业协会引导专业人士遵循共同的行业准则，如造价咨询团队中的专业人士的行为可能会受工程造价协会的影响，此协会会通过行业的工作标准和规范来督促并规范造价专业人士的职业行为，并充分体现行业自律功能。另外，行业协会内部的交流可以实现有效的信息共享。同类专业人士之间通过相互分享技术经验、项目经验、管理经验等，促进专业服务质量的提高。

（3）同行的相互评价　每个协会都会有信用评价系统，工程咨询单位通过协会的信息化服务平台对其基本信息进行录入，然后接受协会专业人士的评判。信用评价系统能够对工程咨询公司及相关专业人士的信誉程度进行评判，信誉好的公司及专业人士会得到业界的认可，有更多的机会承担全咨项目的咨询服务。可见，同行的相互评价可约束并规范专业人士的行为。

4.3 全过程工程咨询项目中全咨团队对承包人的控制机制

4.3.1 全咨团队和承包人组织间交易关系的控制机制

1. 全过程工程咨询团队与发承包双方的关系

在"业主——承包商——全咨团队"这一层委托代理关系中，由于承包商总是比业主更了解工程的环境和实际情况，双方在工程信息方面存在信息不对称，且业主很难直接观察到承包商的建造行为。这种信息不对称的特征使得工程项目的交易双方在合作过程中趋向于实现自身利益的最大化，极易导致业主和承包商在项目实施过程中不和谐现象的产生。一方面，承包商可能利用自身的信息优势及合同中的漏洞采取投机行为，另一方面，业主为规避自身风险往往对承包人保持不信任的状态，业主及承包商的不同利益目标往往会使得工程建设项目实施环境存在一定的对抗性，极易引致许多威胁项目顺利开展的事件发生。

此时，全过程工程咨询团队作为全咨项目组织中跨边界角色，在一定程度上减少了业主和承包商之间的不信任状态及沟通屏障，全咨团队的角色执行和具体行动对业主和承包商都起到一定的帮助作用，通过"一手遮两方"来降低双方对项目感知的不确定性，有效规范和协调交易双方的行为。全过程工程咨询团队除了与业主之间存在实际授权的委托代理关系，需要帮助业主方进行项目管理以外，同时在业主的授权范围内与承包商之间存在隐性的委托代理关系，需要从专业角度监督和帮助承包人更好地履约，有效发挥威胁削弱者的功能，改善业主和承包商的发承包关系，最终使建设项目工期缩短，工程质量达到要求，实现项目价值增值。

2. 全过程工程咨询团队对承包人控制的手段

全过程工程咨询团队应理清自身的角色定位，全咨团队作为全过程工程咨询项目中的跨边界者，对承包人进行控制的目的不仅仅是抑制承包人机会主义行为；还应包括协调帮助承包人履约，确保承包人实现具体的项目绩效目标，使得项目的最终成果达到业主的预期。应始终明确咨团队作为"跨边界者"这一威胁削弱角色的角色定位，来寻找全咨团队对承包人控制的手段。

全咨团队对承包人的控制、业主对承包人的控制，以及业主对全咨单位的控制均为属于跨组织控制的范畴，不同的是业主对承包人的控制及业主对全咨团队的控制包含正式的合同控制和非正式的关系控制两个层级，而全咨团队与承包人之间则不存在实质的委托代理合同关系，全咨团队应以业主与承包商人所签署的发承包合同等为依据对承包人进行监督和管控，同时通过关系控制妥善处理好与承包人之间的关系，通过与承包人充分的协调与沟通，来减少交易过程中的关系冲突，实现协作共赢。

4.3.2 全咨团队对承包人以发承包合同为依据的控制策略

1. 以合同为依据的控制机制维度划分

通过全过程工程咨询项目中的委托代理关系已知全咨团队与承包人之间不存在实质性的委托代理关系，但由于业主的存在使得全咨团队和承包人之间存在了隐性的委托代理关系。由于业主与承包人之间存在基于发承包合同的委托代理关系，同时业主又将一定的控制权让渡给了全咨团队，全咨团队在业主的实际授权下，受托依据发承包合同对承包人进行协调、监管，从而确保承包人能够积极履约，投资、进度、工期等项目目标能够实现。

虽然全咨团队与承包人之间不存在实质性的合同，但全咨团队依然是以合同为纽带，通过发承包合同的相关合同条款来进行控制，学术界对合同条款控制的维度划分较为明确，通常分为行为控制和产出控制，如 Wallenburg、Schäffle 证实了工程项目联盟正式控制下的行为控制和产出控制的共同运用更能获得好的项目结果。全咨团队对承包人以发承包合同为依据的控制也可以从行为控制和产出控制两个维度来具体展开。

2. 以发承包合同为依据的行为控制

行为控制是指通过合同等正式手段约定哪些行为可以做、哪些不可以做，确保特定的行为能够按照事前约定的合同及程序执行，同时当事人还应在实施过程中不断审查被控制者的行为，尽早发现偏差并进行及时纠正，通过督促行为持续约束和影响确保被控制者的行为能够达成既定的绩效标准。

工程项目中业主对承包人进行行为控制的实施方式是多样化的，发承包合同赋予业主监管承包人的权利。业主通过制订详细的管理制度安排、正式的组织结构设计、详细的计划和程序，并在实施过程中对承包人进行持续的监督和纠正，确保承包人行为不偏离合同约定。

全过程工程咨询团队对承包人进行的行为控制是以发承包合同为依据，在业主的实际授权范围内严格按照合同约定对承包人的行为进行监视和指导。全咨团队在对承包人进行行为控制中有两方面是尤为重要的。

（1）制订科学的监控程序和计划　行为控制具有"计划性"这一基本特征，全咨团队应制定科学的监控程序和计划。如果程序和计划不合理或有误，据此控制承包人的行为是不能实现目标的（张尚，2010）。因而，全咨团队应正确看待业主赋予的权利，对承包人进行监督管理，设立合理的监测计划，包括进度检测计划、质量监测计划、成本监测计划等，并要求承包人定期向全咨团队报告工作的执行情况。

（2）对承包人履约过程的监督　行为控制还具有"按部就班"这一基本特征，全咨团队应重视对承包人履约过程的监督，如果过程监督不到位，极易导致行为和计划之间偏差的产生，从而影响最终结果（张尚，2010）。全咨团队应重视对承包人加强过程监管，按照项目事先确定的计划执行，在项目实施过程中对项目运行进行持续的监督、协调、检查、纠正，并对承包人行为进行监管并指导。如全咨团队对承包人进行过程监管时，全咨团队为确保混凝土的质量要求达标，设定了原材料采购、混凝土搅拌、现场浇筑和养护的基本程序和要求，并对承包人所交付的各个工作内容实施效果进行监督和审查，确保施工者的行为服务既定的标准。

总之全过程工程咨询团队对承包人进行行为控制时，应当以项目的三大目标（质量、工期、成本）的实现为出发点，按照事前约定的程序和要求做好过程监管，督促承包方积极履约。

3. 以发承包合同为依据的产出控制

产出控制机制是指组织间关系所要实现的产出目标及实现这些目标的监督机制，产出目标的设定不仅为业绩评价提供了标准，而且还能明确关系各方的预期并提高目标一致性，尤其是在奖惩措施与目标实现挂钩的情况下。

产出控制与行为控制的区别在于行为控制强调通过合同条款及程序来对承包人的行为进

行检查、监督和校正,强调的是对承包人行为过程的控制。而产出控制则更强调对产出结果的衡量和控制。

全过程工程咨询团队对承包人的产出控制体现在,以项目执行所依据的发承包合同为依据,制定详细明确的产出标准,从而便于对承包人的产出结果进行衡量。

全咨团队在设定的产出绩效标准时,应约定具体的成果标准,设计建设项目的总体目标和建设过程各个阶段预期达到的任务目标,以此作为项目结果是否达到的衡量标准,监控项目结果是否符合所要求的结果和目标,从而保证结果的可度量性。

此外,时间节点要求也是重要的绩效标准,全咨团队应当明确时间节点,以此作为项目结果是否达到的时间依据,通过关注项目在关键节点的输出等结果控制来激励承包商在项目实施过程中及时发现并解决问题,严格把控项目目标的完成情况。

当然,建设项目的不具体性,使得交易过程中的变化是不可避免的,因此全咨团队设定的产出绩效标准必须是柔性的,以便在未来通过谈判进行调整。

4.3.3 全咨团队对承包人履约过程中的项目目标控制

全咨团队对承包人的控制除了以发承包合同为依据的行为控制和产出控制外,沟通协调等非正式关系控制也能够在一定程度上对承包人的行为进行指导和协调。但归根到底,上述所有控制机制的目的都是为了确保对承包人履约过程顺利开展,质量、成本、工期等项目目标能够得以实现。

1. 质量控制

质量控制是指在确定明确的项目质量控制目标以及具体的条件下,为了保证项目达到合同规定的质量标准,而采取的措施、手段和方法来保证预期质量目标实现的过程。全咨团队应当全面参与到策划阶段、设计阶段、施工阶段乃至竣工验收阶段等各个阶段的质量控制工作中,以发承包合同为依据,通过一定的控制措施和手段对工程建设全过程进行质量的监督和管理,以保证每一环节的质量均能达到业主的要求,同时,与承包商保持密切沟通与协调,督促承包商在各个建设阶段保持质量控制意识,以保证质量目标能够充分落实。

(1) 做好质量控制事前准备工作 全咨团队应当做好事前准备工作,明确全咨团队的质量控制及质量监督的总体负责人,构建工程质量控制责任者团队架构,当业主能力不足时,全过程工程咨询方要充分发挥监管职能。另外,要在策划阶段进行质量控制目标的确定,针对可能影响到建设项目质量的各种因素、各个环节提前制订计划和程序。

(2) 进行全过程的设计质量控制 设计质量问题不仅会带来经济问题,还可能影响施工质量,造成工程质量缺陷及施工事故。因此,全咨团队应对设计质量进行全过程的跟踪和控制,并定期对设计文件及设计成果进行全面、详细的审查,从而实现设计质量的良好控制,并协调好设计方和施工方的沟通和专业对接。不仅应对每一阶段的设计图纸及设计文件进行审查,包括审查图纸是否满足设计深度要求、设计结构是否安全且经济合理、技术工艺是否符合功能使用要求、设计变更是否合理等。还应对设计服务进行严格控制,审查是否按照合同要求在设计过程中投入充足的专业人士及驻场代表,审查设计方内部质量控制程序是否健全,能否处理好设计和施工的专业接口问题等。

(3) 进行全过程的施工质量控制 施工质量控制是质量控制的核心和关键,全咨团队应以业主与承包方所签署的施工合同为依据,监管、协调承包人的行为,进行全过程的施工质量控制。在施工前准备阶段，全咨团队应对承包商所做的施工前准备工作的质量进行全面监查和控制，包括资质审查、施工环境及施工条件准备工作的质量控制等。另外，全咨团队还应在此阶段做好图纸会审、设计交底以及设计变更等控制，使得设计与施工对接，保障设计的可施工性。在施工过程中全咨团队应充分发挥监理及审查的职责，依据合同文件、法律法规及技术规范等对项目施工过程中各种质量问题进行监管，对异常情况及时处理，保证实施的项目满足工程质量要求，包括建立施工质量跟踪档案及工序间的交接检查等对承包商施工过程进行跟踪监督，审查项目所用材料的品牌与质量以做好质量把关及检查验收等。此外，全咨团队应做好竣工验收，审查并督促项目后期的施工工作符合质量标准。

2. 进度控制

项目进度控制指的是全咨团队为了确保能够在规定的时间实现项目目标，以发承包双方约定的项目工期为参考，以发承包合同为依据，对项目运行进度以及承包人的日程安排进行监管和控制的过程。

（1）了解进度控制的方法和措施　要想对工程项目进行进度控制，首先需要了解工程项目进度控制的方法和措施。工程项目进度控制的方法主要是规划、控制和协调。规划就是确定总进度目标及进度控制子目标，并编制进度计划。控制是指在工程项目实施的全过程中，分阶段进行进度实际值与计划值的比较，出现偏差及时采取措施调整。协调是正确处理好项目实施过程中各成员的工作节奏与进度关系。进度控制的措施则包括组织措施、技术措施、经济措施等多个方面。全咨团队可采取的组织措施有建立进度控制目标体系、建立进度计划报告制度、建立协调会议制度、监理施工审查及变更管理制度等；技术措施则包括编制进度控制细则、采用网络计划技术及其他科学使用的计划方法等；经济措施包括建立关于工期和进度的惩罚制度等。

（2）确定进度目标计划　进度目标计划是对承包人进行行为控制的关键步骤，全咨团队应就项目环境（包括自然环境和社会环境）的变化和要求、资源供给情况等条件进行综合平衡分析，确定总体的进度目标计划，并针对每个阶段的不同特征，编制经济、合理的进度目标计划。其中，施工进度计划指对从施工准备阶段开始，直到竣工后运营阶段为止的各个阶段、各个环节的工作进度计划做好统筹安排。

（3）实施进度的过程监督　全咨团队应对承包方实际的实施进度做好过程监督，督促承包方的工作进度，保证项目能够按照科学合理的建设顺序及周密合理的进度计划顺利开展。全咨团队对实际的施工进度控制主要包括三类：一是对项目总进度的控制，全咨团队领导小组应就项目中的里程碑事件的进度控制展开讨论；二是项目实施过程中各分项目或各个阶段的控制，全咨团队可以通过定期跟进项目进展信息，确保项目主进度按计划进行；三是项目详细进度控制，主要为全咨团队需要经常到项目现场监督指导，对各作业部门的具体进度计划进行监督。

（4）与承包方定期召开协商会议　为了提高全过程工程咨询项目进度控制效率，全咨团队应当定期和项目承包方及其他主要参与方举行协调会讨论进度问题，以会议纪要的形式督促各参与方或项目相关部门在一定期限内解决影响进度的问题，从而保证进度目标的实现。

3. 成本控制

成本控制是指全咨团队依据合同，监督并协调承包方的行为，在确保工程质量要求和进度要求的前提下，对工程项目实施过程中的各个阶段所产生的各种费用进行有效的计划、组织、协调和控制，从而顺利实现项目预定的成本目标，并提高项目经济效益。全咨团队所采取的成本控制贯穿前期阶段、设计阶段、施工前准备阶段、施工阶段，直至竣工验收阶段的全过程，需通过合适的措施和方法将成本控制在目标范围内。

（1）提前制订成本控制计划　全咨团队需要提前制订投资计划、资源使用计划以及物资采购计划，同时确定资金使用反馈流程，反馈信息应包括项目全部工作计划的实施和履行情况、成本的估算值、预算的严格规定和成本开支的相关规定、项目成本开支的定期统计数据等。将上述计划和循环流程作为参考，确保承包人的实际成本支出控制在计划成本范围内。通过收集已发生成本数据和当前价格信息，计算实际成本与计划成本的偏差，以及动态预测成本与计划成本的偏差，发现偏差后及时与承办商进行沟通和反馈，同时提供成本预警并进行干预，使成本的发生始终在控制之下，从而确保项目建设过程中的各个阶段的投资金额在可控范围内。

（2）采取全过程审计　全咨团队可采取全过程审计这一具体控制手段来对成本进行控制。派遣独立审计人员，入驻项目施工现场，对设计阶段、施工前准备阶段、施工阶段、竣工结算等各个阶段进行全过程跟踪审计，如对招标合同价、变更增加费用以及结算价进行专业审计把控；对变更方案及增加的标价进行审核，从而保障决算与预算、概算及投资估算的一致性；对施工方案以及竣工结算进行审核等。

（3）建立严格的投资增加审批流程　全咨团队应建立严格的投资增加审批流程，其中设计变更审批流程包括变更技术方案的审批流程以及费用增加方案的审批流程。在进行审批工作之前，应规定全过程工程咨询方以及业主方各自的审批权限，从而总体把控施工过程中的变更数量。同时，全咨团队需要制定合理的工程洽商管理制度，与承包商进行积极的沟通，对现场管理人员的职责和权限进行规定，对涉及专业接口工作的现场工作人员做好协调工作。

4.4　全过程工程咨询项目控制的典型案例分析

4.4.1　某地铁工程全过程咨询项目简介

1. 项目概况

南美洲某国首都地铁工程全过程咨询项目是该国第一条实际意义的地铁项目。项目总长度为35km，共35个车站，其中，2号线包括27个车站，4号线支线包括8个车站，项目建设阶段分为三个阶段，包括第一阶段（为1A阶段和1B阶段）、第二阶段、第三阶段，如图4-7所示。项目的合同总造价约为4 530 928 168美元，原定项目总工期为5年。

该国政府与承包方签订协议，由承包方承担项目部分工程款的融资，以及全项目建设、阶段性特许经营，最终移交给政府。项目采用全过程工程咨询服务，以联合国项目服务办公室组织牵头，采用全球化商业招标，由三个不同国家的监理联合体自由联合方式竞标获得。这也是中国咨询企业第一次以国际竞标方式获得技术服务合同。

2. 全过程工程咨询组织模式

该项目采取了典型的"业主+承包方+全过程工程咨询方"三边治理模式来推动项目的

顺利开展。

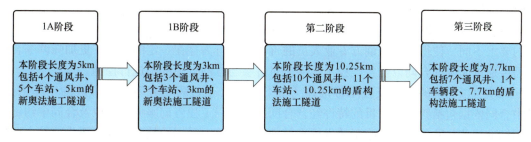

图 4-7 项目建设阶段及工作安排

项目业主：项目业主项目管理分为两层，顶层是该国交通运输部，项目直接监管方是接受交通运输部委托的 OSITRAN。OSITRAN 是公共交通运输基础设施投资监管机构。它是一个权力下放的公共机构，隶属于部长理事会，具有行政、职能、技术、经济和财政自主权，是该项目开展业主方项目管理的实际主体。

监理联合体：该项目的全过程工程咨询（综合监理）采用的是联合体组织模式。联合体牵头方是该国监理公司、协作方是韩国和中国的监理公司。中方公司由中国某著名设计院集团有限公司及其控股子公司构成，作为全过程工程咨询联合体的参与方之一，全面参与设计阶段、施工前准备阶段、施工阶段、验收阶段、保修阶段的全过程工程咨询服务。签署的全过程工程咨询合同总额共计 11 065 000 000 美元，其中，中国公司的全过程工程咨询服务费约占 30% 份额。

项目承建方：承包方也是一个联合体，包括该国本土公司负责土建施工、西班牙某公司负责项目特许经营期运营、西班牙某公司负责项目土建施工、意大利某公司负责土建设计及施工、意大利某公司负责项目机车设计及供货、项目系统集成等。总之，该项目的承包联合体负责部分工程款的融资、全项目建设，以及阶段性特许经营等工作，最终将项目移交给该国政府。项目的具体参与方及组织关系如图 4-8 所示。

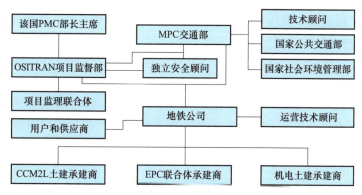

图 4-8 项目的具体参与方及组织关系

4.4.2 该工程地铁二号线综合监理工作开展的实施模式

1. 综合监理（全过程工程咨询）开展的工作依据

综合监理（全过程工程咨询）必然离不开明确且具体的工作依据来指导其顺利开展。

由于构成全过程咨询单位联合体的参与方来自不同的国家，一方面，不同国家在技术规范和验收标准等方面存在很大的差异，如果不统一工作依据，很可能致使各国监理方技术不准的差异所引起审查标准不统一，影响服务的顺利开展；另一方面，不同国家对咨询项目人员素质的要求不同，使得各国咨询方专业人员的价值观及行为存在一定的差异，更加强调综合监理需要通过明确的合同以及各类技术标准来对各参与方的行为准则进行控制。

该项目以明确的合同及技术标准作为综合监理（全过程工程咨询）开展的工作依据。其中合同依据包括针对该项目的特许经营合同、全过程工程咨询服务合同以及合同中约定的该国标准规范、欧美设计和施工技术标准及补充协议等，采用的技术标准主要为该综合监理服务顺利开展依据的各种技术标准细节内容。全过程咨询单位联合体应按照合同约定，以及招标要求所用的各种技术规范来规范监理工作的细节，并以此为依据定期给业主提交主要报告，包括联合体日报、周报、月报、EDI审查意见表、文件审查意见表等。

2. 综合监理（全过程工程咨询）开展的工作范围和内容

全过程工程咨询单位联合体对该项目开展全过程工程咨询服务，该项目综合监理的工作范围主要通过综合监理服务合同以及承包合同确定。其中，综合监理服务合同约定的工作范围涉及从设计方案开始到施工图设计完成为止的设计阶段，以及从前期施工准备阶段开始到工程移交后的工程保修阶段为止的项目实施阶段，按照承包合同约定的详细工作内容和标准开展综合监理服务的工作范围则更为广泛，包括从设计阶段至工程移交后的保修阶段。

综合监理（全过程工程咨询）的工作内容主要包括综合监理服务合同及承包合同约定范围内的审查、验证和验收，具体如下：

1）按照综合监理服务合同的约定，对特许经营合同约定的整个设计阶段的设计方案进行落实和细化。

2）按照综合监理服务合同的约定，做好从前期施工准备阶段到工程移交后的工程保修阶段的检查验收工作。

3）依据承包合同约定及承包合同约定所采用的技术标准对从设计阶段开始，到工程移交后的保修阶段为止的整个过程，承包人的所有工作内容和标准进行的详细审核、验证和验收，包括对车站、隧道和车辆段建设位置地质水文勘察资料的审查、本体安全监测，以及周边建筑物的稳定性检测。

综合上述三点工作内容，可得到如图4-9所示的各个阶段综合监理的具体工作内容。

3. 综合监理（全过程工程咨询）开展的组织设计

该项目的全过程咨询方是由中方监理公司、韩方监理公司以及该国政府的监理公司共同组建，并由联合国项目服务办公室牵头形成的联合体。其内部呈现出直线职能式的组织结构，联合体设置正、副总监各一人，总体上设有项目管理部、土建部、隧道部、监测部、机电部、行政部等职能部门，在人员配备上项目管理负责人、土建负责人、隧道负责人、监测负责人、机电负责人，以及行政负责人直接领导其所在职能部门的相关业务，并各自拥有对其直线下属的指挥和协调的权利，对所领导部门的工作负全面责任，如图4-10所示。

另外，合理有序的具体服务工作流程是咨询服务高效运行的载体，通过工作流程可以将审查控制程序中的工程流程显性化，清晰地看到具体工作任务的流转关系及各个工作环节的相关负责组织，从而督促项目各参与方按照流程要求，合理有序地开展审查工作，进而实现了管理效率。其中，EDI审查（指最终设计研究，相当于国内的技术设计），是综合监理在设计阶段的重点审查内容，EDI 文件审查流程如图 4-11 所示。

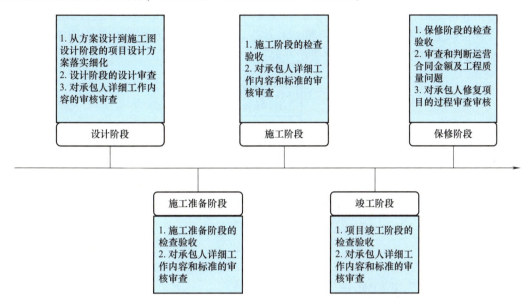

图 4-9 各阶段综合监理的工作内容

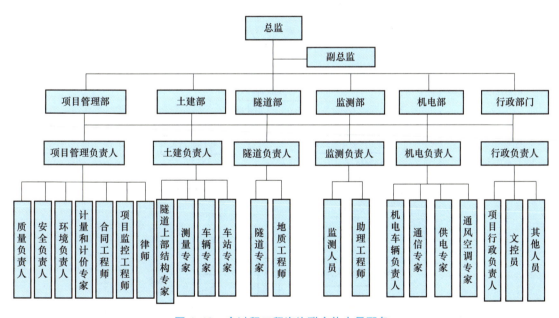

图 4-10 全过程工程咨询联合体人员配备

该项目为了加强审查验收过程控制，综合监理方明确了各阶段的审查控制程序，其中施工方案文件审查流程如图 4-12 所示。

4. 综合监理（全过程工程咨询）的工作方式

业主方与综合监理公司（全过程咨询单位联合体）保持密切沟通及工作协调。双方不定期召开会议，参与人员包括全过程工程咨询方内部的专业负责人及专业工程师，业主方（包括该国政府及其委托的 OSITRAN 项目监理方）对应的专业负责人及其专业工程师等，以及涉及专业边界协调时对应的专业工程师等,各参与方采取一系列关系控制的手段,相互沟通,运用先前经验,就双方共同关注的、会前约定以及待解决的问题,进行集体讨论。例如,双方在会议上就 EDI 设计审查问题,上方各自提出意见,并相互交流,明确双方对于所提意见的原因,以保证设计工作的成功开展。

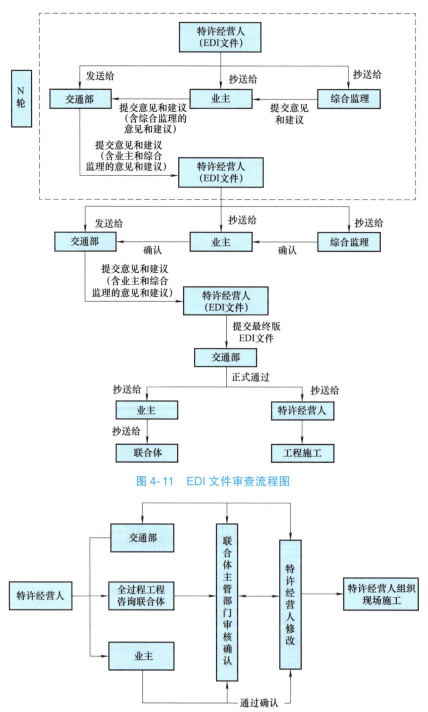

图 4-11　EDI 文件审查流程图

图 4-12　施工方案文件审查流程图

中方监理公司、韩方监理公司以及该国的监理公司共同组建联合体通过综合监理的工作方式对咨询服务展开工作，在此合作过程中不仅需要中方团队在综合监理方面发挥自身强项，包括技术难题的处理及对图纸的理解，而且也需要韩方公司先进的国际项目管理业绩，结合该国对本地的丰富资源的了解及其在语言交流，以及法律和合同方面的优势，这就需要三方通过跨组织协作的方式构成联合体，通过跨组织控制，实现三方的联合及优势互补，以实现预期目标。三方相互沟通并协商后共同签署联合体综合监理合同，依据合同控制来规范各自的行为，进行项目监理和审查，并给出全面具体、安全和技术含量高的意见。同时，三方构成的联合体高层之间保持互动和配合，扬长避短，将各方的利益优势发挥到极致，并定期轮流组织高层的协商会，就项目执行及咨询服务中的重大问题进行商讨，有效地展开项目咨询工作。

4.4.3　综合监理对项目实施过程的控制机制

1. 综合监理（全过程工程咨询）的主要控制方式

综合监理（全过程工程咨询）主要通过合同控制和关系控制两种主要控制方式来保证项目实施过程的顺利性。

其中合同控制主要体现在以相关合同为约定对项目实施过程进行严格的管控。该项目严格按照该国现行法律法规、特许经营合同、综合监理服务合同、合同中约定的欧美设计和施工技术标准及补充协议等。将上述相关合同和技术标准作为项目的产出控制标准，在此基础上将控制重点落在行为和偏差过程上，注重咨询服务范围内各阶段的具体监理内容的落实，包括从设计阶段至工程移交后的保修阶段开展包括设计方案细化在内的审查、验证和验收工作。如对特许人提供的所有车站、车辆段、隧道、机电（涵盖的所有专业）、车辆等专业的EDIS进行全面、系统的审查，检查验收过程控制，试验监督检查、巡视检查，项目进度管理与投资管理等，从而保证咨询服务范围内各阶段的具体监理内容的落实。

关系控制则主要为综合监理服务过程中的一系列沟通和协调方式，在项目实施过程中综合监理公司（全过程咨询单位联合体）在对项目特许人依据合同进行审查、监测、验收的同时，同样注重与特许人的沟通方式，不仅及时召开"业主——承包商——全过程咨询单位联合体"的高层之间的高层协商会议，同时将关系控制落实到各个阶段，给予项目实施方以相关工作的协调、专业技术协调，及重要实施措施和方案的提案。

2. 各阶段具体的控制内容

（1）设计阶段　一方面，在设计方案审查之前，依据综合监理服务合同、承包合同、欧美设计标准和规范，以及该国新型的规范和标准中所包含的设计内容，确定该项目设计阶段的咨询审查内容，在具体执行过程中，严格遵守上述合同及技术标准对表4-1中所陈列的各项设计内容进行审查，如对所有车站、车辆段、隧道、机电、车辆等专业的设计方案逐一进行核对，指出设计方案中不符合特许合同的地方，并形成书面审查意见。

如综合监理相关人员在对隧道专业进行审查时，发现1A阶段的通风井设计方案中通风井的底板厚度为0.25m。由于监理人员熟悉掌握技术规范及标准以及合同的详细规定，最终在合同中找到了充分的依据，合同明确规定通风井的底板厚度为1.4m。最终，监理人员与隧道专业的特许人反复交涉，最终确定按照1.4m的合同规定执行。

表 4-1 合同及规定中约定的设计阶段咨询审查内容

序号	设计阶段内容	设计阶段的咨询审查内容
1	前期设计内容	房屋拆迁、管线拆迁、施工场地规划、交通疏解设计
2	综合系统	线路、行车组织和运营管理、衔接、轨道、工程测量与勘察设计、工程策划、安全卫生及环保节能
3	土建系统	车站建筑、车站结构和防水、区间结构和防水、路基和站场
4	供电系统	电源及主变电所、牵引变电、接触网及接触轨、电力监控
5	常规设备系统	通风空调、给排水消防、中低压供电、屏蔽门、电梯、自动扶梯
6	弱电系统	通信、信号、自动售票和民进、综合监控及自动化控制
7	车辆段系统	车辆检修功能的要求，车辆段总体布置、车辆状态监控，水、电、线路等的布置，网络端口布置，检修平台的电源、电池和气源配置，检修地沟，检修库通道和机电加工间布置等
8	机车车辆设计监造	设计生产季度、低压设备测试、电瓶及容量测试、屏蔽门设计测试、动力设计测试、设备说明及维护、空调、照明系统、行车记录、绝缘、转向架、防滑、舒适度等方面的设计及测试

另一方面，综合监理中的相关工作人员在设计审查工程中发挥了一定的沟通和协调作用。设计过程中存在一系列专业边界接口内容，如车站结构上的接地设计涉及土建和电力两个专业的对接，综合监理应审查土建工程师和电力工程师的对接工作，并利用关系控制来促进这两方的沟通协调，确保电力图纸和土建图纸的相符，保证此方面设计内容执行的合理性。

（2）施工准备阶段　施工准备阶段综合监理的主要工作任务落在了开展征地与拆迁、地线管线的迁改、交通疏解，以及场地移交等前期准备工作上。

此时，有效的合同及技术规范和规范不但可以保证综合监理能够对承包人提交的施工方案、人、材、机准备，进度计划，技术和安全交底，地质报告等进行情况在进行审查和提供意见时有据可依，而且可以规范承包人的行为，抓现场移交进度，督促其按合同和合同附件推进施工前准备工作的进度安排，保证进度目标的实现。

另外，综合监理在审查承包方工作时，应及时与施工承包方进行关系协调与沟通，借助关系控制保证施工准备工作的进度、质量以及成本目标的实现。在此过程中，综合监理的前期部门在协助业主对征地拆迁、地下管道、场地移交等前期准备工作过程中，时刻保持有效的沟通和协调。

（3）施工阶段　该阶段综合监理工作重点主要包括以下几个方面。

1）对项目施工过程中的重要部位、关键工序进行现场试验监督检查。此过程严格按照综合监理服务合同，以及特许经营合同中所约定的技术标准，落实产出控制、行为控制等控制策略。同时在必要的情况下需要配合一定的关系控制。如进行桩基础实验时，综合监理一方面严格按照合同规定严格控制实验方案及实验结果，同时与实验过程中所涉及的各种工程保持密切沟通，配合跟进地质、车站结构设计、质量工程师开展工作。

2）巡视检查。在施工过程中，通过巡视检查及时发现施工过程中不符合合同约定及技术标准的方案，并督促实施者严格按照相应的技术标准进行落实修改。如综合监理在对混凝土浇筑过程进行巡视时，E23、E24 车站混凝土浇筑过程中存在裂缝，在此基础上，通过跟踪施工过程，分析混凝土的材料组成，发现虽然车站顶板按照合同约定采用了具有较强抗腐蚀能力的火山灰水泥，但其配合比存在一定的问题，综合监理内部工程师与承包商工程师通过良好的沟通机制，共同对火山灰水泥配合比进行了重新设计，避免了后期类似现象的发生。

3）检查验收过程控制。通过巡视检查检查验收及时发现施工过程中的质量问题、成本问题等，并督促承包人在规定的期限内落实修改。

4）对特许人所提交的施工方案文件做好审查工作。

为保证以上工作重点的顺利开展，综合监理采取的控制内容见表4-2。

表4-2 施工过程全过程工程咨询团队控制内容

工作内容		控制内容	控制策略
实验监督检查	回填砂石实验及混凝土强度类实验	1. 参与回填砂石配比和砂石回填密度类实验 2. 依据合同对外国实验室开展的混凝土强度类实验过程进行全程巡视检查	产出控制 行为控制
	桩基类实验	1. 依据合同规定对实验方案进行审查 2. 配合并跟进地质、车站结构设计、质量工程师开展工作 3. 对实验结果报表进行审查	产出控制 关系控制
	机电类实验	1. 依据承包合同、设计图纸规定对实验室进行实验验证 2. 控制实验结果，规定各专业验收表格格式并对其审查	产出控制
巡视检查		1. 巡查在建过程，了解施工物资人员准备情况是否符合设计方案的约定 2. 审查严密的设计要求是否能够在现场落实 3. 巡查现场操作实施能力是否符合设计要求及水准 4. 对相关工作人员的行为的控制	行为控制
检查验收过程控制		1. 采用明确的检查内容、检查办法、质量允许偏差等对各专业质量验收控制点、施工方案质量控制点等进行检查和控制 2. 审查和判断施工合同涉及合同金额变化的情况	项目质量控制 项目造价控制
施工方案审查		1. 审查质量管理体系建设情况，及施工承包方项目部的质量责任体系建设情况 2. 审查施工设备人力和培训资源管理情况 3. 施工任务分解发包控制及施工过程的检查和分析	产出控制 行为控制

（4）验收阶段 在验收阶段，综合监理开展审查工作的重点除了包括对已完工的建设工程实体进行质量检查和验收外，还包括对特许人提交的质量保证资料以及竣工验收资料进行审查和确认。

具体而言，合同中约定了各专业的质量验收控制点，严格按照合同对承包人提交的质量保证资料、竣工验收资料进行审核，督促特许人对在审查过程中被发现的问题及时落实整改，除此以外，要求承包人每日制定表格报送次日申请验收的部位及按合同规定的进度要求完成工作。综合监理及时与承包方进行沟通，及时反映验收过程中存在的问题，督促承包人积极履约。

（5）保修阶段 保修阶段的工作重点依然为对进度、质量以及成本三大目标进行控制。

一方面，以进度计划和应采取的措施为指南，按照综合监理服务合同约定，对该项目运营期发生的缺陷，以及综合监理（全过程咨询单位联合体）在回访过程中发现的质量问题及时反映，并审查和判断运营合同涉及合同金额变化的情况。另一方面，综合监理（全过程咨询联合体）对承包方的修复进行监控和验收过程离不开双方有效的沟通及友好的关系及态度。

4.4.4 全过程工程咨询项目控制机制构建的要点

该项目的成功开展，离不开综合监理方所采取的一系列控制措施和手段，结合本案例的成功经验，可以为其他全过程工程咨询项目的开展提供如下管理要点。

1. 咨询企业要关注明确全过程工程咨询服务的技术标准及工作流程

全过程工程咨询服务的顺利开展需要明确具体的技术标准及规范的支撑，为全过程工程咨询企业中的各专业部门提供统一的行为标准和依据，尤其是在由不同的咨询单位组成的全过程工程咨询联合体中，只有统筹各方的力量，确定统一的技术标准才能实现各参与单位在技术活动中的统一协调，进而调动各方的积极性，更好地约束各参与方的行为。如本案例工作开展过程中，由于参与全过程工程咨询服务的联合体单位来自三个不同的国家。各个国家在技术规范及验收标准方面存在很大的差异，在项目具体开展过程中难免会遇到各方意见不合的情况。为避免各国监理方技术不准的差异引起审查标准不统一，合同规定项目设计规范采用欧美规范，各国监理团队在以欧美规范为依据的前提下各抒己见（如中方监理团队不遗余力地宣传中国地铁行业趋于成熟的技术标准及施工规范，弥补欧美规范中的缺口和漏洞），以遵守欧美技术标准为前提，有力且严谨地发表自己的观点及建议，最后形成了一套合理的技术标准，为后续各阶段的审查和验收工作奠定了基础。

另一方面，全过程工程咨询服务设计范围广、各个环节参与主体多、任务繁杂，为了实现各项工作的顺利开展，具体的咨询工作流程能够在一定程度上避免各项工作由于具体的工作流程不清晰所引起的实施效率低下等问题。通过合理有序的具体服务工作流程来明确并严格约束项目各参与方的行为实施，避免管理失位等行为的产生。

2. 咨询企业内部要建立全过程工程咨询管理手册，明确责权利划分及激励机制

为了解决全过程工程咨询中工作人员配置不足、责任心欠缺、能力落实不够、履职不到位等问题，需要建立全过程工程咨询管理手册，为全过程工程咨询项目的实施提供实践依据，实现对参与项目关键人员的管控。

一方面，明确全过程工程咨询项目的各参与方的责权利。全过程工程咨询项目涉及业主、咨询方、承包方等多个参与方，为确保各参与方相互合作构成的项目管理团队共同推动项目的顺利开展，必然会采取一定的控制手段对合作过程、合作组织，以及组织间的合作成员进行约束和管理，明确项目参与方各自的职责和分工。因此，全过程工程咨询管理手册中应当包含正式的规则、合同和程序对各参与方及其内部人员的责任义务、职责、权利等进行明确的规定，从而约束各个参与人员的行为，保障工作的严谨性。

另一方面，明确全过程工程咨询项目的激励机制。为了保障参与全过程工程咨询项目管控的咨询团队充分发挥自身的优势和价值，确保控制机制有效落实，在全过程工程咨询管理手册中明确设置具体的绩效奖励制度等能够在一定程度上激励全过程工程咨询方各专业人士在实际的操作过程中充分发挥自身的专业优势，从而取得高绩效带来的奖励。如该项目所示,该项目的综合监理机构是由多个国家的监理单位共同组成,中方、韩方以及该国的咨询项目的差异致使各国咨询人的人员素质要求具有差异,均有各自的长处和短板,实行绩效奖励制度,能够激励各方充分发挥自身工作方式及技术能力上的优势,积极传达工程经验的前提下,严格按照该国咨询服务的关切点给业主提供技术方案,最终保证良好的服务质量。

3. 沟通协调机制是实现项目目标的重要控制机制

沟通协调机制作为项目管理工作中重要的控制手段之一,在项目的实际运作中发挥着非常重要的作用。一方面,频繁且有效的沟通协调机制是推进项目参与方之间关系,高效地实现项目目标的有效途径。在全过程工程咨询项目中,参与方较广,为了使参与人员能够在规范化的程序中合理安排和实施工作,避免沟通协调不当而出现工作无序或不到位的现象,便需要采取一定的沟通协调机制。其中,有效的高层会议能加强各参与方的沟通工作,以该项目为例,由于项目的复杂性,项目事前所确定的项目实施总体部署、总体进度计划等可能与项目的实际据图实施情况存在差异,或项目实施过程中存在重大变更或各方方案不统一的情形,这就需要综合监理方(全过程咨询单位联合体)定期将实际进度计划与进度计划进行对比,查明原因,并通过与业主及承包方领导层召开三方会议进行集中协调,并集体讨论双方共同关注的、待解决的问题。

另一方面,全过程工程咨询单位通过对承包方施加一定的沟通协调机制,能够在一定程度上避免承包方在项目实施过程中由于专业接口工作不到位、业务融合不够而影响工作的整体落实。以设计阶段为例,由于设计工作包含土建、安装、车辆等多个专业,在项目的具体实施过程中,如果各专业接口之间沟通协调不到位,很容易使得设计阶段的工作严重影响施工过程的成功开展。另外,各专业进行设计时可能仅考虑本专业习惯和要求,导致施工时也按照各专业进行施工,而缺乏专业的融合性,致使问题彻底暴露后修改困难等问题的出现。以该项目为例。在专业接口工作的管理中,综合监理方均配备了相关的专业工程师进行专业对口沟通和协调,如土建工程师与电力工程师对接车站结构上的接地设计工作,重点商讨土建结构图、电力图等与合同中的规则是否相符,对设计内容的执行是否合理等。

第 5 章
全过程工程咨询项目的知识共享

/ 本章导读 /

- 全过程工程咨询是智力密集型服务活动,如何认识全过程工程咨询的知识体系。
- 全过程工程咨询项目包含知识分享的多个层级,不同层级知识分享的关键问题并不相同。
- 全过程咨询项目跨组织之间的知识分享,信任机制的构建是关键。
- 全过程咨询企业内部的项目组织、团队和个人之间的知识分享,学习机制是关键。

5.1 全过程工程咨询的知识体系

5.1.1 不同视角下全过程工程咨询知识体系

1. 全过程工程咨询企业视角下的知识体系

全过程工程咨询企业是典型的知识密集型企业,整个企业的竞争优势都是建立在所拥有的知识资源与能力之上的,其具有的知识资源的深度与广度是决定企业成长发展实现战略目标的关键。在实施知识管理前就必须对企业内所拥有的知识资源详尽分析整理,以确定知识管理的对象和方法的选择。

(1) 企业层面知识资源与项目层面知识资源　全过程工程咨询企业以项目为主要的运作模式,项目是知识的来源,全过程工程咨询企业的知识资源来自企业、项目两个层面,两者不可割裂也无法完全区别。因此,将全过程工程咨询企业的知识划分为:组织内知识、领域知识、组织间知识、项目间知识和项目知识,形成两个层面五个类别的知识资源体系,具体如图 5-1 所示。

(2) 显性知识资源与隐性知识资源　将全过程工程咨询企业的知识资源分成两大类:显性知识和隐性知识,如图 5-2 所示。显性知识是指可以或已经被文本化的知识,主要包括与企业日常管理相关的各种规章制度、内外部文件、财务资产报表、人事管理资料等,以及与咨询服务相关的各种方案(如咨询服务方案、各项管理制度方案等)、合同文本、规范、已完成项目成果文件、作业指导书等。

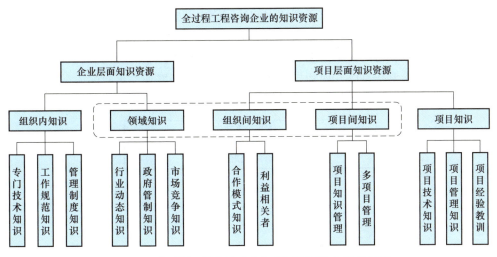

图 5-1 全过程工程咨询企业与项目层面的知识体系图

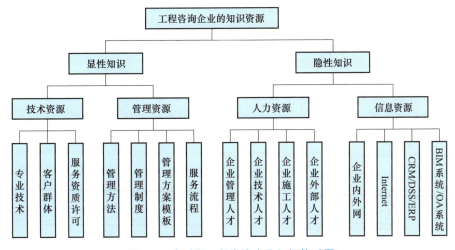

图 5-2 全过程工程咨询企业知识体系图

隐性知识指员工的各种实践经验知识、与解决问题相关的创造性知识,以及在实践中积累的业主知识、合作伙伴知识、供应商知识等。在全过程工程咨询项目运作过程中,项目参与者获取到大量的隐性知识,然而随着项目结束,项目团队这个临时性组织被解散,隐性知识也消散殆尽。因此,促进隐性知识资源的显性化,并及时集合、整理,最终形成项目知识存储交流。

2. 全过程工程咨询专业人士视角下的知识体系

全过程工程咨询正处于推广发展阶段,具体咨询工作规范和标准需要依靠专业人士的背景知识和工作经验摸索,专业人士在项目中的地位会再次被中心化。这意味着专业人士对于知识的利用程度与转化程度对咨询成果和绩效影响极大。根据哈佛商学院教授多萝西·巴顿提出的"T型人才"概念来阐述全过程工程咨询专业人士的知识体系,具体如图 5-3 所示。

字母"T"用来表示全咨专业人士的知识结构特点,"丨"表示具有深入的专业知识和技能,"—"表示具有宽泛的知识面,加强技术、经济、管理及法律等方面的理论知识培训，注重全咨专业人士对不同专业咨询知识的适应能力和整合能力，在本职工作中融合其他专业知识以提升咨询服务质量和价值。因此，T型全咨专业人士指一专多能的复合型人才，以具有宽泛理论基础、精湛技术技能、丰富实践经验、持续创新能力为主要特征。这就要求全咨专业人士不仅需要在自己专业知识上深耕，还要在诸多专业上进行跨界，专业人士需要具备知识和信息的甄别能力，从而保证形成的复合知识结构有效性。

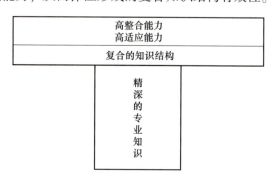

图 5-3　全过程工程咨询专业人士的 T 型知识体系

5.1.2　基于知识管理的全过程工程咨询知识体系

知识管理的内容分布于各个不同的模块，如组织管理中的学习型组织，技术管理中的网络信息技术，商业环境中的客户关系管理，人员素质中的创新精神，运作管理中的变革管理，项目规划中的战略协调等，与项目管理的内容有机地结合在一起。根据全过程工程咨询项目时间的要求，结合不同知识体系，本书提出基于知识管理的全过程工程咨询知识体系框架，具体如图 5-4 所示。

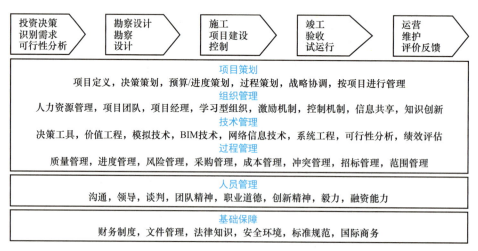

图 5-4　基于知识管理的全过程工程咨询知识体系框架

基于知识管理的全过程工程咨询知识体系采取模块化的设计思路，将知识体系框架的核心内容分为项目策划（项目定义）、组织管理、技术管理、过程管理、人员管理、基础保障六大模块，兼顾一般知识与专业知识。将知识管理的核心要点穿插在不同的模块中，与全过程工程咨询服务项目所需知识有机地结合在一起，如组织管理中的学习型组织，技术管理中的网络信息技术，基础保障中的客户关系管理，人员素质中的创新精神，过程管理中的变革管理，项目策划中的战略协调等。特别注意，在项目策划模块中引入战略协调，保持项目管理与企业发展战略的一致性，提高项目管理的效率和有效性，并优化企业资源在各项目间分配。与此同时，将项目管理由原来狭窄的临时性、单一性工程项目领域拓展到企业的日常经营管理，以动态的过程管理代替静态的职能管理，较好地解决多任务、跨组织边界的管理问题。

5.2 全过程工程咨询项目的界面整合与知识分享机制

5.2.1 全过程咨询项目组织中的界面问题

1. 全过程工程咨询项目的组织界面

组织界面是建设项目参与各方之间的相互连接。由于全过程工程咨询项目需要众多不同专业技能的组织参与，组织的界面具有复杂性、不确定性、风险性等特点。组织界面包括项目从开始策划到项目的执行、竣工验收、推广、移交整个建设过程中的个人和组织之间的关系。在全咨项目中的各参与方之间的关系可以分为两类：合同关系与非合同关系。

首先，合同关系是双方通过制订合同协议并建立委托代理关系，如业主与全过程咨询方、业主与施工承包方等，其形成有合同关系的组织界面，而由于双方地位差别、知识或信息的不对称性会产生时机的不平等，主要通过合同来协调处理彼此之间的权利和义务。其次，非合同关系双方并无直接合同制约，而是在项目建设过程中形成相互合作关系，可通过关系契约来实现双方关系的治理。此时，组织之间的协调和沟通往往通过第三方的介入，这大大增加了管理层次和协调沟通的难度。另外，在单个工程咨询企业内部，不同专业和职能部门之间还存在组织内界面问题。为克服界面障碍统一界面之间的行为，需要建立统一协调的职能交叉小组。全过程工程咨询项目的组织界面示意图如图5-5所示。

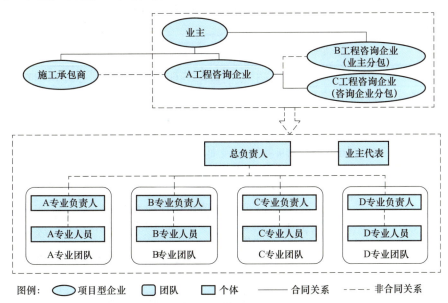

图 5-5　全过程工程咨询项目的组织界面示意图

2. 基于项目型企业的项目界面

在项目层面,可划分为单企业项目、企业与项目团队之间,以及跨组织项目团队之间三类界面,如图 5-6 所示。单企业项目内指项目参与各方为实现项目目标,各自组建的临时性项目团队(如 C11),不涉及跨组织和跨项目边界,如业主、承包商、全过程咨询方各自组建的项目团队。企业与项目团队间包括企业内不同项目之间和项目到企业层面(如 C 企业与 C11、C21 和 C31 之间),如咨询企业和项目团队之间以及咨询企业内部各项目咨询团队之间。跨组织项目团队之间是指存在于项目内部各项目团队之间的界面(如 A11、B11 和 C11 之间),如建设项目业主团队、施工团队和全过程咨询团队之间。

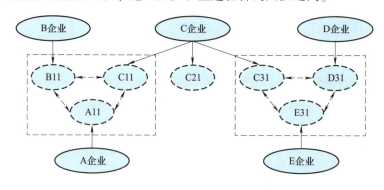

图 5-6 全过程工程咨询项目的项目界面示意图

在全咨项目中,这三个界面共同存在、相互补充,但界面交互的目的各有侧重。单企业项目内主要解决项目实施过程中存在的问题,多以任务或问题为导向;企业与项目间的界面重在进行项目和企业层面的知识共享,形成学习的规模效益;跨组织的项目学习需要在克服理解障碍的基础上,共享不同专业的知识,解决需要跨专业协调的项目问题。表 5-1 直观反映了这三类项目界面的区别。

表 5-1 项目界面的区别

区别	企业项目内的学习	企业与项目间的学习	跨组织的项目学习
跨项目边界	否	是	否
跨组织边界	否	否	是
目的	以任务或问题为导向,解决项目过程中出现的专业问题	企业和项目之间的知识共享,形成学习的规模效益	共享不同专业的知识,解决需要跨专业协调的问题
举例	全过程咨询项目团队内部	全过程咨询项目团队与全咨企业之间;全咨企业内部不同项目团队之间	项目内业主团队、承包商团队与全咨团队之间

3. 全过程工程咨询项目中存在的界面管理问题

由于全过程工程咨询项目参与方来自不同的组织,专业背景差异较大,缺乏对其他组织的知识和技术的了解,而解决问题所需信息分布在不同组织或部门中,将存在知识异质性和信息黏滞的界面障碍，表现出对信息的极度依赖性。另外，各组织受其自身利益影响，其目标一致性往往存在偏差，加之建设项目环境的低信任氛围，各组织风险偏好态度差异程度大，更加难以形成稳定有效的合作界面。进而使业主与全咨方之间交流知识合作氛围不浓及协同程度不高，各个工程咨询企业之间的知识融合深度和广度不足。对于工程咨询企业内部而言，由于部门间知识异质性程度较高，也造成需要协调配合的部门沟通交流效率较低。

从组织交互的角度出发，全过程工程咨询项目的界面管理是指通过设计并保持一定有序性的界面环境，使得临时性组织的相关管理要素能够在跨界面的交互作用过程中协同且有助于提升临时性组织绩效。而界面管理的本质在于整合，其正好契合全过程工程咨询服务针对碎片化整合治理的思路。因此基于知识共享机制的协调组织在多部门界面管理中可以提高组织界面的管理效率。通过知识分享机制来实现知识和信息收集与发散，将知识和信息有序地传递到界面两端的部门。

5.2.2 基于界面管理的全过程咨询项目知识分享机制

基于界面整合的全过程工程咨询项目知识共享旨在减少"条块分割、分散管理、封闭使用"的现象，是保证界面整合管理机制有效运转的基础与关键。其前提是对全过程工程咨询项目涉及的不同来源、不同层次、不同结构、不同内容的知识资源进行整合、优化，构筑核心知识资源体系。这些知识资源包括业主、全咨各参与方的专业知识技能、项目经验储备、以往项目资料等。其关键是以建设项目战略目标为导向，为提供满足业主需求的定制项目管理与技术解决方案而提升知识共享水平。

全过程工程咨询服务中的知识共享机制，不仅包括先进的技术、开放式交流的系统等硬机制，也包括合理的组织结构、良好的激励机制、广泛认同的组织文化等软机制。知识共享机制的各个组成部分相互作用，互为补充，结合其中各界面间的特点与问题，建立起基于界面整合的完善且合理的知识共享体系结构，具体如图 5-7 所示。

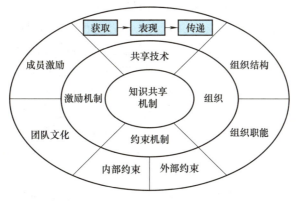

图 5-7　知识共享机制图示

（1）知识共享技术　知识共享系统是知识共享的手段及工具，同时也是知识共享技术的载体。知识共享技术包括知识获取技术、知识表现技术和知识传递技术。由于信息技术和智能系统的发展和应用，知识共享技术已经较为成熟，如知识地图、互联网、E-mail、电子公告板、网络会议和知识库等。

（2）知识共享的组织　组织结构的设计直接影响知识在组织中流动的流畅程度，而项目的组织结构在开展知识共享时有如下几方面的缺陷：大型项目的生命周期较长，在不同阶段人员流动性较大，当有成员离开时，有价值的知识经验来不及得到积累，导致知识的耗散；成员的标签性，项目团队成员来自不同的组织，出于信任的问题往往带来沟通的障碍，知识信息得不到有效的流动；团队内部的分工使成员形成相互独立的工作区域，过于注重个体分割的责、权、利，不利于知识的分享，难以产生创新的氛围；层次分明的组织不利于知识信息的流动，也不利于培育知识导向型的组织文化。在项目中推行知识共享，应当根据由上而下的组织界面展开综合考虑进行组织设计，由具有行政权力的高层组织全面负责和指导，设立相应的知识分享职能机构，并任命相应的人具体负责知识共享的实施，建立知识共享的基层组织。

（3）知识共享的激励机制　知识共享激励在联合体成员间或组织内部的知识共享关系是一种基于知识合作的委托代理的关系，但这种委托代理更强调各方的关系水平，而非强制性手段的相互制约，是一种超越合同的以相互信任为基础的合作关系。然而，由于其中技术知识流向和流量的不对称性，会导致知识所有方与需求方之间存在着信息不对称的情况。要想使少数的隐性知识显性化，为更多的人员所利用，为组织所共享，必须在激励的方式上进行调整，整合有合同关系的组织界面与无合同关系的组织界面的管理方式，并差异化地利用激励方式，以产生长期、积极的效果。激励不仅仅包括物质方面，还有心理上的满足，如认同感、归属感、满意度等，同时需要考虑成员与原组织的关系，根据成员的复杂需求设计激励机制。

另外，还涉及项目参与方关系氛围的信任问题，包括"知识私有"价值观和心理不安全感两方面的因素。一方面，全咨项目参与方来自不同的企业，他们会认为知识是一种资源和财富，存在"知识私有"的价值观。另一方面，知识传授者的见解和观点能否被另一方认同，知识接受方是否在心理上产生"排他情绪"，都极大地阻碍着知识共享的顺利进行。通过构建和谐的项目文化和环境，可以打消成员间彼此顾虑，作为建设项目中的主导和发动者，业主应该起到良好的引导和推动作用，从价值观、项目制度文化来构建适合项目的文化氛围，树立全过程工程咨询各参与方之间的信任。

（4）知识共享的约束机制　机会主义行为、利益分配不均衡和成员误解这三大因素造成项目团队的信任问题。其中，机会主义行为表现是合作方隐瞒和歪曲信息、躲避或不能履行承诺或义务，利用在项目中合作机会窃取企业的技术和挖走关键人物；利益分配不均衡表现为项目参与各方知识信息的投入与获得利益不均衡；误解是因信息不对称而产生的对他人的不信任。全咨项目参与各方的信任问题，需要通过约束机制进行控制。知识共享的约束机制使得全咨项目参与各方知识共享活动更为有序，而避免受到风险的影响。

5.2.3　全过程工程咨询项目知识分享的关键问题

一般认为，知识共享存在于组织间、组织单元间和组织成员间三个层次。而由于不同层次或界面间双方交易关系的不同，使得不同层级关注的问题并不相同。在本章，依据界面整合的思路，结合界面之间双方的关系特征，将全过程工程咨询项目知识分享划分为跨组织组织间、组织内部门间和组织与项目间三个层面，分别就全咨联合体成员跨组织、全咨企业内部和全咨企业与项目间的知识共享问题展开叙述。

1. 全过程工程咨询联合体成员跨组织的知识共享关键问题

在全过程工程咨询项目中，由于自身资源能力的局限性，工程咨询企业在开展全咨服务时通常采取联合体的形式,以联合体成员的业务合作需要为基础组建运营团体。联合体成员作为独立的利益主体,通常会以个体自身利益最大化为目标,其行为的出发点是以最少的投入获得最大的利益。当合作有利时,其会选择合作行为,为共同的利益和长远的利益着想。但当不合作能带来更多好处时,其就会选择不合作,而这一结果将给合作对方带来一定的损失与风险。另外,成员合作进行知识咨询服务的过程能使其获得两种不同的利益:一是共有利益,指由于成员企业对合作过程进行投入,相应地从知识创新总收益中获得的收益;一是私有利益,指成员企业将从知识创新中获得的新知识应用于其他领域所能产生的收益。这也说明全咨联合体合作的博弈过程是一种"非零和博弈",成员间可以实现双赢。因此,全咨企业成员间交流合作要注重激励双方采取合作的行为,设计积极有效正向的组织间学习机制,在相互友好合作过程中,维持联合体成员间的关系水平,进而促进成员间的知识分享,提升全咨成员间整体竞争优势。

2. 全过程工程咨询企业内部的知识共享关键问题

全过程工程咨询企业在接受业主的委托后,将在企业内选择能力相适应的员工组成工作小组开展咨询服务,依靠不同的工作小组合作达到完善服务和管理运营的目的。为了保证这些团队有效,必须构建合适的结构和程序以促使成员共同工作。许多研究已经表明,在团队内部进行信息交换、交流与任务相关的知识是有益的。而由于以往传统碎片化咨询的制度导致全咨企业内部专业分工过于细化,通常具有单一的组织结构,或者单个部门单打独斗地对接项目。企业内部门间并没有形成较好的协作机制,导致各部门间沟通协作活动较少,团队配合默契差,这成为企业开展综合性服务的重要障碍。因此,全咨企业部门间知识交流合作需要企业制度机制来促进部门间的协调,进而促进部门间的知识合作,提升全咨企业整体的业务集成能力,增加竞争优势。

3. 全过程工程咨询企业与项目间的知识共享关键问题

在全过程工程咨询活动中,由于项目的一次性和任务的独特性,随着任务的完成,咨询方项目团队解散,而在项目中开发积累的新技术、新管理经验等知识,也随着项目成员分散流入新的项目。这些在项目中形成的知识在后续项目中是"进入休眠"或是被调用,取决于新项目的知识需求。同时,由于项目缺乏正式机制,无法与其他项目形成集成联动效应,导致知识要素难以在不同项目之间有效共享、复制以及协同整合。一旦企业忽视对项目知识的收集和共享,在后续项目中,咨询团队很有可能重蹈覆辙,产生高昂的学习成本,浪费企业资源。同时也可能成为企业持续改进现有流程、制度和惯例以及正确制定战略的障碍,影响企业在激烈的市场竞争中生存和发展。因此,作为永久性组织,全过程工程咨询企业应重视项目层面的知识学习,利用正式的组织架构、制度,收集并共享各项目中咨询团队的实践经验和教训,将单个项目的创新优势转移、扩大,获得重复利用知识的经济效益,进而转化为企业的长期竞争力。

5.3 全过程工程咨询联合体成员跨组织的知识共享与组织学习

5.3.1 全过程工程咨询联合体成员间知识共享影响因素

在全过程工程咨询联合体中,全过程工程咨询企业两方或多方相互嵌入进行合作,利用自身的专业化知识进行知识合作为业主提供创新性的解决方案，利用互补的知识协同创造新的知识。组织间知识共享作为组织间合作过程中获取和创造新知识的关键途径，是合作组织降低交易成本、提升合作绩效的主要推动力。然而，由于双方来自不同的组织、具有不同的专业知识背景，受其自身利益、知识异质性等问题的影响，跨组织之间的知识共享涉及组织文化、过程、知识领域和技术方面的差异所带来的挑战。而双方间知识共享障碍的产生主要受到全过程咨询服务联合体成员关系、全过程咨询任务特征以及隐性知识分享的障碍等因素影响。

1. 全过程工程咨询联合体成员间的相互依赖关系

首先，全咨联合体关系并不是企业与外部组织间的市场交换关系，而是各个成员之间的利益互补关系。每个成员都拥有自己的特定优势，并根据这种优势在全咨联合体中确立其相应的地位，通过各组织间的优势互补，可以有效降低交易成本，产生协同效应。其次，全咨联合体中的合作关系并不是组织之间的一次性交易关系，而是一个充满活力的长期稳定的合作体，因此，企业参与全咨联合体的目标不应在于获取一时的短期利益，而是希望通过持续的合作增强自身的竞争能力，以实现长远收益的最大化。

因此，在全咨联合体中成员企业之间的合作，形成了组织间相互依赖的关系，企业成员一方的行为和结果受到另一方行为影响的状态。此时，联合体成员各方的行为和结果均受到另一方行为的影响，为了完成项目管理，任务一方依赖另一方的程度较高，双方之间的任务是相互依赖的。而全咨服务中，成员企业既能利用合作伙伴的技术、能力等资源，共享彼此拥有的资源、技术与知识，来摆脱非专业的管理活动。当成员企业投入程度很高时，在吸收和利用新知识的同时，也能借助项目经验增加实战经验储备，提升自身人员的项目管理能力与实践经验，使得全咨联合体成员之间形成一种双向互动、相互学习和合作的组织间关系，双方均可以在市场上具有较高的竞争优势。

2. 全过程工程咨询服务的质量绩效模糊性

全咨服务是以满足业主需求为导向的定制化服务，业主方的需求会随着建设项目的进行而调整变化，而在专业判断和决策方面专业咨询人士具有难以监督和控制的自主权，这造成以明确客观的评价标准，判断各咨询方在服务过程中是否尽职尽责成为难点。而咨询方的咨询结果难以观察和咨询行为难以监督最终导致咨询服务质量绩效模糊性。质量绩效模糊包含可测试性、可监控性和根源可让渡性三个特征维度。质量绩效模糊程度高意味着低的可测试性、可控性和根源可让渡性。换句话说，全咨服务在验证事前约定与事后完成的服务是否一致存在困难，这极易引发绩效风险问题。另外，成员企业的行为能够被主导企业观察和监控的程度较低，当全咨服务出现任何缺陷却无法明确归咎于特定某方。在评估合作伙伴提供的产品和服务的质量绩效时存在固有的困难，可能会导致组织项目中的机会主义行为。因此，由于全咨服务的质量绩效模糊性，导致联合体合作过程中不确定性增加，极易诱发知识不共享等机会主义行为。

3. 隐性知识分享的障碍

从显性知识共享的角度出发，全咨联合体成员间的知识共享主要集中在专业咨询的成果文件和过程文件，如技术标准、工作流程等的方面，主要是通过编码化、数据库化等形式来实现知识共享。由于这些成果的撰写遵循一定的编制标准和规范，成员间传阅和利用时辅以相关专业资料，各方可以清晰明了地参考与仿照。然而成员间知识分享的重点在于隐性知识的共享，隐性知识是在实践中不断积累的经验性的知识，主要以灵感、经验、感悟、技术诀窍、行为规范、团队意识、企业文化、价值观等潜在的形式存在，存在较大交流和转移障碍。隐性知识分享的障碍主要有以下四方面：

首先，知识所有者的习惯性保卫。知识的独占已成为人们提升地位的基本条件，不同成员企业之间存在一定的竞争关系，隐性知识拥有者出于对所有权、特权地位、优势地位等的考虑，担心将自己掌握而他人缺乏的知识完整地转移后，会导致自我地位的降低而不愿转移自己的知识，同时也保护自己或他人避免因说出真正的想法而陷入尴尬或威胁的境地。特别是当他的知识来之不易，而又能带来经济或社会收益的时候更是如此。

其次，全咨项目各参与方存在知识基础的差异性。如果员工的专业领域和知识结构差异很大，知识转移方需要花费许多时间、精力向知识的受方解释，而受方很可能仍无法理解。知识转移方发现自己的努力没有效果，就不会乐于继续转移知识，并且很可能在以后的工作中对自己的知识加以保留。

再次，对共享知识评价的差异性。如果某一成员组织员工认为同事转移给自己的知识过于简单或价值不高，不及自己转移给同事的有价值，在没有足够的其他补偿时，他就不愿意继续转移自己的知识，或有所保留；另外，如果员工对共享知识的潜在价值难以判断就会对员工的知识共享产生一定的倾向性引导，使他们不再乐于共享其隐性知识。

最后，若全咨联合体成员间缺乏信任氛围、成员企业体制制约各方的互动式交流等方面也对于隐性知识的共享造成很大的障碍。

5.3.2　全过程工程咨询联合体成员间知识共享治理机制

全咨联合体间通过构建高效率的组织学习进行互补性知识共享，来自不同知识密集型组织的成员在一个实体内部进行知识交流，特别是无法标准化、具有高度黏性隐性知识的交流、沟通、学习和创新，肯定就需要一个内部的制度安排来加以引导和规范。结合全咨联合体成员关系特点和知识共享的特性分析，将全咨联合体成员间的知识共享机制具体分为两部分，具体如图 5-8 所示。一是如何促使全咨联合体成员选择最优知识共享行为，即知识共享激励机制；二是全咨联合体在知识共享过程中会面临各种各样的问题，从而阻碍知识共享的顺利进行，如何保证全咨联合体成员主体实现有序、充分的知识共享，即知识共享保障机制。

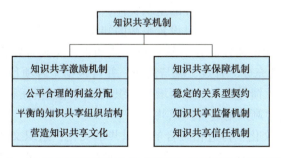

图 5-8　全过程工程咨询联合体成员间知识共享机制的内部结构

1. 知识共享激励机制

通常，不同成员企业或者是出于保护自身利益考虑，或者是由于共享渠道不畅等原因，不太情愿投入过多的资源或精力跨组织共享知识，利益最大化的个人理性和集体理性间的冲突和矛盾导致不同知识主体在采取知识共享行为时有所保留，从而使得联合体成员间共享的知识总量不足，质量不高，从而无法发挥协同创新的最大效应。根据业主需求与项目特征，协调各成员企业间的内在需求，使不同知识主体选择最有利于目标实现的知识共享行为是该机制的关键所在。

（1）公平合理的利益分配　知识是知识密集型组织的核心资源和关键性资产，不同组织跨越组织界限分享自身知识，甚至是关系到组织自身核心、竞争力的隐性知识。同时全咨联合体成员在知识属性和利益诉求上存在差异，相互之间存在潜在的知识互补性和利益兼容性。因此，要使全咨联合体各成员在知识共享过程中选择最优行为，最关键的就是要保证联合体内部的知识共享创新利益的公平合理分配，将潜在的知识互补性转化为实际的知识共享和协同创新，从而发挥知识价值和整体利益最大化。

成员间知识共享和协同创新最根本的出发点和最直接的反应就是知识服务的利益，而要衡量不同组织在知识共享实现咨询服务过程中的投入和贡献，并以此为依据进行知识服务利益的公平合理分配，最关键的是要明确不同知识投资主体的知识产权和对创新成果、绩效的贡献程度，开发具体可行的衡量指标或构建适用性模型，将不同组织在知识共享过程中的努力程度加以量化，并将不同成员组织间知识共享的总体创新收益（包括定量收益和定性收益）尽可能地加以评估和衡量。只有确保这些基础也是最关键部分的准确实施，才能保证全咨联合体成员间知识共享创新效益的合理分配。公平合理的创新利益分配会对全咨联合体成员产生明显的激励作用，从而促进不同知识主体间知识的充分有效共享，为全咨联合体成员间服务创新的顺利、高效地实现提供有效激励。

（2）设置平衡的知识共享组织结构　由于全过程工程咨询联合体成员来自不同领域，组织结构自然会因组织性质、价值形态的不同而存在很大差异。组织结构是不同组织间知识共享的关键"硬件"，平衡不同组织结构间的差异，以激励创新联盟内不同知识主体间互补性知识的有效共享，创新参与知识共享组织间的结构是关键。另外，组织知识是组织内部员工自身所拥有的知识，人与人之间面对面的接触是最为有效的互动方式。而且，知识密集型组织间所共享的知识大部分是存在于成员头脑中的经验、技能、洞察力和诀窍等非正式、难以标准化的隐性知识，因此，对知识共享的环境和平台具有更高的要求。

基于共同的战略目标建成的全咨联合体具有相对稳定性，来自不同组织的成员共同组成一个有机的、扁平的、柔性的、暂时性的组织实体，在组织结构设计时应考虑有利于形成知识共享和互动的组织氛围的因素。通过设置平衡的知识共享组织结构来引导联合体成员有意识地运用实体内部已有知识和技能并贡献自身优质知识，实现各知识主体所派成员间知识（大部分是隐性知识）的充分、有效交流与沟通，并可根据全咨项目运行的具体情况及业主需求的改变进行及时的反馈与修正，从而增强组织成员间相互信任和合作意愿，激励创新联盟内不同知识主体间有序高效地进行知识共享。

（3）营造知识共享文化　营造相融合的知识共享文化，组织文化是不同组织间知识共享的核心"软件"。不同的组织文化都是在组织长期发展过程中不断磨合沉淀形成的，体现着组织的价值取向和利益诉求。在全咨联合体中，由于成员企业原本的组织结构、知识属性和价值观念、发展历程存在明显差异，使得不同组织内部的组织文化也具有显著区别，而组织文化会对组织行为产生直接影响。在创新联盟内部，应充分重视并协调联合体成员间组织文化的差异，如不加以必要重视很容易导致相互之间冲突和矛盾的产生，从而影响知识共享的有效进行，阻碍协同创新的顺利开展。基于成员企业间共有的合作目标和价值认知，营造有利于联合体成员间知识，尤其是隐性知识的交流、沟通、学习和融合的新型组织文化，实现不同性质组织间文化的协同互容，并建立一种从组织文化角度出发的管理体系，提供激励知识合作与创新的氛围。

2. 知识共享保障机制

全咨联合体成员间知识共享的目的就是为了在良好的环境支撑下，整合不同成员企业的优势知识资源，降低交易成本，提高合作效率，实现协同服务效应最大化。由于知识密集型服务的复杂性、知识高度集聚、市场价值难以预计等特征，在知识共享活动运行过程中必然会面临更多的不确定性，如不采取必要措施加以约束保障，知识密集型异质组织间的知识共享过程很容易进入无序状态，最终导致异质组织协同创新的低效甚至无效。

（1）建立稳定的关系型契约　在全过程工程咨询服务的合作创新过程中，联合体各参与方需要投入大量的关系专用性资产，关系专用性资产的投资在一定程度上锁定了合作者之间的关系，但是一旦合作关系破裂，这些关系专用性资产将转化为沉没成本，从而给联合体成员各方造成很大损失。在知识密集型企业间，基于关键知识资源的共享行为可以形成长期稳定的关系型契约，稳定的契约关系会使合作各方形成一种互有顾忌的锁定关系，从而维持咨询服务创新合作的稳定。由此可见，稳定的关系型契约的形成对知识密集型组织间知识共享和合作创新可以产生重要的保障作用，能增强合作方彼此间的信任和合作诚意，以及未来进一步合作的信任和美好的愿景。知识密集型创新联盟内异质组织间良好融洽的合作关系，将有效保障参与各方进行知识共享和协同创新的强烈意愿，进而提高创新联盟内部知识共享的效率和协同创新的效益。

（2）建立知识共享监督体制　相比一般的工程咨询服务，全咨联合体成员间基于知识合作的互动更为频繁和密切，从而，成员企业间的知识共享表现为一种连续不断的动态过程。但由于联合体并非法律意义上完整的经济实体，成员间存在着背景、目标和预期的不同，且联合体本身也面临着未来的不确定性和不稳定性，成员企业对知识共享的需求和知识专有之间存在着天然的"边界矛盾"，即合作成员一面从企业外部寻求知识与能力，同时要面临关键内部知识泄露的风险。知识作为一种分布的离散性、高增值性、易扩散性、非排他性的资源，一方面，新知识的创造需要各类知识主体投入大量的知识资源，知识共享和使用的范围越广，知识实现的价值就越大；另一方面，知识作为垄断资源，是知识主体核心，竞争力的源泉，一旦实现共享，知识主体的地位势必会受到威胁。因此，全咨联合体中很容易出现知识主体出于自身考虑的机会主义行为。因此，在联合体内部建立一套有效的知识共享监督体制来监控实际知识共享活动的开展是非常必要的。建立知识共享监督体制的基础是全咨联合体成员间的合作协议，在明确参与组织权利、责任和义务的同时，也必须明确对知识共享过程中违约行为的具体惩处办法，加强知识共享过程的监督和管理，提高组织的违约成本，以此来保障知识密集型异质组织间知识共享活动的有序进行。

（3）健全知识共享信任机制　信任是组织间知识共享的基础，特别是对于知识密集型异质组织间的知识共享，信任更是起着关键性决定作用。直接关系异质知识主体的开放程度，贯穿并支撑知识共享的整个过程，从而对知识共享的频度与深度以及知识共享的成效产生决定性影响。全咨联合体成员间知识合作过程中，"信息不对称"和"契约不完全"的双重约束，使得各参与主体在咨询服务开展前签订一个面面俱到的正式合作契约基本上是不现实的，在此客观条件的约束下，建立一套完善健全的组织间信任机制对保障成员间充分有效的知识共享就显得越发重要。全咨联合体成员间知识共享信任机制的建立和完善主要依靠制度和文化两个方面，其中制度主要指联合体内部规范组织成员行为的相关内容，如组织目标、组织形式、行动准则等；文化则指联合体内组织的价值观念、认知结构、创新意识等。从制度和文化两方面协调全咨联合体成员间文化的差异，建立更为健全和完善的组织间信任机制，提高知识跨组织分享的频率和融合的效率，进而保障全咨联合体成员间知识共享的有效性。

5.4 全过程工程咨询企业内的知识共享与沟通协调

5.4.1 全过程工程咨询企业内的项目学习机理

全过程工程咨询项目作为临时性组织在知识创造方面具有优越性，但当它解散后，知识又很容易流失，从而引发"学习悖论"。全过程工程咨询企业主要依靠在全咨项目层面开展的学习活动获得新的知识，咨询团队在项目实践中问题的解决是企业知识和经验的主要来源。然而项目的临时性和独特性使全过程工程咨询企业难以进行项目学习，提高自身的知识能力。需要其投入特别的努力来收集项目间可转移的经验教训，并进行改进。全过程工程咨询企业如果能够在个人和项目之间成功分享知识，很可能能够用一个项目的经验和思路来解决另一个项目的问题。

项目学习首先是在单个项目内发生，全过程工程咨询项目内全过程工程咨询企业和其他企业通过学习获得所需知识，并应用于项目中问题的解决，实现项目目标。跨项目学习的实质是在全过程工程咨询企业组织内部不同项目之间开展各种知识学习活动，通过影响项目的知识存量与知识流量促进项目发展。企业可以从过去开展的项目中积累经验，将知识共享到现在和未来开展的项目当中。而根据不同的项目学习理论，如资源利用视角、组织动态能力视角、项目能力等视角，组织在项目中学习的过程并不相同。

1. 基于资源利用视角的项目内学习机理

项目层面存在三种学习过程，分别是联系、反思和惯例化，全过程工程咨询企业需要通过全咨项目成员的学习扩展项目资源库，并对知识加强利用，进而形成和发展项目能力（project competence）。项目能力是一种动态能力，依赖于项目成员的活动和经验，在项目成员的实践中不断改进重塑。

联系是全咨项目成员之间以及与外部参与者之间不断交互、建立依赖的动态学习过程。项目嵌套在项目成员和其他利益相关者组成的复杂关系网络中，当全咨项目小组成员缺少解决问题所需知识时，需要探索关系网络以获得有用的知识。因此联系的能力反映了全咨项目解决问题的潜力。联系不仅能创新和扩展项目资源库，也能触发知识的整合与创造。它具有自我强化能力，随着时间推移不断提高自身效率。

反思是个体和群体通过基于回顾和自我诊断的活动，将先验知识和隐性知识更加清晰地呈现给彼此的学习过程。当利用式学习（如重用过去项目的惯例、解决方案等）无法解决问题时，项目工作小组成员需要进行探索性学习，通过广泛的讨论与实验发现问题、分析问题，通过反思提升理解水平、调整知识结构，提高对资源库的利用能力。因此，反思在改进资源库的利用上发挥了重要作用。反思促进个人隐性知识的显性化和团队的知识共享，并在知识形成时对其检查、批判和修正。

惯例化是在联系与反思的基础上整合已有知识，将实践抽象、重复，形成默认程序。全过程工程咨询企业需要通过进一步整合项目资源库的知识，形成项目的制度和惯例，提升项目的整体能力。因此，惯例化在知识整合和项目能力构建方面发挥了重要作用。通过执行惯例，全咨项目成员不仅能够提高在实践中联系和反思的效率，还能在实践中发现现有惯例存在的错误和偏差，并对其进行修正，从而促进项目资源库利用的精确性和效率。

联系、反思和惯例化这三个学习过程紧密结合，互为基础、互相促进，共同构成了项目级学习机理，三者对比见表5-2。

表5-2 资源利用视角下项目内学习机理

	联系	反思	惯例化
目的	扩展项目的资源库	改进资源库的利用	促进资源库的准确利用
学习模式	探索：寻找新知识以及搜索知识	探索：寻找解决方案和错误	开发：对已知内容制度化
示例	与外部组织的讨论与合作	试错，并进行反思	对项目流程、文档和做法进行修改

2. 基于组织动态能力视角的企业跨项目学习机理

Zollo 和 Winter（2001）关于组织内集体知识演化的观点，将组织学习划分为经验积累（experience accumulation）、知识表述（knowledge articulation）和知识编码（knowledge codification）三个过程。Prencipe 和 Tell（2001）在此基础上扩展了该理论，提出了跨项目学习的机制。下面通过个人、项目团队和组织三个层面的分析，对这一学习机制进行阐述，并用常见的活动或工具进行解释说明，具体见表5-3。

表5-3 组织动态能力视角下企业跨项目的学习机制

层次		经验积累	知识表述	知识编码
机制		通过"用"来学 通过"做"来学	通过"反思"来学 通过"思考"来学 通过"讨论"来学 通过"碰撞"来学	通过"书写"来学 通过"执行"来学 通过"复制"来学 通过"适应"来学
活动/工具	个人层	轮岗 培训	个人涂鸦式记录	日记
	团队层	交流 模仿 团队思考	头脑风暴 正式项目汇报	项目计划 会议纪要 项目资料
	组织层	非正式的组织惯例、规则 实践社区	跨项目会议 专家网络	图样 数据库

（1）经验积累 经验积累强调从实践中学习，其内在机制包括通过"用"来学（learning by using）和通过"做"来学（learning by doing）两种方式。隐性知识难以直接表达，

不易形成知识点,实践是获取隐性知识的主要来源。中国的全过程工程咨询业务发展还处在起步阶段,可直接借鉴的经验十分有限,因此对于全咨项目小组成员而言,以项目的形式积累经验是学习的第一步。

个人层面的经验积累方式主要有培训、轮岗和专业化分工。通过培训,全咨项目小组成员获得新知识并应用于项目实践解决问题,并在实践中加深对知识的理解,形成个人经验。全过程工程咨询服务需要跨专业人才,轮岗是全咨项目小组成员获得跨领域知识的有效学习方式。而专业化分工有利于个人专注于一项工作,成为在某专业具有丰富经验的专家。团队层面的经验积累方式主要有交流、模仿和团队思考。全咨企业内不同项目小组之间的交流和团队思考促进各项目小组经验积累,而通过模仿其他项目使用的方式解决当前项目中的类似问题也能积累团队经验。组织层面的经验积累包括非正式的组织惯例、规则和实践社区(community practice)。组织惯例指在组织中重复出现、可辨认的集体行为模式。全咨企业需要对项目小组获得的经验进行收集,并在组织层面对其制度化,形成惯例和规则,以此实现企业的经验积累。实践社区是分享与工作相关的知识和经验的非正式网络组织,是经验积累的理想形式。全过程工程咨询企业内部可建立实践社区,促进不同专业和职能部门互相分享工作经验。

(2) 知识表述 在经验积累的基础上,学习主体需要将隐性知识清晰表达,这是学习机理的第二个过程。知识表述主要通过口头表达的方式共享和传递知识,并促进新知识的产生,其内在机制为反思、思考、讨论和碰撞。通过反思和思考对习得知识进行总结并提出自己的观点,通过多人讨论和思维的碰撞获得新的观点和见解,补充和完善已有认知,最终达成一致。

知识表述具有两个作用,第一,它能够提供适当的学习环境,增加个体和团队的学习能力;第二,它也是一个相较于经验积累更深层次的认知过程。通过清晰地表达知识,个体或群体能够形成更具有逻辑性和可行性的认知思维。

个人层面的知识表述工具有个人涂鸦式的记录,在积累经验并经过一定深度的思考之后,将脑海中形成的观点记录下来。此时并不需要有很完整的逻辑框架,重点在于表达,将隐性知识显性化。团队层面的知识表述主要通过头脑风暴、正式项目汇报等互动式学习方法。头脑风暴能够克服表达的群体压力,最大限度地激发团队成员开阔思路,表达隐性知识,有利于全咨项目团队不同专业人员共同解决难题,集思广益,创造新知识,体现团队合作的智慧。正式项目汇报能为项目成员提供良好的集体学习氛围,通过在项目期间和期末汇报的方式,全咨项目团队可以及时总结该项目的成功经验和失败教训,进而在未来提供更好的咨询服务。组织层面的知识表述活动主要为跨项目会议和专家网络,由全咨企业定期组织,为企业内不同项目团队提供经验交流与分享的机会,同时也促进企业及时收集项目层面的经验,如企业专项年终总结会。

(3) 知识编码 知识编码是一个正式的学习过程,通过符号、文字等方式将隐性知识显性化、外部化,形成具有逻辑性和系统性的资料,其内在机制为书写、执行、复制和适应。由专人负责记录经验知识,形成文档,之后执行知识并应用于项目实践,通过实践反馈进一步改编,形成新的知识。

个人层面的知识编码工具主要有日记和个人书面汇报。相较于涂鸦式记录,个人日记和书面汇报更具逻辑性,便于理解;团队层面的知识编码工具主要有项目计划、会议纪要和项目资料。咨询项目团队层面的知识编码主要是为了咨询服务目标的实现。组织层面的知识编码工具主要有图纸和项目数据库。对于全过程工程咨询企业，图纸也是重要项目知识，而项目数据库包含企业组织过去所有项目的资料。

知识编码的作用体现在三方面。首先，知识编码需要对知识解释或归纳，有助于理清因果关系，及时发现并改正问题，完善知识框架；其次，尽管知识编码多数情况并不以学习为最终目标，但记载和持续更新书面资料是一个深层次学习的过程，能够对知识产生更深入的了解，尤其对于编写者而言；最后，知识传播需要依靠某种媒介和传播语言，但由于每个人的经历、语言习惯不同，在传播过程中对知识的理解和掌握程度因人而异，因此通过人际交流传播可能导致知识的失真和流失。而知识编码以书面化符号为媒介，有一套专门的编码语言体系，在传播过程中能够克服时空限制，促进知识在不同职能部门和项目之间的正式且原封不动地传播和共享，具有长期效益。

3. 基于项目能力的企业与项目间学习机理

项目能力是项目层面应对环境不确定性的能力，包括估计项目成本、进度或风险的能力，快速学习的能力，理解确保项目成功的正确方法的能力以及根据不可预见的意外情况调整团队动态的能力。Brady 和 Davies 提出了一个项目能力建设（PCB）模型，如图 5-9 所示。

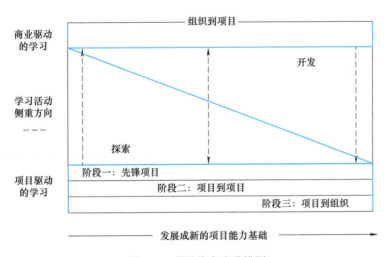

图 5-9　项目能力建设模型

该模型描述了全过程工程咨询企业进入新市场开始构建项目能力的过程中所进行的学习。在创新初期，企业通过项目开展自下而上的探索性学习（项目内学习）；待企业实施了足够数量的同类项目后，便以自上而下的开发式学习（跨项目学习）为主。具体包括以下三个阶段：

第一阶段以项目内学习为主。全咨企业在进入新市场、开展新业务或寻找新的战略机会之初，依赖于项目内学习。全咨企业从各部门抽调经验相对丰富的员工组建新的全咨项目团队，以现有知识为指导，通过搜索外部知识、实验和预测等学习方式在项目上探索新知识，从项目实践中积累经验，以有别于企业惯例和制度的方式引领企业开拓新的发展空间，并产生新的知识，建立新的实践规则。

第二阶段是基于知识转移和人员流动的项目间学习。先锋项目获取的经验被转移给后续其他项目的团队，使其从中受益。先锋项目的关键成员也可能会被重新分配至其他项目。这一阶段企业将建立正式的学习机制，如项目后审查、内部网和数据库，以捕获项目中的经验便于其他项目团队学习。

一旦企业在同一创新轨迹上实施了一定数量的同类型项目，便进入第三阶段的学习——项目到企业的学习。企业收集项目层面积累的知识，并由相应职能部门保存、惯例化，成为组织的永久"记忆"。项目内学习获得的知识得以巩固，全咨企业的项目能力得到系统提升。此外，随着全咨企业参与的项目数量不断增长，企业内相应的职能部门需要扩大规模，制度和流程也将进一步优化更新，以适应企业的商业战略发展。

Brady 和 Davies（2006）的项目能力模型可以引申到全咨企业开拓新业务的过程中通过三个不同的学习阶段发展新的项目能力，具体如图 5-9 所示。首先，企业依靠一个高度创新和独特的先锋项目开拓新的市场。其次，企业在新的业务领域提供可重复的解决方案，实现项目之间的学习和知识循环利用。最后，通过建立标准化的项目流程和制度，以更低的成本更有效地执行越来越多的投标和项目，从而获得重复经济效益。在此基础上，Simon 和 Tellier（2006）从项目结构和管理实践的变化角度进一步解释了这三个学习过程，表明最初的项目内学习是项目成员调整实践对外部事件做出的反应，第二阶段的项目间学习需要通过项目结构调整和一系列管理安排所推动，最后阶段的学习是团队积极行动促成的结果。

5.4.2　全过程工程咨询企业团队间的知识共享

在全过程工程咨询服务中，全过程工程咨询企业通常承担多种类型且跨越阶段的咨询服务，企业不同部门间需要两方或多方相互嵌入进行合作，利用各部门的专业知识合作为业主提供咨询服务，利用互补的知识创造更高的价值，从而实现企业战略目标。传统咨询服务的背景下，工程咨询企业通常单个部门与某个项目对接，或者不同部门和人员按照咨询任务顺序有序地参与其中，这使得部门间协作氛围较差。同时由于不同部门知识背景较大、管理人员的风格、部门文化存在较大差异，使得跨部门之间的知识共享更加困难。在工程咨询企业的组织运行中，存在着不同类型的界面，既包括以咨询服务产品的生产为核心的各相关职能主体间的组织界面，也包括工程咨询企业日常运营时的组织界面等。此外，工程咨询企业还与咨询服务的需求方（即客户），以及承担委外项目的相关工程咨询企业之间都存在着合同界面。本节仅就全过程工程咨询企业组织内部的各种界面，以及相关的知识共享方式进行探讨，而不考虑企业边界和外部的相关界面及知识共享问题。

1. 项目团队内部界面间的知识共享

项目团队内部各成员间实际上也存在着界面问题，为了提高项目团队的整体产出绩效，一般可行的思路是提升项目团队成员的业务水平，避免因项目团队成员业务水平的差异而导致项目的整体技术水平无法达到咨询服务委托方的需求。而在项目团队内部实施知识共享，尤其是隐性知识的共享，能够在相当大的程度上弥补可能出现的上述问题。

（1）项目团队知识共享机制的形成路径　关于项目团队内形成知识共享的可能路径问题，已有大量文献从不同的角度进行了有针对性的探讨与研究，但研究成果体现出较为一致的观点，将这些观点应用到全过程工程咨询企业的项目团队中同样具有相当程度的适用性。

1）首先，全过程工程咨询企业的项目团队中也应形成鼓励知识共享的团队文化氛围，如以知识型团队为例，学者提出建设知识型团队知识共享的文化要依靠共享的景象、各个层次上基于价值的领导、公开和持续的交流、回报和认可，团队成员都要为团队的远景目标贡献自己的力量，团队的项目经理不是基于权利和职位，而是基于理想和知识。

2）其次，全过程工程咨询企业的项目团队在组建时，还应设立项目团队层面的知识经理一职，可以由项目经理兼任，或在团队其他成员中任命。由知识经理推动项目团队层面的知识共享，在项目团队层面建立和造就一个能够促进知识的学习、积累、再生和共享的良好环境，加强隐性知识集成，激发知识创新，以提高这种以项目团队方式进行产品生产的全过程工程咨询企业总体的知识共享水平。

3）此外，全过程工程咨询企业的项目团队内部还应形成对知识共享的有效激励手段。建立成员贡献知识和应用知识的奖惩措施；建立知识经理监控知识共享的奖惩措施；建立知识明晰机制、知识绩效机制和知识奖惩机制等。其中奖励机制包括知识薪酬支付制度、知识署名制度和知识培训制度等，惩罚机制有知识老化型员工淘汰制度等。

（2）提高项目团队知识共享效率的可行措施　在项目团队中建立知识共享机制，除了要考虑从何种方式构建这一机制外，还需要考虑如何提高项目团队内部进行知识共享的效率，这将对整个项目团队的产出绩效构成影响。群体强调知识共享，团队则强调集体绩效；群体的作用是中性的（有时是消极的），而团队的作用是积极的；群体责任个体化，而团队的责任既可能是个体的也可能是共同的；群体技能是随机的或不同的，而团队技能是相互补充的。上述观点认为知识共享是普通群体所应重点关注的，但也不应在团队中排斥知识共享。综上所述，可从以下三个方面采取相应措施，以提高项目团队的知识共享效率。

1）强化项目团队内部的信任机制。这是因为如果项目团队中能够建立以信任为基础的团队成员沟通与交往手段，企业就能在项目团队层面建立起某种隐性知识共享的良性循环，并且随着隐性知识共享各方信任程度的不断加深，项目团队的知识共享效率也将不断提高。

2）建立与知识共享相关联的激励机制。如何激励知识拥有者共享其隐性知识是知识共享研究的一个重要课题之一，相关研究较为一致的观点是，应对项目团队成员的知识共享行为进行有效的信息披露，并辅以薪酬方面的激励措施。在实际操作中，由项目团队的知识经理负责对团队成员的知识共享情况进行考评是较为可行的措施之一。

3）降低项目团队成员间的知识黏性。所谓知识黏性，是参照"信息黏性"的概念，将其定义为组织内部知识从传授者转移到接收者所需承受的额外成本，即知识流动的难度。一般而言，影响知识黏性的因素是多方面的。其中的认知因素是重要的影响因素之一，它既包括知识拥有者的传授能力，也包括知识获取者的学习能力。因而，在选择项目团队成员时，尽可能选择经验、能力等各方面水平接近的成员更有利于降低项目团队成员间的知识黏性，进而提高项目团队内部知识共享的效率。

2. 以项目团队为中心的相关界面间的知识共享

在以项目团队为中心的全过程工程咨询企业内部各界面间，隐性知识的共享是以咨询服务产品的项目管理流程为主线进行的。现有研究对此问题涉及不多，但对企业组织内部各个界面间的知识共享问题，仍有相当数量的研究从不同的方面进行了有益的探讨，其研究结果仍然具有一定程度的可参照性。

（1）以项目团队为中心的知识共享机制的形成路径　在全过程工程咨询企业内部，以项目团队为中心，包括其他相关职能部门在内的咨询服务产品生产与协调组织不同的界面中，实现隐性知识共享的路径与前文所述基本一致。

1）首先，在全过程工程咨询企业内部形成知识共享的企业文化。对于知识共享的企业文化，培养知识共享文化的核心在于组建学习型团队，构建知识型学习组织，培养知识社区，雇佣愿意共享的知识员工，发展信任和公众认同的知识共享氛围，通过建立完善的知识共享保障制度，将知识共享文化贯彻到学习型团队和知识型学习组织中去。

2）其次，在全过程工程咨询企业层面设立首席知识官（CKO）一职。由 CKO 利用企业的知识管理系统和各种其他策略来组织企业的知识管理活动，使企业充分利用已有的知识资本，消除企业内部知识交流的障碍，推动企业层面中不同界面间的知识共享得以顺利进行。

3）此外，还需在全过程工程咨询企业组织内部的各职能部门中，按照其参与咨询服务产品项目生产的程度，分别设定相应的知识共享激励手段，在客观上促使知识拥有者有分享其隐性知识的意愿或动机。

（2）以项目团队为中心的知识共享效率改善措施　以项目团队视角对团队成员间的知识共享效率进行提升，要从员工个体的角度出发，注重如何有效转移和利用以团队成员为载体的多样化知识资源，可以从企业组织氛围、团队领导者的干预、团队成员个体感知等方面进行改善。

1）企业组织氛围。全过程工程咨询服务实现的过程中，为了促使项目团队组织中具有多样化知识资源的个体成员积极参与知识交互与合作，项目团队及其领导者需要选择合理的心理动机干预措施，注重企业组织氛围的作用，以塑造团队成员责任感与义务感，通过增强社会责任导向组织氛围来支撑企业保健因素所起到的激励作用，同时改善利己导向的组织氛围，弱化团队成员对知识的控制权与领地意识。社会责任感的塑造更容易使团队成员之间（包括组织成员、组织利益相关者和领导者等）提供帮助，促进团队成员更加关注组织长远利益的发展，调节自我利益与组织利益的平衡，以缓解团队成员消极的知识贡献行为的发生，促进团队成员知识共享的意愿和行为。

2）团队领导者的干预。团队领导者可以通过塑造自己的角色建模，激励追随者更多地从事知识共享行为。其次，团队领导者应确保不断应用奖励和惩罚计划以阻止个体成员消极的知识贡献行为，并鼓励其在全过程工程咨询实践中分享知识。再次，领导者应该时刻关注个体成员的心理状态，通过团队建设活动在成员之间建立信任关系和相互支持关系，建立制度化的沟通和知识交流平台，增强员工的主人翁意识。最后，企业组织的重点应该是让有能力的团队成员成为领导者，而不仅仅是将有能力的员工转变为合规的雇员，从而增强个体成员积极的情绪策略，进而缓解员工消极的知识分享行为。

3）团队成员个体感知。团队组织及其管理者应注重个体成员感知组织和领导的支持在消极知识活动干预中的情境作用，采取有效的知识行为管理策略，弱化消极知识活动带来的不利影响，提升组织的知识管理水平，有效改善咨询服务质量与组织绩效，实现全过程工程咨询项目的成功交付。首先，企业组织可以通过针对性的政策增强团队成员的组织支持感知，例如增加工作环境中的其他课件资源（如供应预算），提供年度或季度体检安排，建立公平的奖惩机制，设置弹性工作时间等。还可以通过口头或书面沟通向团队成员传达企业对其个人职业发展和生活需求的重视。其次，从领导者支持的角度出发，领导可以通过定期询问帮助团队成员解决工作问题，向团队成员传达公平决策，甚至允许并接受他们在极端情况下打破规则的行为。最后，要注重企业组织支持与团队领导支持之间的平衡，减少在领导离开企业组织时，员工降低组织的归属感和组织承诺。

5.4.3　全过程工程咨询企业部门间沟通与协调

1. 全过程工程咨询企业部门间建立沟通与协调机制的交易成本分析

一般而言，在全过程工程咨询企业组织内部的不同界面之间，建立有效的沟通与协调机制的首要目的是降低组织运行中的各种不确定性，有效提升组织的产出绩效，保障咨询服务产品的项目管理成功，进而为客户提供优质的咨询服务。这种沟通与协调机制作用的深层次经济学驱动因素，主要体现为降低组织运行中的交易成本的需要，因此，下面以交易成本经济学为基本分析工具，探讨这种机制存在的理论与实际意义。

（1）全过程工程咨询企业中的交易成本分析　考虑到全过程工程咨询企业与咨询服务需求方（客户），以及企业组织内部存在着大量的界面管理问题，有必要从不同的界面对全过程工程咨询企业建立沟通与协调机制时所发生的交易成本进行分析。

1）全过程工程咨询企业的市场型交易成本。全过程工程咨询企业在获得对某一建设项目进行专业的咨询服务前，必须在咨询服务市场中就潜在的可能为企业带来收益的项目信息进行收集，在此过程中发生的费用属于市场型交易成本中的合同准备费用。项目信息收集过程中发生的费用可能是需要直接支出的，如项目市场开发部门为企业做的广告宣传，与潜在的客户进行接触等。此外，还包括与有可能达成咨询服务产品交易的客户所进行的沟通费用，如交通费用、通信费用，以及市场开发人员的费用等。对于咨询服务这种相对较为特殊的产品形式而言，全过程工程咨询企业为表明其已经具备对某建设项目提供专业咨询服务的能力，往往还需要对相关的资质证明进行认证，以表明其有能力实施对咨询服务产品的质量控制，此时，所发生的相关费用也属于市场型交易成本的一部分。

全过程工程咨询企业在确定目标项目，并与咨询服务的委托方（客户）就咨询服务产品的生产达成共识后，即进入项目交易阶段。在此阶段发生的费用主要为合同谈判和相关的决策费用，在项目交易过程中信息不对称广泛存在的前提下，往往会在交易中出现无效率的结果。因此，在某些较为特殊的情形下，咨询服务合同有时候会比较复杂，这也将导致合同的磋商过程中可能出现困难的局面。相应的，决策费用还包括处理所收集到的信息可能涉及的费用、企业内部就是否参与项目的咨询服务时的决策费用等。

咨询服务产品的项目交易合同签订后，即进入实施阶段，但由于合同双方的有限理性，无法完全预料到咨询服务合同中的所有细节，因此，需要对咨询服务产品的生产过程进行必要的监督，以保证项目执行的质量。保证咨询服务产品项目的成本、质量与进度所需支付的监督费用和合同义务履行费用也属于市场型交易成本的范畴。同样由于咨询服务合同双方间的不完全信息，以及有限理性的存在，可能会在咨询服务合同的履行过程中出现机会主义行为，或其他导致合同偏离预期的行为。Williamson 对合同签订后的事后成本进行了描述：①不适应成本，即合同交易行为逐渐偏离合作方向，造成交易双方互相不适应的成本；②讨价还价成本，即若交易双方试图纠正事后不合作行为，需要进行讨价还价时发生的成本；③启动及运作成本，即为了解决合同纠纷而建立的相应治理结构，并保持其运转所需要付出的成本；④保证成本，即为确保合同中的各种承诺得以兑现所需付出的成本。

2）全过程工程咨询企业的管理型交易成本。相比较市场型交易成本而言，全过程工程咨询企业的管理型交易成本构成则较为简单，按照前面对交易成本构成的描述，应包括企业组织的建立费用，以及企业组织的运行费用。如企业的人力资源管理、管理信息系统的投入、企业社会形象的建立等都可纳入管理型交易成本中的企业组织的建立费用中。而全过程工程咨询企业的运行主要以咨询服务产品的项目管理流程为主线，咨询服务产品在企业的相关职能部门所形成的界面间转移所发生的费用应归入管理型交易成本的企业组织运行费用中。此外，全过程工程咨询企业内部制定决策、监管咨询服务产品的任务执行情况、对各职能部门员工的绩效考评等相关活动所发生的费用也属于企业组织运行费用的范畴。

（2）全过程工程咨询企业组织中交易成本降低与沟通协调机制的关系　对全过程工程咨询企业的交易成本进行分析的重要目的之一，在于建立与企业边界上，以及企业内部各种交易特征相适应的治理结构，使交易成本最小化。通过相关工程咨询企业可能发生的交易成本进行的定性描述可以看出，咨询服务产品项目在产出过程中交易成本主要体现为市场型交易成本，同时，与咨询服务产品项目生产相关的部分交易成本需纳入管理型交易成本的范畴。

考虑到咨询服务产品的项目管理活动涉及企业组织中的大部分职能部门，这些职能部门之间的界面管理问题构成了全过程工程咨询企业内部各类交易成本的主要来源，因此，从企业内部的各类界面管理问题着手是降低企业组织交易成本的重要手段之一。交易成本经济学的观点认为，不论是与全过程工程咨询企业的内部组织活动相关的管理型交易成本，还是与全过程工程咨询企业的外部市场交易活动相关的市场型交易成本，都可通过建立相应的治理结构，在不影响咨询服务产品的项目管理绩效的前提下，降低交易成本。

2. 基于知识共享的沟通与协调机制的可行方案

在全过程工程咨询企业组织内部各界面上建立知识共享机制主要基于以下两个方面。首先，知识共享机制能够促进企业组织中与咨询服务产品的项目管理活动相关的各个职能部门，通过组织学习等方式弥补员工之间的业务能力水平差异，为改善企业提供咨询服务时的项目管理绩效问题，在组织内部员工的知识、技能、业务水平等方面提供良好的保障。其次，由于企业组织内知识共享的核心都在团队层面，基于项目团队层次的沟通与协调机制是影响知识共享机制建立的极为重要的因素之一。而从另一个角度考虑，建立知识共享机制也在一定程度上促进了沟通与协调的进一步深入。这是因为，项目团队中的知识拥有者只有在对团队其他成员有了充分的信任，并获得足够的激励时，才有可能将其隐性知识转移给知识获取者。而项目团队成员中的信任也是沟通与协调机制能够顺利实施的重要前提条件之一。

因此，在知识共享的视角下，全过程工程咨询企业组织内部建立沟通与协调机制时，可从以下三个方面考虑如何构建具有相当可行性的方案：

（1）沟通与协调机制的表现形式　在知识共享的视角下，企业组织内部高效运行的沟通与协调机制的重要表现形式之一为学习型组织的形成，通过组织学习的方式，既能实现组织内部不同界面间隐性知识的转移，也能在企业组织内部的不同层面上形成良好的且能够促进知识共享的文化氛围。

（2）沟通与协调机制的保障措施　要使企业组织内部的沟通与协调机制成为一种常态化的措施，还需要在企业组织的各个层面建立相应的保障措施。如设立专门的项目协调部门，由该部门负责推动企业组织内部的沟通与协调机制建设，使企业组织内部不同界面间的信息、知识等能够促进企业不断发展壮大的重要资源要素在咨询服务产品的项目管理过程中得到有效的配置。

（3）沟通与协调机制的激励手段　除了通过建立相应的保障措施推动沟通与协调机制的顺利实施，还应建立行之有效的激励措施，使企业组织不同界面间的各相关职能部门，以及项目生产部门内部，都有相当的积极性去实施沟通与协调。

3. 设立基于咨询服务产品项目管理流程的项目协调部门

在全过程工程咨询企业内部，进行项目群管理时，不同咨询服务项目间往往存在着竞争关系，它们不仅不同程度地拥有项目群的资源，共享企业的其他公共资源，如果缺乏合理的界面管理和协调，极易造成单项咨询服务产品间的交叉干扰，严重影响资源的有效配置，甚至影响专业人士进行有效的知识交流。因此，在全过程工程咨询企业组织内部设置项目协调部门有利于企业知识管理的高效进行。

（1）项目协调部门设置方式　一般而言，工程咨询企业往往同时为多个客户提供咨询服务，因此，咨询服务产品的项目管理活动往往是在多个项目同时进行的条件下开展的。在这种条件下，全过程工程咨询企业可通过在企业组织内部设立具备项目管理办公室职能的部门，如项目协调部门，由该部门负责项目建设管理过程中的相关信息沟通工作，如项目计划、项目进度报告、项目质量控制等。在实践中，除了项目生产部门应采用矩阵式组织结构进行咨询服务产品的生产外，整个工程咨询企业内部各相关职能部门也应按照类似于矩阵式的组织结构形式进行沟通与协调。为避免由于项目过多导致的人员以及资源的相互过度竞争，可针对不同类型项目的特点，建立相应的项目群管理组织，根据群内项目的特点及项目所处的区域地点，本着项目特点趋同、区域临近的要求，将项目再次划分为不同类型的项目群，由具体的项目协调部门负责完成。此时，工程咨询企业项目协调部门的设置方式如图 5-10 所示。

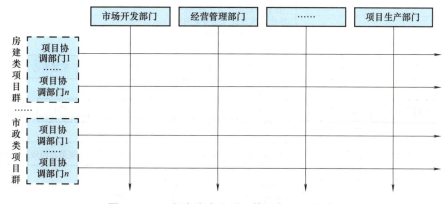

图 5-10　工程咨询企业项目协调部门设置方式

（2）项目协调部门的运行方式　在全过程工程咨询企业内部，项目协调部门应由企业的决策层直接领导，由各个职能部门选择联络员，负责本部门与项目协调部门的沟通。此外，联络员还应负责项目的协调、基本决策和本部门内项目的推进。在一般情况下，联络员由各职能部门的项目责任人担任，其中在项目生产部门中，联络员应由项目经理承担。项目协调部门日常工作在企业决策层的指导下，由项目负责人负责。项目负责人根据项目所处阶段先后由主要的职能部门责任人担任，对相应阶段的工作负责。项目协调部门的运作不改变工程咨询企业既定的各职能部门的业务及工作内容。各职能部门按照赋予的职能开展工作并作为责任主体承担相应职责，协调小组不作为责任主体、不承担相应责任。

根据全过程项目管理阶段的划分，咨询服务产品的项目管理阶段分别以咨询服务合同的签订和咨询服务产品的完成作为关键节点，分为项目前期阶段、项目实施阶段、收尾阶段。项目协调部门各阶段分别由市场开发部门、项目生产部门、经营管理部门任项目负责人，保管和完善项目日志,如图 5-11 所示。

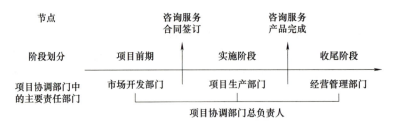

图 5-11　项目协调部门主要职能部门管理责任划分

4. 构建利于企业内部沟通的知识共享空间

(1) 构建企业内部作业管理平台　全过程工程咨询企业可以利用互联网和企业内部网络建设企业作业管理平台,委派专门人员负责管理企业的信息网络管理,在企业局域网上最大限度地提供企业公共信息资源,如企业规章制度、企业人员指南、各岗位具体要求、企业知识地图、项目小组协作状况、人员技能评估等。通过此平台使企业员工在实际作业中应用数据、解构数据和积累数据,借助网络打破企业部门之间的界限,实现跨部门信息与知识共享。一站式全过程工程造价咨询企业构建从作业到数据,再到项目管理的实用平台,主要包括客户中心、项目中心、企业中心、文档中心和配置中心,如图 5-12 所示。在项目中心内

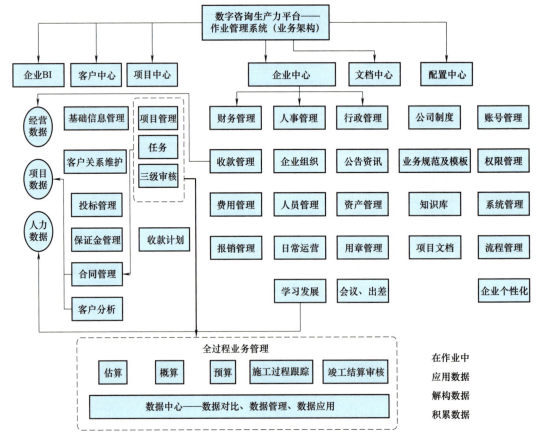

图 5-12　企业内部作业管理平台

通过对估算、概算、预算、施工过程跟踪以及竣工结算审核等全过程业务进行管理，并进一步利用其中的数据进行数据对比、管理和再应用。

（2）建立数据积累知识库　在企业内部作业管理平台建立的基础上，依据全过程业务流程在强有力的技术支持下建立数据积累知识库。企业的数据积累知识库应该包括知识数据的输入、积累和再利用，输入的内容有企业基本信息、完成项目所需要参考的资料信息、已完成项目数据库、项目文件与报告、技术指标、标准文件规范等，在数据正式入库前应进行梳理和归纳，将不同数据和知识进行分类汇总以方便积累和再利用。企业数据知识库的建立可以让员工利用它查找所需要的资料，并可以在虚拟的电子公告板上交谈，使企业的知识能够有序化并且利用知识库流动起来，有利于实现组织的协作与沟通，促进员工知识的交流与共享。此外，知识库的内容需要不断更新，保持其中的知识的有序性。下面以国际工程造价咨询企业业主建设和数据积累为例，具体过程如图5-13所示。

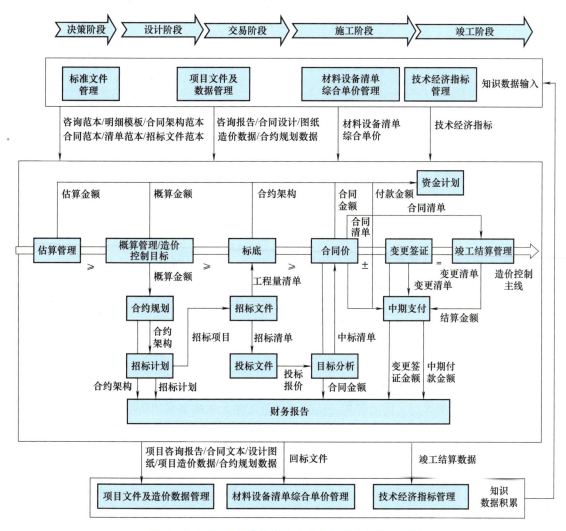

图 5-13　国际工程造价咨询企业业务建设与数据积累

第6章 全过程工程咨询项目的委托合同与取费

/本章导读/

- 全过程工程咨询委托服务合同的关键条款包括三大类,分别是控制功能条款、协同功能条款和激励功能条款,可结合具体项目,依据不同委托方式进行咨询服务合同设计。
- 合同设计中需结合需要选择和设计全过程咨询服务的取费模式和咨询服务费的计算方式。

6.1 交易特征与合同功能

6.1.1 全过程工程咨询服务委托合同的功能

合同设计应与交易特征相匹配(费方域,1996),深刻理解全过程工程咨询的交易特征,是分析其合同条款设置的前提。

交易成本理论认为,一切交易都是在合同关系的基础上进行的,而交易成本即从合同视角定义的"运用经济体制的成本",包括事前合同起草谈判成本、保障协议被执行的成本,以及事后偏离合同的纠偏成本、双方争议成本、纠纷发生需要诉诸某种治理结构时的治理结构建立和转运的成本、为使承诺完全兑现而引起的约束成本。在合同设计时,应根据交易特征来匹配不同的合同治理功能,以提升交易效率并降低交易成本。

对于合同功能的界定,目前较为公认的观点是天津大学陈勇强团队提出的控制、协调及适应三大功能,但这三类合同功能针对的是建设工程合同,无法完全契合全过程工程咨询的咨询服务委托合同情境:

其一,工程咨询服务委托合同的首要功能应与建设工程合同相似,即通过委托人与专业人士责任体系的界定与争议评审机制来实现对代理人的控制功能,保障合同各方的合法权益。这一类合同条款需要解决多方参与的定责困难问题,由于全过程工程咨询服务牵扯的责任主体较多,合同中应明确各方所承担的服务范围,各方的权利、责任与义务,以及执业责任保险(向鹏成,薛雨桐,2019)等,此外,还需对争议评审办法加以规定。

其二,相较于建设工程合同的承发包关系,全过程工程咨询项目中业主通常会委托多家咨询单位共同完成咨询服务，而这些服务之间往往是相互依存、相互关联的，因此，咨询服务委托合同不仅需要建设工程合同中任务分工的工作界面划分，更需要在分工的基础上规定合同各方的信息交流与沟通分享机制。此外，工程咨询服务本质上是一种咨询单位与业主单位间的协同工作，其服务宗旨在于为业主提供定制化服务并创造价值，工程咨询服务能否实现项目增值的关键问题之一在于业主单位与咨询单位之间能否通过合作沟通促进项目组织向学习型组织的转变（乐云等，2019）。

其三，全过程工程咨询不同于建设工程项目承包，其交付物以服务和非实体内容为主，服务成果的评价较为困难，这增加了业主单位对咨询服务成果审查与支付的难度；而另一方面，提供工程咨询服务的专业人士对于项目结果具有较大裁量权（陆帅等，2017），这就要求业主单位重视咨询服务报酬的合理性，以保障专业人士的合理收入并激励其为业主增值的主动性，因此，除合同中基本工作酬金的规定之外，业主还可采用激励制合同，通过激励来提升咨询单位介入项目管理的程度，从而实现项目增值（乐云，等，2019）。

综上所述，为契合全过程工程咨询的交易特征，咨询服务委托合同应具备控制功能、协同功能与激励功能。交易特征与合同功能的匹配关系见表6-1。

表6-1 全过程工程咨询的交易特征与合同功能

交易特征	合同需解决的交易难题	合同功能
多方参与的责任界定困难	权责界定	控制功能
	争议评审	
交付物的集成性；委托方共同参与	集成化服务的过程管理	协同功能
	多主体参与的协同工作	
咨询成果质量评价的困难性；受专业人士影响较大；为业主服务的增值性	项目价值增值的激励问题	激励功能

1. 控制功能

功能视角下的合同研究早期关注的是合同的控制功能，这一功能在各类合同关系中广泛存在（Woolthuis，等，2005）。根据交易成本理论的假设，由于交易双方之间存在信息不对称，这就导致了关系风险（Das 和 Teng，1998），各方为保障自己的利益、督促对方实现自己的承诺而签订合同，资产专用性、战略重要性以及时间局限性都会增加该合同功能的使用需求（Ariño 和 Reuer，2005）。合同的控制功能包括权利及产权处理（Woolthuis，等，2005）、保密性（Ariño 和 Reuer，2005）、单方终止合同（Mayer 和 Argyres，2004）以及争端解决的条款（Ariño 和 Reuer，2005），这类条款一方面通过严格规定来保障交易，另一方面也提供了通过法律或其他机构处理违反合同行为的指导，例如协商调解或仲裁诉讼等（Ariño 和 Reuer，2005）。

2. 协同功能

相较于合同的协调功能，协同功能具有更为特殊的内涵，它既包括协调功能所强调的工作界面划分，又包括为保障各方协同工作的信息交流与沟通分享机制。跨边界的复杂任务需要合同的协同功能，因为组织中的工作者、交易活动及产品界面都有所交叠，这就需要合同作为一种沟通协作机制来保障各方交流的有序进行（Woolthuis，等，2005）。合同可以通过明晰决策权（Mellewigt，等，2007）、规定信息互通责任（Mellewigt，等，2007）、建立边界组织或交互界面（Mellewigt，等，2007）、设置项目进度报告程序（Anderson，2003）来实现这一功能。

3. 激励功能

合同的激励功能体现于支付的前提、支付方式及奖励办法等，在专业服务委托合同的情境下，基于绩效的合同更能激励被委托方的积极性（Sumo，等，2016），使双方在项目参与过程中形成良性协作，从而实现项目增值（乐云，等，2019）。这一功能被广泛地应用于代建合同、设计合同等工程咨询服务委托合同中，研究表明，代建项目的收益不确定性影响合同类型，当项目收益的不确定性较低时应采用固定总价合同，而当项目收益的不确定性较高时则采用成本加成合同（郑边江，2010）；此外，合同激励可以促进项目超额收益的创造，当代建人的公平偏好水平越强时，合同激励功能所能创造的超额收益就越大（曹启龙，等，2014）。

6.1.2 不同委托方式下的合同关系

业主单位应将全过程工程咨询中的前期研究、规划和设计等工程设计类服务，以及项目管理、工程监理、造价咨询等工程项目控制和管理类服务委托给一家单位或由多家单位组成的联合体或合作体。业主单位在项目筹划阶段选择具有相应工程勘察、设计或监理资质的单位开展全过程工程咨询服务，可不再另行委托勘察、设计或监理。同一项目的工程咨询单位不得与工程总承包单位、施工单位具有利益关系。全过程工程咨询有三种委托方式，即A模式，由一家综合性企业承担服务；B模式，由多家具有不同专业特长的工程咨询企业联合承担；C模式，根据业主单位的需求，分别委托几家咨询公司，为建设项目的全生命周期提供项目管理咨询、技术咨询及工程造价咨询等服务。

三种委托模式下的全过程工程咨询服务各有其特点：

1）在A模式（一体化模式）下，项目业主自身并无咨询服务能力，因此往往会把相关业务整体包给具有一体化集成能力的综合性企业。这种模式中，受托咨询单位是项目唯一责任人，在其完成自有资质证书许可范围内的业务并保证项目完整性的前提下，可在经业主单位同意后，按合同约定将部分咨询业务转委托给具有相应资质或能力的企业，该模式的管控难点在于分包管理问题，工程咨询单位应对转委托单位的委托业务承担连带责任。一体化模式减少了不同企业沟通、对接上容易出现的纠纷和问题，且风险和责任具有针对性，降低业主管理与协调难度。

2）在B模式（联合体模式）下，企业通过管理及技术咨询服务合并、扩张，以自身所具备的较强技术优势为发展基础，向前向后拓展业务，以形成一家具有综合能力的工程咨询企业。但由于技术、管理条件与咨询服务能力无法满足一体化集成服务要求，且受一体化综合企业冲击，无法长期占据市场或能够提供咨询服务远远低于一体化供应商，长期情况下企业易被市场淘汰。因此，这些具有不同专长特点的企业会选择联营体形式，取长补短，作为一体化模式的有效竞争。然而，一体化模式仍存在部分咨询服务达不到要求等问题。一个企业无法保证它在全生命周期内的服务均达到较好水平，会出现某一阶段在该企业完美完成服务目标，而在另一阶段无法复刻上一阶段的情况，且能够基本满足业主最佳要求的一体化企业费用昂贵，许多企业无法承担。而联营体则在不同企业都占据所处优势服务咨询领域的同时，解决一体化模式带来的困扰。业主可与承担全过程工程咨询的联营体合作签约，以达到一体化模式的效果。

当全过程工程咨询单位采用联合经营方式时，由多家咨询单位联合实施全过程工程咨询合同应明确牵头单位，联合经营单位应接受牵头单位的管理协调，并对其所提供的专业咨询服务负责，明确各单位的权利、义务和责任。全过程工程咨询牵头单位应向投资人承担项目全过程咨询的主要责任，联合经营单位承担附带责任。

3) 在 C 模式（委托多家模式）下，项目业主对交易模式进行选择时，首先考虑自身咨询服务能力。如业主可单独进行某方面咨询服务，或已找到在某方面可以胜任的发包企业，业主往往会选择委托多家模式进行全过程工程咨询。这样既能充分运用自身咨询服务能力，确保在所承担咨询服务范围内的服务质量，同时具有多种选择方式，可对各咨询服务领域内可胜任的工程咨询或全过程工程咨询单位进行比对，以选择最适合且最具能力的企业进行签约，为建设项目全过程中的几个阶段提供不同层面的组织、管理、经济和技术咨询服务，最大限度满足建设项目要求，完成项目目标。

当业主委托多个咨询企业（或机构）共同承担大型或复杂建设项目的工程咨询业务时，作为标的物的委托事务通常由承担全过程工程咨询任务的几个企业分别完成。业主应明确全过程工程咨询单位作为咨询业务主要承担单位，并由其负责全过程工程项目管理等综合性工作；其他咨询单位应分别按合同约定负责其所承担的专业咨询工作并由全过程工程咨询单位统一协调。然而，各责任主体对委托项目共同负责却难以定责，这就要求业主单位有较强的协调管控能力。

合同功能及各功能下的合同条款设计取决于交易特征，而前面所述的全过程工程咨询交易特征及合同所需解决的交易难题在不同委托模式下的具体表现各有其特点。由于全过程工程咨询项目组织架构不同，全过程工程咨询合同有所差异，签订全过程工程咨询服务委托合同中需要注意责任分配、工作界面等关键问题，根据三类委托模式加以区分，具体见表6-2。

表6-2　三类委托模式下全过程工程咨询合同设计的关键问题分析

	联合体	一体化全过程工程咨询提供商		部分咨询组合
		有分包	无分包	
签订方	联合体所有成员	全过程工程咨询单位	全过程工程咨询单位	全过程工程咨询单位、其他咨询单位
工作范围	承担合同内全部咨询服务内容	全过程工程咨询单位承包自身资质范围内咨询服务内容，不在资质范围内的咨询业务签订分包合同进行专业服务分包	全过程工程咨询单位提供商承包合同内全部咨询服务内容	各合同分别包含部分咨询服务内容，共同组成全部咨询服务
工作界面	由联合体牵头方负责与业主联系，负责项目的组织、协调工作，由双方共同组成的工作小组具体实施工作	全过程工程咨询单位管理分包单位，分包单位负责完成专业咨询服务	全过程工程咨询单位完成所有咨询服务	全过程工程咨询单位负责完成自身业务外，还负责协调管理其他咨询单位

(续)

联合体	一体化全过程工程咨询提供商		部分咨询组合
	有分包	无分包	
责任分配	牵头方和成员共同与业主签订合同书，并就本项目向业主负有连带的和各自的法律责任	由分包单位原因造成业主对全过程工程咨询单位的索赔、罚款或其他赔偿责任，全部由分包单位承担	全过程工程咨询单位承担合同内全部责任	各自承担合同范围内的相关责任

6.2 全过程工程咨询服务委托合同的关键条款识别

6.2.1 国际咨询服务委托合同范本

1. 国际咨询工程师联合会（FIDIC）《业主/咨询工程师标准服务协议书》

《业主/咨询工程师标准服务协议书》由国际咨询工程师联合会（法文缩写FIDIC）编制，又称FIDIC白皮书，这一合同范本被推荐通用于国际上的各类工程咨询服务。

FIDIC白皮书中的工程咨询是指为项目投资建设全过程提供咨询服务，包括项目规划、编制项目建议书、可行性报告、对建议书和可行性报告进行评估、勘察设计招投标咨询、采购代理咨询、工程监理、投产后经济评估咨询等。

（1）1998年、2006年和2017年的FIDIC白皮书对比　FIDIC白皮书于1990年初次发布，其后经过1991年、1998年、2006年和2017年四次修订。1998版白皮书经FIDIC授权由中国工程咨询协会翻译成中文于2004年出版，是国内较为熟悉的版本，也是住建部拟定《建设工程咨询服务合同示范文本（征求意见稿）》时的主要参考依据。但此后FIDIC白皮书又经过两次修订，目前最新的2017版不仅与1998版相比有了巨大的差别，与2006版相比也有了显著的变化。从整体结构上说，1998年、2006年和2017年的三个版本均分为协议书、通用条款、专用条款和附件四个部分，但存在以下区别：

1）2006版改变了通用条款在前、专用条款在后的顺序，将专用条款和附件置于通用条款之前。这种安排突出了专用条款的优先地位，对于熟悉通用条款的合同范本使用者来说也更为方便。2017版沿用了2006版的这种顺序。

2）就通用条款而言，2017版调整了1998版与2006版的部分条款名称，并增加了第5条"服务的变更"和第6条"服务暂停和合同终止"，结构更加清晰。三个版本的通用条款目录对照见表6-3。

表6-3　1998版、2006版、2017版FIDIC白皮书通用条款结构对比

序号	2017版	2006版	1998版
1	一般规定	一般规定	一般规定
2	客户	客户	客户的义务
3	咨询方	咨询方	咨询方的义务
4	—	—	人员

(续)

序号	2017版	2006版	1998版
5	开始与完成	开始与完成	协议书的开始、完成、变更与终止
6	服务的变更	—	—
7	服务暂停和合同终止	—	—
8	付款	付款	支付
9	责任	责任	责任和保险
10	保险	保险	—
11	争议与仲裁	争议与仲裁	争议的解决
12	—	—	定义与解释

3）1998版共有三个附件，分别为"服务范围""客户提供的人员、设备、设施和其他服务"和"报酬和付款"；2006版有四个附件，增加了"服务时间表"；2017版则有五个附件，除了将2006版的"服务时间表"修订为"计划"，还增加了"裁决规则"。三个版本的附件对照见表6-4。

表6-4　1998版、2006版、2017版FIDIC白皮书附件结构对比

序号	2017版	2006版	1998版
1	服务范围	服务范围	服务范围
2	客户提供的人员、设备、设施和其他服务	客户提供的人员、设备、设施和其他服务	客户提供的人员、设备、设施和其他服务
3	报酬和付款	报酬和付款	报酬和付款
4	计划	服务时间表	—
5	裁决规则	—	—

（2）借鉴与参考　2017版的修订弥补了旧版合同范本的诸多缺陷，可为我国咨询服务合同范本的拟定提供一些借鉴和参考（徐丹，2018）：

1）服务内容与服务变更。2017版白皮书取消了"正常服务、附加服务和额外服务"三分法，并增设第5条"服务的变更"，细化了变更的权利和相关程序；而在1998版与2006版的"服务三分法"中，正常服务和附加服务在附件中规定，服务变更则被认为是额外服务，这样的三分法容易让人混淆和困扰，也不符合工程咨询领域的实践。与旧版相比，2017版白皮书关于服务内容和服务变更的规定，具有体系简明、逻辑清晰的特点，使用者可根据项目的具体情况，在附件的"服务范围"和专用条款中对服务内容及其变更做出个性化的设置。

2）义务履行。在义务履行方面，1998版及2006版要求"工程咨询方在根据本协议书规定履行其义务时，应运用合理的技能，谨慎而勤奋地工作"，这一条款较为含糊；2017版白皮书修正了该条款，一方面为上述"运用合理的技能，谨慎而勤奋"明确了一个标准，即应符合一个相似规模、性质和复杂程度的项目的咨询服务水平；另一方面则将义务限定明确适用于咨询方提供服务本身，而不是像旧版那样宽泛地适用于全部义务。

3）计划的制订与执行。1998 版未对咨询方提供服务的计划做出规定，也未设置相关的附件，2006 版也只是简单规定了咨询方应依据"服务时间表"附件开展工作，而 2017 版则对此有较为详细的规定，增加了附件 4 "计划"。计划的制订与执行对工程咨询服务十分重要，咨询方的早期介入能主导项目可行性研究、总体策划、项目规划等工作，其工作进度将直接影响项目建设进度。因此，这一条款可以细化咨询方的义务，保证咨询服务的顺利开展，并为可能的服务延期、费用调整和责任追究等履约过程中产生的问题提供依据。

4）合同解除。1998 版与 2006 版白皮书规定了客户的任意解除权，但未对不同情况下解除合同的结果做出不同的规定；2017 版则增设第 6 条"服务暂停和合同终止"对此详加规定，并进一步平衡了业主和咨询方之间的利益。这一合同条款区分了服务暂停和合同解除，并对二者分别规定。此外，关于合同解除的后果，2017 版白皮书规定在非咨询方违约导致合同解除的情况下，咨询方根据不同情况还可以主张额外费用，甚至是预期利润。合同解除权对于工程咨询服务合同双方都至关重要，并且将会直接影响工程项目的进行。我国工程咨询服务合同范本对于解除权问题的处理，应在中国法律框架内进行，在解除情形、解除程序和解除后果的规定上不宜直接照搬白皮书的规定，而是应该参照《中华人民共和国合同法》的规定并结合中国的工程实践做出符合国情的设置。

2. 世界银行《借款人选择和聘用咨询人指南》

世界银行《借款人选择和聘用咨询人指南》出版于 1997 年 1 月，后经 1997 年 9 月、1999 年 1 月和 2002 年 5 月三次修订。世界银行面临着各种行业部门的贷款业务，需要聘用咨询人为其提供项目建议，其聘用咨询人所遵循的基本原则是：首先关注服务质量，同时注重经济性与效率性；对所有咨询公司提供公平机会；以及选聘过程的透明性。

根据《借款人选择和聘用咨询人指南》，咨询服务委托合同可按照其规定的付款方式，分为总价合同、人工计时制合同、成功费合同、百分比计费合同、一次性付费合同五种。尽管各类合同的条款不尽相同，但均围绕以下几个关键条款组成合同的主干：

1）支付条款。委托人和咨询公司应在谈判期间就合同中的支付条款，包括支付金额、支付时间表和支付程序等达成一致，支付时间表可以按固定时间间隔或按双方同意的产品。超过合同总价 10% 的预付款一般要求必须提供付款保证金。

2）借款人的协助。借款人通常应指派其自己的专业人员以不同方式参与工作任务。借款人和咨询公司之间的合同应提供支配这些人员的细节，以及借款人应提供的设施。合同还应规定，如借款人不能提供上述设施或在任务执行过程中撤回，咨询公司能采取的措施以及其将获得的补偿。

3）咨询人的责任。咨询人应以应有的勤奋，并按现行专业标准进行工作。其所应承担的服务范围及具体工作内容应在合同中约定。世界银行将按公平和保密的程序对世界银行资助的合同下聘用的咨询人的表现进行评价。表现的评级将作为未来制定候选名单时的考虑因素。

4）适用法律和争端解决。合同应包括涉及适用法律和争端解决机制的条款，世行鼓励使用国际商务仲裁，但不应指定世行作为仲裁人或要求世行指定仲裁人。

3. 美国建筑师协会（AIA）《业主与建筑师的标准协议书》

AIA 是美国建筑师协会（The American Institute of Architects）的简称，建筑师在 AIA 中起着类似于 FIDIC 中"咨询工程师"的作用，是业主与承包商的联系纽带，即业主代表。

AIA 针对合同各方之间不同关系制定了不同系列的合同和文件，其中 B 系列为业主与建筑师之间的标准合同文件。目前的最新版本是 1997 年发行的 AIA-B141《业主和建筑师协议书标准格式》，它规定了业主与建筑师之间签订咨询服务合同的模式，共有以下 14 个主题条款：①建筑师的服务与职责；②业主的职责；③工程造价；④人员的直接开支；⑤可予报销的开支；⑥对建筑师的支付；⑦建筑师的会计记录；⑧文件的所有权及其应用；⑨仲裁；⑩协议书的终止；⑪其他条款；⑫代理人及其指定；⑬协议范畴；⑭报酬的计算。

全过程工程咨询应以设计为主导，建筑策划先行。设计咨询是全过程工程咨询服务最前端也是最基础的阶段，只有通过策划、可研、扩初等才能系统地识别出业主需求（王宏海，等，2017）。因此，AIA《业主与建筑师的标准协议书》可为我国咨询服务合同范本的拟定提供一些借鉴和参考。

与 FIDIC 白皮书相比，AIA-B141《业主和建筑师协议书标准格式》具有以下几点区别：

1）AIA 合同赋予建筑师的权力更多（王要武，等，2007），包括：①检查权，检查工程进度及质量，有权拒绝不符合合同文件的工程；②支付确认权，建筑师审查、评价承包商的付款申请，检查、证实支付数额并颁发支付证书；③文件审批权，建筑师有对施工图、文件资料和样品的审查批准权；④编制变更令权，建筑师负责编制变更、施工变更指示和次要变更令，确认竣工日期。这些权利体现了建筑师作为"业主代表"、可代替业主监督并管理承包商，这一职能与我国监理工程师相似。（赵振宇，等，2002）

2）AIA 合同体现出一定的"亲业主性"，这与 FIDIC 强调工程师"独立性"和"第三方性"的特点有所不同。尽管 AIA 合同规定建筑师在做出解释和决定时对业主和承包商要公平对待，但建筑师的"业主代表"身份和"代表业主行事"的职能实际上更强调建筑师亲业主的一面，相应地淡化了为承包商着想、维护承包商权益的一面（赵振宇，等，2002）。

4. 英国皇家特许建造学会（CIOB）《业主开发与建设项目管理实用指南》

英国皇家特许建造学会（The Chartered Institute of Building，CIOB）是一个横跨多学会的工作小组，其委员来自英国皇家建筑师学会（RIBA）、英国土木工程师学会（ICE）、英国结构工程师学会（ISE）、英国皇家建筑设备工程师学会（CIBSE）、英国项目管理学会（APM）、英国建筑业主联合会（CCC）。

CIOB《业主开发与建设项目管理实用指南》将项目管理角色定义为业主代表，其服务范围贯穿项目的概念阶段、可行性研究阶段、策划阶段、施工前准备阶段、施工阶段、调试/试运行阶段、竣工移交与交付使用阶段、后评价阶段。

根据《业主开发与建设项目管理实用指南》，项目管理服务委托协议应包含以下几点关键条款：

1）责任与义务。项目管理人员有义务分析业主的目标和要求，评价其可行性，协助完成项目大纲，建立资金预算。在项目全过程中，项目管理人员应就进度、存在问题、设计/预算/变更和其他有关情况经常向业主汇报，并根据业主指示或要求，参与工程成本的最终结算和财务报表制定。

2）相互关系协调。项目管理人员应与业主的有关职员（如法律、保险、税收等专业人员）保持联系，并与承包商及设计方积极合作。此外，项目管理人员应就项目有关事项与地方当局或其他相关部门保持联系。

3）支付。合同中应确定所应支付的数额与支付的时间。

4）争议解决方式。争议双方可选用诉讼或仲裁的争议解决方式，此外，为得到使双方都能接受的解决方案，并节约时间与费用，可以考虑调解、调停或专家评价等替代性争议解决方式。

6.2.2 国内咨询服务委托合同范本

1. 设计委托合同

设计服务是全过程工程咨询服务的一部分，其委托关系与业主委托咨询相似。因此，可借鉴工程设计合同的某些条款，为全过程工程咨询合同的拟定提供一些借鉴和参考。

2015年，住建部联合工商总局制定了《建设工程设计合同示范文本（房屋建筑工程）》（GF—2015—0209）及《建设工程设计合同示范文本（专业建设工程）》（GF—2015—0210）。两款设计合同的合同目录一致，区别仅在于合同适用范围不同所引起的具体条款内容差别。

《建设工程设计合同示范文本》由合同协议书、通用合同条款和专用合同条款三部分组成。其中：

1）合同协议书集中约定了合同当事人基本的合同权利义务。

2）通用合同条款是合同当事人根据法律规定，就工程设计的实施及相关事项，对合同当事人的权利义务做出的原则性约定。包括：①一般约定；②发包人；③设计人；④工程设计资料；⑤工程设计要求；⑥工程设计进度与周期；⑦工程设计文件交付；⑧工程设计文件审查；⑨施工现场配合服务；⑩合同价款与支付；⑪工程设计变更与索赔；⑫专业责任与保险；⑬知识产权；⑭违约责任；⑮不可抗力；⑯合同解除；⑰争议解决。

3）专用合同条款是对通用合同条款原则性约定的细化、完善、补充、修改或另行约定的条款。合同当事人可以根据不同建设工程的特点及具体情况，通过双方的谈判、协商对相应的专用合同条款进行修改补充。在使用专用合同条款时，应注意以下事项：①专用合同条款的编号应与相应的通用合同条款的编号一致；②合同当事人可以通过对专用合同条款的修改，满足工程特殊要求，避免直接修改通用合同条款；③在专用合同条款中有横道线的地方，合同当事人可针对相应的通用合同条款进行细化、完善、补充、修改或另行约定，如无细化、完善、补充、修改或另行约定，则填写"无"或划"/"。

在起草设计委托合同时，对于以下几点关键条款要特别谨慎并反复推敲（乐云，2010）。

1）设计费计取：设计费的计取通常有固定价格和可变价格两种方式。固定价格可以按项目投资的百分比计算或按建筑面积计算，也可按照合同双方商定的固定价格；可变价格可以按成本加酬金计算，也可按单位工作量的报酬乘以设计工作量计算。两种方式各有优缺点，应酌情采用。

2）双方的责任及其期限：合同中要明确规定双方的责任，业主的责任一般包括向设计单位提供设计资料、设计要求文件等，设计单位的责任一般包括在规定时间内完成并提交设计文件和图纸，根据项目进展情况对设计图纸进行修改，负责与合作设计单位的设计协调，并对所有设计文件图纸质量负责。

3）双方的服务内容分工：设计委托合同中要明确规定双方的服务内容分工，只有明确双方的服务分工，双方才能够在理顺关系的前提下按部就班地负责自己的工作。

4）设计转让与设计分包：由于设计委托合同的转让会大大增加业主风险，业主应在设计委托合同中明确规定该合同不得转让。业主可以同意外方设计单位聘请国外分包以及国内合作设计单位承担机电设备、结构设计、二次装修等工作，但这些单位必须经过业主审查，其资质和设计经验必须满足业主的要求。任何设计分包合同的签订、修改和终止，必须经业主书面确认后才可成立，且这些设计分包合同不允许再进行分包。

5）设计方现场代表：设计委托合同中可以规定对设计方现场代表的要求。设计方现场代表的主要职责有组织设计交底、参加有关工程会议、及时向设计方通报工程现场进展情况等。现场代表可由境外设计单位的人员担任，也可由国内合作设计单位人员担任。

2. 工程监理委托合同

工程监理制度与全过程工程咨询具有相似的内涵，即监理单位受业主委托为建设工程项目提供专业化服务，帮助业主实现项目投资目的。因此，可借鉴《建设工程监理合同（示范文本）》（GF—2012—0202）为全过程工程咨询合同的拟定提供一些借鉴和参考。

《建设工程监理合同（示范文本）》（GF—2012—0202）由住建部和工商行政管理总局共同发布，其组成文件包括：①协议书；②中标通知书（适用于招标工程）或委托书（适用于非招标工程）；③投标文件（适用于招标工程）或监理与相关服务建议书（适用于非招标工程）；④专用条件；⑤通用条件；⑥附录，即附录A相关服务的范围和内容；附录B委托人派遣的人员和提供的房屋、资料、设备。

其中，通用条件包括：①定义与解释；②监理人的义务；③委托人的义务；④违约责任；⑤支付；⑥合同生效、变更、暂停、解除与终止；⑦争议解决；⑧其他。这些条款可为全过程工程咨询合同的拟定提供一些借鉴和参考。

1）监理人的义务：相较于住建部咨询合同征求意见稿中的咨询方义务，监理合同中对于监理人义务的规定更为详细，要求监理人定期向委托人提交报告，保留现场文件，竣工后将有关文件归档，当委托人与承包人之间发生合同争议时，监理人应协助解决，提供必要的证明资料。

2）报酬调整：监理合同中规定，增加的监理工作时间、工作内容应视为附加工作，附加工作酬金的确定方法在专用条件中约定。合同签订后，遇有与工程相关的法律法规、标准颁布或修订的，双方应遵照执行。由此引起监理与相关服务的范围、时间、酬金变化的，双方应通过协商进行相应调整。因非监理人原因造成工程概算投资额或建筑安装工程费增加时，正常工作酬金应做相应调整。调整方法在专用条件中约定。因工程规模、监理范围的变化导致监理人的正常工作量减少时，正常工作酬金应做相应调整。调整方法在专用条件中约定。

3）合理化建议奖励：监理合同中约定，监理人在服务过程中提出的合理化建议，使委托人获得经济效益的，双方在专用条件中约定奖励金额的确定方法。奖励金额在合理化建议被采纳后，与最近一期的正常工作酬金同期支付。

3. 代建制合同

项目代建制是近年来政府投资非经营性项目采用模式，政府投资部门通过招标的方式，选择专业化的项目管理单位（代建单位），负责项目的投资管理和建设组织实施，项目建成后交付使用单位。

虽然代建制的适用范围与全过程工程咨询不同：前者仅限于非经营性政府投资项目，而后者适用于各类建设工程项目，但两者的委托关系相似，且现阶段国内的全过程工程咨询业务大多针对政府业主。因此，可借鉴代建合同，为全过程工程咨询合同的拟定提供一些借鉴和参考。

国内的政府投资项目代建制主要有两种模式：一种是通过专业的政府机构集中项目管理单位对政府投资项目进行集中管理的事业型代建模式，另一种是通过从潜在代建人中引入充分的市场竞争机制、采用竞争性招标等筛选出合适的代建人的市场化企业型代建模式。在此基础上，各试点地区形成了三种主流的代建制合同模式：①上海、广州、海南为代表的投资人委托代理合同模式；②重庆、宁波、厦门和贵州为代表的使用人委托代理合同模式；③北京、武汉、浙江为代表的投资人与使用人共同委托代理合同模式（袁明慧，2016）。

由于各省市代建合同范本各不相同，此处仅选用三类典型合同文本进行对比分析，详见表6-5。

表6-5 各地代建合同对比

上海 （投资人委托）	厦门 （使用人委托）	北京 （投资人使用人共同委托）
代建工作范围与内容	词语定义	词语定义
代建费用及支付	法规	适用的法律法规
委托人的权利及义务	甲方权利与义务	委托人权利/义务/责任
代建人的权利及义务	乙方权利与义务	代建人权利/义务/责任
项目融资	不可抗力	使用人权利/义务/责任
项目保险	隐蔽工程的验收	合同生效、变更与终止
不可抗力	设计变更	争议的解决
违约责任	工程竣工时间	代建管理费支付
争议解决	违约责任	
合同补充/变更/转让与解除	通知送达	
	工程进度款拨付	
	奖惩办法	

由此可见，无论是投资人委托代理合同模式及使用人委托代理合同模式的双方合同，还是委托人与使用人共同委托代理合同模式的三方合同，其核心条款结构相似，均包含各方的权利义务、争议解决、代建费支付、合同变更等。

6.2.3 基于扎根研究法的合同关键条款识别

在分析上述相似合同范本的基础上，本节采用扎根理论法，对咨询服务委托合同的关键条款进行识别。所选委托服务合同类型包括业主委托咨询、业主委托设计、业主委托监理及代建制，原始数据涉及国家及地方出台的合同示范文本（含征求意见稿）、企业合同模板及全过程工程咨询相关文献，共计31份。

1. 开放性编码

开放性编码是通过提取并凝练原始数据中关键信息的方式，将其逐步概念化、范畴化。首先采用贴标签的方式，对序号1~28的合同文本进行重要条款的抽取及概括；其次通过比较分析，将相似原始资料及其标签合并，归纳得到60个标签；最后将同类概念标签整合，使其构成更为抽象的范畴，最终共得到23个初始概念。

2. 主轴编码

主轴编码是将开放性编码中得到的初始概念进一步系统化、概念化与综合化的过程。针对开放性编码中得到的 23 个初始概念，按其内在关联可分为 9 个关键范畴，即：权责界定、产权保护、争议解决、工作界面划分、协同工作、过程管理、分包管理、报酬、支付。具体编码过程见表 6-6。

表 6-6　扎根理论编码过程

关键范畴	初始概念	贴标签	原始资料记录
AA1 权责界定	A1 受托人的义务	a1 受托业务	咨询方受托为项目提供以下咨询业务……
		a2 文件提供	咨询方定期向委托人提交报告，保留现场文件
		……	……
	A2 委托人的义务	a6 提供材料	及时向咨询方提供最新的与工程有关的资料
		……	……
	A3 违约责任	a10 赔偿	任何一方未履行合同义务造成损失的，应予以赔偿
		……	……
	A4 对责任的保险	a14 保险内容	工程咨询方需购买以下保险……
		……	……
	A5 联合体责任	a17 分工	合同中应约定联合体各成员工作分工……
		……	……
AA2 产权保护	A6 知识产权	a20 版权	工程咨询方被视为其各自服务产品的所有者……
		……	……
	A7 保密	a23 对业主资料的保密	项目完成后，代建人应将工程档案、财务档案及相关资料向使用人和有关部门移交，未征得有关方面同意不得泄露与本工程有关的保密资料
		a24 对咨询方成果的保密	设计人为实施工程所编制的文件的著作权属于设计人，发包人不能擅自提供给第三方
AA3 争议解决条款	A8 协商调解	a25 协商	双方应本着诚实信用原则协商解决本合同履行过程中发生的争议
		……	……
	A9 仲裁或诉讼	a27 法律效力	合同有关争议解决的条款独立存在，合同的变更、解除、终止、无效或者被撤销均不影响其效力
		……	……
AA4 工作界面划分	A10 服务范围	a30 正常服务	正常服务是指附件 A 中列出的那类服务
		……	……
	A11 服务内容改变	a33 额外服务	除正常服务或附加服务之外，工程咨询方需做的任何工作或支出的费用应被视为额外的服务
		a34 变更权利	工程咨询方有权得到为履行"额外的服务"所需的额外的时间和费用

(续)

关键范畴	初始概念	贴标签	原始资料记录
AA5 协同工作	A12 外部协助	a35 外部关系协调	客户应负责咨询方提供服务时所涉及的所有外部关系的协调
		……	……
	A13 内部协调	a38 内部培训	根据使用人提出的项目运行管理方案，组织运行管理人员培训
		……	……
	A14 双方的代表	a41 指定代表	每方应指定一位职员作为其代表以便于本合同的管理
AA6 过程管理	A15 开始及完成	a42 生效时间	从工程咨询方收到客户对其建议书发出中标函之日或完成正式协议书所需的最后签字之日（如有时），协议书生效时间以日期较晚者为准
		……	……
	A16 进度计划	a45 计划编制	工程设计进度计划的编制应当符合法律规定和一般工程设计实践惯例
		……	……
	A17 合同变更	a48 进度延误	在合同履行过程中，发包人导致全过程工程咨询服务进度延误的情形主要有……
		……	……
AA7 分包管理	A18 转让和分包合同	a50 转让许可	未经对方书面同意，双方均不得将本合同规定的义务转让出去
		……	……
	A19 独立审计	a53 资料记录	咨询工程师应保存能清楚证明有关时间和费用的最新的记录
		a54 审计程序	在完成或终止服务后 12 个月内，客户可……
AA8 报酬	A20 基本酬金	a55 计算方法	客户同意，按以下方法计算支付工程咨询方的酬金……
		……	……
	A21 奖励	a57 绩效奖励	因乙方加强管理工作，优化工程设计方案，施工技术方案科技含量高，节约投资或提高效益显著，工程造价、工期、质量得到有效控制，甲方可对乙方进行奖励
AA9 支付	A22 支付条件	a58 成果审查	设计人的工程设计文件应报发包人审查同意……
	A23 支付方式	a59 支付货币	除专用条件另有约定外，酬金均以人民币支付
		a60 支付时间	如在规定时间内工程咨询方没有收到付款……

3. 选择性编码

选择性编码是在前两个编码阶段所得到的初始概念及关键范畴的基础上逐步推理出核心范畴，并以此构建理论框架的过程。在本研究的 23 个初始概念被划分为 9 个关键范畴的基础之上，为得到一个更加广泛的理论范畴，对已聚类的关键范畴再次降维，最终得到 3 个核心范畴：控制功能类、协同功能类、激励功能类。

由此可见，扎根理论所得的核心范畴即为咨询服务委托合同的三大功能：控制功能、协同功能、激励功能；关键范畴即为咨询服务委托合同的关键条款；而初始概念即每一关键条款的具体内容，详见表6-7。

表6-7 扎根理论研究结果

合同功能 （核心范畴）	合同关键条款 （关键范畴）	条款内容 （初始概念）
控制功能	权责界定	受托人的责任
		委托人的责任
		违约责任
		对责任的保险
		联合体责任
	产权保护	知识产权
		保密
	争议解决	协商调解
		仲裁或诉讼
协同功能	工作界面划分	服务范围
		服务内容改变
	协助与沟通工作	外部协助
		内部协调
		双方的代表
	过程管理	开始及完成
		进度计划
		合同变更
	分包管理	转让和分包合同
		独立审计
激励功能	报酬	基本酬金
		奖励
	支付	支付条件
		支付方式

4. 饱和度检验

当数据充足，无法再进一步提炼出新的范畴时，可认为该理论模型饱和。将原始资料中未用于扎根编码的29~31号文本进行理论饱和度检验，逐级编码后并没有新的概念及范畴产生。由此判定，本次编码过程的维度划分是可信的，同时也证实了前序章节基于交易特征分析所得的合同功能是真实合理的。

6.3 全过程工程咨询服务委托合同的关键条款设计

6.3.1 咨询委托合同的控制功能条款设计

1. 权责界定

根据合同双方交易行为的不同特征，可将合同分为交易型合同与关系型合同两类，相较于交易型合同，关系型合同的目标、结果及期限都存在一定的不确定性，具体表现为其合同标的既包含可货币化的价值，也包含非货币化价值，期限较长，柔性较大，通常需要多个参与方协作完成（何清华，2018）。可见，全过程工程咨询的交易特征与关系型合同相契合。然而，关系型合同的有效性取决于合同各方的信誉及合同清晰性（Gibbons 和 Henderson，2012），而全过程工程咨询服务的参与方较多，这就对合同权责界定的清晰性提出了巨大的挑战。

因此，权责界定类条款是全过程工程咨询关键条款中必不可少的重要条款。权责类条款在约定业主范围和咨询单位的权利、义务以及违约责任的同时可以保证合同对各交易方的约束力。

在权责界定类条款的设计时应该就以下几点展开制定。

（1）委托人责任　委托人作为全过程工程咨询项目的最终接受者和全过程工程咨询合同的重要参与方，在全咨项目的实施过程中拥有最高的决策权。对委托人进行合理且清晰的权责界定可以推动项目成功运行。

在设计"委托人"这一类重要条款时，可参考住建部《建设工程咨询服务合同示范文本》（征求意见稿）中通用条款"客户的义务"及"客户的责任"等相关内容。其明确指出了委托人具有免费向工程咨询方提供资料、以书面形式做决定、协助咨询方协调外部关系、按照约定免费提供设备和设施、自费向咨询方提供其雇员及其他工作人员等义务。

除了上述给出的委托人应当履行的义务外，为了保证合同的顺利履行，委托人有必要指定有经验和资格的管理人员作为委托人代表在授权的范围内负责处理合同履行过程中的与委托人相关的具体事宜。

（2）咨询人责任　咨询人作为全过程工程咨询合同的重要受托方，依据合同规定对全过程工程咨询项目咨询范围内的工作承担专家责任，也被称为满足谨慎义务责任。

美国 AIA 合同体系下，B141"业主与建筑师的标准合同"配合 A201"施工合同通用条件"清楚地约定了建筑师负责制下建筑师的职责包括以下七个方面的内容：①项目管理服务（project administration services）；②支持服务（supporting services）；③评估与策划服务（evaluation and planning services）；④设计服务（design services）；⑤施工采购服务（construction procurement services）；⑥合同管理服务（contract administration services）；⑦设施调试服务（facility operation services）。其中第⑥条合同管理服务特指建筑师对施工合同的管理，包括：检查和评估工程进行状况是否符合合同要求，检查及批准承包商的报审、报检文件，处理工程变更，签发付款证明等工作。通过对 AIA 合同中建筑师服务条款的解读，可将建筑师的职责概括为以下两个主要方面：其一是建筑师对建筑工程提供全过程和全方位的设计统筹服务；其二是通过监督施工过程来确保经项目业主认可的设计意图最终得以实现。

但是要注意的是，建筑师并不为因施工方行为不当带来的质量安全问题承担责任，但并不意味着其对工程质量安全不需负责任，只是建筑师的责任和承包商的责任已经通过事前的合同约定做出了合理的划分。建筑师要承担按合同约定开展施工督造的尽职责任。评判其是否尽职的标准在于其在协助业主发包给承包商的合同中是否已经将施工质量安全的风险都真正有效地转移出去，以及在营造细则（specification，是合同文件的技术条款）中是否对关键的质量安全风险点都做了明确提示和合理的检查认可验收设置，以及之后是否严格执行了营造细则中规定的检查认可验收工作。

FIDIC 土木工程合同条款赋予咨询工程师的权力应被认为已事先得到了业主的批准，咨询工程师的权利得到了明文规定，在实际运作中也应该得到保证。FIDIC 土木工程合同条款第 1.5 条明确指出："咨询工程师的任何同意、批准、证明或决定都不应该被无故扣压或拖延"。业主给予咨询工程师以权利来监督工程项目的实施，而不能随意剥夺其权利。业主如对咨询工程师的行为不满意或不同意咨询工程师的决定，则只能将问题提交到仲裁机关处理而不能擅自粗暴地予以否认。FIDIC 土木工程合同条件下的咨询工程师涉及工程的整个过程，而且在施工阶段对投资、进度、造价进行全面的控制。因此，在 FIDIC 施工合同中咨询工程师具有以下几方面的作用：

1) 咨询工程师是业主的代理人，是为业主具体管理项目的项目经理。
2) 咨询工程师是准仲裁员，监督业主和承包商履行合同的情况。
3) 咨询工程师是中间人，并非合同的主体方，协调业主与承包商的关系。
4) 咨询工程师是施工监理，对施工中的安全、质量、进度、费用进行跟踪，控制承包商的施工行为，确保总目标的实现。

(3) 咨询合同责任条款设计　由于全咨模式分为单一委托式、联合体式、分别委托式三种模式，不同的委托模式的责权界定有相似也有差异，因而在界定咨询人权责时应该就对咨询人一般义务进行规定的同时，针对不同的委托模式对其差异性进行明确，详见表 6-8。

表 6-8　权责界定的条款设计

关键条款	委托方式		
	单一委托式	联合体式	分别委托式
权责界定	咨询人一般义务；咨询项目总负责人要求及权责；咨询人员要求及权责		
	明确咨询单位是唯一责任人	明确联合体责任划分	明确各自的责任范围

1) 全过程工程咨询项目总负责人是指由工程咨询方法定代表人书面任命，具有与全过程工程咨询业务相适应的业绩和能力，负责履行全过程工程咨询合同的工程咨询机构负责人。他们应履行下列职责：①牵头组建工程咨询机构，明确咨询岗位职责及人员分工，并报送工程咨询单位或联合体批准；②组织制定咨询工作大纲及咨询工作制度，明确咨询工作流程和咨询成果文件模板；③组织审核咨询工作计划；④根据咨询工作需要及时调配专业咨询人员；⑤代表工程咨询方协调咨询项目内外部相关方关系，调解相关争议，解决项目实施中出现的问题；⑥监督检查咨询工作进展情况，组织评价咨询工作绩效；⑦参与工程咨询单位或联合体重大决策，在授权范围内决定咨询任务分解、利益分配和资源使用；⑧审核确认工程咨询成果文件，并在其确认的相关咨询成果文件上签章；⑨参与或配合工程咨询服务质量事故的调查和处理。

2）不同委托模式下的权责界定有所差异。①对于单一委托式，根据住建部《关于征求推进全过程工程咨询服务发展的指导意见（征求意见稿）》，全过程咨询单位应当自行完成自有资质证书许可范围内的业务，在保证整个工程项目完整性的前提下，可按合同约定或经业主单位同意，将约定的部分咨询业务择优转委托给具有相应资质或能力的企业，全过程咨询单位应对转委托企业的委托业务承担连带责任。合同中应该明确，即使存在转委托行为，全过程咨询单位依然是唯一责任人。②对于联合体式，可参考《建设工程设计合同示范文本（房屋建筑工程）》（GF—2015—0209）对咨询联合体的责任进行界定：咨询联合体的各单位应共同与业主单位签订合同协议书并承担连带责任，合同中应明确咨询联合体各成员分工，联合体牵头人负责与业主单位联系、协调联合体组织间协作关系。③对于分别委托式，通常采用技术咨询及管理咨询分别发包的形式。各咨询单位分别与业主单位签约并承担独立责任，合同中应明确各单位的责任范围，此外，各咨询单位有责任向承担项目总控的管理咨询单位提供必要辅助。

（4）违约责任 违约意味着违反合同约定的当事人对自己承诺的违反，也意味着对双方的约定和信任关系的破坏，当违约情形发生时，有必要依据合同和归责原则对违约方的责任进行认定（金淑霞，2018）。其同样适用于全过程工程咨询合同，因此，权责界定条款除了应对合同各方应当履行的业务和职责范围进行明确的划分外，还应当对违约责任进行合理的界定和划分。以便在咨询项目开展过程中合同当事人不完全履行合同或不完全履行合同债务的违约行为发生时，可以有据可循地进行归责，使违约方承担赔偿损失等责任。

在对违约责任这一类条款进行设定时，应当在合同中对违约人违约及咨询人违约进行界定，明确违约人及咨询人违约的情形以及违约行为发生时违约人应当承担的责任。另外，需要对责任的期限和限制进行规定，以确保合同生效期间违约责任认定可以得到保障。

（5）保险 全过程工程咨询服务涉及项目的各个阶段与各个方面，任何一个环节的疏忽和差错都可能会影响到项目的顺利实施。因此全过程工程咨询合同应当同其他咨询合同及施工合同一样设置"保险"这一类型的条款，并在该类条款中对咨询人的权责范围进行确定，明确规定咨询人应投保的保险，包括对责任的保险、客户财产的保险以及赔偿的限额及保障。

（6）利益冲突 权责界定类条款即对合同履约双方的责权利进行界定，在对履约双方的责任和义务进行合理划分后，依然需要在合同中就合同履约过程中产生的利益冲突进行规定。由于全过程工程咨询服务可能涵盖投资、勘察、设计、监理、造价、招标代理等多个专业，全咨单位在履行合同义务的过程中离不开与项目的工程总承包、施工、材料设备供应单位之间的沟通和接触，这就要求有专门的合同条款来对合同履约期间全咨单位与项目参与方的关系进行规定。而《建设工程咨询服务合同示范文本》（征求意见稿）提出工程咨询方不得参与可能与协议书中规定的客户的利益相冲突的任何活动，且不得获得也不应接受协议书规定以外的与项目有关的利益和报酬。这一条款完全适合于全过程工程咨询服务合同。

2. 产权保护

全过程工程咨询具有资本低密集性（陆帅，2017），主要依靠拥有特定知识基础的专业人士进行服务。相较于传统造价咨询服务，其所需要解决的问题更加复杂，对专业性的要求也更高。因此，在咨询服务进行过程中，应特别注意知识产权的保护问题，既要保障咨询方作为专业人士的合法权益，避免其智力成果被他人擅自使用，同时也要注意控制咨询方对于业主资料的泄露问题。

这就要求在全过程工程咨询合同中设定产权保护类条款来约定咨询服务过程中所涉及的知识产权、专利技术等的应用许可范围及出版权限。对于全过程工程咨询合同履行过程中的产权保护问题主要包括以下几个方面的内容：

（1）对于以出版权为主的知识产权的保护　要对知识产权进行保护，应当在合同中对知识产权的归属和许可进行确定，通过合同条款明确知识产权属于委托人，哪些属于咨询人，并规定知识产权保证和知识产权许可的撤销。

（2）双方对于对方合法产权的保密　在全过程工程咨询合同的订立和履行的过程中，合同中任何一方负有对另一方的保密信息进行保密的责任，以避免合同的泄露给上方提供的不必要的损失。因而，可参考《建设工程设计合同示范文本（房屋建筑工程）》（GF—2015—0209）对全过程工程咨询保密这一部分的内容进行设定。在设定时可分两部分展开，一是咨询方对于业主提供资料的保密，二是业主对于咨询方的服务成果的保密。

1）咨询方对于业主提供资料的保密：除专用合同条款另有约定外，业主提供给咨询方的图纸、业主为实施工程自行编制或委托编制的技术规格书，以及反映业主要求的或其他类似性质的文件的著作权均属于业主，咨询方可以为实现合同目的而复制、使用此类文件，但不能用于与合同无关的其他事项。未经业主书面同意，咨询方不得为了合同以外的目的而复制、使用上述文件或将之提供给任何第三方。

2）业主对于咨询方的服务成果的保密：除专用合同条款另有约定外，咨询方为实施工程所编制的文件的著作权属于咨询方，业主可因实施工程的运行、调试、维修、改造等目的而复制、使用此类文件，但不能擅自修改或用于与合同无关的其他事项。未经咨询方书面同意，业主不得为了合同以外的目的而复制、使用上述文件或将之提供给任何第三方。产权保护的条款设计见表6-9。

表6-9　产权保护的条款设计

关键条款	委托模式		
	单一委托式	联合体式	分别委托式
产权保护	以出版权为主的知识产权的保护，包括知识产权归属和许可、知识产权保证、知识产权撤销		
	禁止咨询方泄露业主所提供的项目资料及工程档案等		
	禁止业主擅自将咨询方服务成果交由合同外的第三方使用		

3. 争议解决

咨询服务委托中的争议解决相关条款旨在约定合同双方发生争议时协商、调解、仲裁或诉讼的解决方法。全过程工程咨询作为一种委托服务，其争议问题相较于以工程实体为交付物的工程项目发承包关系下的争议问题更为复杂，争议事项包括但不限于咨询方未按业主委托完成咨询服务、由于咨询方前期策划偏误导致的项目损失等，因此需要在合同中约定争议解决的途径，包括和解、调解、争议评审、仲裁或诉讼。参考《建设工程咨询服务合同示范文本》（征求意见稿）、《建设工程设计合同示范文本（房屋建筑工程）》（GF—2015—0209）及湖南省住建厅《全过程工程咨询合同文件试行文本》对争议解决的条款进行设计，见表6-10。

表 6-10 争议解决的条款设计

关键条款		主要内容
争议解决	和解	非司法手段：自行协商或外部调解
	调解	非司法手段：自行协商或外部调解
	争议评审	争议评审制度：1. 争议评审小组的确定；2. 争议评审原则；3. 争议评审小组决定的法律效力
	仲裁或诉讼	司法手段：1. 向约定的仲裁委员会申请仲裁；2. 向有管辖权的人民法院起诉

对于全过程工程咨询项目而言由于交易过程较为复杂，在通过和解、调解等非司法手段效率过低，且直接采用仲裁或诉讼的方式难以切实解决争议所在时，应先对争议事宜进行评审。因而条款中重点就争议评审这一途径进行分析。争议评审制度可作为协商调解或仲裁诉讼的辅助手段，为其提供评审依据。这一条款主要由以下三方面组成：

1）争议评审小组的确定。争议评审小组决定的法律效力合同双方共同选择评审员组成争议评审小组，并各自承担一半的评审费用。

2）争议评审原则。争议评审小组应根据法律法规、技术标准及行业惯例等，公正客观地对争议事项做出判决并在 14 天内做出书面回复。

3）争议评审小组决定的法律效力。任何一方不接受争议评审小组决定或不履行争议评审小组决定的，双方可协商选取其他争议解决方式。

除了对争议解决的途径进行确定外。在合同中还应当规定合同争议解决条款的效力，明确合同的变更、解除、终止、无效或者被撤销均不影响其效力。

基于上述对咨询委托合同的控制功能条款的总结和分析，归纳出表 6-11 所示的工程咨询服务合同控制功能条款设计。

表 6-11 控制功能条款设计

合同功能	关键条款	具体条款
控制	权责界定	委托人责任
		咨询人责任
		违约责任
		保险
		利益冲突
	产权保护	知识产权归属和许可
		知识产权保证
		知识产权许可的撤销
		咨询方对于业主提供资料的保密
		业主对于咨询方的服务成果的保密
	争议解决	和解
		调解
		争议评审
		仲裁或诉讼
		争议解决的条款效力

6.3.2 咨询委托合同的协同功能条款设计

1. 工作界面划分

工作界面划分相关条款旨在约定各方的服务范围、服务内容变更的权利及相关程序，其划分主要包括"服务范围"及"服务内容改变"。

对于服务范围的规定，住建部《建设工程咨询服务合同示范文本》（征求意见稿）参照 2004 年中国工程咨询协会出版的 1998 版 FIDIC 白皮书译文，将其分为了正常服务、附加服务及额外服务；而 2017 版 FIDIC 白皮书则取消了这种服务三分法，并增设第 5 条"服务的变更"，细化了变更的权利和相关程序。与住建部征求意见稿相比，2017 版 FIDIC 白皮书关于服务内容和变更的规定更为简明、清晰。因而对于全过程工程咨询项目而言，在对咨询服务范围进行规定时可以借鉴 2017 版 FIDIC 白皮书，对咨询服务范围内的服务内容及服务的变更等方面进行详细的说明。

《国家发展改革委员会住房城乡建设部关于推进全过程工程咨询服务发展的指导意见》（简称 515 号文）针对项目决策和建设实施两个阶段将全过程工程咨询分为了投资决策综合性咨询和工程建设全过程咨询两个环节，因而在对全过程工程咨询合同服务范围进行规定时可分别就投资决策综合性咨询服务、工程建设全过程咨询服务、其他工程专项咨询服务三个模块展开规定，依据特定项目的特定特征，确定不同模块下全咨项目的工作内容、成果文件、标准和要求、相关管理和配套服务（即咨询人将配合和管理的工程合同形式、咨询人的管理权限、咨询服务和其他方所提供服务之间的界面管理责任等），以及委托人应该进行的协调和应提供的资料等工作。

然而，由于服务范围往往是以附件的形式出现在全过程工程咨询项目合同文件中，这就要求在合同通用条款中设置相应的"服务要求及服务成果"这一类条款进行说明来保证"服务范围"这一附件的编制全面准确且双方服务范围界定合理。其内容应当包括但不限于咨询服务的依据、对咨询服务成果的要求，以及相关管理和配套服务说明等内容。

对于服务内容的改变，2017 版 FIDIC 白皮书第 5 条 5.1.1 款规定：在服务完成前，业主随时可以要求咨询方提交变更的要约性建议书。业主应该以变更通知的形式确认变更。但是，变更不得实质性地改变原定服务的程度（extent）和性质。此外，如果咨询方认为业主的指令或其他情形构成了对服务的变更，则应立即通知业主，并在通知中预估变更对进度计划和费用造成的影响。在收到该通知 14 天内，业主要么发出变更通知，要么取消先前的指令，要么发出进一步的通知说明为什么业主认为其指令或其他情况不构成对服务的变更。在最后一种情况下，咨询方应在收到该进一步通知 7 天内启动争议解决程序，否则就应遵守该进一步通知。此外，如果咨询方认为其不具备执行变更的技能或资源，或者其认为变更已经实质性地改变了原定服务的程度和性质，也可以立即向业主发出通知，否则将受到变更的约束。

综上所述，全过程工程咨询合同工作界面划分的条款设计，详见表 6-12。

表 6-12 工作界面划分的条款设计

关键条款	主要内容
工作界面划分	服务范围（具体内容在附件中规定）、服务要求和服务成果
	服务内容改变（借鉴 2017 版白皮书第 5 条"服务的变更"）

2. 沟通与协助工作

全过程工程咨询服务的完成依赖于多方的沟通协助工作，通过沟通协助工作相关条款来约定业主单位应向咨询单位提供的资料、设备设施、职员及帮助，以及咨询单位应提供的内部职员工作安排。

由上文对沟通与协助工作的划分可知，沟通与协助工作包括"外部协调""内部协作"及"双方的代表"。而住建部《建设工程咨询服务合同示范文本》（征求意见稿）仅规定了双方的职员代表及业主单位应向咨询单位提供的资料、设施、职员及帮助，未能考虑到业主单位协调多家咨询单位沟通与协助工作的问题。基于此，应结合不同的委托模式，对业主的协调职能加以规定，详见表6-13。

表6-13 沟通与协助工作的条款设计

关键条款	委托模式		
	单一委托式	联合体式	分别委托式
沟通与协助工作	双方的职员代表		
	业主提供的资料、设施、职员及外部协调帮助		
	由受托咨询单位负责协调各分包单位之间的协同工作	由联合体牵头人协调组织间关系并受业主单位监督	业主单位负责协调多方关系，定期组织工程咨询进度交底会

1）对于单一委托式，若存在咨询服务转委托的，应由业主所单一委托的咨询单位负责协调各分包单位之间的协同工作。

2）对于联合体式，由联合体牵头人负责协调联合体组织间协作关系，并定期向业主报告联合体团队工作进展。

3）对于分别委托式，应由业主负责协调多方关系，定期组织工程咨询进度交底会，为各单位间的资料交换及职员交流提供平台。

3. 过程管理

过程管理约定了合同生效、开始、变更、撤销、暂停、终止及完成的条件，以及合同进行过程中相关通知及书面文件的交流途径。通过对住建部《建设工程咨询服务合同示范文本》（征求意见稿）现有的过程管理条款归纳分析，发现该合同约定的过程管理条款内容覆盖了协议书生效、咨询服务的开始及完成日期、延误、撤销、暂停和终止等进度管理方面的条款，以及变更、进一步建议书、情况的改变等实施内容管理方面的条款。

借鉴住建部《建设工程咨询服务合同示范文本》（征求意见稿）的规定，并结合全过程工程咨询的服务期较长，且具有服务结果集成化及难以量化等特点，在对咨询服务进行过程管理时，应考虑到集成化服务的过程监督问题，还应在合同条款中规定咨询服务进度计划，并根据咨询服务进度计划设置关键性控制节点。总之，过程管理的条款应包括但不限于以下几点：

（1）服务的开始和完成 服务的开始和完成是所有合同中必须存在的条款项，以此明确咨询服务开始和完成的节点。

（2）服务进度计划 对于进度计划的规定，可参考湖南省住房和城乡建设厅《全过程工程咨询合同文件试行文本》第6.1条"全过程工程咨询服务进度计划"，要求咨询单位根据工程实践一般惯例编制并提交全过程工程咨询服务进度计划，业主单位有权按照进度计划中列明的关键性控制节点检查咨询服务进度情况,当进度计划与项目实际进度不一致时,咨询单位应向业主单位提交修订的进度计划,并附具有关措施和相关资料,业主单位应在收到修订计划后的5天内完成审核和批准或提出修改意见,否则视为同意咨询单位提交的修订计划。即在合同中进度计划部分应当明确关键日期和关键工作节点,并赋予咨询人审查进度计划的责任和义务。

全过程工程咨询进度计划的编制要求,应结合不同委托模式下的服务内容在专用条款中加以说明。计划的编制可借鉴同类专项服务的行业惯例,此外,还应考虑到各项工作间的互相影响。其计划的设计内容应当包括咨询人为按时完成所有咨询服务而计划开展各项咨询服务的顺序和时点、合同其他部分所约定的将各项服务成果交付委托人的关键日期、需要委托人或第三方提供决策、同意、批准或资料的关键日期等方面的要求。

(3) 服务的延误和暂停 对于不能严格按照服务计划进行履约的情况,在合同中也应当给出相关的规定。明确哪些服务的延误是咨询人导致的,哪些是非咨询人原因导致的,从而更好地对服务延误进行归责。同时合同应按赋予委托人和咨询人行使服务暂停的权利,明确合同各方可暂停服务的情形及带来的后果。

(4) 变更 变更作为咨询服务过程管理的重要组成部分,然后服务变更不应对咨询服务的程度和性质产生实质性的改变,因而在合同条款中应当明确服务实施过程中哪些指示或事件可以构成服务变更,以确定变更情形,并制定变更程序。

综上所述,全过程工程咨询合同过程管理的条款设计,详见表6-14。

表 6-14 过程管理的条款设计

	关键条款	主要内容
过程管理	服务的开始和完成	确定协议书生效日期及开始和完成服务的日期
	服务进度计划	咨询单位向业主单位提交全过程工程咨询服务进度计划,并受业主单位检查,同时自身要做好审查服务进度计划的工作(全过程工程咨询进度计划的编制要求,应结合不同委托模式下的服务内容在专用条款中加以说明)
	服务进度延误和暂停	服务进度延误的归责、委托人暂停通知、咨询人的暂停权利、已暂停服务的修复、服务暂停的后果
	变更	明确服务变更的情形及变更程序

4. 分包管理

分包管理约定了咨询单位将部分业务转委托给其他咨询人完成的条件以及转委托报酬的审计程序。对比FIDIC白皮书、住建部征求意见稿、设计合同、监理合同及代建制合同,可以发现两款咨询合同均含有独立审计条款,而设计合同、监理合同及代建制合同则没有这方面的规定。咨询合同中独立审计条款的设置,是由咨询服务范围较为广阔复杂,存在大量的业务外包,即总咨询单位在接受业主委托后,将部分专业咨询服务外包给其他工程咨询方完成,并由总咨询单位向业主单位报价。因此业主通常会聘请独立的第三方,对工程咨询方申报的金额进行审计。与内部审计相比,聘请第三方的外部审计不受限于当事人双方,具有独立性,其审计结果更加客观真实,且较有针对性和侧重性。

虽然住建部《关于征求推进全过程工程咨询服务发展的指导意见(征求意见稿)》规定,工程咨询方可经由业主同意后把某些任务转委托给其他人来完成,但合同中缺乏对于分包管理办法的规定，应对此加以补充，详见表6-15。

表6-15 分包管理的条款设计

关键条款	委托模式		
	单一委托式	联合体式	分别委托式
分包管理	独立审计条款		
	1. 对可转委托的咨询服务的范围的规定； 2. 对于分包单位的资质审查		

对于分包管理具体办法的规定，可参考湖南省住建厅《全过程工程咨询合同文件试行文本》第3.4条"全过程工程咨询服务分包"加以补充。

1）可转委托的咨询服务范围的规定：咨询单位不得将业主委托的全部咨询服务转包给第三方，或将全部服务肢解后以分包的名义转包给第三方，具体可转委托的咨询服务内容及要求在专用合同条款中约定。

2）对分包单位的资质审查：按合同约定或经过业主单位书面同意后进行分包的，咨询单位应确保分包单位具有相应的资质和能力，并按专用条款约定向业主单位提交分包单位的主要信息及资料，包括分包单位基本信息、主要咨询工程师名单、注册执业资格及执业经历等。

基于上述对咨询委托合同的沟通功能条款的总结和分析，归纳出的工程咨询服务合同协同功能条款设计，见表6-16。

表6-16 协同功能条款设计

合同功能	关键条款	具体条款
协同功能	工作界面	服务范围（附件）
		咨询服务的依据
		咨询服务成果的要求
		管理和配合服务
		服务的变更
	沟通与协助	双方的职员代表
		业主提供的资料、设施、职员
		外部协助人员
	过程管理	服务的开始和完成
		服务进度计划
		服务进度延误和暂停
		变更
	分包管理	独立审计
		可转委托的咨询服务范围
		分包单位的资质审查

6.3.3 咨询委托合同的激励功能条款设计

1. 报酬

（1）报酬的计取 咨询单位根据业主委托提供定制化服务，这对咨询工程师的专业性及创新性要求较高，咨询工程师的专业水平对于项目绩效的影响巨大，需要在合同中设计合理的奖励条款以激励专业人士的积极性（乐云，2019）。

1）咨询服务报酬计取与工程咨询方应履行的服务范围有关。工程咨询方提供的服务包括"正常的服务""附加的服务"和"额外的服务"。"正常的服务"是指附件 A 中列出的服务。"附加的服务"是指附件 A 中列出的或通过双方的书面协议另外附加于"正常的服务"的那类服务。"额外的服务"是指不属于"正常的服务"和"附加的服务"，但根据协议书第 28 条的规定，工程咨询方必须履行的服务。

2）咨询服务基本报酬。客户应按合同条件和附件中规定的细则向工程咨询方支付"正常的服务"报酬，并且按照附件规定的费率和价格或者基于此费率和价格支付"附加的服务"报酬，如果此费率和价格适用的话。除非另有书面协定，客户应就有关"额外的服务"向工程咨询方支付。

3）工程咨询方的职员在履行服务中"额外的服务"报酬。如果出现按照委托合同中工程咨询方不应负责的情况，以及使工程咨询方无法负责或不能履行全部或部分服务时，工程咨询方应立即通知客户。在此情况下如果不得已暂停某些服务时，则该类服务的完成期限应予延长，直至此种情况消失。还应加上不超过 42 天的一个合理期限用于恢复服务。如果履行某些服务的速度不得已减慢，则该类服务的完成期限由于此种情况的发生可能必须给予延长。当上述情况发生时，或撤销或暂停或恢复服务时，除"正常的服务"或"附加的服务"之外，工程咨询方需做的任何工作或支出的费用应被视为"额外的服务"。工程咨询方有权得到为履行"额外的服务"所需的额外的时间和费用。

4）由工程咨询方所花费的一切其他额外开支的净成本。除上述酬金外，客户应补偿工程咨询方发生的合理开支（指工程咨询方为服务的目的，向第三方支付的直接净开支。如人员运送费、行李费、通信费、印刷费、复印费等），双方协商按实际结算。

（2）咨询合同报酬条款设计　国内对于不同委托模式下的基本酬金，一般结合服务内容、业主需求及项目特点选择咨询服务费用的取费方式，见表 6-17。

表 6-17　报酬条款的设计

关键条款	委托模式		
	单一委托式	联合体式	分别委托式
报酬	采用"基本酬金+合理化建议奖励"的计费模式，并约定奖励办法		
	建议采用全过程工程咨询项目管理费与专业服务咨询费叠加的方式计取基本酬金	对于牵头单位建议采用总价费率模式计取基本酬金； 对于其他咨询方采取高级顾问方式的，建议采用单项收费汇总模式或人工工时费模式	建议采用单项收费模式计取基本酬金

1）对于单一委托式，由于其服务范围广、专业性强，可参考广东省的"1+N"模式，即全过程工程咨询项目管理费与专业服务咨询费叠加，而这种方式也可被视为是总价费率模式与单项收费模式的结合。单项收费汇总模式的应用较多，主要原因为企业已适应传统的单项取费模式，在缺乏政策指导的情况下一时很难做出创新与改进；单项收费汇总取费模式的应用与部分组合的组织模式的应用有关，均属对各咨询服务的简单拼凑。

2）对于联合体式，考虑到牵头单位责任较大、业务较广，建议采用总价费率模式，而联合体的其他单位则可采用单项收费模式或人工工时费模式，按其服务内容进行支付；近 40%的项目应用"总价×费率"的取费模式，当前的费率仍依据传统的费率规定整合而成，虽以整体咨询服务的形式展现，但仍因费率标准的缺乏影响"总价×费率"取费模式的大范围开展。而仅有不到 10%的项目应用人工工时取费模式，人工工时取费模式适用于周期短、服务人员少、工作地点固定的单一任务咨询服务，一般应当配合单价收费汇总模式或总价费率模式使用。短期内人工工时取费模式较难推广。

3）对于分别委托式，可直接采用单项收费模式计取各单位咨询费用。

4）全过程工程咨询取费模式中推行奖励措施，如《关于推进全过程工程咨询服务发展的指导意见》中提出：鼓励建设单位根据咨询服务节约的投资额对咨询企业进行奖励，但是在实际项目应用中，奖励措施的应用较少。

2. 支付

支付通常约定业主单位对咨询单位的支付办法、支付时间、支付货币，以及对报酬有异议时的相关程序。在对全过程工程咨询合同"支付"条款进行设计时不仅应明确支付的程序和方法，还要依据湖南省住房和城乡建设厅《全过程工程咨询合同文件试行文本》第 7 条"全过程工程咨询服务成果文件交付"及第 8 条"全过程工程咨询服务成果文件的审查"等相关款项对支付的前提条件——服务成果的交付和审查以及有争议部分的付款等方面做好规定。总之，"支付"相关的条款包括以下几点：

（1）服务成果的交付和审查　支付条款的设计应明确服务成果的交付及审查是支付的前提条件，因而咨询单位应当在合同条款中约定服务成果的交付及审查规则。咨询单位的全过程工程咨询服务成果文件应报业主单位审查同意，审查的具体标准应符合法律规定、技术标准要求及合同约定。审查期自业主单位收到咨询单位的成果文件之日起计算，原则上不应超过 15 天。业主单位不同意成果文件的，应以书面形式通知咨询单位，并说明不符合合同要求的具体内容；咨询单位应根据业主单位的书面说明，修改后重新报送业主单位审查并重新计算审查期。审查期满后，业主单位没有做出审查结论也没有提出异议的，视为咨询服务成果已获业主单位许可。

（2）支付程序和方式　支付程序和方式的设计是"支付"条款的重点设计部分。咨询人除了要对提交给委托人的支付申请书中的金额和明细做好规定外，还应当明确支付服务费用的时间周期，并向业主提交按月或按阶段进行支付的支付申请书，确定支付的货币种类、比率及汇率等服务费用方式等。

（3）有争议部分的付款　对于有争议部分的付款，需要在合同中规定争议的解决办法，委托人应当以书面形式向咨询人发出异议通知，说明有异议部分款项的数额及理由，并对有异议的部分走争议解决程序。争议解决后依然需要严格按照合同约定的支付程序和方式进行支付。

（4）价格调整和变更影响　服务的变更可能会带来服务支付及价格调整，因而在服务费用和支付中应当给出取费标准，从而为服务变更引起的价格调整提供依据。

（5）结算和审计　结算和审计部分是指对咨询项目进行服务费用和其他费用的结算和合同尾款的结算，也是支付过程的最终步骤。对于按照服务时间计取的服务酬金以及按照实际发生计取的服务开支，咨询人应保存能够明确标明有关服务时间和服务开支的最新记录，以为结算和审计工作提供书面证据。

此外，还应在专用条款中约定全过程工程咨询服务成果文件的内容、交付时间和份数。基于上述对咨询委托合同的激励功能条款的总结和分析，归纳出工程咨询服务合同激励功能条款设计，见表6-18。

表6-18 激励功能条款设计

合同功能	关键条款	具体条款
激励功能	报酬	基本酬金的计取
		"基本酬金+合理化建议奖励"计费模式
		奖励方法
	支付	服务成果的交付和审查
		支付程序和方式
		有争议部分的付款
		价格调整和变更影响
		结算和审计

6.3.4 单一委托式咨询案例

1. 项目概况

该项目全过程工程咨询范围包括前期咨询、招标代理、设计管理、造价咨询、项目管理，具体工作包括规划咨询、投资咨询、BIM咨询、绿建咨询、工程勘察、工程检测、海绵城市设计、地质灾害危险性评估、当地政府报批报建所需要的咨询服务等涉及组织、管理、经济和技术等有关方面的工程咨询服务。

委托人Y建设有限公司与受托人Z工程咨询有限公司，根据《中华人民共和国合同法》《中华人民共和国建筑法》及其他有关法律与行政法规，就委托全过程工程咨询事项协商一致后订立该合同。签约酬金人民币壹仟贰佰壹拾贰万捌仟元（¥12 128 000.00）。其中招标代理酬金50万元，造价咨询酬金450万元，项目管理酬金542.80万元，前期咨询60万元；报建60万元；设计管理暂按50万元计，设计优化奖励金待定。

2. 合同条款分析

该合同由①协议书；②通用条件；③专用条件及其附录；④技术要求四部分组成。该合同签订后，双方依法签订的补充协议也是该合同文件的组成部分。

合同关键条款的归纳及分析见表6-19。

3. 总结与建议

1）该合同通用条款的文字表述与住建部《建设工程咨询服务合同示范文本》（征求意见稿）基本相同，而专用条款及技术要求则是经由业主及咨询单位协商拟定而成。这种做法在实践中较为常见：首先参照合同示范文本拟定通用条款，并在专用条款中对具体要求加以补充。这样的安排具有充分的灵活性，合同的使用者完全可以根据项目的具体情况，在附件及专用条款中做出符合其需求的个性化设置。

2）该合同缺乏分包管理条款的规定。而由咨询服务范围可知，该咨询单位所承担的咨询服务较多（涉及前期咨询、招标代理、设计管理、造价咨询、项目管理），可能会存在转委托行为。因此，业主应对这一问题加以规定，限制该咨询单位不得将这些服务转委托；或限制可转委托服务的范围，以及对于分包单位资质的要求。

表 6-19　案例一关键条款分析

类别	条款内容	分析
权责界定	2.1 受托人的义务；3.1 委托人的义务；4. 违约责任	a. 该合同中明确约定了双方义务：通用条款中列明了咨询方及业主应承担的义务内容，专用条款中则进一步约定了这些义务的具体要求，包括咨询服务开展的依据、全过程工程咨询机构和人员、全过程工程咨询总负责人职责、咨询方归还业主财产的时间要求；以及业主应向咨询方提供的资料及份数（包括工程策划文件、土地权属资料、设计文件及其他合同）、应提供的工作条件以及审核与答复的时间。 b. 该合同中明确约定了双方的违约责任：通用条款中约定了双方可能出现的违约情形及应承担的赔偿，专用条款中进一步约定了业主逾期付款的利息等具体赔偿方式
产权保护	2.6 文件资料	a. 该合同约定了咨询方应尽的保密义务：在全过程工程咨询工作完成后将工程档案、财务档案及相关资料向业主和有关部门移交。未征得业主同意，不得泄露与本工程有关的保密资料。 b. 该合同未约定咨询方服务成果的知识产权，以及业主对咨询方成果应尽的保密义务，应参照 11.3.2 中的相关条款建议，对此加以补充
争议解决	8. 争议解决	该合同约定合同争议进行调解时，可提交仲裁机构进行调解
工作界面划分	第四部分技术要求：A.1 前期咨询工作范围；B.1 招标代理工作范围；C.1 设计管理工作范围；D.1 造价咨询工作范围；E.1 项目管理工作范围　6.2 变更	a. 该合同的"第四部分：技术要求"中，详细规定了前期咨询、招标代理、设计管理、造价咨询及项目管理中的具体工作内容，以及各阶段的咨询方的工作要求。 b. 该合同规定了工作内容改变时的处理办法：因工程规模、全过程工程咨询范围的变化导致咨询方的正常工作量减少时，按实际的工作内容减少情况另行协商
协同工作	3.1 提供资料；3.2 提供工作条件	a. 该合同约定了业主应向咨询方提供的协助，包括资料、设备，以及派遣相应的人员及业主方代表等。 b. 该合同要求咨询方协调咨询方内部及其与承包商之间的工作，并约定了各阶段任务受托人应向其他任务受托人提供的协助
过程管理	第四部分技术要求：E.4 进度管理	a. 该合同"第四部分：技术要求"中详细约定了前期咨询、招标代理、设计管理、造价咨询及项目管理各阶段的工作验收标准。 b. 该合同的"第四部分：技术要求"中详细约定了各阶段的任务时间节点及其与后续工作的关联关系。 c. 该合同约定了合同的生效、开始和完成、变更、撤销、暂停或终止的相关程序
酬金	8.2 咨询费用；8.3 奖励　第四部分技术要求：A.3 前期咨询服务费；B.3 招标代理服务费；C.5 设计管理咨询费；D.2 造价咨询服务费；E.5 项目管理服务费	a. 该合同约定了前期咨询、招标代理、设计管理、造价咨询及项目管理各项工作的基本酬金。 b. 该合同约定了设计管理服务中，咨询方设计优化所创造的投资结余的提成比例应为 40%
支付	5.1 支付货币；5.2 支付酬金	该合同约定了酬金的支付办法，包括支付节点、支付的前提条件及支付金额

3）该合同规定使用仲裁的方式解决争议。相较于法院诉讼而言，仲裁的效率更高，一次即可裁定，而诉讼则通常需要经由两级法院审理后终审；此外，仲裁员要求具有相关领域

的专业知识，这也使得仲裁更适用于专业领域的争议解决。

4）该合同文本中所有条款均可归纳进 11.3 所述的关键条款之中，说明本章节对于全过程工程咨询关键条款的界定，具有很强的普适性。

6.3.5 联合体式咨询案例

1. 项目概况

发包人 W 文旅发展有限公司与咨询人 D 工程咨询股份有限公司（联合体牵头人）及 Q 工程咨询有限公司（联合体成员）根据《中华人民共和国合同法》《中华人民共和国建筑法》《中华人民共和国招标投标法》《国务院关于投资体制改革的决定》《国务院办公厅关于促进建筑业持续健康发展的意见》《湖北省人民政府关于促进全省建筑业改革发展二十条意见》及有关法律法规和规章规定，遵循平等、自愿、公平和诚实信用的原则，就 W 县 X 镇 PPP 项目建设期全过程工程咨询及有关事项协商一致，共同签署该合同。合同内容包括：合同协议书、通用合同条款、专用合同条款及附件主要咨询人员表。

服务内容包括综合管理咨询服务和专业技术咨询服务，其中专业技术咨询服务包括工程造价咨询、工程监理、法律合同咨询等相关服务，合同签约价 1777 万元。

2. 合同条款分析

该合同由①协议书；②通用条件；③专用条件；④附件四部分组成。合同签订后，双方依法签订的补充协议也是该合同文件的组成部分。

合同关键条款的归纳及分析见表 6-20。

表 6-20 案例二关键条款分析

类别	条款内容	分析
权责界定	2.1 发包人一般义务；3.1 咨询人一般义务；12. 专业责任与保险；14. 违约责任；17. 争议解决	a. 该合同中明确约定了咨询方及业主应承担的义务，包括通用条款中的一般义务规定及专用条款中的具体要求。 b. 该合同中明确约定了双方的违约责任；通用条款中约定了双方可能出现的违约情形及应承担的赔偿，专用条款中进一步约定了具体的违约情形认定方式及赔偿方式。 c. 该合同规定联合体各方应共同与业主签订合同协议书，联合体各方应为履行合同向业主承担连带责任
产权保护	13. 知识产权	a. 该合同约定了知识产权的归属问题：业主提供给咨询人的图纸、业主为实施工程自行编制或委托编制的技术规格以及反映业主关于合同要求或其他类似性质的文件的著作权的归属业主；咨询人为实施工程所编制文件的著作权的归属咨询人。 b. 该合同约定了咨询方应尽的保密义务：除专用合同条款另有约定外，业主提供给咨询人的图纸、业主为实施工程自行编制或委托编制的技术规格书以及反映业主要求的或其他类似性质的文件的著作权属于业主，咨询人可以为实现合同目的而复制、使用此类文件，但不能用于与合同无关的其他事项。未经业主书面同意，咨询人不得为了合同以外的目的而复制、使用上述文件或将之提供给任何第三方。 c. 该合同约定了业主对咨询方成果应尽的保密义务：除专用合同条款另有约定外，咨询人为实施工程所编制的文件的著作权属于咨询人，业主可因实施工程的运行、调试、维修、改造等目的而复制、使用此类文件，但不能擅自修改或用于与合同无关的其他事项。未经咨询人书面同意，业主不得为了合同以外的目的而复制、使用上述文件或将之提供给任何第三方

(续)

类别	条款内容	分析
争议解决		a. 该合同明确了争议评审制度在争议解决时的法律效力，若任何一方当事人不接受争议评审小组决定或不履行争议评审小组决定的，双方可选择采用其他争议解决方式。 b. 该合同中规定，若争议评审小组调解无效，任何一方可向有管辖权的人民法院提起诉讼
工作界面划分	2.5 全过程工程咨询服务成果文件接收；3.4 全过程工程咨询服务分包；3.5 联合体	a. 该合同规定，业主将咨询服务委托给联合体牵头人，并由联合体牵头人分配给相应联合体成员。联合体牵头人应在联合体协议中约定各成员分工，经业主确认后作为合同附件。在履行合同过程中，未经业主同意，不得修改联合体协议。 b. 该合同规定了工作内容改变时的相关程序及各方权利
协同工作	4. 发包人提供的资料；9. 施工现场配合服务	a. 该合同约定了业主应提供的施工现场配合服务，包括交通、住宿、办公室及办公家具、办公通信网络。 b. 该合同规定联合体牵头人应负责协调联合体内部成员之间的工作
过程管理	5. 全过程工程咨询服务的要求；6.1 全过程工程咨询服务计划	a. 该合同要求咨询人按成果文件要求，按月向委托人提交相应成果文件。包括但不限于预算编制或审核报告；施工全过程造价咨询月报；结算审计报告；监理资料成果汇编；其他全过程咨询成果文件。 b. 该合同规定联合体牵头人应按相关标准编制服务计划，并在合同签订十日内提交 c. 该合同约定了合同的生效、开始和完成、变更、撤销、暂停或终止的相关程序
酬金	6.1 合同价款组成	该合同约定了合同的价款组成
支付	2.4 支付合同价款；7. 全过程工程咨询服务成果的交付；8. 全过程工程咨询服务成果的审查；6. 合同价款与支付	a. 该合同约定了预付款比例、进度款支付及结算支付。 b. 该合同规定业主向联合体牵头人支付全部工程咨询费用，再由联合体牵头人依据联合体协议书支付给相应联合体成员

3. 总结与建议

1）从该合同案例可以看出，联合体式咨询服务委托合同具有较多其独有的条款。例如：①权责界定条款中规定联合体各方应共同与业主签订合同协议书，联合体各方应为履行合同向业主承担连带责任；②工作界面划分条款中规定业主将咨询服务委托给联合体牵头人，并由联合体牵头人依据联合体协议书分配给相应联合体成员；③协同工作条款要求联合体牵头人协调联合体内部成员之间的工作；④支付条款规定业主向联合体牵头人支付全部工程咨询费用，再由联合体牵头人依据联合体协议书支付给相应联合体成员。

2）该合同中对于双方保密义务的规定与《建设工程设计合同示范文本（房屋建筑工程）》（GF—2015—0209）第13款"知识产权"基本一致，由此可见，在拟定咨询委托合同时，借鉴设计合同范本是业内的常见做法。这与本章6.3关键条款设计的思路不谋而合。

3）该合同中明确约定了知识产权的归属问题：业主提供给咨询人的图纸、业主为实施工程自行编制或委托编制的技术规格以及反映业主关于合同要求或其他类似性质的文件的著作权的归属业主；咨询人为实施工程所编制文件的著作权的归属咨询人。这一规定可为实际合同的拟定提供借鉴。

4)该合同文本中所有条款均可归纳进 6.3 所述的关键条款之中,说明本章节对于全过程工程咨询关键条款的界定,具有很强的普适性。

6.4 全过程工程咨询服务的取费方式

6.4.1 全过程工程咨询取费的主要类型

1. 全过程工程咨询取费方式政策分析

全过程工程咨询如何进行酬金的计取是推行全过程工程咨询模式以来学界讨论的焦点。相关政策文件以及不同学者都对酬金的计取模式提出了建议。相关政策文件见表 6-21。

表 6-21 全过程工程咨询取费方式政策分析

序号	取费模式	政策内容	政策名称
1	单项咨询业务费用加总	可按各单项咨询业务费用加总来确定,并可分别列支,各单项咨询业务费用按照现行政策规定或参照现行市场价格由合同双方约定	《福建省全过程工程咨询试点工作方案》
		服务费用的计取可根据委托内容,依据现行咨询取费分别计算后叠加	《四川省全过程工程咨询试点工作方案》
		服务费用的计取可按照所委托的前期咨询、工程监理、招标代理和造价咨询取费分别计算后叠加	《河南省全过程工程咨询试点工作方案(试行)》
		服务费用的计取可按照所委托的前期咨询、工程监理、招标代理和造价咨询取费分别计算后叠加	《广西全过程工程咨询试点工作方案》
2	"1+N"叠加计费模式	工程咨询服务计费采取"1+N"叠加计费模式:"1"是指"全过程工程项目管理费","N"是指项目全过程各专业咨询服务费	《广东省全过程工程咨询试点工作实施方案》
3	人工计时单价	根据全过程工程咨询项目机构人员数量、岗位职责、执业资格等,采用人工计时单价计取费	《四川省全过程工程咨询试点工作方案》
		根据全过程工程咨询项目机构人员数量、岗位职责、执业资格等,采用人工计时单价计取费	《河南省全过程工程咨询试点工作方案(试行)》
		根据全过程工程咨询项目机构人员数量、岗位职责、执业资格等,采用人工计时单价计取费	《广西全过程工程咨询试点工作方案》
		全过程工程咨询服务的酬金可按国际通行的人员成本加酬金的方式计取	《关于推进全过程工程咨询服务发展的指导意见》(发改投资规〔2019〕515号)
4	基本酬金+奖励	全过程工程咨询服务费可探索实行以基本酬金加奖励的方式,鼓励建设单位对全过程工程咨询企业提出并落实的合理化建议按照节约投资额的一定比例给予奖励,奖励比例由双方在合同中约定	《浙江省全过程工程咨询点工作方案》
		全过程工程咨询服务费可探索实行基本酬金加奖励方式,对按照全过程工程咨询单位提出并落实的合理化建议所节省的投资额,可予以奖励	《广东省全过程工程咨询试点工作实施方案》

（续）

序号	取费模式	政策内容	政策名称
5	费率或总价合同	各项咨询服务费用叠加控制合同价，也可采用费率或总价方式。采用概念方案招标，建设单位可对未中标企业进行一定补偿	《陕西省全过程工程咨询服务合同示范文本（试行）》
6	单项咨询业务费用加总加奖励	服务费用的计取可按照所委托的项目代建、前期咨询、工程监理、招标代理和造价咨询取费分别计算后叠加。建设单位对项目管理咨询企业提出并落实的合理化建议，应当按照相应节省投资额或产生的效益的一定比例给予奖励，奖励比例在合同中约定	《江苏省开展全过程工程咨询试点工作方案》
		全过程工程咨询服务的酬金可按各专项服务费用叠加并增加相应统筹费用后计取，鼓励建设单位根据咨询服务节约的投资额对咨询企业进行奖励	《关于推进全过程工程咨询服务发展的指导意见》（发改投资规〔2019〕515号）

由以上政策文件分析可知，全过程工程咨询计费模式主要分为六种：①单项咨询业务费用加总；②"1+N"叠加计费模式；③人工计时单价；④基本酬金+奖励；⑤费率或总价合同；⑥单项咨询业务费用加总加奖励的计价模式。而全过程工程咨询目前的取费标准尚不明确，仅有广东省《建设项目全过程工程咨询服务指引》中提出了全过程工程项目管理费的费率标准。部分学者对此进行了研究并提出建议，如沙俊强（2019）结合电网工程开展全过程工程咨询的不同组合模式提出了各专项费用及"统筹费"的计取基数和费率；而余宏亮（2018）则结合不同计费模式，参考现行的建设工程服务收费标准设计了相应的费率修正系数。

2. 全过程工程咨询计费模式分析

根据市场收费惯例计取各项咨询费并叠加的"单项收费模式"；按工程总概算一定费率计取咨询费用的"总价费率模式"；根据咨询人员资质经验及项目因素等共同确定每工日收费标准的"人工工时费模式"。其中，单项服务费用分别叠加的模式中不同项目也采用了不同的计费方式，总价×费率的计费方式中，对于总价的规定也包含几种不同的标准。具体情况见表6-22。

表6-22 主要全过程工程咨询计费模式

计费模式		举例
总价×费率	审计结算价	如：依据建筑安装工程竣工结算后的总产值（含红线范围内总平、绿化等由业主委托的配套及附属工程）的审计结算价乘中标费率（1.08%）确定
	最终概算（估算）	如：按工程总造价采用费率计取，按照最终概算（估算）的测算价格乘折扣比例计算
人工时取费		如：派人员在本项目的总费用=拟派咨询管理人员工时单价×拟派人员本项目需要出场的时间总和；不同岗位人员单价不同，需要出场的时间均不相同；所有拟派咨询管理人员费用之和等于本项目工程咨询服务费

(续)

计费模式		举例
分别计算后叠加	分别叠加	1）包含项目管理费用如：项目管理按总投资额的一定比例进行收费；招标代理、工程监理、项目策划按国家规定收费标准收费如：将原法人管理费的45%作为工程项目管理费计入咨询费，建管单位保留55%，如：项目经理部人员按项目周期进行总价包干制进行计取，各单项服务根据现行的收费标准进行计取相应的服务费用。 2）不包含项目管理费用如：招标代理费、造价咨询费、监理费依据中标价或工程造价金额，按照相关取费文件标准分别计算后，下浮一定比例（投标费率）取费
	分别叠加后折让	如：依照各服务内容对应原国家收费标准，进行折让。采用收费标准8折作为限价
	分别叠加+奖励	如：在取费标准上全部按照有关文件取费，对咨询单位提出合理化建议节省资金给予奖励

按表6-22，全过程工程咨询取费的计算方式具体分析如下：

第一，总价×费率模式。在总价×汇率模式的应用中，对于费率的确定方式，全过程工程咨询项目主要有如下两种方式，见表6-23。

表6-23 费率确定方式

序号	汇率确定方式
1	根据市场标准确定费率
2	通过对综合项目策划、工程设计、造价管理、招标采购、施工阶段监理等费用的计算，采用加权法确定费率

计算得到费率后，使用工程预算价格或者工程竣工决算审计价乘以费率计算全过程工程咨询服务费用。

第二，人工工时取费。对于人工工时取费模式，确定全过程工程咨询服务费步骤见表6-24。

表6-24 人工工时取费流程

步骤	确定全过程工程咨询服务费过程
1	拟派人员在本项目的总费用=拟派咨询管理人员工时单价×拟派人员本项目需要出场时间总和
2	不同岗位人员单价不同，需要出场的时间均不相同
3	所有拟派咨询管理人员费用之和等于本项目工程咨询服务费

第三，单项收费汇总模式。对于单项收费汇总模式类型，目前存在三种方式：分别叠加、分别叠加后折让、分别叠加+奖励，具体的应用案例见表6-25。

表6-25 单项收费汇总模式

取费模式		相关案例情况
分别叠加	包含项目管理费用	1）项目管理按总投资额的一定比例进行收费；招标代理、工程监理、项目策划按国家规定收费标准收费 2）将原法人管理费的45%作为工程项目管理费计入咨询费，建管单位保留55% 3）项目经理部人员按项目周期进行总价包干制进行计取，各单项服务根据现行收费标准计取相应的服务费用
	不含项目管理费用	招标代理费、造价咨询费、监理费依据中标价或工程造价金额，按照相关取费文件标准分别计算后，下浮一定比例取费

(续)

取费模式	相关案例情况
分别叠加后折让	依照各服务内容对应原国家收费标准，进行折让。采用收费标准 8 折作为限价
分别叠加+奖励	在取费标准上按有关文件取费，对咨询单位提出合理化建议节省资金给予奖励

3. 全过程咨询服务按绩效付费的讨论

服务价格影响因素制约着全过程工程咨询定价模式的选取，知识密集型服务的定价模式可分为按项目付费、按服务付费、按绩效付费三类（顾昕，郭科，2018），详见表 6-26。

表 6-26 不同定价模式的对比

	按项目付费	按服务付费	按绩效付费
支付单位	单个服务项目	多个项目打包	同"按服务付费"。按绩效付费并不是一种独立的定价模式，而是在按服务付费的模式中增加了奖励和惩罚机制
支付方式	未捆绑式收费	捆绑式收费	
支付时点	后付制	预付制	
支付依据	基于成本或投入	基于服务结果	基于服务价值
现实意义	作为收费者的服务提供方，有增加服务量和提高成本的主观动机，因而付费者需要考察收费者的成本是否合理，以及是否存在过度服务的情形	基于服务结果的支付标准促成了服务提供方在满足要求的前提下尽量减少投入、压缩成本的动机，而付费者也不必再仔细考察收费者每一项服务收费是否合理	奖惩机制激励了服务提供者的积极性，使得服务提供者不仅有满足服务质量要求的"字面履约行为"、也有自愿创造价值的"尽善履约行为"

由于全过程工程咨询的服务内容是确定其服务价格的依据，并应根据集成化程度的高低，支付相应的统筹管理费；对于资质及经验不同的咨询单位，还可设置不同的人工费标准；此外，业主单位还应按咨询服务绩效，给予咨询团队一定的奖励。据此，可认为全过程工程咨询适用于"按绩效付费"的定价模式，即：工程咨询费用常与项目绩效挂钩，如在项目管理合同中设定工程的投资总额，如果实际投资节约，则按照一定的比例给项目管理单位奖励；反之，如投资超支，按照一定的比例对项目管理单位进行处罚。在造价审计类业务中，以核减额为计费基础等。

但是按绩效付费并不是一种独立的定价模式，而是在"按服务付费"的模式中增加了奖励和惩罚机制，但是绩效奖惩机制是否能约束咨询团队行为，提高为项目增值的积极性。实际上，按绩效付费的方式具有矛盾性。具体分析如下：

1）工程咨询属于智力服务，工程咨询企业属于高知识密集，低资本密集类的企业，赔偿能力不足，不能承担大的赔偿责任。如果业主将投资超支风险部分或全部转嫁给咨询机构（如项目管理单位、代建单位），表面上看似乎是对业主有利的，但实际上最终因为超出它的承受力而不能落实，就失去了约束的意义。

2）如果将项目绩效（如总投资）作为工程咨询绩效的衡量标准，以投资节约量与它的利益直接挂钩，确实可以最大限度地激发工程咨询投资控制的积极性，但也从根本上激发它的短期行为。它为了避免自己的损失和风险，更关注项目完成和投资节约，放弃工程全寿命期社会责任和历史责任，倾向采用保守策略和常规的知识，更倾向于服从业主意见，而不积极创新,不能争取优化的结果。如在设计方案的选择、材料采购、施工方案的选择、工程范围的确定等过程中尽可能从降低投资角度出发,得过且过,能简单就简单。

3)工程是多目标系统,对咨询服务的绩效评价也应该是多方面的。如果过于注重总投资考核会鼓励咨询企业放弃对工程的全生命期因素,如工程质量、耐久性、安全性、节能和低碳等。

4)如果绩效仅有部分内容可被测量,就会引导朝可测量部分努力,忽视其他,这与工程价值体系的多元化矛盾,会加剧工程目标之间的矛盾和冲突。

5)要取得工程的成功,工程咨询企业必须公平对待各方面利益,公正地对待承包商,使工程相关者各方面满意。如果与实际总投资节约或超支额度相关,则它在工程中就有很大的且直接的利害关系,在签订工程设计、施工、采购合同中,以及在工程计量、支付工程价款、处理索赔时就会不公平对待承包商,失去公正性。

6)任何工程都是一次性的,这使得工程建设的总投资很难事先准确计算,工程实施过程中也会发生大量的变更,使工程的目标发生变化,而且咨询工作也很难衡量和评价。许多重要的关键性贡献难以量化,测量指标和方法存在系统性缺陷,测量过程容易受到干扰等,导致这种奖励和处罚与咨询工作的绩效很难有比例关系。

6.4.2 专项服务酬金叠加统筹管理费模式

1. 绝对全过程与相对全过程

在不同的业主委托模式下,各咨询单位所提供的服务内容有所差异。根据发改委指导意见、陕西省《全过程工程咨询服务导则》及广东省《建设项目全过程工程咨询服务指引》等地方政策文件,全过程工程咨询的服务周期可以包括项目决策、勘察设计、招标采购、工程施工、竣工验收、运营维护六个阶段,称之为绝对全过程;或者至少涵盖两个或两个以上阶段的工程咨询服务,称之为相对全过程(杨卫东,2017)。

2. 全过程工程咨询服务内容清单与专项服务酬金

全过程工程咨询服务既包括工程技术方面的硬咨询,也包括法律、财务、投融资等方面的软咨询。全过程工程咨询服务的专项服务酬金,可参考现有单项咨询服务的收费标准计取,详见表6-27。

表6-27 专项服务酬金收费依据

内容	依据	收费规则
可研	《国家发展计划委员会关于印发建设项目前期工作咨询收费暂行规定的通知》(计价格〔1999〕1283号)	● 按建设项目估算投资额分档收费,根据估算投资额在相对应的区间内用插入法计算 ● 根据行业特点和各行业内部不同类别工程的复杂程度,计算咨询费用时可分别乘以行业调整系数和工程复杂程度调整系数
工程监理	《建设工程监理与相关服务收费管理规定》(发改价格〔2007〕670号)与《国家发展改革委关于降低部分建设项目收费标准规范收费行为等有关问题的通知》(发改价格〔2011〕534号)	对依法必须实行监理的计费额在1000万元以上的建设工程施工阶段的收费实行政府指导价,收费标准按《建设工程监理与相关服务收费管理规定》规定执行:以基准价和浮动幅度共同确定工程监理服务费,大部分工程采用建设项目工程概算投资额分档定额计费,部分工程采用按建设项目工程概算投资额分档定额计费方式。基准价考虑了社会平均成本及相应的税费和合理利润、工程复杂程度、工程大小等因素。其他工程施工阶段的监理收费和其他阶段的监理与相关服务收费实行市场调节价

(续)

内容	依据	收费规则
造价	按地方规定执行；没有地方规定的参照《工程造价咨询服务收费标准》（中价协〔2013〕35号文）	工程造价咨询收费实行政府指导价和市场价两种标准，各地区收费费率略有差异，但标准相对固定，一般按照工程造价总额的2%~3%收取。工程造价咨询按照投资决策阶段、设计阶段、招标阶段、施工阶段、竣工结算阶段的不同工作内容，选取不同基数，实行差额定率累进费方式，视咨询项目难易程度在规定的浮动范围内确定收费标准
勘察	《工程勘察收费标准》（计价格〔2002〕10号）与《国家发展改革委关于降低部分建设项目收费标准规范收费行为等有关问题的通知》（发改价格〔2011〕534号）	总投资估算额在1000万元及以上的建设项目实行政府指导价：采用实物工作量定额计费方式，包括实物工作收费和技术工作收费两部分。技术工作收费按照不同勘测内容给定技术工作费比例；实物工作收费以合同中约定的实物工作量为基础，乘给定的单位工程勘察实物的单价，辅以附加调整系数进行调整。在实际操作中，考虑工程项目实际情况和工程勘察单位的状况，在计算出的工程勘察收费基础上允许±20%浮动。总投资估算额在1000万元以下的建设项目实行市场调节价
设计		总投资估算额在1000万元及以上的建设项目实行政府指导价：采用项目单项工程概算投资额分档定额计费方式，包括基本设计收费和其他设计收费。按专业分类给定了不同专业设计比例划分和复杂度分类情况，确定了不同专业的调整系数。其他设计收费包括由实际设计需要而要求的服务内容，有相关规定的按照规定中标准比例收费，没有规定的由发包人和设计人协商确定。按照工程实际状况，发包人和设计人在±20%浮动范围内确定最终工程设计收费。总投资估算额在1000万元以下的建设项目实行市场调节价
招标代理	《招标代理服务收费管理暂行办法》（计价格〔2002〕1980号）与《国家发展改革委关于降低部分建设项目收费标准规范收费行为等有关问题的通知》（发改价格〔2011〕534号）	按中标金额分档费率计费，作为招标代理服务全过程的收费基准价格，单独提供编制招标文件（有标底的含标底）服务的，可按规定标准的30%计收

全过程工程咨询收费可根据实际业务情况，按照单一业务收费规则进行累加计算确定基准费用 P_0。然而，简单的业务收费叠加不足以表现全过程工程咨询的服务特性，还应参考现行的建设工程服务收费标准的调整规定，根据企业资质、公司经验、工程难易程度对收费进行适当调整，形成适当的费率修正系数（余宏亮，2018），确定最终的费用 P。

（1）企业资质的调整系数 R_1　我国现有的资质标准大体有建筑业企业资质标准、工程勘察设计标准、工程监理企业资质标准、工程设计资质标准四种，各资质分为不同专业序列，各序列下分2~4个等级，见表6-28。

表6-28　专业资质二级调整系数

企业资质等级	甲（特）级	乙（一）级	丙（二）级	丁（三）级
调整系数 R_1	$r_1=1.1$	$r_2=1$	$r_3=0.9$	$r_4=0.8$

确定全过程咨询单位的企业资质时，应统计其在不同服务领域拥有的专业资质详情，确定专业资质二级调整系数 r。专业调整系数参考已有研究中提出的企业专业资质二级调整系数，并在此基础上增加丁（三）级调整系数，见表6-29。对 r 综合评定，最终确定企业资质调整系数 R_1：

$$R_1 = \frac{r_1 \times a + r_2 \times b + r_3 \times c + r_4 \times d}{a+b+c+d}$$

式中，a、b、c、d 分别表示甲级资质、乙级资质、丙级资质、丁级资质的数量。

（2）企业经验的调整系数 R_2　经验越丰富的企业，管理协调越好，工程各专业的配合度越高，对工程投资、质量、工期的控制更优，企业经验从一定程度上反映了企业的运营能力、管理效益。根据企业完成的不同工程规模个数、获得的荣誉情况，将公司经验由高到低分为三个等级，企业经验调整系数参考已有研究中提出的企业经验修正系数，见表6-29。

表 6-29　企业经验调整系数

公司经验等级	一级	二级	三级
调整系数 R_2	1~1.05	0.95~1	0.9~0.95

（3）工程规模与难易程度的调整系数 R_3　工程规模和工程难易程度影响全过程工程咨询企业派遣到该项目的团队规模、各专业技术人员的多少、投入到该项目的时间长短等，直接决定了全过程工程咨询企业投入到该项目的成本支出。工程规模大并不意味着全过程工程咨询企业的投入一定更多，可能工程规模大，但是该项工程技术成熟、有足够的经验积累，则全过程工程咨询企业只用派遣较少的人员。因此参照已出台的勘察、设计、监理收费调整规则，按照工程规模和工程难易程度，将工程评为一般、较复杂、复杂三个等级，分别定义调整系数。施工监理服务收费中，按工程复杂程度定义调整系数为：一般0.85，较复杂1，复杂1.15。忽略工作内容的差异性，参考监理服务收费中的调整系数，具体见表6-30。

表 6-30　工程规模与难易程度调整系数

工程复杂程度	一般	较复杂	复杂
调整系数 R_3	0.85	1	1.15

经过调整后的最终单项取费标准为

$$P = P_0 \times R_1 \times R_2 \times R_3$$

3. 绝对全过程的统筹管理费

对于绝对全过程的统筹管理费，可参考广东省 $1+N$ 计费模式中的"1"，即"全过程工程项目管理费"（指完成本指引项目决策、勘察设计、招标采购、工程施工、竣工验收、运营维护六个阶段"全过程工程项目管理"的服务内容后，投资人应支付的服务费用），以工程总概算作为基数，采用梯度费率制计费。其计算规则详见表6-31。

表 6-31　绝对全过程的统筹管理费计取

工程总概算（万元）	费率（%）	算例	
			全过程工程项目管理费
10 000 以下	3	10 000	10 000×3%=300
10 001~50 000	2	50 000	300+（50 000-10 000）×2%=1100
50 001~100 000	1.6	100 000	1100+（100 000-50 000）×1.6%=1900
100 000 以上	1	200 000	1900+（200 000-100 000）×1%=2900

4. 相对全过程的统筹管理费

对于未能承担全过程（即项目决策、勘察设计、招标采购、工程施工、竣工验收、运营维护六大阶段）项目总控、但涵盖了两个或两个以上阶段工程咨询服务的咨询单位，应参考工程咨询服务协调管理费，对其支付统筹管理费。

《建设项目全过程工程咨询指南》一书提出了全过程工程咨询服务协调费用的概念，即在各类咨询收费（包括但不限于：投资咨询、勘察设计、监理、造价、建筑、结构、公用设备、资产评估、融资规划、房地产评估、物业管理等专业）的总费用基础上增加一项全过程工程咨询单位的协调费用，按各专项总费用之和的30%计入建设项目总咨询费。

当咨询单位承担相对全过程工程咨询业务时，应以各专项咨询服务酬金叠加作为取费基数，再乘以相应费率，费率可按30%执行。即：

$$P = \left(\sum_{i=2}^{n} i\right) \times 30\%$$

式中，P 为统筹管理费；i 为专项服务阶段数，$i \geq 2$，取整数；n 为专项咨询服务种类数。

6.4.3 人工成本加酬金模式

1. 人工成本加酬金模式的适用范围

人工成本加酬金模式，是指以工日为单位进行支付，每工日的收费标准根据咨询人员的资质和经验、项目的地区等因素共同确定。

按工日制定收费标准，就其本质而言相当于一种固定金额支付。Homburg 和 Stebel（2009）在研究专业服务合同类型时提出，随着服务提供者声誉的提高，采用可变成本合同的可能性减小，而采用固定成本合同的可能性增大。因此，工日定价法可能更适用于有一定市场口碑的咨询师，当大学教授或高级工程师等专家级工程师承担咨询服务时，业主单位将不太可能按他承担的服务内容及相关行业标准来定价，而是会按照他的身份给予一笔固定的出场费。这是因为全过程工程咨询是知识密集型服务，对于咨询方的专业性要求较高，咨询方的职业能力及知识利用程度会对服务质量及项目结果产生巨大影响（陆帅，等，2017），因此需要对不同资质的咨询方加以区别对待。

因此，人工成本加酬金模式可看作是专项服务酬金叠加统筹管理费模式的一种补充。余宏亮（2018）认为人工成本加酬金模式适用于周期短、服务人员少、工作地点固定的单一任务咨询服务，一般应当配合单价收费汇总模式或总价费率模式使用。

2. 国际咨询服务工日费标准

国际上，英美等发达国家已逐渐在建筑师等领域推行个人执业资格制度，即咨询师个人可直接承揽业务，并要求咨询方购买执业责任保险制度。其执业责任保险采用赔偿限额模式，根据咨询师个人信用评级的高低设置相应赔偿限额，当风险事件发生时，超出赔偿限额的那部分由咨询方自行承担（向鹏成，薛雨桐，2019）。这种模式更加看重咨询人本身的专业资质、从业经验、业务水平、综合能力及信用评级，而健全的个人执业资格制度及咨询人评级系统也为工日费标准的制定创造了有利条件。

世界银行《借款人选择和聘用咨询人指南》中提出的五类合同支付模式也包括计时制合同，即按每人每月的单位，计算咨询服务费用。《借款人选择和聘用咨询人指南》规定，人工费的费用构成应包括工资、社会成本、管理费、利润以及特别津贴。并指出应设置一个对咨询人付款总数的最高限额，最高限制应包括为不可预见的工作量和工作期限留出的备用费，以及在合适的情况下提供的价格调整。

世界银行《借款人选择和聘用咨询人指南》认为适用于难以确定服务范围和时间长短的咨询服务，这种"难于确定"是因为该服务与其他活动关联密切，或因为咨询人达到任务目标所需投入很难估计，例如复杂的研究、施工监理、顾问性服务，以及绝大多数的培训任务。

3. 国内咨询服务工日费标准

我国现行的建设工程项目咨询服务收费标准中，监理及部分省市的造价咨询收费标准中也提出了人工计时取费。

1)《建设工程监理与相关服务收费管理规定》（发改价格〔2007〕670号）工日费用标准按照高级专家、高级专业技术职称的监理与相关服务人员、中级专业技术职称的监理与相关服务人员、初级及以下专业技术职称的监理与相关服务人员分别列价，详见表6-32。

表6-32 监理服务的人工费标准

档位	职级	费用标准（元/日）
1	高级专家	1000~1200
2	高级专业技术职称的监理与相关服务人员	800~1000
3	中级专业技术职称的监理与相关服务人员	600~800
4	初级及以下专业技术职称监理与相关服务人员	300~600

2)《工程造价咨询服务收费标准》（川价发〔2008〕141号）人工计时咨询按照教授级高级工程师、高级工程师、工程师分别列价，详见表6-33。

表6-33 造价服务的人工费标准

档位	职级	费用标准（元/日）
1	教授级高级工程师	1500~2000
2	高级工程师	1200~1500
3	工程师	1000~1200

6.4.4 取费计算案例分析

1. 项目概况

该案例是雄安商务服务中心的全过程工程咨询项目，项目总投资约86亿元，咨询服务中标金额为1.89亿元，项目基本概况见表6-34。

表6-34 雄安商务中心项目基本概况

序号	概况	具体内容
1	项目实施地点	容东片区西部、市民服务中心北侧
2	建设规模	规划占地约24公顷，总建筑面积约82万m^2（具体方案以最终审批为准）
3	项目投资估算	项目总投资约86亿元（不含土地费用），建安费暂估71.8亿元

(续)

序号	概况	具体内容
4	建设主要内容	包括酒店、商务办公用房、专家公寓、服务型公寓、商业、幼儿园、服务配套、会议展览、雄安国际科技成果展示交易中心、地下停车场等
5	招标范围	提供该项目全过程工程咨询服务，包括可行性研究、设计、监理服务
6	服务期限	自签订合同后至项目缺陷责任期满结束
6.1	可研服务周期	按照委托人要求完成可研报告编制和报审工作
6.2	设计周期	按照委托人建设计划安排完成方案设计和初步设计并取得设计方案审查意见函，完成施工图设计并通过施工图审查，并负责施工阶段相关设计服务
6.3	监理服务期	施工准备阶段至缺陷责任期满结束
7	招标单位	中国雄安集团城市发展投资有限公司
8	招标代理机构	北京北咨工程咨询有限公司
9	专项资质要求	甲级设计资质、工程监理甲级资质、专业资信甲级
10	单位业绩要求	2011年1月1日至投标截止日期2019年2月27日期间，应获得过至少一次的国家级三星级的项目业绩

注：1 公顷 = $10^4 m^2$。

2. 计算与分析

该案例涉及项目可行性研究、设计、监理等专项咨询服务，即为相对全过程工程咨询服务。酬金计算采用专项服务酬金叠加统筹管理费模式，根据招标文件，相关的调整系数如下：

1) 企业的资质需求为甲级资质3个，无乙级、丙级、丁级资质。据此可得 R_1 = （1.1×3）/3 = 1.1。

2) 对咨询单位的经验要求是获得过国家三星级项目业绩，这一条件需要具有一定经验和实力的企业方能做到，故将企业经验值定为1，即 R_2 = 1。

3) 由建设主要服务内容包括酒店、公寓、地下停车场等可知，项目实施难度不高，即工程复杂程度为一般，R_3 = 0.85。

其服务收费的计算汇总见表6-35。

表6-35 服务酬金计算

	计费标准	计算依据	计算过程
可研	《国家发展计划委员会关于印发建设项目前期工作咨询收费暂行规定的通知》（计价格〔1999〕1283号）	总投资额50亿元以上编制可研报告收费200~250万元	P = 200万元 = 0.02亿元
设计	国家计委、建设部关于发布《工程勘察设计收费管理规定》的通知（计价格〔2002〕10号）	计费额/计价（万元）：800 000/15 391.4；1 000 000/18 793.9；下调的浮动值为20%	P = [15 391.4 + （860 000 - 800 000）/（1 000 000 - 800 000）× （18 793.9 - 15 391.4）]万元× （1 - 20%） = 1.02亿元

(续)

	计费标准	计算依据	计算过程
监理	《建设工程监理与相关服务收费管理规定》（发改价格〔2007〕670号）	计费额/基价（万元）：600 000/6835.6、800 000/8658.4；监理取费基准价×（1±浮动幅度值）	P = [6835.6+（718 000−600 000）/（800 000−600 000）×（8658.4−6835.6）]万元×（1−20%）= 0.49亿元

由各专项服务酬金之和 P_0、企业资质调整系数 R_1、企业经验调整系数 R_2、工程规模调整系数 R_3，根据 $P = P_0 \times R_1 \times R_2 \times R_3$，

可以计算得出 P =（0.02+1.02+0.49）亿元×1.1×0.85 = 1.43亿元

由于该案例只涉及可研、设计、监理三项专项咨询服务，因此，在计算统筹管理费时按相对全过程工程咨询的计费方式，即以专项咨询服务酬金作为基数，再乘30%即为统筹管理费。由公式 $P_{统} = \left(\sum_{i=2}^{n} i\right) \times 30\%$

可以得到，统筹管理费为1.43亿元×30% = 0.43亿元

因此，总服务酬金 = 专项服务酬金+统筹管理费 =（1.43+0.43）亿元 = 1.86亿元

3. 案例总结

该案例根据"雄安商务服务中心全过程工程咨询项目"招标文件中列明的项目概况进行全过程工程咨询服务模拟投标活动，采用专项服务酬金叠加统筹管理费的计费模式，其中统筹管理费按相对全过程的统筹管理费计取。经计算得出总咨询服务酬金报价为1.86亿元，与真实中标价1.89亿元较为接近。由此可见，本章所得出的基本酬金计取方式基本符合全过程工程咨询行业实际。

第 7 章
项目决策综合性咨询实施模式

/本章导读/

- 如何认识项目决策综合性咨询服务的特征。
- 项目决策综合性咨询服务的业主目标以及全过程工程咨询服务清单,核心是具有融合性特征的决策综合咨询业务内容。
- 项目决策综合性咨询服务的实施需要回答:做什么?谁来做?怎么做?为了回答这三个问题,勾画出项目决策综合性咨询项目的组织结构、任务分工、管理职能分工、工作流程等具有通用性的内容。

7.1 项目决策综合性咨询的服务特征

7.1.1 项目决策综合性咨询的矛盾性特征

1. 项目决策的重要地位

建设项目全生命周期是指从建设意图产生到项目废除的全过程,通常分为决策期、实施期和运营期。项目决策阶段则更多关注项目的战略层面,关心工程的价值实现及其效果等。项目实施阶段,各参与方更多关注项目的实际操作层面,是以竣工交付为导向的。项目实施层面以"目标控制"为核心,假定目标事先给定,并基于给定的目标进行项目控制。而项目战略层面关注目标制定的方式及其合理性等,是影响工程价值实现的关键。除此之外,项目决策阶段作为项目全生命周期的首要阶段,对项目预期价值的实现影响巨大。相对于项目全生命周期中的其他阶段,项目决策阶段能够使整个项目建立在可靠和优化的基础之上。另外,在项目实施的过程中,方案变更的成本会随着项目的推行而逐渐变高,但其影响功能和成本的能力却不断降低,具体如图 7-1 所示。因此,项目决策在项目的全生命周期中占据着重要的地位。

项目决策阶段在项目全生命周期中占据着重要的地位,然而项目前期存在的诸多限制和约束,例如信息缺口大、不确定性高、决策者认知等问题都会使得项目决策在技术和组织层面表现出矛盾性特征,这些都会严重影响项目前期策划的成果和质量。

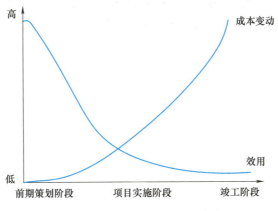

图 7-1　方案变动与效用之间的关系

2. 项目决策技术层面的矛盾性

（1）信息量与项目不确定性的矛盾　项目的独特性、临时性等特征使得项目不确定性高，而关键决策信息的获取将有效降低项目不确定性。在实践中，项目决策阶段信息需求量高、更迭速度快，关键信息支撑少，存在信息量小与项目不确定性高的矛盾。可见，项目决策阶段面临的不确定性最高，并随信息的积累而迅速降低（张娜，等，2019）。项目前期信息需求和项目不确定性的关系，如图 7-2 所示。

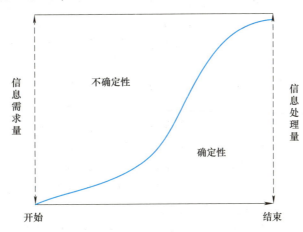

图 7-2　信息需求、处理与不确定性

因此，在项目决策阶段，减少项目的不确定性不能仅依赖决策者的主观意见和过去项目信息，还需要对项目信息的不断更新、获取和积累，对信息进行不断的筛选和分析，避免出现信息紊乱、信息拥堵和信息断层。

（2）信息数量与成本效用的矛盾　在项目决策阶段，需进行深入信息收集。但一方面由于项目是否立项未知，企业通常不会在前期策划阶段进行大规模的成本投入以获取决策所需信息，项目前期相关的研究一般为原企业的市场研究或投资机会研究，通常在原企业中设立专项费用，而这些费用投入一般都不大；另一方面对于寄生式的组织形式，组织成员常常从其他部门临时抽调来，许多研究人员都是非专职的，同时承担项目研究工作和原部门工作，对决策结果不承担任何责任，并且由于项目决策本身的风险和不确定性以及上层战略变化等原因，深入的前期策划研究也难以提升项目决策的科学性。而且，随着前期策划工作的不断深入，信息效用不断增加，附加信息的净效用却明显呈下降趋势，信息数量-成本比率并非理想直线上升，如图7-3所示。因此，项目决策阶段还存在信息数量与成本效用的矛盾。

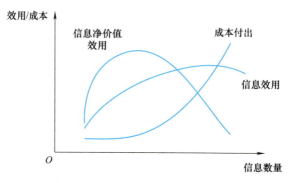

图7-3 项目决策阶段信息数量与效用

3. 项目决策组织上的矛盾性

（1）决策者的主观性 项目决策阶段的决策者往往依赖其直觉、经验、想法等主观意志对项目进行决策。一方面大部分项目决策者（如政府部门）并非专业人员，另一方面即使决策者为项目管理专业人员或委托专业人士提供咨询服务，其关注点仍因存在局限性而导致项目决策失误，影响项目预期价值实现，如设计师关注设计方面，而容易忽视成本方面的考虑。因此，项目决策还受决策者的专业知识、工程和工作经验和经历、所处职位和职业特征等影响。

1）营销专业人员做项目决策，更关注产品市场愿景，以及进入市场的时机，而忽视技术的可行性和工艺性。

2）工程技术专业人员做项目决策往往重视技术实现，关注技术创新和挑战。

3）政府人员进行项目决策，往往关注项目形象，而不重视项目经济性和产品的市场。

4）军人进行项目决策，不拘成法，讲求实效，务达必成。

（2）项目参与者局限性 项目参与者认知的局限性通常体现在追求技术极致、过于侧重专业领域、忽视信息效用以及组织形式缺陷等。

1）追求技术极致。政治家和工程师倾向于采用新技术。从产业发展角度，新技术的应用，能促进技术的成熟和推广。但对项目的整体情况而言，并非最优或最佳。

2）侧重专业领域而缺少集成视角。项目前期策划阶段进行专业分工之后，项目各参与方以自身专业为主要出发点，侧重某些专业业务，忽视对其他方面的考量，缺少系统集成。

3）专业人士与政治家间的不一致性。专业人士与政治家的出发点存在不一致影响项目前期决策。专业人士侧重专业性，政治家关注资源的协调、宏观经济的发展等，两者关注存在分歧，影响项目预期价值的实现。

4）组织形式存在缺陷。项目前期策划阶段的研究一般作为原企业的市场研究或投资机会研究，通常在原企业中设立较少专项费用，采用寄生式的组织形式，从其他部门直接调动组织人员。而大多数组织人员是非专职人员，对决策结果不承担责任，大量决策相关信息由项目不同参与方进行解释和使用，增加虚假信息可能性，干扰项目的决策。

综上所述，项目决策阶段在项目建设程序中具有统领作用，对项目顺利实施、有效控制和高效利用投资至关重要。因此，项目决策综合性咨询在全过程工程咨询中占据着重要的地位。

7.1.2 项目决策综合性咨询服务的核心思想

1. 项目决策综合性咨询的过程和逻辑

项目决策是指在项目前期，通过收集资料和调查研究，在充分占有信息的基础上，针对项目的决策和实施，进行组织、管理、经济和技术等方面的科学分析和论证，是项目概念的形成过程。在不同的角度，为达到业主的基本要求和目标，对项目的整体策略进行规划，从而加强对项目的全过程预先进行推演和分析的一系列活动，项目决策过程如图7-4所示。

（1）项目构思的产生和选择

1）通过市场调查研究发现新的投资机会，有利的投资地点和投资领域，对建设项目所提供的最终产品或服务的市场需求。

2）上层系统运行存在问题或困难，产生对项目的需求。

3）为了实现上层系统的发展战略。

4）国家举办的一些重大社会活动，常常需要建设大量的工程，如奥运会、世博会、亚运会等。

5）突发性事件，如SARS事件、新冠肺炎疫情。

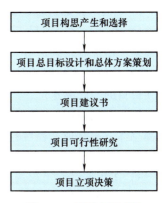

图7-4 项目决策过程

（2）确定建设项目要达到的预期总目标和总体实施方案

1）建设项目总目标是项目建设和运行所要达到的结果状态，通常包括功能目标（功能、产品或服务对象定位、规模）、技术目标、时间目标、经济目标（总投资、投资回报）、社会目标、生态目标等指标。这些目标因素通常由上述问题的解决程度、上层战略的分解、环境的制约条件等确定。

2）项目总体实施方案是对系统和实施方法的初步设想，包括：产品方案和设计、实施、运行方面的总体方案，如总布局、结构选型和总体建设方案、建设项目阶段划分、融资方案等。例如解决长江两岸交通问题可以有多个方案，如建过江隧道、新建大桥、扩建旧大桥等，必须在其中做出选择。

（3）提出项目建议书　项目建议书：构思情况和问题、环境条件、总体目标、总体实施方案等的说明和细化，提出需要进一步研究的各个细节和指标，作为后续可行性研究、技术设计和计划的依据。

（4）进行建设项目可行性研究和评价　可行性研究是对建设项目总目标和总体实施方案进行全面的技术经济论证，看是否有可行性。

（5）立项决策　根据可行性研究和评价的结果，由上层组织对项目立项做出决策。在我国，可行性研究报告（连同环境影响评价报告、项目选址建议书）经过批准，工程就正式立项。

（6）其他相关工作

1）必须不断地进行环境调查，客观地反映和分析问题，并对环境发展趋势进行合理的预测。

2）必须设置几个阶段决策点，对各项工作结果进行分析、评价和选择。

在对项目进行前期策划和决策过程中，需要对项目整体做出考量，以便在建设活动的时间、空间、结构三者关系中选择最佳的结合点。因此项目决策是一个多属性、多目标的决策问题，其决策过程是复杂的认识与实践过程，往往需要借助"外脑"提供咨询，并花费一定的时间进行科学分析和论证。

在项目决策阶段的咨询，需要综合项目各种因素，才能科学决策，因此在此阶段的咨询内涵应该是综合性咨询。项目前期决策综合性咨询是指业主在前期策划阶段委托工程咨询单位提供的针对项目的决策和实施，进行组织、管理、经济和技术等方面的科学分析和论证，为业主提供决策依据和建议。项目决策综合性咨询能够统筹考虑影响项目可行性的各种因素，从而增强决策论证的协调性。

2. 项目决策综合性咨询解决的主要问题

1）为什么建设项目：在众多投资机会中进行项目组合，做出战略选择，能够获得最佳的效果，使资源得到最有效的使用，或能够对上层战略贡献最大。

2）提供什么样的产品和服务：项目要提供什么样的产品和服务以满足市场需求，达到的项目目的、产品定位、产品或服务面向哪些主要群体。

3）建什么样的工程（规模、品质）：对工程总体实施方案做出选择，即选择什么样的工程总体方案实现工程目的，提供所需要的产品或服务。

4）确定项目决策目标（即项目总目标）和决策原则。

5）工程选址：工程选址必须符合城市（地区）总体规划的要求，符合城市的经济和社会发展、土地利用、空间布局以及各项建设的综合部署要求。

6）采用什么样的实施方式：工程的资本结构和来源的决策，即工程选择资本结构和融资方式；项目管理模式，如业主的管理模式、承发包模式策划等。

3. 项目决策综合性咨询的服务方式

目前，项目决策综合性咨询的服务方式分为三种：一是由一体化咨询服务提供商负责全部咨询工作，并根据咨询服务合同约定对服务成果承担相应责任。二是各单位签订基于项目的联营合同，以一家咨询单位作为牵头企业负责总体协调，共同合作完成项目咨询服务，各合作方根据联合体协议，承担相应责任。三是由多家咨询单位共同完成前期决策咨询，由业主或业主委托的一家咨询单位负责总体协调。在这种情况下，各参与单位同样根据咨询服务合同约定对服务成果承担各自的责任。另外，项目前期决策综合性咨询要充分发挥咨询工程师的作用，不断提高其统筹服务水平。项目前期决策综合性咨询是项目全过程咨询的最前端，起到牵一发而动全身的关键作用，对项目顺利实施、有效控制投资至关重要。因此，这个环节是决定性的，具有统领作用。而咨询工程师作为前期策划阶段的关键，其自身能力在一定程度上决定了项目决策综合性咨询的成败。因此项目决策阶段的咨询工程师不仅要具备相应的执业资格和职称，具有投资机会研究、项目可行性研究等特长，为了保证全过程工程咨询项目的连续性和稳定性，咨询工程师的确定也要符合工程建设阶段的要求，从而保证整个全过程工程咨询项目的成功。

4. 项目决策综合性咨询的实施重点

项目可行性研究工作则一直是项目决策阶段的核心，而所谓可行性研究就是指：建设项目投资决策和拟建前期，根据市场需求和国民经济的长期发展规划、地区及行业发展规划的要求，通过对与项目有关的市场、资源、工程技术、经济和社会等方面的条件和情况进行全面系统的调查研究，对各种可能拟订的技术方案和建设方案进行认真的技术经济分析和对比论证，对项目建成后的经济效益和社会效益进行科学的预测和评价，考察项目技术上的先进性、适用性，经济上的合理性，财务上的盈利性，建设的可行性，继而确定项目是否可行并选择最佳实施方案的科学分析方法。

在项目决策综合性咨询中，实现业主目标的可行方案不是唯一的，在众多不同方案中确定在限制条件下实现业主目标的最优方案是可行性研究工作的重点，也是其实施的核心所在。另外，全过程工程咨询的整体规划和各专业团队规划大纲的编制也是项目决策综合性咨询顺利实施的重要保障，其能为各专业团队开展专项业务提供有效的指导，同时也可以起到纠偏的作用。

5. 项目决策综合性咨询与投资决策综合性咨询的区别

投资决策综合性咨询是指投资者在投资决策环节委托工程咨询单位提供的就投资项目的市场、技术、经济、生态环境、能源、资源、安全等影响可行性的要素，结合国家、地区、行业发展规划及相关重大专项建设规划、产业政策、技术标准及相关审批要求进行的分析研究和论证，为投资者提供决策依据和建议。其与项目前期决策综合性咨询主要存在以下区别。

1）服务对象不同：投资决策综合性咨询的服务对象为投资者，而项目决策综合性咨询的服务对象为业主。

2）咨询内容不同：投资决策综合性咨询主要是统筹考虑影响项目可行性的各种因素，为投资者提供决策依据和建议，其咨询内容只是项目决策综合性咨询的一部分。

3）服务阶段不同：投资决策综合性咨询主要出于项目的概念阶段和可行性研究阶段，而项目决策综合性咨询则贯穿项目决策的概念形成、可行性研究和策划等三个阶段，不仅要对投资和项目可行性做出决策，还对后面的工程实施阶段具有指导性的作用。

综上所述，项目决策综合性咨询在全过程工程咨询中具有重要的地位，要充分发挥咨询工程师和工程咨询单位的专业能力，在满足业主目标和需求的基础上为业主提供决策依据和建议，并为工程实施阶段的展开奠定基础。

7.2 项目决策综合性咨询的服务内容

7.2.1 项目决策综合性咨询的业主目标

业主目标（client objectives）是业主在建设项目全生命周期中或某一建设阶段中想要达到的结果和目的。在建设项目前期决策阶段，业主目标是通过前期策划实现项目产品的成功，契合企业发展战略，包含投资成本合理以及运营的价值。因此，该阶段咨询任务是帮助业主解决"好用"的问题，即项目价值增值和项目成功。

项目价值来源于业主目标的完成。传统观点认为，业主目标就是项目要能够满足"铁三角"的要求，即在规定的时间、费用和性能等条件下完成预定目标。但是随着对业主目标认识的不断深入，研究者认为这一观点只关注项目的实施阶段，而忽略了项目交付后是否能真正满足客户的需求。认识上的深刻变化，在美国项目管理协会（PMI）对于项目成功的定义上体现得十分明显。PMI 早期对于项目成功的定义是"在计划的范围、时间和项目成本内完成项目"。而最新的定义中，除上述要求外还要"满足客户的满意度"。实际上，有些实施过程成功的项目，交付后并不能真正发挥其效益。在建设项目前期决策阶段，业主目标是通过前期策划希望实现项目成功，并能契合企业发展战略，包含投资成本合理以及运营的价值，其追求的是项目成功。

就项目成功的标准而言，国内外研究的学者众多，至今也未达成统一意见。但是，不可避免都涉及利益相关者的概念。所谓项目的利益相关者，一般有两个理解，即狭义上与广义上的理解。狭义上的概念，这个定义的出发点是考虑项目的实际情况——项目的时间、有限的资源、项目经理有限的精力等，所以认为项目的利益相关者是那些直接与项目发生经济利益的个人或者组织，包括业主方、承包商、全咨单位等，也被称为关键利益相关者；广义上的概念，项目的利益相关者是指对项目及项目运营的环境的成功具有既定利益的个人或组织，这个概念强调的是利益相关者的权力对项目的影响，这些影响也许是合法的，也许是不合法的，包括政府、环保部门、金融部门、项目所在社区等。

就范围而言，项目成功是指项目满足全生命周期的各项成功评价标准，包括项目从产生到废止的决策阶段、实施阶段和运营阶段的成功。而项目管理的成功是项目实施阶段结束、项目交付时进行的项目评价，是对项目实施这一阶段进行的评价，只是项目全生命周期中的其中一个阶段。值得注意的是，项目成功与项目管理成功没有必然的联系。项目管理成功不一定导致项目成功，项目成功时项目管理也不一定成功。项目管理成功不是项目成功的充分条件、必要条件。也就是说项目管理失败，项目也是有可能成功的。以著名的悉尼歌剧院为例，预算为 700 万澳元，最后总造价高达 10 亿澳元，计划 4 年完工，但实际前后历经 16 年才竣工。从项目管理阶段成功的角度来看，该项目远远超出了预期的成本和工期，可以说在项目管理实施阶段一败涂地。但是考虑项目的全生命周期，项目自建成后使用，悉尼歌剧院成了悉尼艺术文化的殿堂，更加成了悉尼的灵魂，是公认的 20 世纪世界十大奇迹之一。

总之，对于业主目标的认识，不应再局限于对"铁三角"的追求，更应该是对项目成功的追求，要考虑利益相关者的诉求。因而，在项目决策综合咨询阶段就必须做好价值策划工作，力求做到项目价值最大化。

7.2.2　项目决策综合性咨询项目服务清单

项目决策通常是比较复杂的，在此阶段业主指定全过程咨询企业是明智的，这样全过程工程咨询单位可以在概念评估的过程中提出建议，并参与进来。确保项目从概念阶段开始就获得专业、足够的管理协调、监督与控制，咨询方尽早获取项目背景信息，协调众多具备不同技能的人员，确保在商定的日期、费用和必要的功能要求下完成项目，从而按照业主目标圆满完成任务。

项目决策综合性咨询服务正是工程咨询企业为业主提供决策咨询工作的主要业务形态，其集中在建设项目的前期，工程咨询方为业主提供综合性咨询，主要就项目的市场、技术、经济、生态环境、能源、资源、安全等影响可行性的要素，结合国家、地区、行业发展规划及相关重大专项建设规划、产业政策、技术标准及相关审批要求进行分析研究和论证，为业主提供决策依据和建议，合理科学地满足业主目标。

工程咨询企业提供的项目决策综合性咨询服务主要包括五大类：价值策划、规划咨询、评估咨询、功能策划和经济策划。其中，价值策划是贯穿项目前期决策综合性咨询的重要工作，其是对项目进行的一种综合性的统筹活动，通过明确业主、市场、社会等价值需求，进行项目价值的定义和识别，继而通过价值评估选择价值最大化的方案，并输出价值分析报告或价值策划书，对项目价值的实现具有重要的作用。项目决策综合性咨询主要工作及内容见表7-1。

表 7-1　工程咨询企业项目决策综合性咨询的服务清单

服务内容		项目决策阶段		
		概念阶段	可行性研究阶段	策划阶段
全过程咨询		项目定义与目标论证 投资决策综合咨询 价值策划		
专项咨询	评估咨询	商业方案 项目建议书 投资机会研究	1. 项目总纲要 2. 环境影响评价报告 3. 节能评估报告 4. 可行性研究报告 5. 安全评价 6. 社会稳定风险评价 7. 水土保持方案 8. 地质灾害危险性评估 9. 交通影响评价 10. 项目大纲	
	造价咨询	1. 投资估算编制 2. 项目经济评价报告编制与审核	1. 投资估算和资金筹措计划编制 2. 项目经济评价报告编制与审核	
	组织策划			1. 组织结构策划 2. 工作职责及管理职能策划
	合同策划			1. 发承包方式策划 2. 合同结构总体方案
	BIM咨询		1. 采用BIM使方案与财务分析工具集成 2. 修改相应参数，实时获得项目各方案的投资收益指标	

项目决策综合咨询可分为概念阶段、可行性研究阶段和策划阶段，业主目标通过每一阶段的咨询任务的实现来达成。

1. 概念阶段

在建设项目的概念阶段，业主需要决定如何使潜在项目以最佳方式满足设定的需求。业主在概念阶段的主要目标是就拟建或开发的项目投资做出决策，实现预期的投资目标。在对建设项目进行评价时，需要确定以下关键性问题：为什么需要该项目？如何才能最好地满足需求（新建、改建或扩建）？项目完成的预期收益是什么？投资或资金来源渠道是什么？在该阶段能够预见哪些与开发相关的风险？

第一，业主在决策之前应当准备一份包括业务情况、组织、现有设施以及未来需求详尽分析的资金使用方案（商业方案）。该方案中应充分考虑需求驱动、基于可靠的信息和合理的预测、包含合理的步骤、考虑到相关风险、具备机动性、最大化利用资源价值、利用以前的经验、体现可持续发展的成本效益等方面的内容。经验丰富的业主通常具有所需的专业技术，由内部团队自己来制订商业方案。而缺乏经验的业主就需要咨询有关的专业人士，因而全过程咨询单位在这一过程中就开始发挥作用。

第二，项目建议书编制。概念阶段，业主应当编制建设项目建议书，明确项目所需满足特定要求和目标，从而对项目构想的书面表达，最终形成向主管部门提交的立项申请文件。项目建议书的内容要视项目的具体情况而定，一般来说政府投资项目的项目建议书包括项目的重要性、项目产品或服务的市场预测、产品策略、项目规模、用地设想、建设项目的必要条件、资金筹备和投资预算的设想、投资效果和利润空间的估计等。而一般的项目，除了上述的几个方面以外，还应当包括项目设定、项目的内外影响、项目风险、人力资源需求、制约和限制条件等。

2. 可行性研究阶段

在可行性研究这一阶段，业主的目标是详细确定项目目标，列出可能的方案，并通过价值和风险评估选择最佳方案。重点审查通用设计、通用设备的应用情况和可研估算，参与设计方案的技术经济分析、评价和比选。业主需求及约束条件通常由企业的董事会或决策制定机构做出，同时包括在质量、工期、费用、功能和地点等方面的一些限制条件。

（1）可行性研究的内容　可行性研究是根据收集到的各项数据和信息，从经济、技术、社会、环境等方面对建设项目由浅到深、由粗到细、前后连接、反复地进行分析和论证的过程，是对建设项目总目标和总体实施方案进行全面的技术经济论证，论证是否具有可行性。可行性研究具体内容见表7-2。

表7-2　可行性研究内容清单

内容	描述
市场分析与建设规模	调查国内外近期该产品的供需情况，对未来的需求情况进行预测，对生产能力，产品销售及价格，产品的竞争能力以及其进入国际市场的可能进行分析，并对市场需求进行预测，以此确定项目的合理建设规模
资源、原材料及公用设施	按照建议的产品方案来研究资源的数量、成分和利用条件；建设项目需要的原料和材料等的来源及供应条件，材料试验情况等；有害物质和有毒物品的品种、运输方式和条件、隔离储存的方式；公共设施的数量和供应等
建厂条件和厂址选择	包括项目厂址的地理位置，工程项目生产技术要求，厂址气象、水文、地形、地质灾害等情况；项目产品以及原材料的运输条件，水、电、气及热动力等的现状及发展的情况；环境影响；厂区面积、占地范围、总体布置方案、建设条件等，对厂址进行多方案备选
项目设计方案	其中包括建设项目的构成内容，主要是单项工程的构成、建设地点的总规划设计、厂区布置和土建优化设计、项目的技术方案设计、生产方式的选择，工艺和设备的选型，引进国外的技术和设备情况，以及备选方案的情况
环境保护及劳动安全	项目建成后对环境的影响分析；分析项目"三废"的种类、成分和数量，并预测其对环境的影响以及治理方案；劳动保护、安全生产、城市规划、防震、防洪、防空和文物保护等要求以及相应的措施
企业组织、劳动定员的优化组合及人员培训	项目建成后的管理方案、组织体制、建立组织机构的方式；技术职工和管理员工的配置情况和数量要求，人员培训规划的费用估算

(续)

内容	描述
投资估算和资金筹措	土建工程及其配套工程的投资，生产流动资金的估算，资金来源、筹措方式及贷款偿付方式等
实施进度及建设工期的规划	根据勘察设计、设备制造、工程施工、安装、试生产所需的时间与进度的要求，选择项目实施方案和总进度，并用横道图或者网络图来描述项目施工计划和最佳施工方案
社会及经济效果评价	包括财务基础数据估算，财务评价指标的计算，以判别项目在财务上是否可行；从国家的角度出发考察项目对国民经济的贡献，并对项目的不确定性进行分析
风险分析	对工程项目存在的风险进行分析与评估，提出项目抗风险的对策能力
综合评价及结论	运用各项数据，从技术、经济、社会、财务等方面进行综合评价，推荐可行的方案供决策参考，指出项目存在的问题和改进建议

（2）可行性研究过程　把可行性论证的工作过程分为三个阶段：机会可行性研究、初步可行性研究、详细可行性研究，见表7-3。

表7-3　可行性研究的工作阶段

工作阶段	机会可行性研究	初步可行性研究	详细可行性研究	评估与决策
工作性质	项目设想	项目初选	项目拟定	项目评估
工作内容	鉴别投资方向；寻求最佳投资机会；提出建设项目投资方向建议	确定项目初步可行性；对关键问题进行专题性和辅助性研究	对项目进行深入技术经济论证、财务效益和经济效益分析评价，并进行多方案比较；确定投资方案可行性	综合分析各自效益，评估和审核可行性论证报告；分析判断项目可行性论证可靠性和真实性，做出最终决策
工作成果	提出项目建议	初步可行性研究报告	可行性研究报告	项目评估报告

（3）全过程工程咨询团队任务

1）目标策划。全过程咨询团队的任务就是将业主目标转化为项目目标和项目大纲，这一过程如图7-5所示。全咨团队的介入将有助于在项目目标的确定以及制订和评价实现目标的各种可能方案的工作中充分发挥专业知识和实际工程经验，有利于后续阶段项目管理绩效的提升。

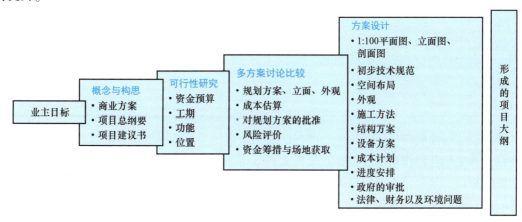

图7-5　从业主目标到项目大纲的形成过程

2）技术成果编制。首先，项目总纲要的编制。项目目标是建立在项目构思和概念的基础上的，因此，项目决策过程中需要经过项目的构思和项目总纲要的制定，然后在此基础上进行项目的全面分析和论证，即可行性研究。

项目总纲要（表7-4）是对项目构思的进一步细化，是进行可行性研究的直接依据。可行性研究经过批准实际上就是对项目总纲要的批准，进而根据业主的决策制订项目大纲，其中需要注意完成兼顾成本与价值的平衡进行融资与投资评价，项目建设与运营的成本估算，选择满足拟建项目要求的场地，拟建项目相对目标市场的合适度等前期工作。

表7-4 项目总纲要范例

项目名称：
项目编号：
顾主（内部/外部）：
项目投资人：
项目经理：

序号	内容	内容要点
1	目的	在此需要表述明确，并且包含项目的合理性理由。 表述形式；何时完成何项工作
2	目标	在此需要说明项目预期的最终成果，并且能够做到： ①明确，即清楚且联系密切。 ②可测度，即当其发生时能够发现。 ③协商一致。 ④现实可行。 ⑤有时间限制
3	步骤	项目计划应当设置里程碑事件，即为项目大纲达成一致和项目各个关键阶段的完成设定目标日期
4	范围	这就是设立项目边界，从而能够有助于发现没有包含其中的内容。 这可以作为项目实际进行过程中出现变更的参考点
5	约束条件	在此可以设定项目的开始时间和结束时间。 对于实现最大价值，在此设定真实的限制条件比预先设想解决方案要重要得多
6	依赖条件	在此需要明确不是由项目经理控制的因素，一般包括： ①信息的提供。 ②正确的时间做出决定。 ③其他辅助项目
7	资源需求	包括项目工期及费用的估计

日期：
签字：
项目经理：
项目投资人：

其次是可行性研究报告的编制。可行性研究是建设项目投资决策、编制设计文件、向银行贷款、业主与各协作单位签订合同或有关协议等的依据，具有预见性、公正性、可靠性、科学性的特点，是项目决策阶段的核心和重点工作（杨卫东，等，2014）。可行性研究报告包含的内容有：项目兴建理由与目标、市场预测、资源条件评价、建设规模与产品方案、场址选择、技术方案、设计方案和工程方案、原材料供应、总图运输与公用辅助工程、环境影响评价、劳动安全卫生与消防、组织机构与人力资源配置、项目实施进度、投资估算、融资方案、财务评价、国民经济评价、社会评价、风险评价和研究结论与建设。可行性研究是项目全过程中最重要，同时不确定性也是最高的阶段，在这一阶段付出时间和成本对于确保项目产品的成功是值得的。

最后是项目大纲的编制。项目大纲的作用是让业主重点了解与确定有关项目开发的最终需求和目标的相关信息，为了减少将来对项目大纲的调整，应仔细分析和研究业主的要求与目标，其中项目大纲范例可以根据每个项目的要求和环境选用，具体见表7-5。

表7-5 对项目大纲建议的内容

序号	内容	内容要点
1	项目背景	
2	项目定义	说明项目应当达到的要求。通常包括： 1. 项目目标 2. 项目范围 3. 所交付项目的概况和/或预期成果 4. 不包含的内容 5. 限制因素 6. 分界面
3	商业大纲	1. 描述该项目是如何支持商业战略、计划或进程 2. 选择该方案的理由
4	顾客的质量预期	
5	验收标准	
6	风险评估	

3. 策划阶段

在可行性研究结束后，业主就项目实施中采用的方案做出决策。而可行性研究与策划阶段的任务和工作区分通常不清晰，两者的任务与工作相互联系、相互影响。从作用上说，建设项目可行性研究的结论往往作为投资者是否进行投资的依据，而项目策划主要是为项目建设实施提供科学依据。在策划阶段，业主的主要目标是通过明确项目目标、评估与管理项目风险以及制订形成项目计划，从而建立项目组织结构、确定发包策略以及项目试运行与移交事项（CIOB，2011），最终形成项目策划大纲，如图7-6所示。

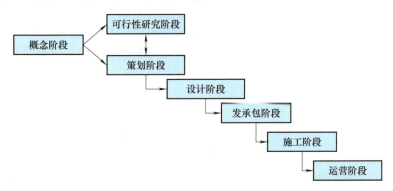

图7-6 项目建设的各个阶段

首先，业主需要对项目大纲进行审查，确定其能满足业主的目标要求，并编制正式大纲的书面文本，包括其他辅助文件，形成项目决策策划大纲。

其次是项目实施策划⊖大纲的编制。项目实施策划大纲中涉及可行性研究阶段生成的项目大纲、项目组织策划、项目发包方式策划、项目控制系统等部分，如图7-7所示。

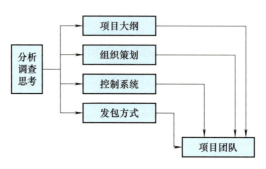

图7-7 策划阶段的主要构成要素

（1）项目组织策划　在项目组织策划中，首先确定项目团队的组织结构，要确定各参与方的作用和责任，详细描述整个项目过程中各参与方如何履行各自的职责，同时应阐明监督和控制有关具体管理工作的程序和步骤，项目编码体系的分析，要包括有关工期、成本、质量、决策等各个方面内容。

（2）发包方式策划　发包方式策划是指选择与确定项目建设过程所需要的各参与方的过程。选择不同的发包方式反映了不同的组织方式和合同安排，以便对各方权责进行恰当的分配，并保证业主的利益。不同的发包方式反映了与不同项目的特征相称的风险和责任承担上的基本差异。因此，必须仔细考虑对发包方式的选择。最终发包方式的选择必须依据项目的特征以及业主的要求做出，同时考虑设计和其他专业顾问的委托情况，主要内容包括合同结构、合同内容和文本、合同结构的总体方案等内容。

（3）项目控制系统策划　业主方需要编制项目实施计划，它是项目管理的核心文件，实施项目的纲领性文件，通常由专业的咨询单位提出建议，由委托人批准，其中规定了项目进行中的政策、计划、控制过程、实施程序以及报告制度等。在项目可行性决策完成后，制订项目总体计划，并经业主和有关的专业顾问同意，一旦必要的参数确定下来，就应该制订项目各阶段的详细实施计划。把项目划分为若干阶段，各自确定目标，明确谁对各阶段负责。内容涉及成本、质量、工期、功能、风险、安全等方面。一旦完成了项目总体计划，就需要考虑在申请与获得法律许可、外部咨询、条款与资金谈判以及其他第三方协议等工作中可能出现的延误。业主应根据总体计划和各阶段详细计划监督项目的进展情况，并在出现偏差时采取必要的措施。项目计划具体如图7-8所示。

⊖ 项目决策策划是指在项目决策阶段，项目业主方或其委托的全过程工程咨询团队针对业主方的初始项目意图，通过对项目环境调查和分析，确立和论证项目目标及产业发展方向，进行项目定义，在明确项目功能、规模和标准的基础上，估算项目投资，进行投入产出分析，构建融资方案等的一系列工作，而项目实施策划的目的是面向项目实施过程。

第 7 章 项目决策综合性咨询实施模式

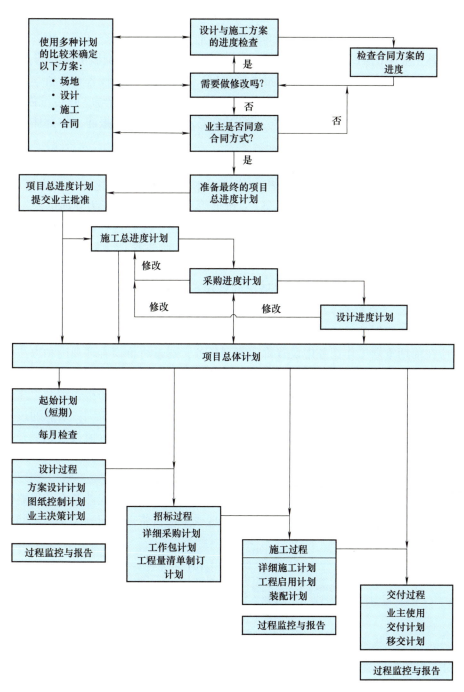

图 7-8 项目计划

7.2.3 项目决策综合性咨询项目集成服务

传统模式下建设项目决策阶段的工程咨询主要包含四大工作任务：一是通过功能策划分析确定项目初步方案；二是进行项目投资机会研究以预测未来项目收益水平；三是在项目建议书阶段和可研阶段进行全面、深入的研究并撰写研究报告以获得相关部门审批；四是组织或协助进行各项评估,由此项目得以立项。

全过程工程咨询的项目决策综合咨询服务旨在通过分析和研究全过程工程咨询项目的利益相关方尤其是业主的需求,完成目标论证、投机机会研究等咨询服务,并形成项目建议书、可行性研究报告以及专业技术评估报告等成果。项目决策综合性咨询为科学合理决策提供依据,为后期设计进行准备,为建设阶段和运营阶段提供有效指导,除传统四大任务外,还包括价值策划工作。其中,价值策划、投资决策综合咨询、报批报建工作都体现了集成的思想。

1. 价值策划

价值管理是一种以提高项目建设效率、降低成本为目的的系统化、现代化的管理技术。美国价值工程师学会对价值管理的定义是:"价值管理是以功能分析为导向的系统群体决策和工作方法,它的目的是增加产品、系统或者服务的价值。通常这种价值的增加通过降低产品的成本来实现,也可以通过提高顾客需要的功能来实现。"价值策划可以认为是价值管理方法在项目前期决策阶段的具体应用。

在建设工程项目中,项目价值是以最优的资源配置有效地实现项目利益相关者(特别是关键利益相关者)的需求。项目建设的关键是工程交付后的使用,通过使用来实现项目价值,而项目价值策划的好坏将直接影响项目价值实现程度的高低。因此,在全过程工程咨询模式下应在前期策划工作任务中设置价值策划任务,通过将价值管理理论和方法引入前期策划咨询工作中,建立项目的价值体系,达到实现项目价值最大化的目标。

项目价值策划应该穿插于前期咨询的规划咨询、投资机会研究和报告编制工作中,通过尽可能明确业主、市场、社会等价值需求,进行项目价值的定义和识别,继而通过价值评估选择价值最大化的方案,并输出价值分析报告或价值策划书,作为价值策划成果并指导后续的价值实现阶段。

2. 投资决策综合咨询

项目投资作为企业行为,其决策属于战略管理问题。其决策过程涉及企业战略管理、投资项目前期策划工作、项目组合管理、项目群管理或多项目管理等问题,它们之间存在着内在逻辑性,具体如图7-9所示。

图7-9 企业投资决策过程

1)对工程的投资决策常常是基于企业战略目标,特别是战略导向型的投资项目。因此要进行企业战略研究,战略出错就会导致投资失误,战略调整就会导致工程项目的调整,甚至中断。

2)进行投资项目的构思和机会的搜寻,对工程构思进行初步评估,确定可能的投资机会。

3)项目组合决策。一个企业常常会面临许多投资项目的构思和机会,需要按照战略目标和资源约束条件,对具体的项目进行分析选择、优化组合,最终进行企业项目组合决策。

4)对所选择的项目初步确定融资方案。项目的融资方式是项目的战略问题,对所产生的工程的性质、组织、实施和管理的各方面都会产生影响。

5) 对初步确定的投资项目进行可行性研究。

6) 从企业的角度对已批准立项的项目进行多项目管理或项目群管理。

因此,在项目前期应在组织、工作责任和工作流程上建立企业战略层和投资项目之间的关系,使整个前期工作有条不紊地进行。项目投资决策要考虑许多因素,它们有自身的逻辑性。最能够体现这种逻辑性的是可行性研究内容存在的内在相关性,如图7-10所示。

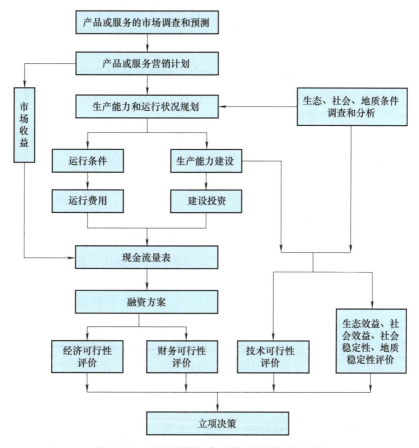

图 7-10　项目前期投资决策可行性研究逻辑

投资决策是指项目业主(投资者或发起人)就是否投资或开发某一项目而做出的决定或选择。由于项目投资具有不可逆性,且投资规模较大,一旦失败,损失难以挽回,严重时还会导致项目投资方破产,项目投资决策的科学合理性十分重要。投资决策的综合性咨询在促进投资高质量发展和投资审批制度改革中具有支撑作用。而可行性研究工作则一直是投资决策的核心工作,其可以作为多项活动的开展依据,主要有三个任务:

(1) 投资机会研究　对发展地位及对产业结构、生产力布局进行影响分析,并分析项目产品的市场前景,项目财务收益和社会经济效益的水平,编制项目经济策划报告、项目产业策划报告。

(2) 决策分析　编制项目建议书,编制可行性研究、项目申请报告和资金申请报告。

(3) 专业技术评估报告　编制技术评估报告,环境影响评价报告、节能评估报告、安全评估报告、社会稳定风险评价报告、水土保持方案、地质灾害危险性评估报告、交通影响评价报告、可行性研究报告评估、项目申请报告评估等。

其中，可行性研究报告是投资决策综合咨询的主要成果，是政府投资项目审批决策的重要依据。其重点分析项目的技术经济可行性、社会效益以及项目资金等主要建设条件的落实情况，应提供多种可选建设方案进行比选，提出项目建设必要性、可行性和合理性的研究结论。

1）投资估算和资金筹措。将建设期投入，运行期生产费用，市场销售收入等汇总，确定工程寿命期过程中的资金支出和收入情况，绘制现金流曲线，得到全生命期过程中的资金需要量，并安排资金来源，确定项目融资方案。

2）项目评价和决策。在可行性研究的基础上，对项目的经济效益、环境效益和社会效益做出分析，进行全面评价。建设项目通常要进行财务评价、国民经济评价、生态环境影响、社会影响评价等。这些就是项目决策指标。

① 技术评价指标：评价工程技术上的可实现性。对技术创新工程、高科技工程，该指标占据主导地位，要求能通过技术作用，促进科学技术与工程的结合，常常会形成新的工程技术系统，甚至带来新的工程技术革命。

② 经济指标：评价经济的盈利性和可行性，往往表现为工程收益的最大化。

③ 财务评价：资金来源的可靠性、投资回收期、投资回报率等。

④ 国民经济评价：工程对国民经济的作用和贡献；工程促进整个产业的进步，或实现相应产业的经济效果和盈利性，或推动区域产业结构的升级换代；促进资源的合理配置，促进产业集成；带动其他产业的发展。

⑤ 社会评价指标：评价对周边地区的居民收入、生活水平和质量、居民就业、不同群体（特别是弱势群体）利益、文化、教育、卫生、基础设施、社会服务容量、城市化进程，民族风俗习惯和宗教等方面的影响。这体现工程的社会价值，强调社会主体的利益。工程的社会评价指标影响资源利用和分配，因此也直接影响工程相关者利益的分配和利益关系的变化。在决策中，要分析社会冲突和矛盾，避免普通公众猜疑排斥工程，使他们能够理解和支持工程，保证工程活动的顺利进行。

⑥ 环境影响评价：评价工程对环境、生态、土地、资源等影响及保护状况。所建设的工程不能超过环境的承受能力，特别是不能超过生态环境的承受能力，使有限资源得到最优利用。促使运用适当的方式和技能解决工程中引起的生态环境问题。

同时，为了提高可行性研究的准确性和实用性，应开展环境影响评价、节能评估、防洪影响评价和水土保持方案等建设条件单项咨询，并将相关成果纳入可行性研究报告。

3. 报批报建工作

报批报建，是指依据项目规划，根据国家和当地主管政府的法律法规及要求，负责基建项目的立项、用地、规划、验收等过程中各方面工作的具体实施，从项目立项批复、可研批复开始，以取得《建设工程施工许可证》为标志性完成节点，整个过程涉及主管部门较多，所要资料繁杂，需要花费较多时间以及人力物力。报批报建工作的主旨是灵活理解和运用国家及地方的法律、法规和政策，保证工程项目合规合法、争取优惠政策、降低建设成本；同时通过与审批部门的沟通协调建立良好关系，满足工程进度和质量的要求。

虽然报批报建工作复杂繁琐，却是非常重要，直接影响工程项目建设的合法合规、工程进度、过程监管、竣工验收、产权登记、投产使用，可谓牵一发而动全身，必须引起业主方的高度重视。传统建设模式下，业主方负责报批报建工作。但由于业主自身的非专业性，不熟悉所有的报批程序、报批内容、报批时间和要求，在实际操作中处理不够灵活，掌握不好前后衔接，常常会造成事倍功半的结果。因而，需要交给更为专业的全咨团队负责报批报建工作。

全咨团队负责报批报建工作，可以使报批报建与设计、招标采购等融合成集成性业务。前期设计借用报批报建对于区域政策法规的了解，为其提供政策、规范标准的依据支持。而前期设计也为报批报建提供进件资料、方案设计等资料支持，通过报建与设计融合为相关手续的办理缩短周期，提高效率。另外，报批报建可以配合招标采购梳理前期费用清单及收费政策文件，为合同签订提供依据；其次，可以配合招标采购完成报批报建费用的成本内控策划，梳理出可作为商务专项策划进行成本管控的费用清单。同样，招标采购可以配合报批报建完成费用缴纳主体确定和全咨团队的费用缴纳工作，并完成报批报建费用内控工作。并且，全咨团队可以整合和协调咨询方，有助于报批报建工作的效率。因而，报批报建是全咨团队在项目前期策划阶段具有集成性的业务。

7.3 项目决策综合性咨询项目实施

7.3.1 项目决策综合性咨询项目的组织结构

在项目决策综合性咨询项目中，投资方应当采取招标或直接委托等方式选择具有资信评价等级的工程咨询方开展项目前期决策综合性咨询。投资方应当与工程咨询方订立综合性咨询服务合同，约定各方权利义务并共同遵守。项目决策综合性咨询服务可由工程咨询方采取市场合作、委托专业服务等方式牵头提供，或由其会同具备相应资格的服务机构联合提供。

全过程工程咨询单位组织机构主要包括职能部门和专业部门，根据具体情况设置，其部门的设置遵循以下三个原则：

（1）开放性原则　项目前期决策需要整合多方面的专家知识，如组织知识、管理知识、经济知识、技术知识、设计经验、施工经验、项目管理经验和项目策划经验等。项目前期决策可以委托专业咨询单位进行，而专业咨询单位往往也是开放性的组织，每个单位往往都拥有某一方面的专家，因此需要将不同专业的专家组织和集成起来，共同为项目前期决策综合性咨询服务。

（2）动态性原则　策划工作并不是一次性的工作，其策划成果也不是一成不变的。随着策划工作的不断深入，策划假设和结果也要不断进行论证和调整，因此其部门的设置也应当是动态性的。

（3）集成性原则　项目决策综合性咨询是集成性的咨询服务，相应的，其组织结构也应当具有集成性的特点。因此，项目决策综合性咨询项目的组织结构应以咨询领导小组为核心建立导向型矩阵组织，在解决多重领导的同时实现咨询服务的集成。

全过程咨询方内部团队理想的组织结构如图7-11所示。

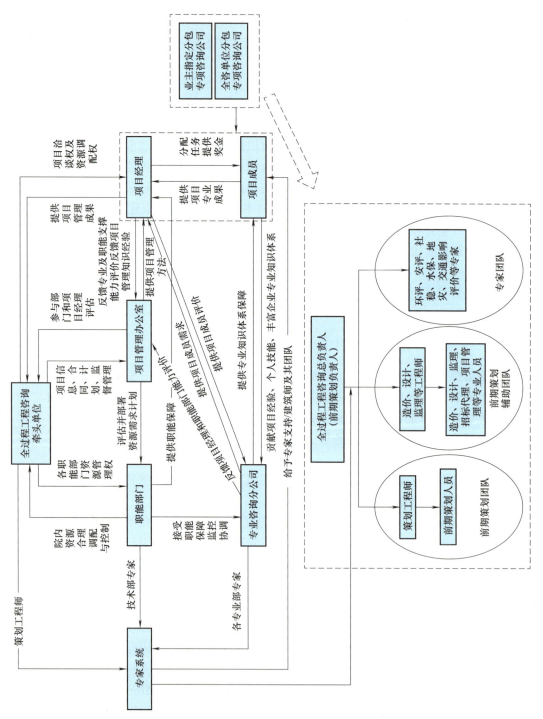

图 7-11 项目决策综合性咨询的组织架构

7.3.2 项目决策综合性咨询项目咨询工作任务分工

项目决策综合性咨询的具体工作内容包括全过程工程咨询服务策划、规划咨询、投资机会研究、相关报告的编制与评审、价值策划。项目前期咨询工作成果直接影响项目投资成本和工期，开展前期咨询时应与其他专业咨询组建立良好的沟通机制，综合考虑项目投资控制、勘察设计、建设施工、运营检修等需要，以保证项目前期决策综合性咨询项目工作任务的顺利完成。同时，项目前期决策综合性咨询项目管理团队设置了由业主和各专业团队负责人组成的咨询领导小组，负责总服务规划的筹划和编制、各专业策划大纲的决策、项目定义和目标论证的决策、项目建议书和可行性研究报告的编制等决策工作。

1. 前期策划团队

前期策划团队在项目前期决策综合性咨询项目中主要负责前期策划咨询服务规划、规划咨询、投资机会分析的筹划和执行；配合完成投资估算的编制和审核、建筑项目经济评价；组织和实施项目建议书的编制、可行性研究报告的编制和技术评估报告的编制；更重要的是筹划、实施并组织项目价值的定义、识别和评价工作。具体工作任务划分见表7-6。

表7-6 项目决策综合性咨询项目前期决策团队工作任务分工

序号	工作内容	任务分工	
		专业负责人	咨询人员
1	前期策划咨询服务规划	（1）根据总服务规划，筹划前期咨询服务规划 （2）确定项目成功的标准 （3）确定项目的可交付成果	（1）编制前期策划咨询服务规划报告 （2）制定预算和进度计划 （3）确定前期策划的业务流程 （4）负责与其他咨询团队的具体沟通
2	环境调查分析	（1）制订环境调查分析计划 （2）审核环境调查分析报告	（1）调查分析政策、法律环境 （2）调查分析产业市场环境 （3）调查分析宏观经济环境 （4）调查分析社会、文化环境 （5）调查分析项目建设环境、建筑环境 （6）与项目管理团队沟通，获取相关信息 （7）编制环境调查分析报告
3	项目定义和目标论证	（1）对项目进行整体构思 （2）审核项目定义与目标论证报告	（1）明确市场需求和客户需求 （2）明确项目的总体功能和具体功能 （3）明确项目的性质、功能、规模、标准等 （4）编制投资估算说明书 （5）与工程设计团队配合，完成相关定义工作 （6）编制项目定义与目标论证报告
4	投资机会研究	（1）审核投资估算表 （2）审核建设项目经济评价	（1）业主投资动机分析 （2）鉴别投资机会，对各种投资机会进行鉴别和初选 （3）协助工程造价团队编制投资估算表 （4）对项目的盈利能力和偿债能力等进行分析，形成建设项目经济评价

(续)

序号	工作内容	任务分工	
		专业负责人	咨询人员
5	项目建议书	(1) 审核项目建议书 (2) 组织开展项目建议书的编制工作	(1) 论证项目提出的必要性和依据 (2) 提出拟建规模和建设地点的初步设想 (3) 对资源情况、建设条件、协作关系和主要技术设备来源等进行初步分析 (4) 根据工程造价和工程设计团队提供的信息,设想投资估算和资金筹措 (5) 编制项目进度安排 (6) 对经济效益和社会效益的初步估算
6	可行性研究	(1) 审核可行性研究报告 (2) 组织开展可行性研究的相关工作	(1) 对法律、政策、市场环境等进一步调查和分析 (2) 对场址现状及建设条件进行描述,对场址方案进行比选后推荐最优的场址方案并对项目现有场址的利用情况进行技术改造 (3) 根据工程设计团队提供的信息,对技术方案、主要设备方案、工程方案等进行选择 (4) 根据工程设计团队提供的信息,编制总图布置方案、场内外运输方案等 (5) 节能评价 (6) 环境影响评价 (7) 制定安全防范措施、消防措施 (8) 组织机构与人力资源配置 (9) 拟定建设工期、安排实施进度 (10) 根据工程造价团队提供的信息,进行进一步的财务分析和国民经济分析
7	技术评估报告	审核各技术评估报告	(1) 制订评审工作方案 (2) 在招标代理团队和项目管理团队的协助下,编制包括环境影响评价、节能评估报告等技术评估报告
8	价值策划	(1) 审核价值策划报告 (2) 组织开展价值策划工作	(1) 编制价值策划报告 (2) 在工程设计团队、工程造价团队、招标代理团队、工程监理团队、项目管理团队的协助下开展具体的价值策划工作
9	项目大纲	审核项目大纲	编制项目大纲

2. 前期策划辅助团队

(1) 工程设计专业人员 工程设计团队的专业负责人在项目前期决策综合性咨询项目中主要负责筹划工程设计咨询服务规划,咨询人员则需协助前期策划团队完成项目定义和目标论证工作、价值策划工作,并为前期策划团队编制项目建议书和可行性研究报告提供相关的信息。

(2) 工程造价专业人员 工程造价团队的专业负责人在项目前期决策综合性咨询项目中,主要负责筹划工程造价咨询服务规划,咨询人员则需协助前期策划团队完成基本投资机会分析和价值策划工作,为前期策划团队提供编制项目建议书和可行性研究报告,并负责投资估算的编制、审核和建筑项目的经济评价工作。

(3) 招标代理专业人员 当咨询服务包含招标代理业务时,招标代理团队的专业负责人在项目前期决策综合性咨询项目中主要负责筹划招标代理咨询服务规划,并协助前期策划团队完成技术评估报告的编制和价值策划工作，协助建设单位进行相关合同策划并起草相关合同协议文本。

（4）工程监理专业人员　工程监理团队的专业负责人在项目前期决策综合性咨询项目中主要负责筹划工程监理咨询服务规划，并协助前期策划团队完成价值策划工作。

（5）项目管理专业人员　项目管理团队的专业负责人在项目前期决策综合性咨询项目中，主要负责筹划项目管理咨询服务规划，咨询人员则需为全过程工程咨询团队进行环境调查分析并提供信息，进行项目建议书和可行性研究报告的报审，并协助前期策划团队完成技术评估报告的编制和价值策划的相关工作。

3. 专家团队

专家团队主要包括环评、安评、社稳、水保、地灾[①]、交通影响评价等专家，协助完成相应的专项评价报告，保证可行性研究工作的顺利进行。

7.3.3　项目决策综合性咨询项目参与方管理职能分工

项目决策综合性咨询的管理职能分工设计不仅需要考虑如何最大化发挥各咨询团队的专业能力，更需要考虑如何通过分工协作提高前期阶段与设计、施工、运维阶段之间的连续性。在该阶段，全过程工程咨询负责人和各咨询专业负责人负责总规划大纲和各专项服务大纲的编制，使各专业咨询团队参与到前期策划中。同时以价值策划作为优化方案和融合项目团队的工具，并与项目后期项目的价值实现形成价值评价的闭环。全过程工程咨询企业管理职能分工表具体见表7-7。

表7-7　项目决策阶段全咨团队管理职能分工表

工作任务	主要工作项	职能分工						
筹划—P、决策—E（E1—咨询总负责人，E2—咨询领导小组）、执行—D、检查—C、信息—I、组织—O、配合—A		前期策划人员	工程设计人员	工程造价人员	招标代理人员	工程监理人员	项目管理人员	咨询领导小组
1.1 全过程工程咨询服务策划	总服务规划							PD
	项目管理咨询服务规划						PD	E1
	前期策划咨询服务规划	PD						E1
	工程设计咨询服务规划		PD					E1
	工程造价咨询服务规划			PD				E1
	招标代理咨询服务规划				PD			E1
	工程监理咨询服务规划					PD		E1
1.2 规划咨询	环境调查分析	PD					I	
	项目定义和目标论证	PD	A					E2

[①] 环境安全风险评价（环评）、安全评价（安评）、社会稳定风险评估（社稳）、水土保持方案（水保）、地质灾害危险性评估（地灾）。

(续)

工作任务	主要工作项	职能分工						
筹划—P、决策—E（E1—咨询总负责人，E2—咨询领导小组）、执行—D、检查—C、信息—I、组织—O、配合—A		前期策划人员	工程设计人员	工程造价人员	招标代理人员	工程监理人员	项目管理人员	咨询领导小组
1.3 投资机会研究	基本投资机会分析	PD		A				
	投资估算的编制、审核	A		D				
	建设项目经济评价	A		D				
1.4 相关报告编制与评审	编制项目建议书	DO	I	I				E2
	项目建议书报审						D	
	编制可行性研究报告	DO	I	I				E2
	编制技术评估报告	DO		A			A	
	可行性研究报审						D	
1.5 价值策划	项目价值的定义、识别和评估	PDO	A	A	A		A	A

注：变色加粗为与传统咨询模式存在差异处。

项目决策综合性咨询与传统的前期咨询之间存在一定的差异，其新增加了全过程工程咨询服务策划和价值策划两项业务，为前期策划阶段和工程建设阶段咨询服务的展开奠定了基础。同时，通过工程设计人员、工程造价人员、招标代理人员、项目管理人员对前期策划人员提供的信息和配合，能够选择实现业主目标的最优方案，不断实现价值增值。

7.3.4 项目决策综合性咨询工作流程

1. 项目决策综合性咨询整体工作流程

项目决策综合性咨询项目团队中的参与方包括前期策划人员、工程设计人员、工程造价人员、项目管理人员和咨询领导小组，其工作主要是围绕项目的立项审批、可行性研究以及报批报建等工作展开，其具体流程如图7-12所示。

2. 专项咨询服务工作流程

在项目决策综合性咨询项目中，项目各参与方需完成的主要工作包括环境调查分析、项目定义与目标论证、项目建议书、可行性研究和价值策划等工作。其大部分工作主要由前期策划团队完成，工程设计团队和工程造价团队主要是提供相关信息和协助前期策划团队工作的展开，项目管理团队则主要负责项目建议书和可行性研究报告的报审工作。

（1）价值策划工作程序 价值策划是价值管理活动的关键，具有高度的弹性和适用性，需要采用系统的步骤来实施。项目的策划、设计及至建造，只有面向最终的运营功能，才能创造最大的经济效益、社会效益和资源环境效益，实现项目可持续发展。因此，价值策划要在前期满足决策者对实施过程和运营过程中的功能需求，充分占有信息、科学分析信息、合理采用信息，这样才能对工程实施总体的策划、协调和控制。

在传统的项目管理模式中，以建设为导向的组织要改变为以运营为导向的组织，这样可以降低信息的搜集、传递成本，实现信息的经济性，并且在实施以运营为导向的管理后，将这些管理界面进行有效整合，可以大大减少信息的扭曲与失真，提升项目增值机会。

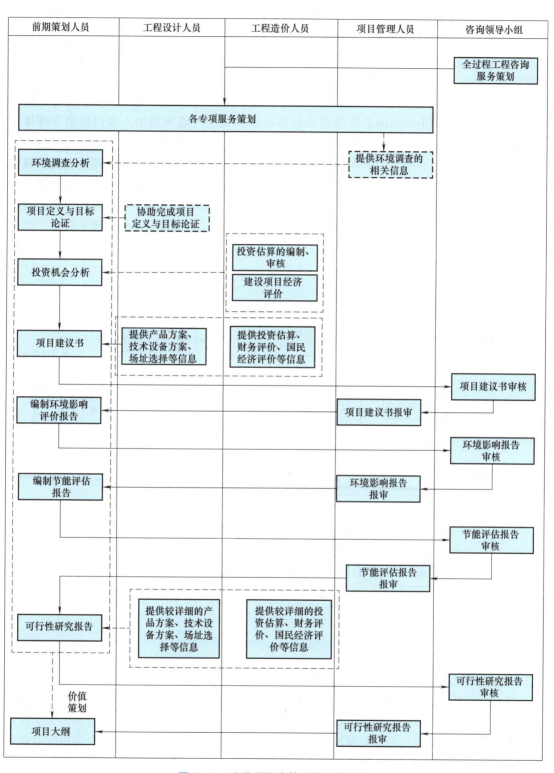

图 7-12 建设项目决策阶段工作流程

以运营为导向的价值策划的组织管理的工作流程，主要分为四个步骤：①项目价值管理战略层。任何一个建设项目，在全生命周期过程中涉及许多不同的参与单位，如业主方、运营方、开发管理方、项目管理方、设施管理方、设计单位、承包商等。各参与方在建立价值管理团队的基础上达成项目核心价值的共识。业主在发起项目时，要将价值管理水平纳入部门战略中，在共赢思想、激励机制、价值规范等多个因素的共同作用下，形成部门自身的价值管理组织。②价值确定。对各利益相关者对项目的期望进行筛选，进行识别、分类、提炼等工作，将对项目全生命周期各阶段成功标准有强相关的价值期望纳入项目价值管理体系中。③项目部门信息共享。项目共享信息库所涉及的信息主要包括两个方面：一是来自各部门的经过筛选后确立的项目价值体系；二是来自其他部门的信息，如项目后期运营的常规数据、市场行情等，以能格式化和易于传播的信息为主。④信息应用。该层的主要功能是为项目内各部门提供各种服务，以保证项目各部门能够在合适的时间从共享信息库的合适位置获得适合的共享信息以及向共享信息库的合适位置传送信息。价值策划组织管理的具体工作流程如图 7-13 所示。

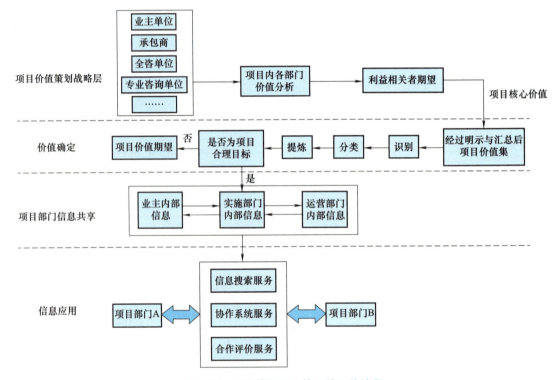

图 7-13 价值策划组织管理的工作流程

其中项目核心价值的寻找是最为关键的工作，其工作流程如图 7-14 所示。

（2）可行性研究工作程序　可行性研究是项目前期决策综合性咨询服务的核心内容。工程咨询方根据投资方的委托，分析论述影响项目落地、实施、运营的各项因素，支撑投资方内部决策。可行性研究内容和深度应达到可行性研究报告、建设条件单项咨询相应的规定要求，必须满足决策者"定方案""定项目"的要求。另外，项目前期决策综合性咨询还鼓励将国家法律法规、行政审批中要求的可行性研究报告报批前必须完成的建设条件单项咨询（如环境影响评价报告、节能评估报告等）纳入可行性研究统筹论证。鼓励将开工前必须完成的其他建设条件单项咨询主要内容（如项目安全评价报告、项目社会稳定评价、水土保持方案、地质灾害危险性评估、交通影响评价等）纳入可行性研究统筹论证。

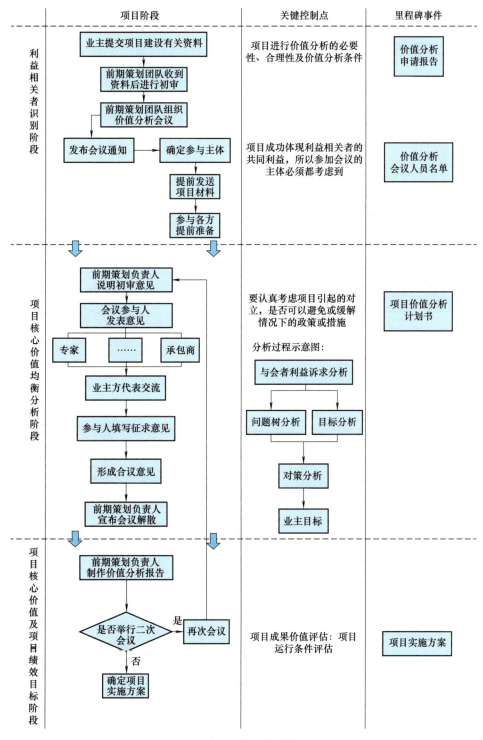

图7-14 寻找项目核心价值的工作流程

需要注意的是，实现业主目标的可行方案并不是唯一的，在业主目标指导下从多种不同的方案中，确定在限制的目标条件下实现业主目标的最优方案，要考虑多种可行的方案并进行可行性研究，以确定采用哪一个方案。为了有效地进行可行性研究，所使用的信息应当尽可能全面且准确。因此，在项目的分析和论证过程中，又需要对初步的项目构思和目标进行优化和调整，再次进行项目的分析和论证，经过上述过程的反复，才能为项目总体决策提供依据。

可行性研究工作程序如图 7-15 所示。

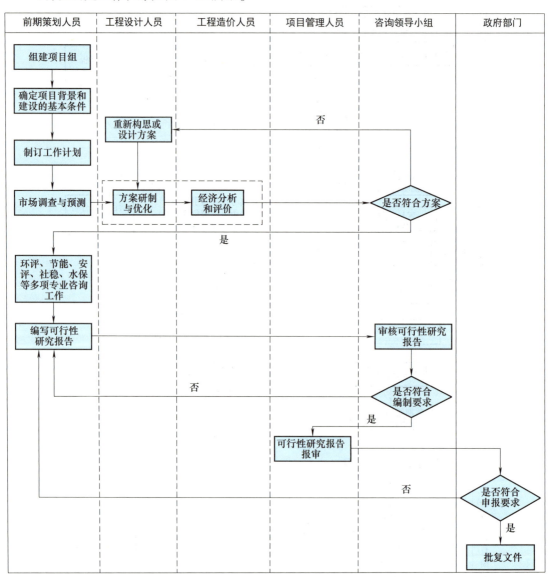

图 7-15　可行性研究报告编制管理工作流程

（3）项目报批报建的工作程序　项目的报批报建工作贯穿于项目建设行为的始终，但主要集中于项目建设的前期。项目报批报建的管理工作主要涉及业主、全过程工程咨询单位、设计单位以及政府各相关管理部门。在前期管理阶段，全过程工程咨询单位负责办理与工程相关的各类报批报建审批手续，涉及的行政审批部门包括：发展改革、规划、国土、建设、消防、环保等部门。

在不同的项目建设时期，全过程工程咨询单位需要向不同的部门进行行政审批，其主要内容包括：建设项目选址意见书、建设用地规划许可证、建设工程规划许可证、国有土地使用证、建设工程施工许可证等。各类关于基本建设行政审批流程可能在细节上有所不同，具体根据项目所在地的相关政策文件执行，但大体上按照类似的程序进行。其具体流程如图7-16所示。

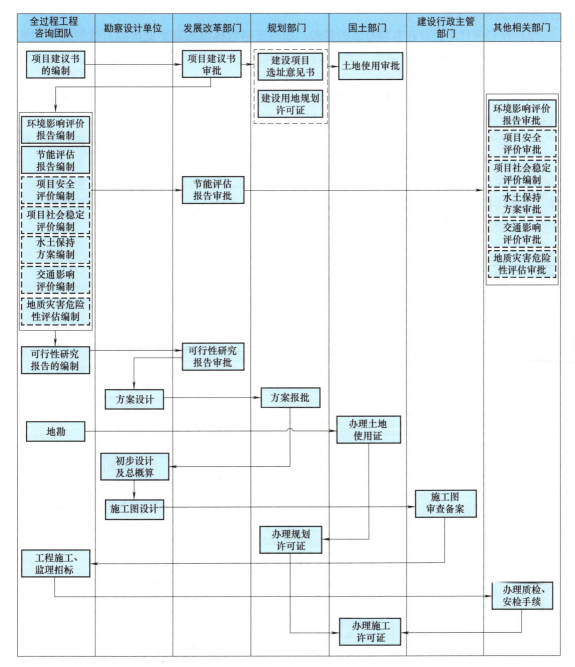

图 7-16 项目报批报建的工作程序

7.3.5 项目决策综合性咨询成果要求

1. 投资项目商业计划书

对投资者而言,投资项目商业计划书就是要清楚地明确所有的商业经营问题,使今后项目(企业)的运作有章可循。投资项目商业计划书一般需要阐明的问题有:

1)投资方最关心的投资项目的盈利潜力;投资项目的机会与风险;凭什么可以断定该投资项目的机会大风险小。

2)投资项目是否存在客观有效的需求;如何证明目标市场需要此产品;这种需求的规模是否足够大;需求持续时间是否足够长;目前及潜在的竞争对手处于什么状态,其优劣势是什么。

3)如何向投资方证明各种预测符合实际。投资方判断的依据是投资项目所在行业的现状和发展趋势,因此必须有可靠、最新的行业数据来源及详细分析。

4)如何向投资方证明新注入的投资肯定会增加企业未来的价值;项目的营销计划、组织及管理团队计划是否具有足够的竞争力。

投资项目商业计划书的内容总体上是一致的,但是,针对具体的项目,分析侧重点不一样。比如同样是投资房地产项目,投资酒店与投资住宅的目标市场不一样,经营销售模式也不一样。商业计划书的主要内容见表7-8。

表7-8 项目商业计划书的主要内容

序号	主要内容	内容要点
1	项目概况	包括项目公司、项目简介、客户基础、市场机遇、项目投资价值、项目资金及合作、项目成功关键、公司使命、经济目标等内容
2	公司介绍	包括项目公司与关联公司、公司组织结构、财务经营状况、管理与营销基础、公司地理位置、公司发展战略、公司内部控制管理等内容
3	项目介绍	包括房地产开发目标、房地产开发思路、房地产开发资源状况、项目建设基本方案、项目功能分区及主要内容等
4	所在城市房地产市场分析	包括国家宏观经济政策、城市周边区域经济环境、城市的城市规划、城市土地和房地产市场供需、消费者调查、竞争分析等内容
5	开发模式及选择	包括项目开发背景、项目竞争战略选择等内容
6	方案(概念)设计	包括规划设计主题原则、产品组合和功能定位、建筑风格和色彩计划、建筑及经管概念规划、智能化配套、项目各地块设计要求等内容
7	营销策略	包括预计销售额及市场份额、产品定位、定价策略、销售策略、整合传播策略与措施等内容
8	项目实施进度	包括项目工程季度计划表、工程进度管理体系等内容
9	项目风险分析与规避对策	包括项目风险分析、项目风险的防范对策等内容
10	项目投资估算和开发计划	包括项目投资估算、项目开发计划、项目人员和组织机构配置、项目融资计划和财务费用等内容
11	财务与投资价值分析	包括销售收入、项目现金流量、不确定性和风险分析、投资决策结论、总体效益评价等
12	公司无形资产价值分析	包括分析方法选择、收益年限的确定、基本数据、无形资产价值的确定等内容
13	附件	包括财务报表和相关证明文件等附件

2. 项目建议书

项目建议书，一方面是为了获得项目融资，另一方面也是可行性研究的重要组成部分，包括技术评价、经济评价和社会评价等三个部分。技术评价主要是根据市场需求预测和原材料供应等生产条件的调查情况，确定产品方案和合理生产规模，根据项目的生产技术要求，对各种可能拟定的建设方案和技术方案进行技术经济分析、比较和论证，从而确定项目在技术上的可行性。经济评价是项目评价的核心，分为企业经济评价和国民经济评价。企业经济评价也称财务评价，从企业角度出发，按照国内现行市场价格，计算出项目在财务上的获利能力，以说明项目在财务上的可行性。国民经济评价从国家和社会的角度出发，按照影子价格、影子汇率和社会折现率，计算项目的国民经济效果，以说明项目在经济上的可行性。社会评价是分析项目对国防、政治、文化、环境、生态、劳动就业、储蓄等方面的影响和效果。

项目建议书的基本内容有：投资项目提出的必要性；产品方案、拟建规模和建设地点的初步设想；资源情况、建设条件、协作关系的初步分析；投资估算和资金筹措设想；项目总体进度安排；经济效益和社会效益的初步评价。由于项目建议书的内容比较简明，因而不同性质项目的建议书，其差异比较明显，有一般项目、技术引进和设备进口项目、外商投资项目建议书。表7-9所示以一般项目建议书为例，介绍项目建议书的主要内容。

表 7-9 项目建议书的主要内容

序号	主要内容	内容要点
1	项目提出的必要性和依据	1）说明项目提出的背景、拟建地点，提出与项目有关的长远规划或行业、地区规划资料，说明项目建设的必要性
		2）对改扩建项目要说明现有企业概况
		3）引进技术和进口设备项目，还要说明国内外技术差距和概况及进口理由
2	产品方案，拟建规模和建设地点的初步设想	1）产品的市场预测，包括国内外同类产品的生产能力，销售情况分析和预测，产品销售方向和销售价格的初步分析等
		2）确定产品的年产量，一次建成规模和分期建设的设想（改扩建项目还需说明原有生产情况及条件），以及对拟建规模经济合理性的评价
		3）产品方案设想，包括主要产品和副产品规格、质量标准等
		4）建设地点论证，分析拟建设地点的自然条件和社会条件，建设地点是否符合地区布局的要求
3	资源情况、建设条件、协作关系和主要技术设备来源等的初步分析	1）拟利用的资源供应的可能性和可靠性
		2）主要建设条件情况，项目拟建地点，水电及其他公用设施、地方材料的供应分析
		3）主要生产技术与工艺，如拟引进国外技术，要说明引进的国别以及与国内技术的差距、技术来源、技术鉴定及转让等概况
		4）主要专用设备来源，如拟采用国外设备，要说明引进理由以及拟引进国外厂商的概况
4	投资估算和资金筹措设想	1）投资估算根据掌握数据的情况，可进行详细估算，也可以按单位生产能力或类似企业情况进行估算。投资估算中应包括建设期利息、投资方向调节税，并考虑一定时期内的涨价因素的影响，流动资金可参照同类型企业的情况进行估算
		2）资金筹措计划应说明资金来源，利用贷款需附贷款意向书，分析贷款条件及利率，说明偿还方式、测算偿还能力

(续)

序号	主要内容	内容要点
5	项目进度安排	1）建设前期工作的安排，包括涉外项目的询价、考察、谈判、设计等计划
		2）项目建设需要的时间
6	经济效果和社会效益的初步估算	包括初步的财务评价和国民经济评价
		1）计算项目全部投资内部收益率、贷款偿还期等指标及其他必要指标，进行盈利能力、清偿能力的初步分析
		2）项目的社会效益和社会影响的初步分析

3. 可行性研究报告

一般来说，项目可行性研究指的是项目建议书批准后，建设项目业主委托有资质的工程咨询单位对投资项目进行深入细致的技术经济研究论证分析，在此基础上进行多方案比选，得出结论意见和重大措施建议，作为决策部门决策的依据。

可行性研究作为投资项目决策期的核心和重点工作，在整个项目周期中发挥着非常重要的作用，可以作为多项活动的开展依据，主要有建设项目投资决策、编制设计文件、向银行贷款、建设单位与各协作单位签订合同或有关协议、获得环保部门和规划部门、施工组织、工程进度安排、竣工验收、项目后评价等方面，同时也是企业组织管理、机构设置、劳动定员、职工培训等企业管理工作的依据。

项目可行性研究报告是通过对项目的主要内容和配套条件，如市场需求、资源供应、建设规模、工艺路线、设备选型、环境影响、资金筹措、盈利能力等，从技术、经济工程等方面进行调查研究和分析比较，并对项目建成以后可能取得的财务、经济效益及社会影响进行预测，从而提出该项目是否值得投资和如何进行建设的咨询意见，为项目决策提供依据的一种综合性的分析方法。可行性研究具有预见性、公正性、可靠性、科学性的特点。

项目可行性研究报告根据其行业产品服务的不同而有所区别，但是都有相应的格式规制，一般应包括表 7-10 中的内容。

表 7-10　项目可行性研究报告的主要内容

序号	主要内容	内容要点
1	项目摘要	项目内容的摘要性说明，包括项目名称、建设单位、建设地点、建设规模与产品方案、技术可行性、投资估算、效益分析等
2	投资必要性	根据市场调查及预测结果，以及有关的产业政策等因素，详细论证项目投资建设的必要性
3	技术的可行性	根据项目实施的角度，设计出多个合理可行的技术方案，并对比评选和评价
4	项目单位背景	包括管理人员，固定资产状况以及管理体制等
5	项目建设目标与产品方案	项目建设的总体布局及规模，详细说明工程名称及相应的配套设施等，生产产品的运营方案
6	财务分析	从项目投资者的角度，设计合理的财务方案，评价项目盈利能力。对项目建成之后的社会效益测算与分析
7	风险因素和对策	对项目的市场、财务、组织、法律、经济、工程质量安全和社会等风险因素进行评估，并制定出可行的对策，为项目的风险管理提供依据

(续)

序号	主要内容	内容要点
8	环境影响分析	环境污染治理和劳动安全保护、卫生设施及其依据
9	综合分析	分析项目效益和经济、技术、财务等情况
10	附件及相关材料	包括各种附件、图表及相关的证明材料

4. 项目策划报告

策划报告，是策划成果的表现形态，通常以图文为载体。策划方案起端于提案者的初始念头，终结于方案实施者的手头参考，其目的是将策划思路与内容客观、清晰、生动地呈现出来，并高效地指导实践行动。建设项目前期决策报告的编制，既可以由业主组织力量进行，也可以由业主委托中介机构进行。

对于不同的建设项目类型，其策划报告的侧重点和具体要求也有所不同，也没有要求一成不变的固定格式。一般来讲，前期策划报告都会包括项目构思策划与项目实施策划两大部分。主要内容有项目建设总体构想，描述项目用途和功能、建设规模和标准、项目基本内容和系统构成，并应分析项目经济、社会、环境效益及风险，论证项目建设的必要性和可行性；包括项目组织策划、项目投资估算及融资策划、项目目标分析论证与控制策划、项目实施过程策划等内容，具体见表7-11。

表7-11 项目策划报告的主要内容

序号	策划任务	项目决策策划	项目实施策划
1	环境调查和分析	基础设施等；项目所要求的建筑环境，其风格和主色调是否和周围环境相协调；项目当地的自然环境，包括天气状况、气候风向等；项目的市场环境、政策环境以（风格、主色调等）及宏观经济环境等	建设期的环境调查和分析需要调查分析自然环境、建设政策环境、建筑市场环境、建设环境（能源、基础设施等）和建筑环境
2	项目定义和论证	包括项目的开发或建设目的、宗旨及其指导思想；项目的规模、组成、其功能和标准；项目的总投资和建设开发周期等	需要进行投资目标分解和论证，编制项目投资总体规划；进行进度目标论证，编制项目建设总进度规划；需要进行项目功能分解、建筑面积分配，确定项目质量目标，编制空间和房间手册等
3	组织策划	包括项目的组织结构分析、决策期的组织结构、任务分工以及管理职能分工、决策期的工作流程和项目的编码体系分析等	确定业主实施期间的组织结构、任务分工和管理职能分工；确定业主方项目管理班子的组织结构、任务分工和管理职能分工
4	管理策划	制订建设期管理总体方案、运行期管理总体方案以及经营期管理总体方案等	确定项目实施各阶段的项目管理工作内容，包括投资控制、进度控制、质量控制、合同管理、信息管理和组织协调；确定项目管理工作流程，建立编码体系
5	合同策划	策划决策期的合同结构、决策期的合同内容和文本、建设期的合同结构总体方案等	确定方案设计竞赛的组织，确定项目管理委托的合同结构，确定设计合同结构方案、施工合同结构方案和物资采购合同结构方案，确定各种合同类型和文本的采用

(续)

序号	策划任务	项目决策策划	项目实施策划
6	经济策划	进行开发或建设成本分析、开发或建设效益分析；制订项目的融资方案和资金需求量计划等	项目实施的经济策划，包括编制资金需求量计划，进行融资方案的深化分析
7	技术策划	包括技术方案分析和论证、关键技术分析和论证、技术标准和规范的应用和制定等	对技术方案和关键技术进行深化分析和论证，明确技术标准和规范的应用和制定
8	风险分析	对政治风险、政策风险、经济风险、技术风险、组织风险和管理风险等进行分析	进行政治风险、政策风险、经济风险、技术风险、组织风险和管理风险分析，确定项目风险管理与工程保险方案

5. 价值评估分析报告

价值评估分析报告是价值策划的成果文件，由前期策划团队负责人负责编制，并得到利益相关者认同的成果文件。价值评估分析报告根据具体项目的不同而有所区别，但是都有比较固定的内容，通过对于这些内容的梳理调整，从而使得项目价值达到最大化。在价值评估分析报告中需要针对这些主要内容达成一致的意见，一般应包括表 7-12 中的主要内容。

表 7-12 价值评估分析报告的主要内容

序号	主要内容	内容要点
1	信息收集内容	业主方对项目背景、主要目标和其他项目的重要信息详细说明；如需进行方案改进和提升，需要原方案设计人员做全面介绍；确定方案的评估标准
2	功能分析内容	需要回答业主要求是什么？工程目标是什么？成本是多少？价值是什么？
3	方案创造内容	需要回答有无其他方案实现这个功能？尽可能多地创造新方案
4	方案评价内容	需要回答新方案成本是多少？能满足功能要求吗？优点有哪些？初步筛选去掉明显不合理方案
5	方案发展内容	需要回答新方案如何达到可以实施的水平？进行深入研究，扩充成详细的可执行的方案，并制订详细的行动计划
6	成果汇报内容	回答新方案比旧方案优势在哪里？谁来执行？何时完成？需得到利益相关者的一致认同

7.4 项目决策综合性咨询项目案例分析

7.4.1 某文化综合体全过程工程咨询项目概况

1. 项目背景

某大型文化综合体项目是该区核心区开发建设重点工程，位于十大民生工程的第一位。其总建筑面积约为 31.6 万 m^2，总投资约为 48.69 亿元。其开工日期为 2015 年 3 月 26 日，竣工日期为 2017 年 8 月 31 日。该项目由"五馆一廊"组成，包括探索馆、美术馆、演艺中心、市民活动中心、文化长廊及地下空间，五个建筑单体由文化长廊串联形成一体，规划形成"两区、两廊、两心、三园、三节点"的空间结构。

2. 项目治理模式及组织结构

该项目采用了"业主+承包方+全过程工程咨询方"三边治理模式来开展全过程工程咨询

项目。其中,该项目的业主方为某区政府,其对项目总体负责,指派一位项目负责人处理项目所有事务。同时,业主方直接委托了某监理公司,辅助业主方开展相关工作,并委托某工程咨询公司承担全过程工程咨询服务。另外,项目的设计和施工均采用总承包模式。工程设计单位委派工程设计负责人,组建工程设计团队,负责所有工程设计事宜,工作中与业主代表及项目管理负责人沟通;承包商则需委派项目经理带领项目施工团队负责项目施工工作。

项目全过程工程咨询工作由某工程咨询有限公司负责,业务范围包括工程前期咨询、招标代理、造价咨询、BIM咨询及项目管理服务等。项目各参与方的组织结构如图7-17所示。

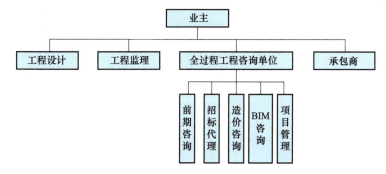

图7-17 某文化综合体全过程工程咨询项目组织结构图

3. 全过程工程咨询单位的业务范围

全过程工程咨询单位负责该项目的工程前期咨询、招标代理、造价咨询、BIM咨询及项目管理服务。

1) 前期咨询:主要负责编制项目建议书和可行性研究报告,并负责成果文件申报及协调审批等相关咨询服务。

2) 招标代理:主要包括勘察设计、监理等服务类招标及施工类招标,招标工作内容从发招标公告或投标邀请书至完成中标通知书备案手续,并编制招标情况报告。

3) 造价咨询:主要包括编制工程量清单、编制招标控制价、施工阶段全过程造价咨询、参与投资风险管理等服务内容。

4) BIM咨询:主要包括BIM模型的管理与指导,创建BIM漫游动画;监督总包单位进行BIM管线综合排布,并通过BIM可视化指导现场施工。

5) 项目管理:主要包括建设手续管理、招标管理、投资管理、设计管理、合同管理、资料管理、工程管理(进度、质量、安全、文明施工、劳务管理及维稳)、创优管理、对外协调、会议管理及保修期服务等全过程工程咨询项目管理。

7.4.2 咨询公司项目决策综合性咨询的管理模式

该项目全过程工程咨询企业是一家集工程咨询、造价咨询、招标代理和项目管理于一体的综合型咨询服务机构,可为客户提供设计咨询、工程咨询、招标代理、造价咨询、项目管理、BIM咨询、PPP咨询、合同管理、司法鉴定等覆盖建设项目全产业链的综合服务,并将业务范围向前延伸,为客户提供定制化的前期咨询服务。

1. 确定项目决策综合性咨询服务的大纲

传统模式下前期策划团队根据业主要求进行相关研究和报告编制工作,存在着"研究成果流于形式""整体性考虑不足"等问题。而在前期策划咨询服务开展之初，先进行全过程工程咨询策划大纲的编写，对前期策划团队开展咨询服务的原则、理念、目标等进行全面的定义和阐述，有助于建立完整的前期策划体系，以策划大纲作为前期策划咨询工作的纲领性文件，为前期策划后续的工作提供有效指导。结合全生命周期理论以及传统咨询模式下前期策划服务的现存问题分析，策划大纲需着重体现以下方面的内容：

（1）明确项目决策综合性咨询业务的工作理念　全过程工程咨询服务理念是各专项咨询业务工作理念的核心，项目决策综合性咨询的工作理念应当在全过程工程咨询服务理念的基础之上，根据前期策划工作的特质进行细化。具体来说，如由于项目决策综合性咨询是针对未来和未来发展及其结果所做的筹划，因此，项目决策综合性咨询工作不能仅着眼于项目前期阶段，而需要将未来的设计阶段、施工阶段和运维阶段进行整体的考虑，才能够体现项目决策的科学性和合理性。项目决策综合性咨询的工作理念应该作为前期策划咨询工作开展的指导思想，深入项目决策综合性咨询工作的每一个步骤，融入前期策划团队成员的工作思维。

（2）界定项目决策综合性咨询业务的工作目标　明确的工作目标有助于对前期策划工作进行科学的管理（陈小光，2010），工作目标确定应注意与工程总目标保持一致性，并充分吸纳工程利益相关者的建议，针对可明确使用方的项目，对使用者等进行充分的调查和分析（《江苏省全过程工程咨询服务导则（试行）》）。

（3）建立项目决策综合性咨询业务的工作体系　通过建立完善的工作体系，合理配置前期策划团队内部和外部的资源，规范项目决策综合性咨询的工作程序，使项目决策综合性咨询工作最终形成专业的、整体的成果，具体体现在咨询报告的专题性、相互之间的层层递进关系即阶段性，以及逻辑和数据上的连续性等。

通过项目决策和实施策划大纲中工作理念、目标和体系的确定，在不同的组合模式中，前期策划团队都能够以一个整体的形式参与到全过程工程咨询服务中去。

2. 全过程工程咨询项目实施的组织结构策划

为了充分满足业主在工程项目委托管理服务方面的实际需求，提高项目的项目管理水平，保证优良的服务质量。结合工程具体情况特点，"分层面、分层级"建立公司层面组织架构，对项目实施全过程的管理服务，确保项目管理服务在全局受控的状态下进行。由于该项目复杂性较高、专业性较强，涉及的专业也比较广泛，因此全过程工程咨询采用部分组合的组织模式，各单位分别承担各自的一项或多项咨询服务，并由某工程咨询有限公司负责总体协调。

全过程工程咨询企业开展该项目工程咨询的组织结构如图7-18所示。

（1）项目决策综合性咨询工作任务划分　在本项目中，全过程工程咨询团队需要完成的主要工作任务包括编制项目建议书和可行性研究报告，负责成果文件申报及协调审批等相关咨询服务等。项目涉及团队包括前期策划人员、工程设计人员、工程造价人员、工程监理人员、招标代理人员和项目管理人员。其中，业主和各咨询团队组成的领导小组主要负责筹划和编制总服务规划以及各项工作的决策，各专业人员的具体工作职责如下：

1）前期策划人员。前期策划人员在项目前期决策综合性咨询中发挥了重要的作用，其中前期策划负责人主要负责筹划前期咨询服务规划、确定项目的成功标准和可交付的成果，并对项目建议书、可行性研究报告等进行审核。而团队中的专业咨询人员则主要负责编制前期策划咨询服务规划报告、编制前期手续办理计划及建设手续办理合理化建议、合约划分的合理化建议、审核投资控制方案、审核项目投资估算、项目选址意见书的编制、项目建议书的编制、环评手续和能评手续的办理、可行性研究报告的编制等工作。

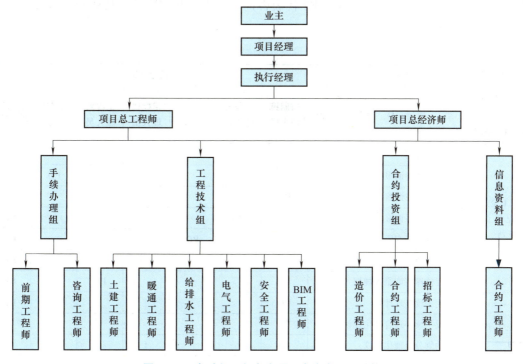

图 7-18 全过程工程咨询项目咨询方组织结构

2）项目管理人员。项目管理负责人主要负责筹划项目管理服务规划、项目管理任务的洽谈、项目管理合同的签署组建项目部并组织项目交底。而团队的专业咨询人员则负责项目结构分解管理总计划编制、项目管理方案汇总编制、项目建议书的报批、可行性研究的报批、勘察方案及进度质量的管理计划、设计进度的管理计划、规划总平面图的申报、建设用地规划许可证的申报、建设用地申请书的申报、安全监督备案和质量监督备案等工作。

3）工程设计人员。由于该项目设计发包采取的是总承包模式，因此工程设计人员主要负责设计工作的监督和审核。其中，工程设计负责人主要负责筹划工程设计服务规划及各工程设计任务的审核。而专业咨询人员则主要负责设计进度实时跟踪和督促、规划总平面图方案设计内部审核、工程设计方案内部审核、项目设计任务书的编制、设计概算的编制、初步设计图内部审核、施工图图审及备案、消防图纸及防雷系统设计审查、监督设计院完善设计成果等任务。

4）工程造价人员。工程造价的专业负责人主要负责筹划工程造价服务规划及投资方案的审核工作，其专业咨询人员则主要负责投资控制方案的编制、预控目标的确定、设计概算的审查及临水、临电手续的办理。

5）招标代理人员。招标代理的专业负责人主要负责筹划招标代理服务规划，其专业咨询人员则主要负责合约划分合理化建议的实施工作。

6）工程监理人员。工程监理的专业负责人主要负责筹划工程监理服务规划，其专业咨询人员主要负责勘察方案及进度质量管理、为安全监督备案和质量监督备案提供信息。

（2）项目决策综合性咨询项目参与方管理职能　该项目决策综合性咨询的主要管理职能包括筹划、决策、执行和检查，分别以 P、E、D、C 来表示。并且由 E1 代表咨询领导小组中全过程工程咨询总负责人决策，E2 代表咨询领导小组共同决策。具体的项目参与方管理职能见表 7-13。

表 7-13　项目决策阶段管理职能分工表

工作任务	主要工作项	职能分工						
筹划—P、决策—E（E1—咨询总负责人，E2—咨询领导小组）、执行—D、检查—C、信息—I、组织—O、配合—A		前期策划人员	工程设计人员	工程造价人员	招标代理人员	工程监理人员	项目管理人员	咨询领导小组
1.1 全过程工程咨询服务策划	总服务规划							PD
	项目管理咨询服务规划						PD	E1
	前期策划咨询服务规划	PD						E1
	工程设计咨询服务规划		PD					E1
	工程造价咨询服务规划			PD				E1
	招标代理咨询服务规划				PD			E1
	工程监理咨询服务规划					PD		E1
1.2 规划咨询	前期手续办理计划	PD					I	E2
	建设手续办理合理化建议	PD					I	
	合约划分合理化建议	PD			I			
	项目交底		I	I			DO	
1.3 投资机会研究	投资控制方案的编制	PD		I				
	投资估算的编制、审核	A		ID				
	建设项目经济评价	A		ID				
1.4 设计相关工作	设计进度控制		D				P	
	勘察方案及进度质量管理					D	P	
	各项图纸审查		D				PO	
	设计概算编制及审核		D	A				
1.5 相关报告编制与评审	编制项目建议书	DO	I	I				E2
	项目建议书报审						D	
	编制可行性研究报告	DO	I	I				E2
	编制技术评估报告	DO			A		A	
	可行性研究报审						D	
	各项手续办理及许可的申报						D	
1.6 价值策划	项目价值的定义、识别和评估	PDO	A	A	A	A	A	

3. 项目实施计划的编制

（1）项目合约管理计划

1）建立项目合同管理体系。鉴于工程体量大、工期紧、任务重，因此确定了如图 7-19

所示的发包模式。

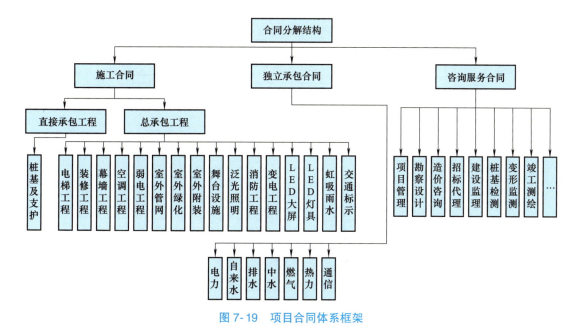

图 7-19 项目合同体系框架

2）招标管理计划。根据建设单位情况、项目特点、施工图适度情况及工期要求，对该工程项目实施过程中有可能涉及的招标项的发包模式进行利弊分析及权衡，按照公开招标、邀请招标、直接委托进行划分，部分划分情况见表 7-14。

表 7-14 项目部分招标情况一览表

序号	项目名称	类别	招标方式	招标范围
1	桩基工程总承包	施工	公开超标	工程桩及基坑支护施工；除桩基工程外的全部施工内容
2	装修等15个专业工程	施工、暂估价	联合公开招标	精装修及相关的机电安装工程深化的设计及施工
3	设计、勘察、监理	服务采购	公开招标	项目设计、勘察、监理
4	项目管理	服务采购	邀请招标	项目管理
5	环评、能评	服务采购	邀请招标	项目环评、能评
6	防雷检测	服务采购	直接委托	项目防雷检测

除此之外，还制订了招标流程控制计划和招标进度管理计划等一系列的计划，以保证招标工作的顺利进行。

（2）前期手续办理计划　为了保证前期手续办理省时省力并顺利地进行，采用了网络计划技术与线性计划结合的方式制订前期手续办理计划，形象直观地指导现场实施。在线性进度计划中体现各项节点工作的时间参数，以便检查、纠偏。前期手续审批线性流程如图 7-20 所示。

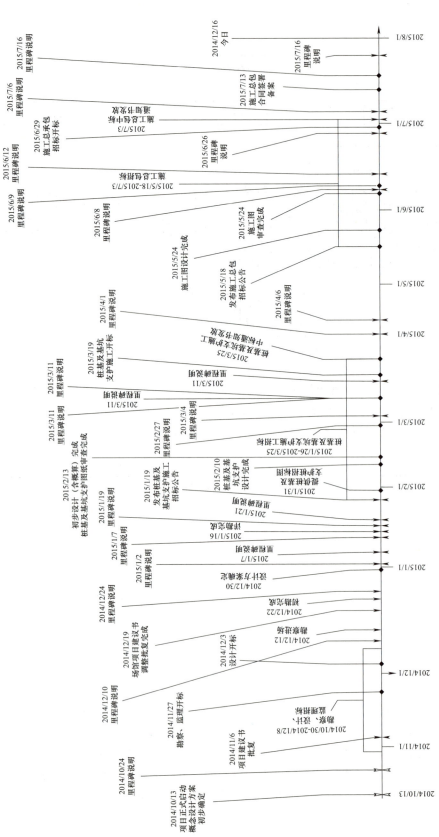

图7-20 前期手续审批线性流程

7.4.3 项目决策综合性咨询实施中的工作重点

1. 咨询项目的重点及难点

该项目受环境、建筑形式等影响形成如下重点和难点。

(1) 项目环境复杂　该项目坐落在某碱厂片区，用地范围内原厂区废旧基础较多且地下环境复杂。项目用地红线与原碱厂红线重合，工程建设过程中需去除部分碱渣，必须采取有效的保护措施。

(2) 多个单体建筑连接形成一体　该项目由"五馆一廊"组成，包括探索馆、美术馆、演艺中心、市民活动中心、文化长廊及地下空间，五个建筑单体由文化长廊串联形成一体。同时，解放路从该项目地下穿过，需为其预留空间及荷载等建设条件。并且远期规划地铁线从解放路下方通过，项目建设过程中需考虑地铁建设条件预留问题。

(3) 工程体量大、工期紧、任务重　该工程占地面积约为 12 万 m^2，建筑面积 31.6 万 m^2，建筑规模巨大，而建设工期仅为 29 个月，工期紧张、建设任务繁重。

(4) 参建单位数量众多　该项目为文化综合体项目，系统复杂。设计工作由国内外多达 15 家设计单位配合完成；专业分包单位 28 家；咨询服务单位 27 家。参与单位众多，协调工作量大。

(5) 管理要求高　该项目建设总体目标为创建"建设手续办理、质量、安全、文明施工、农民工管理"样板工地；确保该市质量最高奖项，争创"鲁班奖"；达到"市级文明工地"标准；成本控制在批复总投资以内；绿色建筑目标为二星。

综上所述，该项目的重点及难点主要在于项目环境、结构复杂，管理任务繁重，前期手续办理程序繁杂等。为解决上述问题，该项目采取了建设手续办理流程和内外部的沟通机制。

2. 手续管理及内外部沟通机制

(1) 手续管理　该工程工期紧、进度管理压力大，若按照正常的前期手续办理流程推进，则项目进度目标无法实现。为确保合规、合法地加快项目启动后的建设进度、保证项目建设进度目标的实现，需简化项目前期手续办理流程。综合考虑实施过程中间歇时间的衔接，将建设手续办理按照二条主线和一条辅线展开；二条主线为工程设计、招标手续，一条辅线为行政审批手续，并编制《前期手续办理管理方案》。建设手续办理流程如图 7-21 所示。

(2) 内外部沟通机制　项目部前期组在沟通办理项目前期手续及汇报工程进度时应注意汇报流程。拟定前期工作沟通汇报流程如图 7-22、图 7-23 所示。

1) 内部沟通汇报流程。
2) 外部沟通汇报流程。

除了项目决策综合性咨询外，该项目的全过程工程咨询企业还提供了招标代理、造价咨询、BIM 咨询以及项目管理服务等咨询服务，采取了项目制度建设、合同管理、进度管理、投资管理、设计管理、现场管理、信息资料管理、智慧集成平台辅助运营管理等一系列的措施，保障了全过程工程咨询项目的成功。

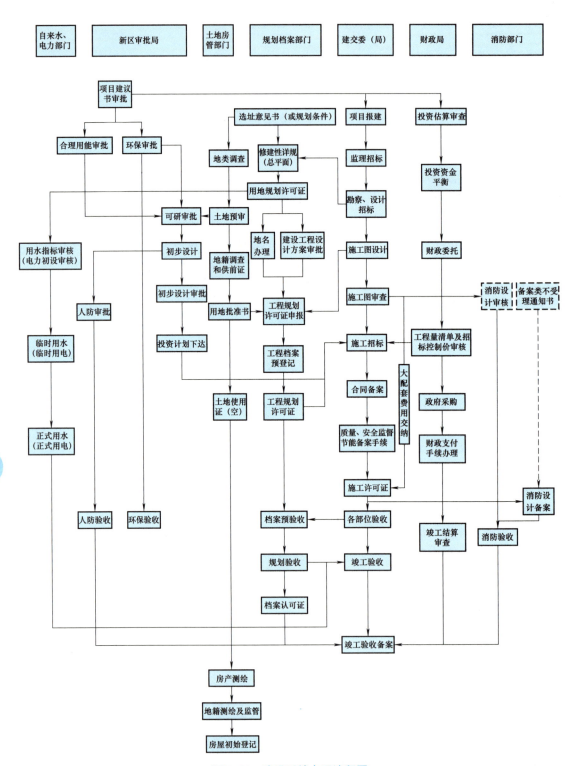

图 7-21 建设手续办理流程图

第 7 章 项目决策综合性咨询实施模式

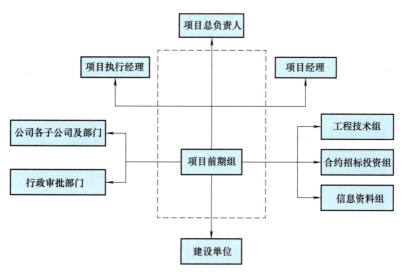

图 7-22 前期工作内部沟通汇报流程示意图

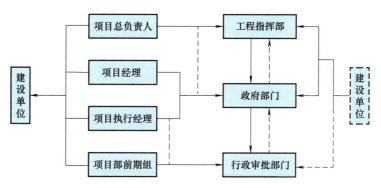

图 7-23 前期工作外部沟通汇报流程示意图

第 8 章
以设计为主导的全过程工程咨询项目实施模式

  /本章导读/

- 如何认识以设计为主导的全过程工程咨询项目的特点。
- 以设计为主导的全过程工程咨询项目的业主目标以及全过程工程咨询咨询服务清单，核心是具有融合性特征的综合咨询业务内容。
- 以设计为主导的全过程工程咨询服务的实施需要回答：做什么？谁来做？怎么做？为了回答这三个问题，勾画出以设计为主导的全过程工程咨询项目的组织结构、任务分工、管理职能分工、工作流程等具有通用性的内容。

8.1 以设计为主导的全过程工程咨询项目的服务特征

8.1.1 设计在全咨项目中的重要作用

建筑策划和设计是全过程工程咨询服务最前端也是最基础的阶段，建设项目的设计工作直接影响设计质量，影响整个建设工程项目的投资、进度和质量，并对建设工程项目能否成功实施起到决定性的作用。而以设计为主导的全过程工程咨询是指全过程咨询⊖中"设计"应包括或"引领"造价、监理等专业咨询，通过设计文件及过程中的变化，充分实现业主的建设意图，为业主"提供建筑经济、合同管理、施工监督与项目管理"等服务。

国内工程咨询的专业人士执业资格制度建立过程中，由于没有坚持国际通行的以设计为主导，使得监理企业技术含量及权威性不足；同时，后期逐渐推行的造价咨询、招标代理制度，使监理的投资控制和项目管理职能被削弱，逐步导致监理形同虚设，演变成甲方的"质量员""安全员"，设计院也只是"画图的"，而造成了工程咨询服务的制度性分割——这被专业人士称之为工程咨询服务"碎片化"模式。在碎片化工程咨询模式下，描述工程标的物的"项目定义文件"由设计、招标代理、造价咨询等机构分别完成，建设意图由各家"分体式"表述，使得工程项目从源头上就存在大量的"错、漏、碰、缺"，后期必然造

⊖ 以设计为主导的全过程咨询并不是指以设计院为主导，而是强调和重视工程设计活动在建设项目全过程工程咨询中的重要作用和地位，通过设计及其延伸服务为业主实现项目价值增值。

成变更增多、工期延误、建筑品质降低等各种弊端。同时，五方乃至七方责任主体对工程共同负责却难以追责，造成业主疲于协调，各关系方内耗加大，项目利益受损。显然，中国情境下"碎片化"工程咨询行业中，工程设计咨询难以承担"龙头"的地位。

与国内的情况不同的是，在国际上，建筑设计公司（事务所）通常可以向业主提供从建筑策划至设计全程（含策划、方案、扩初、招标图乃至施工图等）、招投标、施工监理等"一条龙"的全过程工程咨询服务，也可以根据业主需要，提供一个或数个阶段的"菜单式"咨询，如拿地策划、设计方案、施工图设计等单项服务。以1977年德国开始执行建筑师和工程师酬金条例（HOAI）为例，该条例为法定标准，规定了针对不同类型、不同特点工程的详细和具体的服务标准和相应的最低设计酬金标准，其中规定了顾问工程师提供的服务内容包括基本设计服务和设计延伸服务，具体见表8-1。

表8-1 HOAI中顾问工程师提供的服务内容（德国建筑师咨询服务延伸内容）

序号	设计服务	具体设计工作
1	基本设计服务 （占项目设计酬金的52%）	基本数据及资料准备
2		规划和初步设计
3		深化设计
4		审批设计
5		施工图设计
6	设计延伸服务 （占项目设计酬金的48%）	工程施工招标发包
7		其他招标发包工作
8		施工监理、验收、相关设计和管理工作
9		保修期的工程巡查和建档、相关设计和管理工作

设计方为获取整个设计酬金，就必须提供包括施工准备期间的服务、施工期间的服务和保修期的服务。根据HOAI的规定，德国工程设计阶段划分为设计准备阶段、概念性方案设计阶段、方案优化及初步设计阶段、审批设计阶段、设计审核阶段和施工图设计阶段。

该条例促使设计人员在完成施工如设计后提供施工期间的设计延伸服务，实现设计与施工的结合。需要指出的是，这些设计延伸服务都与设计人员的专业知识和能力紧密相关，而不是通常理解的项目管理知识。如招标文件中的技术规格说明文件（Specification Technical Standard）是由设计人员编制的，在招标发包过程中，设计人员可以非常准确地解释其要求。又如，施工期间的服务，检查是否按图施工，是否符合设计要求，以及保修期的工程巡视等也是和设计人员的专业知识和能力紧密相关，由设计人员提供这些服务是最合适的。

在HOAI中，将每类工程的服务范围划分为一至九个阶段，以承载结构设计服务为例，服务范围划分为九个阶段：①确定基础条件；②初步设计；③技术设计；④结构计算；⑤施工图设计；⑥发包准备；⑦发包协理；⑧施工服务；⑨项目监管与建档。在每一阶段的服务范围又划分为基本服务和特殊服务，基本服务包括一般完成一项合同通常所需的服务，是建筑师和工程师应向业主提供的服务，具体服务内容制订得非常详细。特殊服务是指提供超出通常服务项目或改变通常服务的要求时的服务。仅从管理观念上看，德国采取的是早期预控及主动控制。这种方式能为以设计为主导的全过程工程咨询提供借鉴。

8.1.2 以设计为主导的全过程工程咨询的核心思想

以设计为主导的全过程工程咨询需要满足建设单位对工程项目控制的需求,采用价值工程、多方案比选、限额设计、设计优化、设计招标、施工招标、变更管理、项目后评估等方法,对建设工程各阶段各项工作进行咨询,并且在各阶段的工作中均强调发挥设计的主导作用,以设计为主导进行咨询。以设计为主导的全过程工程咨询不但重视在决策和设计等项目前期阶段以设计为源头,从根本上合理确定设计目标;也强调在招投标及施工阶段开展依托设计的咨询工作,以达到在项目各阶段对预期设计目标的有效跟踪管理;突出在对待全过程工程咨询的各项相关事务中均依靠设计的技术支持,从而达到设计咨询目标。

1. 设计服务内容前延后伸,打通设计管理全过程

工程设计是整个工程的灵魂,因此工程设计管理应始终贯穿于项目的全过程。传统工程中,跨越不同设计单位的设计组织管理协调工作都是由建设单位负责的,各设计单位分别对建设单位负责。以设计为主导的全过程工程咨询团队总负责工程所需的所有设计、领导、组织、管理和协调工程所需所有专业设计;此外,还要负责施工招投标、管理施工合同、监督现场施工、主持工程验收等工作,如图8-1所示。在工程施工过程中,可以更方便地执行设计师的技术文件,不折不扣地按设计师设计意图和要求施工,这样,可以充分保证工程完整地实现业主对项目的要求及设计师的设计理念。

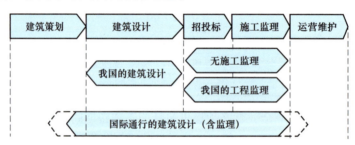

图8-1 国内外建筑设计服务的范围比较

以设计为主导的全过程工程咨询高度重视设计的前端作用,将工程建设项目全生命周期统一、整体看待。首先,在工程建设的最前端充分发挥设计工作的控制作用。项目策划与设计之间不可分割的前后联系,并不意味着项目策划的研究成果只是设计的前提条件,它在项目的决策、实施等阶段也占有极其重要的地位。因此,以设计为主导,首先要提升全过程工程咨询师的策划能力,从而强化"设计"的内在质量,树立"设计"主导的权威性。由此看来,以项目策划为纽带的可研方案是决策设计阶段最有技术含量、最具科学逻辑性的综合创意过程,推行以设计为主导的全过程工程咨询,必须做到建筑策划先行。前期策划阶段在工作的同时,将会对整个项目运行的过程中可能遇到的问题进行预见,同时提出相应的解决方法,而以设计为主导的前期策划就是解决策划所提问题并确定设计方案的阶段。

其次,严格把控工程项目的设计、采购、施工、验收、后评价等全过程各环节,保证设计的完整性和实施。项目建设是程序性、系统性的过程,而工程设计工作像一条红线贯穿着始终,牵动着每个环节,需要延伸到施工阶段,在施工阶段,设计文件是施工单位施工和监理团队对工程进行监理的依据。

2. 设计服务内容跨界融合，编制一体化项目定义文件

以设计为主导的全过程咨询模式的核心是形成"图、材、量、价、模一体化的设计文件"，对业主意图和需求的全面描述，是全过程工程咨询服务的主要交付成果，包括设计图纸、产品说明书、工程量清单、招标文件等，由咨询方编制，如图8-2所示。图、量、材、价、模，是指设计图纸、工程量清单、材料说明书、投资预算控制价（类似碎片化的最高投标限价，但不公开）、BIM 模型。

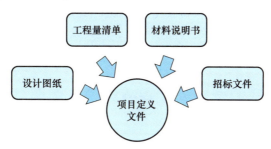

图 8-2 全咨模式下一体化项目定义文件的内容

因此，以设计为主导的全过程工程咨询模式下。咨询方最终交付业主进行招标的"项目定义文件"应包括设计文件及招标文件，这也是施工招投标、施工及施工监理的重要依据，其中招标文件应包括：招标工程量清单、招标最高限价、营造细则、施工合同要约等。它应该以建筑策划为基准，在不同设计阶段通过价值工程、复合会审、综合寻优、BIM 技术等反复优化深化，最终以设计为主导"一站式"完成，并力求做到"精细化——公道、完整、清晰"。

以工程设计工作为基点，整合造价、设计和招标采购等咨询活动，授权全过程咨询方所需资源进行恰当的设计、投资控制及招标采购的工作。通过贯穿建设全过程的设计工作来增强项目参与者之间的关联性，优化项目整体而非局部，有利于实现项目全生命周期的目标和集成交付。以"图材量价模"一体化设计文件来推动全过程工程咨询，需要设计服务与其他工程咨询工作有效融合⊖。

（1）设计与招标、造价融合 在设计过程中充分考虑采购与造价对设计的制约，为业主提供"带造价的设计文件"，即在设计交付文件中，直接增加相应的招标、造价文件。一方面，设计咨询人员需充分发挥专业顾问作用，落实一体化文件编制、招投标指导工作，推进设计工作与招标采购工作的融合。另一方面，造价咨询与管理的成果体现在限额设计的成果中，利用限额设计对工程造价进行主动控制和动态管理。

（2）设计与施工管理融合 设计应配合施工全过程、施工图设计应充分征求并听取施工的意见，结合施工的组织要求，尽量便于施工。具体而言，在设计过程中充分考虑施工技术和工艺对设计成果的影响，开展设计工作时利用对施工现场、施工图纸等熟悉的优势，由"施工导向型思维"引导的设计全融合管理能有效地减少设计变更与二次设计，提升设计效率与设计稳定性。利用可施工性分析手段，实现项目各阶段有效结合，为项目实施过程中的

⊖ 全国工程勘察设计大师陈世民曾有感于国内不重视设计前期研究、工程咨询"碎片化"的现实情况，提出了著名的"项链论"，即设想用"带造价的设计"这根"线"，串起策划、设计、造价、招标、监理等几颗"珍珠"，为业主提供增值服务，实现产业链价值最大化。

质量、安全、进度目标提供有效保障。

（3）设计与运维管理融合　在设计过程中充分考虑产品的使用与维护，利用价值工程理论对方案优化和深化进行管理，先从建设项目的使用功能出发，重点分析建筑功能设置，并结合建筑设计的特殊性，研究其针对各项设计条件的可实现性，对设计规范、规程、标准的符合性，及对国家、地区各项相关标准、规定的服从性等。在功能研究的基础上，对实现这些功能和使用要求的经济成本进行估算。在建筑设计中，价值（功能/造价）的合理性需要设计管理者在分析过程中，结合项目类型、类似工程经验，对设计功能价值比进行判断，帮助投资人决策，从而确定最优方案并完成深化，使其成为满足设计深度要求并满足下步工作要求的设计方案成果。

8.2　以设计为主导的全过程工程咨询项目的服务内容

8.2.1　以设计为主导全生命周期咨询服务模式的业主目标

在以设计为主导的全过程工程咨询项目中，设计贯穿于项目整个过程中，是促使项目实施过程中的其他环节有机结合的重要环节，对项目成败起着关键作用。建设项目全生命周期是指从建设意图产生到项目废除的全过程（丁士昭，2006），通常分为决策期、实施期和运营期。而业主目标是开展设计工作的基础，是通过每一阶段的咨询任务的实现来达成的。以设计为主导的全过程工程咨询的前期策划阶段，在完成项目目标论证、投机机会研究等咨询服务，并形成项目建议书、可行性研究报告以及专业技术评估报告等咨询服务的基础上，还需提供设计策划咨询服务，即运用QFD将业主需求转化为设计团队理解的项目目标和设计要求，为设计团队编制设计任务书提供科学、合理决策的依据。具体工作如下：

1. 定义需求和价值

在设计主导下，全过程咨询项目最为重要的是业主需求的识别与分析，并将其转化为可用来衡量的技术标准和管理规范。在业主目标的转化过程中，利用业主需求识别模型，用系统的方法来量化用户需求，定义业主需求和项目价值，进而保证从业主建设意图产生到项目运营的项目成功，使项目价值增值。因此，前期策划团队的主要任务是准确描述业主需求和期望，将业主需求转化为多个可替代的概念设计方案，并有效地定义项目目标和范围能够使所有参与方了解业主的需求和项目价值定位，确定一个设计轮廓，作为设计阶段的起点。

在确定需求与价值的过程中，设计专业人员帮助业主明确价值定位，项目的目标以及要满足的业主需求。在分析业主需求时，结合环境调查分析，调查项目建设的自然、政策、市场和经济等环境，再利用业主需求识别模型（Kamara J M，1999），把业主的要求转化为项目的设计特点、技术规范和管理要点，并将它们展开到各专业咨询服务和子管理系统中，不断对业主的需求和满意度进行追踪，能更好地促进沟通，帮助突破业主与设计者、设计团队内部的障碍。同时，能帮助业主评估项目备选方案，平衡相互冲突的项目需求，并建立可衡量的项目绩效目标。在业主需求识别模型中使用了质量功能展开（Quality Function Deployment，QFD），对于建设项目，QFD识别了业主最重要的需求并将其纳入设计阶段和策划阶段，从而起到提高感知质量的作用，其提供了一个系统的方法来量化用户的需求，并用服务的特点来反映这些需求（Bossert，1991）。Kamara J M（1999）把项目需求识别定义为调查、揭露并传达业主需求的一个过程,并提出了业主需求过程模型。该模型分为需求定义、需求分析、需求转换三个阶段,是基于并行工程条件下设计施工一体化、全生命周期的业主需求识别过程模型,如图8-3所示。

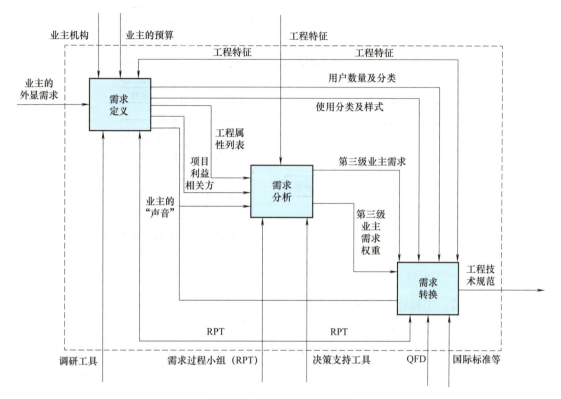

图 8-3 业主需求识别模型

2. 业主需求转化为设计标准

设计标准描述了项目需要满足的具体要求,如大小、空间邻接度、能源效率等。设计标准定义了业主的设计基础,它反映了设计必须满足的业主需求和期望,可能会包含使用空间的大小、规模、交付物以及项目过程中执行的活动。诸如学校、职业学院、医院和特许零售商等机构的业主会基于多年的经验制定正式的设计标准,而其他业主可能需要更深入地进行评估和分析,才能制定出具体项目的设计标准。设计标准体系大致分为直接效用标准和间接效用标准,如图8-4所示。

3. 各阶段的具体目标

(1) 项目前期策划阶段 项目前期的时间范畴涵盖从项目意图产生开始的项目决策阶段全过程至设计要求文件提出为止的项目实施阶段。在此阶段,业主目标是通过投资决策实现项目产品的成功,契合企业发展战略,实现投资收益和积极社会效益。而设计咨询成为准确识别业主的需求实现建设项目的关键咨询活动,有助于帮助业主解决决策科学化和"好用"的问题。

(2) 项目实施阶段

1) 设计阶段。建设项目设计阶段是项目实施的第一个阶段,具有承前启后的作用。在设计阶段，业主的目标是通过设计工作的开展，将业主的建设意图以建设项目实物的形式表现，在满足功能要求的同时实现投资、质量、安全等目标。业主方的建设目标一般是通过工程设计表达的，施工单位也是通过设计文件将业主方的建设目标实现的。

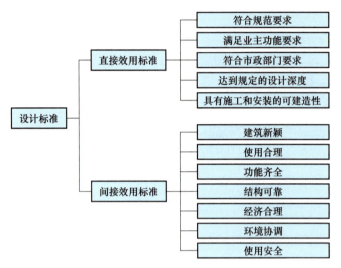

图 8-4　设计标准体系

2）发包阶段。工程建设承发包阶段即招投标阶段，是业主（建设单位）在前期阶段形成的项目成果基础上进行招标策划，通过招投标活动选择具有相应能力和资质的承包方，通过合约进一步确定建设项目的功能、规模、标准、建设成本、完成时间等，明确各参与方的责权利，保证业主的各项目标均反映在施工前的各项准备工作。在承发包阶段，业主目标是选择合适的项目承包方，并配备相关管理团队，协调项目任务使得项目建设顺利完成。

3）施工阶段。施工阶段是实现业主建设意图中重要的环节，在设计图纸与策划方案的基础上进行项目建设，保证项目建设过程与业主需求的一致性。此阶段，业主的目标就是确保项目各个阶段所制定建设目标的顺利实现，项目产品的有用性、可靠性、生产能力、载荷能力等通过项目建设得以达成，重要的是要完成预期进度、质量、工期、安全等目标，实现项目管理成功。

4）竣工阶段。竣工阶段主要以工程资料整理、竣工验收、竣工结算为主。全过程工程咨询单位一方面需要整理和收集从决策、设计、招采、施工等阶段形成的过程文件、图纸、批复等资料，同时需要协助业主完成竣工验收、结算、移交等工作；另一方面，把经过检验合格的建设项目及工程资料完整移交给运营机构，并进入运营阶段。在此阶段，业主的目标主要包括批准移交计划和进度，以及界定业主/供应商的权责。

（3）运维阶段。在运维阶段，需要适时对建设项目的决策和实施进行评价和总结，需要对建设项目进行运营管理，通过运营管理，检验其决策是否科学有效。在此阶段的业主目标主要包括评价项目各个方面的执行情况，并对设施进行初步评估。

8.2.2　以设计为主导的全过程工程咨询项目服务清单

以设计主导的全过程工程咨询服务下设计咨询工作任务应是以工程设计为中心，以技术决策咨询、方案咨询、专题研究、设计成果审查以及设计集成管理咨询为重点，提供专业化智力服务。工程设计的服务范围可概括为三大类：专项咨询、设计审图和一体化设计咨询，见表8-2。工程设计工作内容包括编制设计任务书、组织方案设计、初步设计（有工艺需求的需增加技术或工艺设计）、施工图设计等设计咨询服务工作。出具的设计文件包括设计说明、总平面、建筑、结构、建筑电气、给水排水、供暖通风和空气调节、热能动力等。

表8-2 工程设计服务类型

类型	委托方	服务内容
专项咨询	业主/设计单位等	针对关键问题或难点开展专项、专题咨询
设计审图	业主/政府主管部门	提供阶段性或全过程设计审查服务
一体化设计咨询	业主	完成设计方案和全过程设计审查；配合业主进行设计管理

全过程工程咨询模式下的工程设计咨询服务指的是一体化设计咨询，为业主提供完整、全面的技术咨询和管理咨询服务，而专项咨询和设计审图强调咨询服务的技术性，作为辅助提高设计质量的服务，相对来说周期较短，可作为设计咨询分包业务。

在以设计为主导全过程工程咨询服务中，主要咨询范围包括两个方面：一是设计服务。设计可分为编制设计任务书、设计标准、方案设计、初步设计和施工图设计，进行设计工作的单位应具有相应的设计资质。二是设计服务的延伸。除以上传统设计工作外，全过程工程咨询设计咨询服务工作任务还包括限额设计管理、可施工性设计、运维管理等专业咨询服务。

以设计为主导的全过程咨询服务清单见表8-3。

表8-3 以设计为主导的全生命周期咨询专项服务清单

服务		建设前期决策阶段	建设实施阶段				运营阶段
			设计阶段	施工阶段			
				施工前准备阶段	工程施工阶段	竣工验收阶段	
设计服务	工程勘察		1. 勘察方案编审 2. 初步勘察 3. 详细勘察 4. 勘察报告编审			参与项目地基与基础分部工程和单位工程验收	
	工程设计	1. 项目定义 2. 概念设计 3. 设计任务书	1. 阶段性设计文件编制及优化 2. 可施工性分析 3. 限额设计管理		1. 设计交底和图纸会审 2. 现场重大和关键工序施工方案合理化建议 3. 设计变更管理 4. 现场施工的配合工作	参与项目地基与基础分部工程、主体结构和单位工程验收	1. 配合项目延续更新 2. 提供建筑全生命期提示制度，协助专业拆除公司制订建筑安全绿色拆除方案等

（续）

服务		建设前期决策阶段	建设实施阶段				运营阶段
			设计阶段	施工阶段			
				施工前准备阶段	工程施工阶段	竣工验收阶段	
设计管理服务	设计过程项目管理	设计的全生命周期的策划管理、报建报批、勘察管理、设计管理、合同管理、投资管理、招标采购管理、施工组织管理、参建单位管理、验收管理以及质量、计划、安全、信息、沟通、风险、人力资源等管理与协调					
	招标采购		招标采购策划，编制招标文件（含工程量清单、招标控制价、合同条款等），发布招标（资格预审）公告，组织招标文件答疑和澄清，组织开标、评标工作，编制评标报告报投资人确认，发送中标通知书，协助合同签订等				
	造价咨询	1. 提供编制项目建议书、可行性研究报告及设计任务书所需的投资估算、项目经济评价报告等信息 2. 价值策划	1. 对设计方案提出投资评价 2. 确定项目限额设计指标 3. 编制及调整设计估算、概算、施工图预算	1. 工程量清单的编制与审核 2. 招标控制价的编制与审核 3. 制订项目合约规划 4. 清标 5. 拟定合同文本，协助合同谈判 6. 编制项目资金使用计划	1. 合同价款咨询（包括合同分析、合同交底、合同变更管理工作） 2. 技术经济比较和论证 3. 配合编制设备采购及设备监造工作计划 4. 材料、设备的询价，核价建议	1. 竣工结算审核 2. 竣工决算报告的编制或审核 3. 配合完成竣工结算的政府审计 4. 配合完成项目后评价报告的编制	项目维护与更新成本管控
	工程监理		1. 检查阶段性设计文件 2. 设计提出的材料、技术、设备的分析		1. 编制设备采购及设备监造工作计划 2. 配合设计交底及图纸会审 3. 设计变更控制和技术核定 4. 协调有关单位之间的工作关系	1. 工程验收策划与组织 2. 分部分项工程、单位工程验收 3. 竣工资料收集与整理 4. 工程质量缺陷管理	
	BIM咨询	基于BIM设计方案及模拟建设	1. 基于BIM成本控制 2. 基于BIM的设计优化与变更	1. 采用BIM进行自动化算量与错漏处理 2. 基于BIM快速询价	利用BIM技术进行成本、进度、材料、设备等多维信息管理及流程优化	采用BIM的竣工成本控制与审核	采用BIM进行运营信息的管理、修改、查询、调用工作
	运营维护咨询						1. 项目后评价 2. 项目绩效评价 3. 设施管理 4. 资产管理

8.2.3 以设计为主导的全过程工程咨询项目集成服务

设计主导全过程咨询的基础是以工程设计工作为基点，整合造价、设计和招标采购等咨询活动，授权全过程咨询方所需资源进行恰当的设计、投资控制及招标采购的工作。通过贯穿建设全过程的设计工作来增强项目参与者之间的关联性，优化项目整体而非局部，从项目前期介入，更有利于实现项目全生命周期的目标。要在设计阶段注重发挥造价控制的关键性作用，在设计交付文件中，直接增加相应的招标、造价文件，形成"图材量价一体化设计文件"。"图材量价一体化设计文件"即设计交付文件增加招标及造价文件，并以此推动项目全过程咨询，注重工程项目前期和设计的造价确定。在招投标阶段可编制招标文件中与造价有关的条款，如投标报价的编制、限制不平衡报价的控制条款等，施工合同中与造价调整及结算相关的条款，如人工费、材料费的调整依据和方法、工程变更价款的结算方法等。

1. 工程设计多专业集成

通常在施工阶段，设计图纸中那些"不便施工"或"不能施工"的问题才会显现出来，较为典型的如钢筋过密，混凝土难以浇筑；梁、柱尺寸变化太多或混凝土标号变化多，不便施工；狭小平面内布置结构件时没有考虑施工工作面，难以施工；采用标准图集，没有考虑到施工现场实际情况等。这是比较直观的可施工性问题，一般来说，这些问题发生在某个工序的施工过程中，是设计原因引起的难以顺利完成施工的问题。

而可施工性研究是项目前期应该开展的重点工作之一，其目的是致力于项目目标的集成化、系统化、专业化的研究活动。实施高效的可施工性研究，需要将参与项目的各方人员有效地组织起来，以利用各方的专业知识和经验，优化项目的实施过程。因此，为避免出现设计质量问题，在设计准备策划中，通过全过程咨询方可利用可施工性分析，成立可施工性研究小组，并让其参与制订项目总体进度计划和拟定主要的施工方法，以保证设计方案与进度计划相匹配。

可施工性研究是在项目实施的全过程中对以下各方面进行优化和改进：项目总体目标、项目的策划和设计、施工进度计划、费用或预算、施工和主要施工技术。可施工性研究主要应考虑以下因素：承发包模式，风险管理，项目工作分解，劳动力计划，考虑设备的尺寸、气候条件、区域环境条件等，施工顺序、施工装备计划，预制、预拼装以及标准化，现场设施（办公室、临时用电、给水、排水、保安、道路、停车等），可操作性和可维护性。上述的各项因素都会对可施工性产生影响，在可施工性研究过程中不应孤立地考虑这些因素，而应综合分析，具体如图8-5所示。

2. 工程设计与施工的集成与配合

另一类可施工性问题是与总体方案有关的问题，主要表现在项目实施的早期阶段，常规的设计质量管埋没有从总体上考虑后续施工的需求。比如，总平面图包括各个主体结构、道路、临时设施、设备、起重机械等的布置是否考虑到施工布置的实际需要等。设计与施工的分离是造成这些问题的原因之一，设计与施工的分离有利于使建筑生产专业化，使设计与施工在各自的领域内提高技术水平。另外，设计项目管理水平较差，往往只能从大的原则上考虑施工的需要，而不能从特定的项目和施工单位的实际情况来进行取舍，不能完全考虑到施工方的实际需要，也不能及时反映施工方的最新需求。

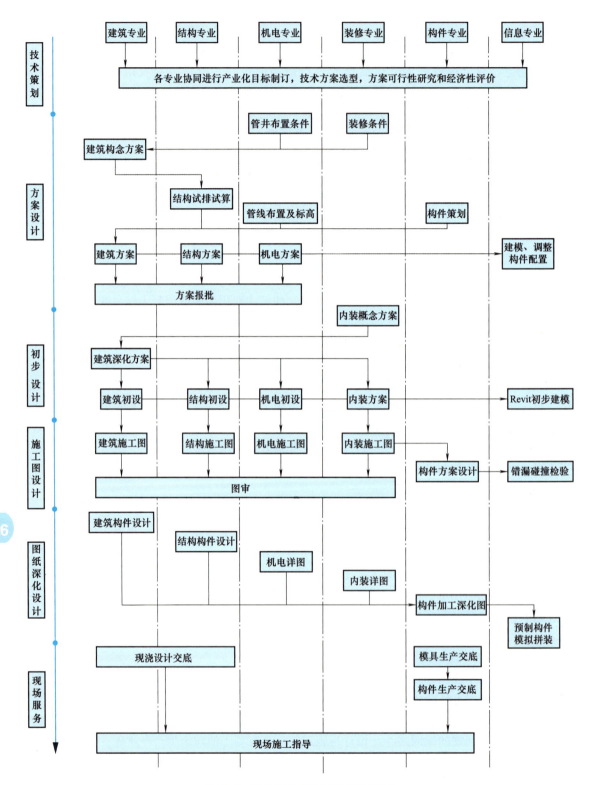

图 8-5 工程设计多专业集成示意图

在以设计为主导的全过程工程咨询项目中，全过程工程咨询团队会对业主方功能要求进一步细化，实现专项设计的协调，并在此基础上完成施工图设计工作。在此阶段，施工人员也会参与到相应的工作中，与设计团队共同对施工图设计进行审查，并分析实现单项设计意图的施工方法，开展价值工程活动，推广应用标准化设计，尽可能多地采用工厂化生产的建筑部件，分析设计项目所需物资的可供性，提高设计对自然环境的适应性，对施工图的可施工性等，进行全方位审查，以确保设计具有较高的可施工性。施工人员在设计人员设计过程中就要了解其设计思路和设计进展，并在其设计基础上提出自己的技术建议，一方面为以后的设计做准备，另一方面可以相互启发，让设计人员在实际设计工作中能循序渐进地考虑可施工性并完善图纸，减少设计人员返工修改图纸，从而减少日后的时间、人员及资金耗费。同时，施工人员可以把一些新的施工方法、工艺信息传递给设计人员，使设计图在实施中更具时效性，利用先进的技术成果促进项目目标实现，达到项目设计方案的优化。其具体流程如图8-6所示。

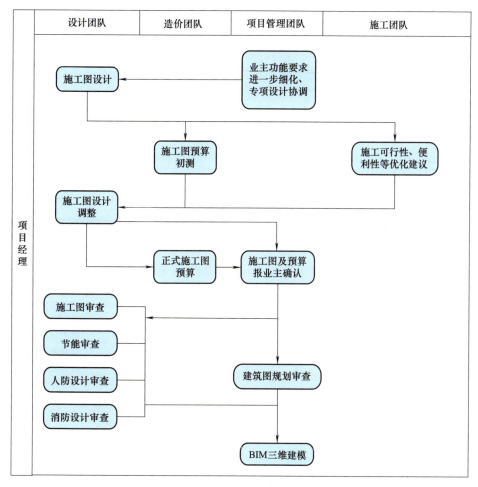

图8-6　施工图设计阶段工作流程图

3. 工程设计与造价咨询集成

在建设项目的工作分解结构中，设计阶段是决定建筑产品价值形成的关键阶段，对建设工期、工程造价、工程质量以及建成后能否产生较好的经济效益和使用效益，起到决定性的作用。设计阶段是分析集成工程技术和经济的关键环节，在设计专业工程师编制初步设计文件过程中，总负责人应安排造价专业工程师参与并编制设计概算，在造价控制目标进行估算调整及设计调整、组织初步设计概算内部评审、进行技术经济分析比较或调整概算，同时需考虑项目工期对概算的影响。在设计过程中，造价专业工程师需要密切配合设计工程师，协助其处理好工程技术先进性与经济合理性之间的关系，通过多方案的经济分析，优化设计方案，通过限额设计有效控制工程造价。其最有代表性的业务就是价值工程与限额设计集成应用。

在项目设计中，价值工程和限额设计方法都是实现建设项目投资控制目标的有效管理技术和方法。而在设计过程中投资限额如何分配，项目投资超出限额如何调整，并没有采用科学合理的方法进行论证，通常设计单位会采用降低项目建设标准，调整材料设备档次等方式简单地控制设计投资，经常造成项目的功能与投资成本分配不合理。限额设计方法能有效地将投资控制在限额内，但不能使项目的价值最大化，价值工程有利于项目价值的最大化。将价值工程应用到限额设计中相对于传统的设计阶段投资控制的方法，具有较强的主动性，有利于项目在有限投资内实现价值的最大化。

通过价值工程在限额设计中的应用，在设计之初就对投资在各专业进行合理分配，使投资控制具有主动性，并且将有限的投资应用于能够提升项目整体价值部位，使功能与成本的匹配更科学。同时全过程工程咨询方中的设计人员、造价人员以及项目管理人员与业主共同参与价值工程活动，有利于所有管理人员统一项目整体价值目标，从多个角度对项目进行决策。同时在项目整个设计过程中开展价值活动，使得设计阶段投资控制具有连续性，见表8-4。

表8-4 价值工程在限额设计中的应用程序

阶段	设计工作任务	投资控制任务	协调配合工作
方案设计阶段	根据项目功能要求，协助业主完成设计任务书，确定设计方案总体构思，提出建筑方案初稿及建筑总平面图建议	根据项目功能、定位，选择类似工程，用类推法确定初始工程投资，同时考虑工程建设其他费、预备费等提出项目初始投资限额	价值工程小组确定项目的整体目标及功能目标。设计人员与投资管控人员在提出的建议方案基础上共同确定初始投资限额，并根据初始投资限额进行设计任务的分配与配合
方案设计阶段	提出主建筑方案及多个备选建议方案	收集场地地质勘查报告，项目方案深化设计、项目建设功能定位要求，编制详细的投资控制计划	
方案设计阶段	参与最优方案的选择，根据确定的最优方案完成建筑总平面图、建筑设计图（含平面图、立面图和剖面图等），结构、设备、电气方案，进行市政条件综合调查	运用价值工程进行方案选择，方案的功能指数计算时使用层次分析法对方案满足功能的程度进行定性和定量分析。根据价值工程分析提出最优方案建议	
初步设计阶段	设计负责人根据投资限额分配，向各专业下达限额设计任务，根据初步设计深度标准要求；完成设计说明、总平面布置、各专业初步设计工作	编制项目详细投资计划，通过专家打分法，确定项目各组成部分的功能评价系数，得出项目理想状态下的各组成部分工程造价占总造价的比例，利用价值工程进行投资限额的分配	设计人员与投资管控人员共同确定项目详细投资控制计划，并运用价值工程对初步设计进行分析

(续)

阶段	设计工作任务	投资控制任务	协调配合工作
初步设计阶段	针对初步设计优化建议，对需优化的工程方案进行多方案对比分析和经济技术比较，确定最优方案	运用价值工程对建设项目的详细投资计划的功能成本进行分析，提出项目各组成部分的功能目标成本及可能降低的额度，对优化后的详细投资进行审查	设计人员与投资管控人员共同确定项目详细投资控制计划，并运用价值工程对初步设计进行分析
施工图设计阶段	按照设计深度要求完成施工图设计，并对超投资的部分进行改进调整	对比施工图设计与初步设计各项投资，对变化情况进行分析，如有超资的部分应进行详细分析并提出改进意见	如有超投资部分设计人员与投资管控人员分析调整

4. 工程设计与招标采购集成

在招标采购阶段，需要业主明确签订哪些合同、合同的估算或概算金额、采用何种发包模式、合同的执行时间以及合同的形式等，主要工作包括招标策划、招标文件编制、招标过程管理和合同条款策划。招标策划主要涉及策划整个项目实施的"战略性"合同结构体系，如根据建设任务分解合同、确定每个合同的工程内容和范围；策划具体合同确定的"战术性"实施过程，如合理划分标包、确定招标采购方式、设定招标人资格和招标关键技术要求等。开展招标策划、招标文件编制、采购计划的制订等工作重要依据来自设计阶段中的设计图纸、施工条件和施工技术要求等资料。在实际编制总体计划时，设计和采购以及施工之间就会相互牵制，由于一个或多个影响因素导致设计或者采购过程中某个节点滞后引发一系列滞后，形成连锁反应。虽然项目相关方会动态地进行追踪、控制和调整，但耦合关系在大型项目中错综交织，把管理人员绕入一个难解的网中。若没有好的措施，建设项目的进度将会出现问题。

基于建设项目中设计和采购的耦合与矛盾，从目标控制的角度入手，在组织措施上提出将招标采购人员配备到设计部门中，负责跟踪设计工作中设计到招标采购策划的调整，将招标采购的工作及时跟进调整，主要负责设计与招标采购之间的沟通协调。同时专设的协调人员可在合同条款拟定时发挥跨越专业融合作用，在合同签署时，合理科学地进行合同条款策划十分重要。施工合同是保证工程建设顺利进行，保证投资、质量、进度、安全等各项目目标实施的统领性文件，其应体现公平、公正和反映双方真实意愿的特点，制定科学合理的合同能够避免出现争议和纠纷，保证高效率地实现建设目标。

5. 工程设计与项目管理的集成

信息管理的过程包括信息收集、信息传输、信息加工和信息储存，需要做到及时和准确。工程建造过程中存在海量的工程信息，包括设计、管理、施工、审批等。大型项目往往还存在投资界面、合同界面、管理界面、技术界面复杂，参建单位多，项目组织协调困难等。由此可能带来大量的信息不对称及各种不利于工程建设和运营的隐患。因此，需要采用先进的信息管理手段，建立合理有效的信息管理制度，确保信息收集、传递、处理的及时性，形成数字化档案，进行数字化移交。

BIM 技术利用数字技术、三维技术等，建立虚拟的模型，可以协调项目全过程中的各个参与方，复杂的信息按照规律放在一起，因此这种技术会将项目数据处理得更为准确可靠、直观可见，也方便参与方获取数据、实行质量控制和专业操作等。以全过程工程咨询服务为载体，以 BIM 技术为手段，建设项目的全生命周期中可以实现可视化、数字化生产协作。利用 BIM 技术创建的三维建筑信息模型能够使用数字信息来仿真模拟建筑物所具有的真实状态。这也就意味着建设单位、全咨单位、施工单位等多位项目参与方可以共享同一建筑信息模型，使得数据和信息更为透明、公正。

8.3 以设计为主导的全过程工程咨询项目实施

8.3.1 以设计为主导的全咨项目的组织结构

全过程工程咨询单位组织机构主要包括职能部门和专业部门，根据具体情况设置，在设置部门时遵循以下几个原则：以项目管理运作方式进行设计；建立项目导向型矩阵组织，能同时解决传统矩阵式多重领导问题；以专业设计服务为部门设置原则，资源集中应对项目发散；成立设计咨询领导团队。

为发挥全过程工程咨询服务中设计服务的主导作用，以及在提供服务过程中跨组织沟通能力等特性，设立以建筑师为核心的领导团队，形成设计专业顾问，对进行多参与主体的资源和机会优化、控制整体项目的实现具有实质性的意义。设计咨询领导团队（设计专业顾问）的职责包括但不局限于：提供建设产品的信息（如建造要素的细节）；批准由专业承包商提供的施工图；回答承包商提出的现场疑问；检查施工工作，确保其过程遵守图纸和技术要求；检查施工工作，确保其达到一个可接受的质量标准；履行合同责任，向承包商发布正式通告或指令，包括发布设计信息，发布变更通知，关于施工标准和施工方法的说明，对合同问题做出判断，支付中期款额和签证，竣工签证。

全过程工程咨询方内部团队理想的组织结构如图 8-7 所示。

8.3.2 以设计为主导的全咨项目咨询任务分工

1. 全过程工程咨询项目总负责人

以设计为主导的全过程工程咨询涵盖项目前期策划阶段、实施阶段和运营阶段的项目全生命周期，其全过程工程咨询团队同样由前期策划团队、工程设计团队、工程造价团队、招标代理团队、工程监理团队和项目管理团队组成，工作任务主要分为设计和设计咨询两大类。同时，以设计为主导的全过程工程咨询团队设置了由业主和各专业团队负责人组成的咨询领导小组，负责总服务规划的筹划和编制、各专业策划大纲的决策、审核各重要文件等工作。

2. 全咨单位的工程设计团队

在以设计为主导的全过程工程咨询项目中，全咨单位的工程设计团队的工作任务涵盖项目的全生命周期，主要包括设计任务书的编制、勘察策划、方案设计、初步设计、施工图设计及设计咨询服务等设计延伸工作。其具体工作任务划分见表 8-5。

第8章 以设计为主导的全过程工程咨询项目实施模式

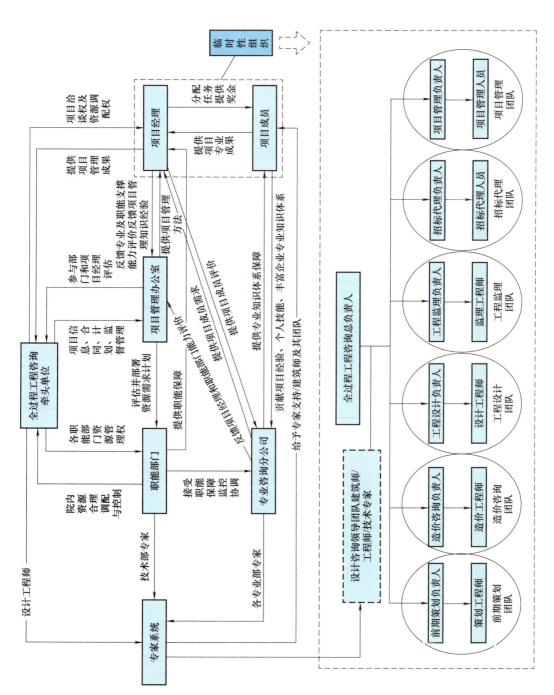

图8-7 设计主导全咨服务模式下全咨单位组织架构

表 8-5　项目前期决策综合性咨询项目前期策划团队工作任务分工

序号	阶段	工作内容	任务分工	
			专业负责人	专业咨询人员
1	前期阶段	工程设计咨询服务规划	（1）根据总服务规划，筹划工程设计服务规划 （2）审核工程设计服务规划	（1）编制工程设计咨询服务规划报告 （2）确定工程设计的业务流程 （3）负责与其他咨询团队的具体沟通
2		设计任务书	（1）制订设计任务书编制计划 （2）审核设计任务书 （3）与业主方沟通，确定业主需求	（1）配合前期策划团队完成项目定义工作 （2）为前期策划团队编制项目建议书和可行性研究提供相关信息 （3）在上述报告的基础上编制设计任务书，对拟建项目的投资规模、工程内容、经济技术指标、质量要求、建设进度等做出规定
3	勘察设计阶段	设计工作	（1）制订设计工作实施计划 （2）进行勘察策划 （3）审核阶段性设计文件	（1）进行工程勘察 （2）方案设计编制 （3）初步设计编制 （4）施工图设计编制
4		设计管理	（1）审核设计阶段项目实施进度计划 （2）审核优化设计方案 （3）审核设计估算、概算、施工图预算	（1）配合项目管理团队编制设计阶段项目实施进度计划 （2）配合项目管理团队确定项目质量的标准和要求 （3）提供相应信息并配合工程监理团队对材料、技术、设备进行分析 （4）进行可施工性分析 （5）进行设计优化 （6）提供相应信息并配合工程造价团队对设计方案提出投资评价 （7）提供相应信息并配合工程造价团队编制及调整设计估算、概算、施工图预算 （8）进行限额设计管理 （9）提供信息并配合项目管理团队进行设计阶段信息的收集、整理和分类归档 （10）配合项目管理团队进行设计方案的报批
5	招标采购阶段	招标采购管理	（1）组织施工图审查 （2）组织编制技术标准	（1）进行施工图审查 （2）编制技术标准 （3）配合招标代理团队确定招标采购需求 （4）配合招标代理团队进行合同签订
6	施工阶段	施工现场管理	（1）审核设备采购及设备监造工作计划 （2）审核设计变更控制和技术核定	（1）配合工程监理团队编制设备采购及设备监造工作计划 （2）完成设计交底及图纸会审 （3）配合工程监理团队完成设计变更控制和技术核定 （4）配合工程监理团队完成隐蔽工程、检验批、分项工程和分部工程验收 （5）配合工程监理团队完成工程竣工预验收 （6）配合工程监理团队完成专项验收、技术验收、单位工程验收、试生产 （7）配合工程造价团队完成技术经济比较和论证 （8）配合项目管理团队完成工程信息的收集、整理、存档 （9）配合项目管理团队组织提交竣工资料

(续)

序号	阶段	工作内容	任务分工	
			专业负责人	专业咨询人员
7	运维阶段	运营设计及管理	进行运维组织设计策划	(1) 配合项目管理团队完成总结评估以及回访 (2) 配合项目管理团队编制建筑使用说明书、房屋维修手册等材料 (3) 配合项目管理团队完成质保期管理 (4) 进行运维组织设计
8		运维工作		(1) 配合项目管理团队编制项目后评价报告 (2) 配合项目管理团队完成项目的维修保养和回访 (3) 配合项目延续更新 (4) 提供建筑全生命周期提示制度，协助专业拆除公司制订建筑安全绿色拆除方案等

8.3.3 以设计为主导全咨项目咨询参与方管理职能分工

以设计为主导的全过程工程咨询贯穿于项目的全生命周期，其涉及的专业团队包括前期策划团队、工程设计团队、工程造价团队、招标代理团队、工程监理团队、项目管理团队以及咨询领导小组，其中咨询领导小组包括全过程工程咨询总负责人和各专业负责人共同组成。管理职能分为主要职能和辅助职能两种，主要职能有筹划（P）、决策（E）、执行（D）、检查（C），其中决策职能分为全咨总负责人决策（E1）和咨询领导小组共同决策（E2）。辅助职能有提供信息（I）、组织协调（O）和参与配合（A）。其各阶段的管理职能分工如下：

（1）项目前期阶段　项目前期阶段，工程设计团队主要完成工程设计咨询服务规划和设计任务书的编制这两项工作。其中，工程设计团队专业负责人主要负责筹划设计咨询服务规划和审核相关文件的工作，专业咨询人员则负责具体计划和文件的编制，其管理职能见表8-6。

表8-6 项目策划决策阶段管理职能分工表

工作任务	主要工作项	职能分工						
筹划—P、决策—E（E1—咨询总负责人，E2—咨询领导小组）、执行—D、检查—C、信息—I、组织—O、配合—A		前期策划团队	工程设计团队	工程造价团队	招标代理团队	工程监理团队	项目管理团队	咨询领导小组
全咨服务策划	总服务规划	A	A	A	A	A	A	PD
	工程设计咨询服务规划		PD					E1
规划咨询	项目定义和目标论证	PD	A					E2
相关报告编制评审	编制项目建议书	DO	I	I				E2
	编制可行性研究报告	DO	I	I				E2
	编制设计任务书	I	PD	I				
价值策划	项目价值的定义、识别和评估	PDO	A	A	A	A	A	

工程设计参与项目定义与目标分析论证，有助于工程设计团队深入了解项目的性质、用途、功能定位。针对可明确使用方的项目，可对使用者等进行充分的调查和分析，有助于工程设计团队将使用者需求融入设计方案，以助于提高建设项目的使用价值。工程设计参与到项目建议书和可行性研究报告的编制中，可以保持资料的一致性，有利于设计任务书的编制。

（2）勘察设计阶段　在勘察设计阶段，工程设计团队完成相应的设计工作，并配合相关团队对项目的进度、质量、投资、信息和报批报建进行管理。其中，工程设计团队的专业负责人主要负责设计阶段项目实施进度计划的审核、设计优化方案的审核以及设计估算、概算、施工图预算等的审核等工作。除此之外，承包商的施工人员在此阶段也发挥了巨大的作用。勘察设计阶段具体的管理职能分工见表8-7。

表8-7　勘察设计阶段管理职能分工表

管理职能	主要工作项	职能分工							承包商
		全过程工程咨询团队							
筹划—P、决策—E（E1—咨询总负责人，E2—咨询领导小组）、执行—D、检查—C、信息—I、组织—O、配合—A		前期策划团队	工程设计团队	工程造价团队	招标代理团队	工程监理团队	项目管理团队	咨询领导小组	
进度管理	编制设计阶段项目实施进度计划	A				A	PD	E1	
质量管理	确定项目质量的标准和要求	A				A	PD		
	设计提出的材料、技术、设备的分析	IA				D	C		
	阶段性设计文件编制	PD				C			AI
	设计优化	PD	AC					E2	AI
	可施工性分析	DO	A			A	C		AI
投资管理	对设计方案提出投资评价	IA	D				C		
	编制及调整设计估算、概算、施工图预算	IA	PD					E1	
	限额设计管理	DO	AC			A	C		
信息管理	设计阶段信息的收集、整理和分类归档	IA	IA			IA	D		
报批报建管理	设计方案报批	A					D		

（3）招标采购阶段　在招标采购阶段工程设计团队主要负责配合招标代理团队完成相应的工作，其具体管理职能见表8-8。

（4）施工及竣工阶段　在施工及竣工阶段，工程设计团队主要负责配合工程监理和项目管理团队完成相应的进度管理、质量管理、造价管理、信息管理和运维准备工作，并执行设计交底及图纸会审工作，其具体的管理职能分工见表8-9。

表 8-8 招标采购阶段管理职能分工表

管理职能	主要工作项	职能分工					
筹划—P、决策—E（E1—咨询总负责人，E2—咨询领导小组）、执行—D、检查—C、信息—I、组织—O、配合—A		前期策划团队	工程设计团队	工程造价团队	招标代理团队	工程监理团队	项目管理团队	咨询领导小组
招标采购信息	招标采购需求	I	A		D		C	
招标	招标文件编制及审核		A		D		C	
	招标方案编制		A		D		C	
开标、评标、中标	清标、评标		A	A	D		A	
合同签订	合同签订		A	A	PD		A	C

表 8-9 施工及竣工阶段管理职能分工表

管理职能	主要工作项	职能分工						
筹划—P、决策—E（E1—咨询总负责人，E2—咨询领导小组）、执行—D、检查—C、信息—I、组织—O、配合—A		前期策划团队	工程设计团队	工程造价团队	招标代理团队	工程监理团队	项目管理团队	咨询领导小组
进度管理	编制设备采购及设备监造工作计划		A	A		D	C	E1
质量管理	设计交底及图纸会审		D			A	C	
	设计变更控制和技术核定		A			D		E2
	隐蔽工程、检验批、分项工程和分部工程验收		A			D	OC	
	工程竣工预验收		A			D	OC	
	专项验收、技术验收、单位工程验收、试生产		A			D	OC	
造价管理	技术经济比较和论证		A	D		A		
信息管理	工程信息的收集、整理、存档		A	A	A	A	D	
	组织提交竣工资料		A	A	A	A	D	
运维准备	总结评估以及回访	A	A	A	A	A	D	
	编制建筑使用说明书、房屋维修手册等材料		A			A	OD	

（5）运维阶段 在运维阶段，工程设计团队主要负责配合项目管理团队完成项目后评价报告的编制及项目的维修保养和回访工作，并提供延续更新咨询服务和辅助拆除工作，其

具体的管理职能分工如表 8-10 所示。

表 8-10 运维阶段管理职能分工表

管理职能	主要工作项	职能分工					
筹划—P、决策—E（E1—咨询总负责人，E2—咨询领导小组）、执行—D、检查—C、信息—I、组织—O、配合—A		前期策划团队	工程设计团队	工程造价团队	招标代理团队	工程监理团队	项目管理团队	咨询领导小组
项目后评价	项目后评价报告的编制	A	A	A	A	A	D	
运维咨询	项目的维修保养和回访	A				A	D	
延续更新咨询	配合项目延续更新	D					C	
辅助拆除	提供建筑全生命周期提示制度，协助专业拆除公司制订建筑安全绿色拆除方案等	D					C	

8.3.4 以设计为主导的全过程工程咨询项目咨询工作流程

1. 设计主导下的全过程工程咨询流程的五大阶段

根据对设计主导下的全过程工程咨询工作任务和阶段流程的划分，通过梳理各项咨询业务的工作任务在项目建设流程中的顺序关系，以全过程工程咨询服务的五大阶段为划分，编制设计主导下的全过程工程咨询工作流程图，具体如图 8-8 所示。

2. 设计主导下的全过程工程咨询重点工作流程

（1）可持续设计的工作流程 传统的设计注重寻求技术先进、结构坚固耐用、功能适用、造型美观、与环境协调和经济合理的设计方案，在一定程度上也很注重建筑的可持续性，但是没有引入 LCC（即全生命周期项目成本）等先进的方法辅助进行方案设计和方案评价，而且其提高建筑可持续性方面的技术也不够系统全面。

1）基于 LCC 的可持续设计包。在项目设计阶段的各部分工作中可以引入 LCC，即从影响全生命周期成本的因素出发进行方案设计，再利用 LCC 方法进行方案评价和选择，建立基于 LCC 的可持续设计包，如图 8-9 所示，其主要包括方案设计、方案评价、方案选择三个步骤。

① 方案设计。明确项目的功能需求和可获资源状况，分析项目全生命周期成本的构成，并寻找影响项目全生命周期成本的主要因素，从这些因素出发，设计能够有效降低项目 LCC 的方案。一般需要设计两个以上的基本方案，并对各基本方案的子系统分别进行优化设计，每个方案最终形成一个基本方案和一个子系统优化方案集的组合。基本方案的建筑特征应基本选定，包括建筑选址、朝向、结构形式、设备选型等；然后再对建筑的子系统进行优化设计，例如将单层窗改为双层窗，改善建筑的朝向、采用节能电器、增加太阳能系统、增加外墙保温隔热系统等，这些就构成了该方案的子系统优化方案集。子系统的优化设计应集思广益，本着降低建筑全生命周期成本，提高可持续性的原则。

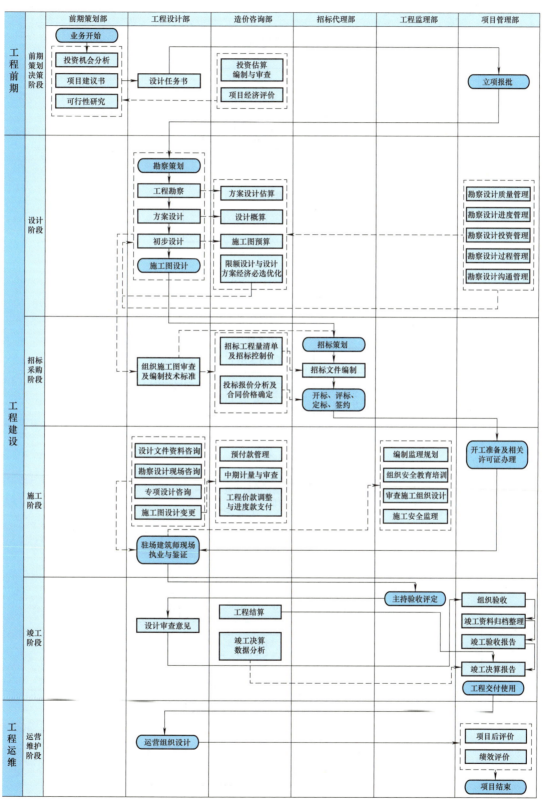

图 8-8 设计主导下的全过程工程咨询工作流程图

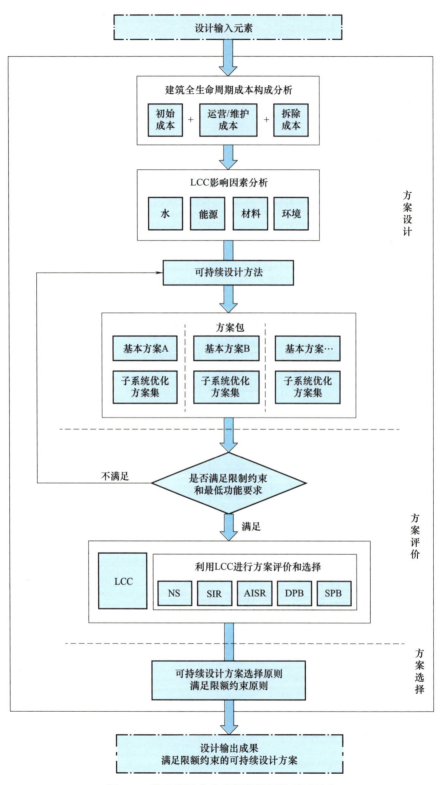

图 8-9 基于项目全生命周期的可持续设计包

在实际设计工作中，设计单位为避免繁杂的设计和分析工作，通常首先通过分析选定一个基本方案，再针对该方案进行优化。这种方法虽然节省了设计工作量，但是却存在缺陷，即：仅对选定的最优基本方案进行了优化，而没有对其他基本方案进行优化，这就有可能造成最优方案的遗漏——非最优基本方案经过优化后，有可能会优于最优基本方案的优化方案。因此本框架提出对所有的基本方案都要进行优化，然后进行全面的比较。

② 方案评价。利用 LCC 进行方案评价时，相同成本因子可以剔除，方案比较时不予考虑，并计算 LCC 的附加指标。方案评价可分为三步：一是评价各基本方案，分析其建造成本和全生命周期成本。二是评价各子系统的生命周期费用效率，即对子系统优化方案集进行 LCC 分析，在投资限额的约束下，尽可能多地选择各子系统优化方案，以降低该方案的生命周期成本。这需要采用 LCC 附加指标对各子系统优化方案进行排序，优先选择费用效率高的改进方案，直到建筑的建造成本达到投资限额为止。三是分析各优化后的方案，计算其全生命周期成本。

③ 方案选择。方案选择的原则是以全生命周期成本最低的方案为最优方案，最具有可持续性。

2）基于 LCC 的可持续设计框架。基于 LCC 的可持续设计包可以应用到设计的各个阶段，改善各个阶段的设计工作，提高各阶段输出成果的可持续性，形成基于 LCC 的可持续设计框架，本书设计阶段对于可持续设计包的应用主要体现在方案设计、初步设计及施工图设计三个阶段，设计与 LCC 目标有效融合。具体如图 8-10 所示。

① 方案设计阶段。建筑方案设计是建筑设计的初始阶段，它是建筑设计人员对设计对象有较深刻的认识，对设计任务、环境、建筑功能等做了一定分析之后，对建筑平面形状、体型及立面处理，层数、层高、开间、进深、结构形式、总体布置等方面提出的初步设想。

进行方案设计时，应由总体到局部、由粗到细，注意先解决大的关键问题，如平面方案中主要先考虑建筑功能分区、流线组织、建筑平面形式选择及房屋开间、进深的确定和房间位置的合理安排，而不是门窗的具体尺寸；剖面设计主要是剖面形式、层高、层数确定和空间组合，而不是具体构造做法；建筑外形设计要解决好总体型、比例和大的虚实划分，而不是某一台阶花格或线脚的具体处理。

② 初步设计阶段。初步设计是在建筑方案设计的基础上，进一步完善设计方案，在已定的场地范围内，按照设计任务书所拟的房屋使用要求，综合考虑技术经济条件和建筑艺术方面的要求，确定建筑物的组合方式，选定所用建筑材料和结构方案，确定建筑物在场地的位置，说明设计意图，分析设计方案在技术上、经济上的合理性，并提出设计概算和全生命周期成本估算。

③ 施工图设计阶段。施工图设计是建筑设计的最后阶段。它的主要任务是满足施工要求，即在初步设计或技术设计的基础上，综合建筑、结构、设备各工种，相互交底、核实核对，深入了解材料供应、施工技术、设备等条件，把满足工程施工的各项具体要求反映在图纸上。施工图设计的内容包括：确定全部工程尺寸和用料，绘制建筑、结构、设备等全部施工图，编制工程说明书、结构计算书、预算和全生命周期成本估算。

（2）基于一体化项目定义的招标文件编制程序　全过程工程咨询服务要求以"图材量价模"一体化项目定义为目标，推动以设计为主导的招标文件编制工作的创新，需要设计与其他工程咨询工作有效融合，咨询工作流程如图 8-11 所示。

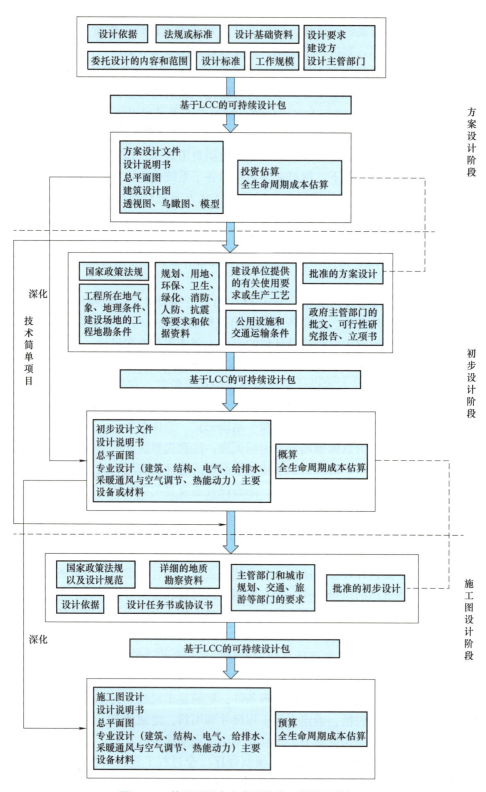

图 8-10 基于项目全生命周期的可持续设计框架

第 8 章 以设计为主导的全过程工程咨询项目实施模式

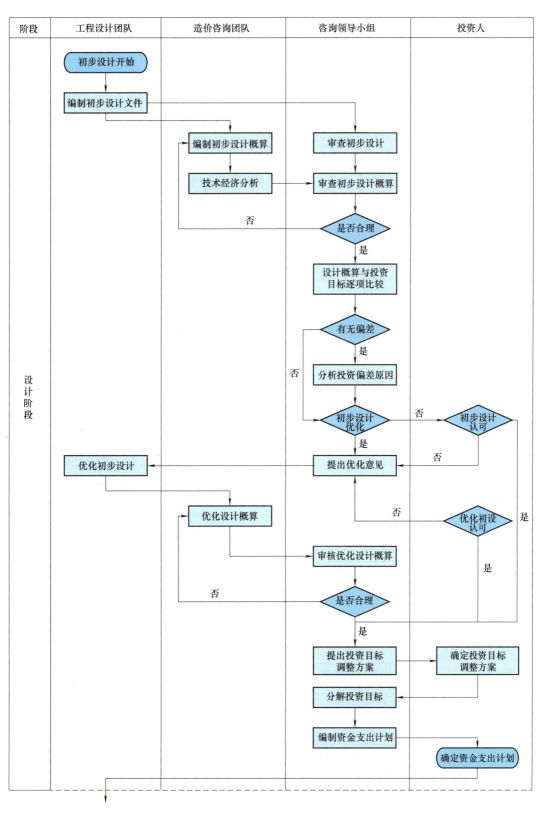

图 8-11 基于一体化项目定义的招标文件编制

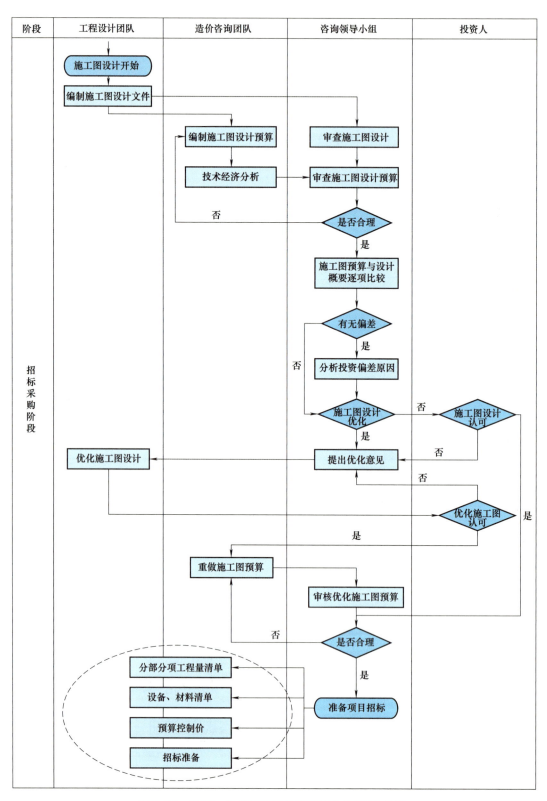

图 8-11 基于一体化项目定义的招标文件编制（续）

8.3.5 以设计为主导的全过程工程咨询项目咨询成果文件

1. 设计任务书

设计任务书一般由全过程工程咨询单位与投资人充分沟通后编制。设计任务书是投资人对工程项目设计提出的要求,是工程设计的主要依据。进行可行性研究的工程项目,可以用批准的可行性研究报告代替设计任务书。设计任务书可分为方案设计任务书、初步设计任务书、施工图设计任务书和专业设计任务书等。

根据可行性研究报告的内容,经过研究并选定方案后编制的设计任务书,要对拟建项目的投资规模、工程内容、经济技术指标、质量要求、建设进度等做出规定。

(1) 方案设计　方案设计是设计实质性的开始阶段。建筑设计方案应满足投资人的需求和编制初步设计文件的需求,同时需向当地规划部门报审。结合项目规划条件、项目实际情况完成总体设计方案,并通过经济、技术全面比选和各方面综合考量选择最科学合理的设计方案,并形成设计说明书,绘制相关设计图以及其他成果,如透视图、鸟瞰图、模型等。在一个项目的设计开始之前,设计时应该对工程项目所在地的客观条件进行详细的考察。考察项目主要包括项目所在地的气候以及施工所在地的地质情况,其次就是项目施工过中所需要的水电以及通信等基础设施的状况以及所在城市对于建设工程的城市规划计划,最后进行工程设计工作要满足业主方的要求。主要工作任务内容包括方案设计文件编制、方案设计文件审查和优化、方案设计报审。

(2) 初步设计　初步设计是根据可行性研究报告的要求所做的具体实施方案,主要是对设计方案进一步深化。也是施工图设计的基础,涵盖了采用的工艺、造价、布局等方面,最终形成初步设计文件以及初步设计评审资料,并提供相应的设计概算,以便投资人有效控制投资。目的是为了阐明拟建项目在技术上的可能性和经济上的合理性,并通过对项目所做出的基本技术经济规定,编制项目总概算。在进行建设工程的初步设计时,应该做出对于建设工程项目具体的规划,在进行设计时应该对于项目建设的经济性以及施工技术进行权衡。之后进行建设工程项目的技术方案以及工程的主要技术经济指标以及工程项目的造价估算活动。根据项目的实际情况进行项目设计的补充修正,使工程的设计方案能够更加满足工程项目的施工需求。工作任务内容包括初步设计文件编制、初步设计文件审查与优化。

(3) 施工图设计　建设工程的施工图设计主要是通过图纸的方式把设计者所想要表达的意图表现出来,并把相关图纸作为施工现场的主要施工依据。施工图中包含了工程施工过程中的主要零部件以及构配件,是工程项目施工以及验收的主要依据。在施工图设计阶段,设计师根据方案的初步设计,设计出准确、完整、细致的用来使用的建筑图及安装图。施工图是设计单位的最终成果文件,应按照批准的初步设计方案进行限额设计,施工图预算需控制在批准的设计概算范围内。施工图阶段的设计管理主要是:设计文件的管理、设计接口的管理、设计文件审查、设计的进度管理等。

在初步设计方案完成之后,应及时把设计施工方案报送相关的规划部门进行审核,召开施工方案的审核工作会议,听取各方面的意见,对于设计方案进行微调。

2. 总平面及建筑设计图

建筑总平面图是表明新建房屋所在基础有关范围内的总体布置,它反映新建、拟建、原有和拆除的房屋、构筑物等的位置和朝向,室外场地、道路、绿化等的布置,地形、地貌、标高等以及原有环境的关系和邻界情况等。建筑总平面图也是房屋及其他设施施工的定位、土方施工以及绘制水、暖、电等管线总平面图和施工总平面图的依据。

3. 工程投资估算

投资估算是以指以方案设计或可行性研究文件为依据，按照规定的程序、方法和依据，对拟建项目所需总投资及其构成进行的预测和估计。投资估算是项目建设前期从投资决策直至初步设计阶段的重要工作内容，是项目建设前期编制项目建议书和可行性研究报告的重要组成部分，是项目决策的重要依据之一。其编制的依据主要包括：

1）国家经济发展的长远规划和部门、行业、地区规划、经济建设方针及产业政策。

2）国家政策条件中规定的投资估算所需的规模、税费及有关取费标准，以及政府有关部门、金融机构等发布的价格指数、利率、汇率，以及工程建设的其他费用等。

3）工程所在地的同期工人、材料、机械市场价格，建筑、工艺及附属设备的市场价格和有关费用。

4）工程所在地的经济状况，土壤、地质、水文情况及气候条件等自然条件的情况，材料、设备的来源、运输状况等。

5）工程勘察与设计文件，图示计量或有关专业提供的主要工程量和主要设备清单。

6）类似工程的各种经济技术指标和参数等。

4. 设计图纸审查意见表

设计图纸审查主要分为初步设计审查和施工图设计审查。

初步设计审查主要是在初步设计阶段，当设计图纸出来后，全过程工程咨询单位需组织专业专家逐张审查图纸，重点审查选材是否经济、做法是否合理、节点是否详细、图纸有无错缺碰漏等问题。在认真审阅图纸之后，书面整理专家审图意见，与委托方和设计部门约定时间，共同讨论交换意见，达成共识后，进行设计图纸修改。

而对施工图设计的审查则是在施工图出图后及送行政审查前，全过程工程咨询单位应组织委托方、造价部门、监理部门等各相关单位对施工图的设计内容进行内部审查，如造价部门编制工程量清单应从工程量清单编制过程中发现的技术问题，或从造价的角度提出意见、建议；而监理部门应结合施工现场（如技术的可靠性、施工的便利性、施工的安全性等方面）提出意见、建议；主要检查施工图设计文件是否满足编制施工图预算的需要。全过程工程咨询单位应从施工图是否满足委托方需求等方面进行审查。全过程工程咨询单位对各单位审查意见进行汇总，并召开专题会议共同讨论，由设计部门对施工图进行修改、完善，最后形成正式的施工图。设计图纸审查意见表见表8-11。

表8-11 设计图纸审查意见表

工程项目		设计部门	
文件名称			
文件编号		提交日期	
全过程工程咨询单位审查意见	审查意见： 审查人签字：　　　　　　项目经理签字： 时间：　　年　月　日		

除了上述的设计成果文件之外，以设计为主导的全过程工程咨询项目与招标和造价也进行了深度的融合，因此相应的招标和造价文件也是该项目的成果文件。

5. 基于一体化项目定义的招标文件

招标文件是招标工程建设的大纲，是建设单位实施工程建设的工作依据，是向投标单位提供参加投标所需要的一切情况。因此，招标文件的编制质量和深度，关系着整个招标工作的成败。招标文件的繁简程度，要视招标工程项目的性质和规模而定。建设项目复杂、规模庞大的，招标文件要力求精练、准确、清楚；建设项目简单、规模小的，文件可以从简，但要把主要问题交代清楚。招标文件内容，应根据招标方式和范围的不同而异。工程项目全过程总招标，同勘察设计、设备材料供应和施工分别招标，其特点、性质都是截然不同的，应从实际需要出发，分别提出不同内容要求。

招标文件一般由三部分组成，一是招标公告或投标邀请书、投标人须知、评标办法、投标文件格式等，主要阐述招标项目需求概况和招标投标活动规则，对参与项目招标投标活动各方均有约束力，但一般不构成合同文件；二是工程量清单、设计图纸、技术标准和要求、合同条款等，全面描述招标项目需求，既是招标投标活动的主要依据，也是合同文件构成的重要内容，对招标人和中标人具有约束力；三是参考资料，供投标人了解分析与招标项目相关的参考信息，如项目地址、水文、地质、气象、交通等参考资料。

除此之外，BIM技术也在设计成果文件中发挥了巨大的作用。首先，BIM具有可视化的优点，可以虚拟模拟施工环境，从而可以使设计人员结合之前不能发现的问题设计出更为精准的图纸；工作人员也可以对相关的图纸进行分析，从而实现对材料和建筑面积进行有效分析，使得建筑的质量、工作人员的效率得到提高。其次，BIM在工程造价信息化管理过程中有不可比拟的优势，其工程量计算的准确性和严格控制设计变更的特点，都可以提高工程投资估算及工程量清单的准确度并降低工程量清单的编制难度。同时，BIM还可以实现设计协同，工程各参与方可以通过协同设计平台实时更新信息，实现彼此之间数据的传递，有利于彼此间的沟通协调，并通过碰撞检查及时发现专业问题，便于对设计图纸进行审查和优化。

综上所述，以设计为主导的全过程工程咨询项目的成果文件包括设计、招标、造价等方面的内容，形成的是"图、材、量、价、模"一体化设计文件。

8.4 以设计为主导的全过程工程咨询项目案例分析

8.4.1 某机场航站楼项目全过程工程咨询项目概况

1. 项目背景

某国际机场航站楼项目是按照"一次规划、二次建设"的原则进行设计的，该航站楼建筑平面呈"X"形，东西长约750m，南北宽约1060m，建筑高度50m，大厅地下两层（局部夹层）、地上4层，指廊地上3层。建筑主体结构采用钢筋混凝土形式，局部采用后张法有黏结预应力梁及钢管柱，屋面采用钢网架形式。其总建筑面积为540 000m^2，总投资为70亿元。开竣工时间为2012年12月至2017年6月。

2. 项目治理模式及组织结构

该项目采用了"业主+承包方+全过程工程咨询方"三边治理模式开展全过程工程咨询

项目。其中,项目的业主方为某有限公司,其对项目总体负责,指派一位项目负责人处理项目所有事务。同时,业主方委托了某设计研究院为全过程工程咨询单位,提供相应的设计、招标和造价咨询服务,其他各专项服务团队配合某设计研究院完成相应的工作。承包商则需委派项目经理带领项目施工团队负责项目施工工作。

该项目全过程工程咨询工作由某设计研究院有限公司负责,业务范围包括与设计和招标有关的工作。项目各参与方的组织结构如图 8-12 所示。

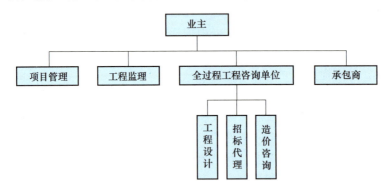

图 8-12 某机场航站楼项目全过程工程咨询项目组织结构图

3. 服务范围

该案例咨询服务主要涵盖项目决策阶段、设计阶段和施工准备阶段的阶段性全过程工程咨询业务,主要范围包括:

1) 设计方案设计,同时配合可行性研究报告编制单位完成航站楼部分方案论证及投资估算编制。

2) 项目初步设计及概算编制。

3) 施工图设计。

4) 设计阶段造价控制,包括结合价值工程进行限额设计、方案技术经济比选、设计优化等。

5) 参与合约规划,包括合同架构策划、标段划分建议、合同形式确定及计价方式分析等。

6) 编制招标工程量清单及控制价。

8.4.2 咨询公司项目前期决策综合性咨询的管理模式

1. 某设计研究院有限公司简介

某设计研究研究有限公司是中国同行业中成立时间最早、专业最全、规模最大的国有甲级建筑设计院之一,其业务涵盖建筑工程设计、轨道交通设计(TOD)、城市规划与设计、市政、园林景观、工程监理、造价、总承包、项目管理、房地产开发等多个专业领域,形成了设计咨询、工程总承包、投资"三大板块"联动发展模式,并可为客户提供以设计为主导的全过程工程咨询服务。

2. 全过程工程咨询项目实施的组织结构策划

根据咨询服务的业务范围,基于突出沟通渠道具有指向性,指令下达具有单一性,落实指令具有快捷性、专业性几大特性，整合设计团队与造价团队的组织模式，搭建适用于该项目的组织框架，具体如图 8-13 所示。

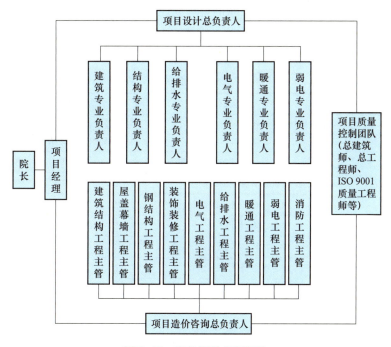

图 8-13　咨询团队组织架构

（2）任务分工　在该项目中，某工程设计研究院承担的工作主要集中在设计阶段和招标阶段，其具体的任务分工如下：

1）设计阶段。该阶段主要涉及工程造价团队和工程设计团队。其中，工程造价团队在项目初步设计阶段主要负责收集在建或已建类似功能的工程造价信息，结合业主提供的投资限额，联系该工程实际情况，对该项目的造价构成做出初步判断；并在施工图设计阶段根据初步设计工程概算的相关技术经济指标，协助设计人员优化设计，通过从技术经济等方面对施工图设计中的一些设计变更进行经济分析比较，协助业主方选择最合理的设计方案。

而工程设计团队在项目初步设计阶段主要负责项目的方案设计，并通过审核初步设计概算，结合业主方投资目标，对初步设计提出优化建议，对结构体系、设备系统、主要关键设备的选定提出建议，使设计得到优化，从而有效地控制工程造价。在施工图设计阶段则主要是在工程造价团队的配合下完成施工图设计，并对设计方案进行优化。

2）招投标阶段。该阶段主要涉及工程设计团队、招标代理团队和工程造价团队。其中，工程设计团队和工程造价团队主要是负责参与招标人组织的分析、讨论和现场踏勘，并从造价管理的角度对招标文件及拟定合同条款提供专业意见，在招投标阶段和合同签订阶段尽量消除日后可能发生争议和索赔的因素。除此之外，工程造价团队还要严格按照国家清单规范及地方法规要求编制招标用工程量清单及预算控制价，并且预见性地提出清单中的措施项目及预设项目的编制意见，供招标人参考、决策；招标工作结束后，对中标候选人投标工程量清单进行核查，出具有关总价准确性和单价合理性的咨询意见，供招标人参考、决策。而招标代理团队则主要负责参与合约规划，提供包括合同构架策划、标段划分建议、合同形式确定及计价方式分析等相关咨询。

（3）管理职能　该项目是以设计为主导的全过程工程咨询项目，因此项目中开展的工作都是以设计工作为主线的。其各个团队的管理职能可分为主要职能和辅助职能两种，主要职能有筹划（P）、决策（E）、执行（D）、检查（C）。辅助职能有提供信息（I）、组织协调（O）和参与配合（A）。其具体的管理职能见表8-12。

表 8-12　某设计研究院开展全咨服务的管理职能分工表

序号	阶段	主要工作项	职能分工			
筹划—P、决策—E、执行—D、检查—C、信息—I、组织—O、配合—A			工程设计团队	工程造价团队	招标代理团队	业主
1	设计阶段	确定投资控制的整体思路	PD	I		EC
2		投资控制方案的编制	A	IPD		EC
3		项目设计任务书的编制	IPD			EC
4		项目方案设计	PD			EC
5		投资估算的编制		D		
6		施工图设计	PD			EC
7		设计概算编、审	D	I		EC
8		设计阶段造价控制	PD	I		EC
9	招标代理阶段	招标计划编制			PD	EC
10		合约规划		A	PD	EC
11		招标工程量清单及控制价		PD	I	EC

3. 工作计划安排

建设项目的设计是决定建筑产品价值形成的关键，对整个工程造价的影响程度达75%~95%。项目投资控制的关键在于施工以前的投资决策和设计阶段，而在项目做出投资决策后，控制项目投资的关键就在于设计。设计方案直接决定工程造价，也就是说，设计对工程投资的影响是根本性的。要想有效地控制工程项目投资，就要坚决把工作重点转移到建设前期。因此，该项目为避免类似情况的发生，在项目策划阶段就对建设规模进行了充分的认证，并确定了设计全过程造价控制的总体思路（表8-13），确保不突破项目总投资估算。

表 8-13　设计全过程造价控制总体思路

序号	控制主线	控制阶段			
			预可行性报告	可行性报告	初步设计（方案深化）	施工图设计
1	建设规模控制	根据概念方案图纸复核并辅助确定建设规模	根据方案图纸复核并辅助确定建设规模	根据初步设计图纸复核建设规模是否控制在批复可研要求范围内	根据施工设计图纸复核规模是否控制在批复概算要求范围内
2	建设投资控制	根据概念方案图纸分析并辅助确定建设投资	根据方案图纸进行详细投资估算并辅助确定建设投资	根据初步设计图纸编制初步概算与可研投资差异，并提出建设性意见，确保投资控制在批复可研范围内	根据施工设计图纸编制工程量清单及预算控制价，分析预算控制价与批复概算投资差异，并提出建设性意见，确保投资控制在批复范围内

4. 工作流程

工程量清单控制价编制是该项目的难点之一,主要困难在于项目的进度与质量保障方面,由于项目工期紧,设计周期、招标时间等均不同程度压缩,在与业主充分沟通确定了项目的进度目标后,对项目的常规工作流程做出了改进:①强化招标准备阶段工作,将招标准备阶段工作前置于设计工作同时开展。②通过设计阶段造价控制的前期介入,掌握设计情况、熟悉过程图纸,与设计充分搭接。③将传统的工程量计算、清单项目设置与定额组价、主要材料设备询价的串联式工程升级为并联式工作流程,提升工作效率。④率先采用了过程文件跟踪校审,成果文件全面校审的搭接式工作模式,提升校审效率及质量。图 8-14 所示为工程量清单控制价编制工作流程图。

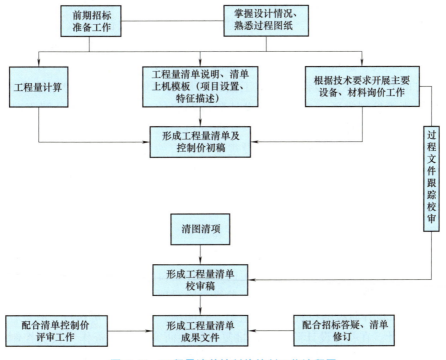

图 8-14 工程量清单控制价编制工作流程图

8.4.3 以设计为主导的全过程工程咨询实施中的工作重点

1. 咨询项目的重点及难点

1)航站楼项目规模大,涉及因素众多,结构复杂,技术先进,目标多元。其投资涉及面广,控制难度大,不确定性强。

航站楼作为大型的公共基础设施,必须确保其高效有序运转,这决定了它的多系统集成。同时,航站楼工程作为机场的标志性建筑,从设计到施工,其工法工艺不仅要展示现在建筑技术的高水准,还要体现地方民族文化特点。

2)航站楼项目工期紧张,政府参与程度高。航站楼项目作为城市标志性建筑,其建设周期一般为3~5年。而机场建设项目从选址、立项、规划开始,到项目资金筹措、征地拆迁、市政配套建设,工程实施中的招标方案报备、审批,直到项目竣工验收,政府的参与程度都很高。加之机场建设项目巨大的投资规模，其建设往往受到政府的高度关注，工期要求通常很紧张。

3）建设管理审批程序复杂。作为特殊大型公共基础设施，为了保证机场建设的投资优化及项目可行，在项目前期，通常对机场建设的立项、可行性及项目规划等实行严格的论证审批制度。

综上所述，航站楼项目工程技术要求高、投资额巨大且工期紧张，因此，在项目前期对项目的建设规模、投资规模进行控制，并协调相关参与方等工作十分重要。

2. 建设规模控制

航站楼项目为政府投资项目，其建设规模的确定需在项目策划期就做好充分论证，确保建设规模不被突破，从源头上保证项目总投资估算不被突破。建设规模在航站楼项目建设中是一项非常重要的技术经济指标，它是确定建设规划的重要指标；是核定估算、概算、预算工程造价的重要指标；是计算工程造价并分析工程造价和工程设计合理性的基础指标。由于航站楼体积庞大、造型复杂等，因此准确计算建设规模非常重要。在设计过程中，由于各使用方的介入，在初步设计和施工图设计阶段对航站楼规模的调整也相对频繁。因此，在建设规模控制方面，根据方案设计阶段制定的建设规模目标分解表对建设规模实施动态控制，当超出控制目标规模时，立即分析原因并告知设计，通过设计负责人召集各专业进行优化，确保设计过程中建设规模得以有效控制，并做好相关调整记录。在完成初步设计与施工图时分别编制建设规模对比表，将三个阶段的建设规模进行对比分析并说明变化原因。

3. 投资控制

为确保有效控制投资，该项目在初步设计和施工图设计阶段分别按照审批通过的可行性研究报告投资估算和初步设计概算全面推行限额设计，并运用价值工程理论对设计方案进行优选。具体过为：运用目标分解法将确定的投资控制目标进行合理分解，在设计过程中严格控制各子目标的投资，进行三算对比实行分级分阶段项目造价控制，以此形成造价管控的闭环系统。使项目设计阶段的投资控制有组织、有明细、可量化、可执行、有过程。

（1）限额设计　在初步设计阶段，将批复可行性研究报告投资作为投资控制目标，并按建筑、结构、给水排水、消防、强电、弱电、暖通、电梯、行李系统等单位工程进行分解，将分解后的单位工程投资作为各专业控制目标，同时参照其他同类机场，提出钢筋、混凝土控制指标，并以书面形式提交给相应的专业负责人。在施工图设计阶段，根据审批通过的初步设计概算，对投资控制目标进行进一步分解，在设计限额指标提出的同时，对设计材料选择、材料耗量、材料设备品牌提出详细要求，保障设计限额能有效执行。初步设计阶段投资控制目标分解示例和以钢结构为例的施工图设计阶段投资控制目标分解示例见表8-14和表8-15。

（2）设计方案技术经济比较　在设计过程中，对各专业在设计过程中涉及的方案比较、设备选型从经济角度进行分析论证，技术经济比较主要包括以下内容。

1）建筑专业：包括幕墙选型、屋盖系统选型、建筑节能措施、防水材料选择、装饰材料选择、建筑层高等。

2）结构专业：包括基础选型、砌体材料选择、高填方方案、护壁选型等。

3）设备专业：包括主机选型、供电方案、空调方式、电缆选型等。

表 8-14　初步设计阶段投资控制目标分解表

第一级	第二级	第三级	单位	工程量	投资（万元）
投资总计					
	1.1 场地准备	场地平整			
		土石方工程			
	1.2 地下结构	地基及地基处理			
		基础工程			
		……			
	1.3 地上结构	砌筑工程			
		混凝土工程（含模板）			
		金属结构工程			
		……			
	1.4 装饰装修工程	屋面系统（直立锁边）			
		外装饰			
		室内装修			
		……			
	1.5 给水排水工程	给水系统			
		热水及饮水系统			
		……			
	1.6 消防工程	室内消火栓系统			
		自动喷水灭火系统			
		……			
	1.7 采暖通风空调工程	集中空调系统			
		通风系统			
		……			
	1.8 电气工程	变配电系统			
		地理系统			
		……			
	1.9 弱电工程	信息集成系统			
		航班信息显示系统			
		离港控制系统			
		……			
	1.10 交通体工程	……			
	1.11 专项设备	……			
	1.12 登机桥	……			
	……	……			

表 8-15 施工图设计阶段投资控制目标分解表（以钢结构为例）

第一级	第二级	第三级	第四级	单位	工程量	投资（万元）
		投资总计				
航站楼项目单项工程	1.3 地上结构	金属结构工程	钢管柱			
			钢网架			
			钢檩条			
			钢结构油漆			
			钢结构屋盖措施费			
			……			

4. 设计优化

航站楼项目专业性强，在设计过程中需要设计人员和工程经济人员要紧密配合，对项目设计的各个方面进行充分的技术经济论证，并达到以下要求：

1）严格按照批准的建设项目设计任务书及投资估算控制初步设计，以保证投资估算层层落实并起到控制作用，使得工程造价不被任意突破。

2）初设批准后，在施工图设计的过程中，需进行设计方案论证比较。工程经济人员和工程设计人员密切配合，从技术性能、平面布局、立面造型、装饰效果、使用功能等方面进行多方案的比较，应用科学的技术经济分析方法进行定性和定量的评估，经过全面的综合分析和充分的技术论证，做出最优的方案选择，减少施工过程中的设计变更，充分发挥国家建设资金的最佳投资效果。

5. 招投标策划

该阶段通过前期介入合约规划为业主方提供相关咨询意见，咨询内容主要包括合同构架策划、标段划分建议、合同形式确定及计价方式分析等。在该案例中，绝大部分项目按规范必须采用工程量清单招标，因此计价方式必须按工程量清单计量计价规范执行，在这里主要说明合同构架策划、标段划分建议与合同形式选择三个方面的内容。

（1）合同构架的策划　在该案例中，结合同类型工程的施工经验进行总体合同构架的搭建，对施工总承包、专业分包和指定供应方的招标范围、招标内容进行梳理，采用施工总承包结合专业分包和指定供应方的模式。在该模式下要求总包单位具有较强的管理和协调能力，同时必须在招标文件中约定总、分包的工作界面在合同中明确相关方的工作内容与职责。该模式可发挥施工总承包单位在施工及现场管理的长处，有利于整个项目的进度、投资和质量控制，有利于业主选择最合适的专业分包方和指定供货方来承担总包方不善于运作或报价过高的单项工程，同时业主拥有专业分包方和指定供货方的选择权和决定权，而在合同关系上这些分包合同均隶属于总包合同，降低了业主的管理和协调难度。

（2）标段划分建议　由于航站楼项目规模大、工期紧、作业面广，对航站楼项目进行标段划分十分必要。可增加作业面加快施工进度，同时有利于资金的分块与管理。在该案例中结合拟搭建的合同构架，通过分析现场条件、现场管理协调与临时设施安排、资金分块规模、拟分包的专业工程及施工图情况等因素，对施工总承包标段进行划分。航站楼部分标段划分情况见表 8-16。

表 8-16 航站楼招标计划及标段划分

项目名称	标段组成	主要包含内容及界面划分	概算投资（万元）	计划完成招标时间	计划开工时间	计划完工时间
土建施工总承包工程	标段一	大厅（E区）及C、D指廊土建施工				
	标段二	A、B指廊土建施工				
钢结构	标段一	大厅（E区）钢结构工程				
	标段二	A、B、C、D指廊的钢结构工程				
幕墙	……	……				
屋盖	……	……				
装饰装修工程	……	……				
综合安装工程	……	……				
弱电工程	……	……				
消防工程	……	……				
……	……	……				

（3）合同形式选择　常见的合同形式主要有总价合同、单价合同、成本加酬金合同。根据项目不同标的外部环境稳定性、标的规模、招标图纸情况与技术标准、发包方的要求、施工工期长短等因素选择合同形式。表 8-17 为三种合同形式的对比分析，该案例在综合了项目规模、施工工期、业主风险等因素后建议采用单价合同。

表 8-17 三种合同形式对比表

比较因素	合同总价	成本+酬金合同	单价合同
项目明确程度	明确	不明确	一般
业主风险	小	大	一般
项目规模	小	—	大
外部环境	稳定	不稳定	一般
工期	—	特别紧迫	长
招标准备时间	长	短	较长

该项目在实施过程中，对传统单一的设计服务和单一提供造价咨询服务转变为提供设计技术咨询与造价管理咨询相融合的咨询模式，并通过确定服务范围和组织架构、明确任务分工和管理职能、优化工作流程、制订工作计划及相应投资控制措施等，使得该项目取得了较好的效果，并较好地实现了经济价值。

第 9 章
基于 1+N+X 的全过程工程咨询实施模式

/本章导读/

- 全过程工程咨询的本质要求就是协同管理和集成交付，1+N+X 模式能灵活满足业主对协同管理的要求，因此，基于 1+N+X 的全过程工程咨询实施模式的核心思想是"策划为先导、管控为主线、价值增值为目标"。
- 基于 1+N+X 的全过程工程咨询实施模式的业主目标以及全过程工程咨询咨询服务清单，核心是如何实现高效、集成化的全过程项目管理。
- 基于 1+N+X 的全过程工程咨询服务模式的实施需要回答：做什么？谁来做？怎么做？为了回答这三个问题，勾画出基于 1+N+X 的全过程工程咨询项目的组织结构、任务分工、管理职能分工、工作流程等具有通用性的内容。

9.1 基于 1+N+X 的全过程工程咨询的服务特征

9.1.1 基于 1+N+X 的全过程工程咨询服务的核心思想

1. 项目管理团队在全咨项目中的重要作用

工程咨询服务属于知识密集型服务，咨询服务方案是专业人士的智力成果产出，知识的运用和掌握成为工程咨询成功的重要手段。由于工程咨询知识异质性程度高，专业咨询知识与技术手段的不同，会引起各专业咨询成果之间产生"错、漏、碰、缺"的问题，同时增加了业主协同管理难度，并使不同业务责任界面变得复杂模糊。这就需要具有不同专业知识的主体为实现咨询服务的整体最优进行协调与配合工作，而项目管理团队具有融合专业知识，既懂技术又懂管理，成为协调管理的首选，其优势主要体现在以下两个方面。

（1）技术类咨询与管理类咨询相互制衡　咨询服务中技术类服务与管理类服务的分离，使得做设计的不懂管理一味追求设计指标的完美，做管理的不懂设计执着的追求管理的规范与经济。从业主易于管控的角度，需要采取分权制衡的思想，及时发现并抑制全过程工程咨询项目参与方徇私的不良行为，将技术咨询与管理咨询分权制衡。这不仅考虑到其应用专业知识的差异性大，考核标准不同，工程咨询方不易将两大类业务进行整合并一揽子开展，同时在法律上，管理与技术的分离有利于权责利的划分和工作职责的分配，避免一些寻租行为的产生。例如德国的业主与提供设计类服务和工程项目控制与管理类服务的公司分别签约，其法律上应该承担的责任都有明确界定。这也为中国实行全过程工程咨询提供借鉴，将项目管理作为管理类咨询的主导方与技术类咨询形成均衡的状态，并发挥其协同管理的能力。

（2）咨询服务差异性知识的统筹管理　不同的咨询服务的知识类型存在差异，其中，工程设计类服务主要依靠专业人士的技术型知识，是基于科学性规律的知识运用，如规划、勘察、设计。工程法务类服务主要提供规范型知识，侧重规范、价值等，如审计、仲裁、合同拟定、争议解决。工程管理类服务主要展示专业人士的融合型知识，注重科学性与规范性整合。项目管理属于工程管理类服务，具有知识范围跨度较大，其中专业人士拥有的知识种类较为丰富，能较好地统筹管控具有不同知识类型的咨询服务人员，使得全过程工程咨询项目不同咨询业务更加的融合和配合，形成协同效应。

2. 基于 1+N+X 的全过程工程咨询服务的开展思路

基于 1+N+X 的全过程工程咨询实施模式的重点在 "1" 与 "+" 上，即统领整个全咨项目的主线问题与各专项咨询之间的协同管理问题。由于项目管理的知识融合性，使得项目管理作为全过程的主线更具有优势，但如何在各个专业板块和技术与管理分离的情况下开展全过程项目管理就成为亟待解决的问题。因此，本书提出"策划为先导，管控为主线，增值为目标"作为 1+N+X 的全过程工程咨询服务的开展思路，具体如下：

（1）策划为先导　在开展 1+N+X 的全过程工程咨询模式之前，首先做好全过程项目管理服务总体策划方案、项目管理策划以及各专项咨询服务策划方案，将这些策划方案作为全咨项目开展项目控制的依据，其中需要明确项目目标和项目管理的目标，实现项目目标的主要思路和具体办法，识别管理重点和关键点，着重进行过程控制。预防项目管理失序失控，以免出现组织重叠、职责分工不明、计划制订针对性不强、工作内容不具体、信息不通畅、工作进度拖延等问题。全过程工程咨询项目策划内容涵盖项目前期各项管理、政府审批手续、招投标、勘察设计管理、造价咨询、项目实施过程管理、项目竣工验收、后评价和运维管理等内容。

（2）项目管控为主线　在 1+N+X 的全过程工程咨询模式中，由于项目咨询服务的参与主体较多，主体之间的控制和协调问题需要加以重视，需要由一家咨询机构（或多家咨询单位联合体）进行统筹。而项目管控是指在充分占有信息并对其进行分析的基础上，对建设项目和参建人员的管理、控制以及协调，为业主提供有价值的咨询方案和意见。其中，对建设项目的管控有投资、进度、质量、合同、信息等，对参建人员主要是协调和沟通的管控。全过程工程咨询方可以通过制定各种制度、计划来协调督促各参建方执行，在发生偏差时及时进行纠偏和弥补，以实现项目管控和项目增值的目标。另外，全过程工程咨询方还可以利用 OA 自动化管理系统、BIM 系统、信息门户等信息集成系统进行协调管理，降低管理成本，提高管理效率。

（3）项目价值增值为目标　工程项目价值增值是通过建立正确的项目管理模式来实施项目过程，以取得额外附加的价值。项目价值增值与利益相关者的目标和需求密切相关，而项目的核心价值是利益相关者根据业主的要求进行协商和妥协的结果。在全过程工程咨询项目中，结合业主的需求和时间维度将项目价值增值划分为长期和短期。业主短期价值增值目标是对项目当期交付的显性需求目标，主要体现在实现项目既定功能的前提下尽可能成本减少、工期缩短、功能结构改善等方面。业主长期价值增值目标是对项目未来运营有利的隐性需求目标，主要体现在降低对环境的负面影响、降低运营和维护成本、提升用户使用价值等方面。因此，全过程工程咨询方作为项目的管家和顾问，要以实现项目价值增值为目标开展咨询服务。价值实现体系中最后一环为项目价值实现效果的评价，项目管理在项目竣工投入使用的过程中，负责完成价值体系的闭环管理，对前期价值的识别、策划和实现过程以及最终的效果进行总体的总结，并体现在价值实现效果评价报告中。

9.1.2 基于 1+N+X 的全过程工程咨询服务常见组合模式

"1"的含义是全过程项目管理，此处强调的是贯穿建设项目全过程的项目管理，但不仅仅是工程施工阶段的"三控两管一协调"。"N"则代表工程咨询方拥有资质的业务类型；"X"表示可分包的咨询服务，有业主指定分包或者工程咨询方自行分包。其中"N""X"的选择主要考虑业主的需求，即业主项目建设经验、业主项目管理能力、业主方发展战略、项目成功的标准等因素。以下对中国过渡阶段全咨服务常见组合进行阐述，三种类型仅为理想状态，业主和全咨方在选择时有较大的自由。

1. 全过程项目管理：1 = 项目管理，$N = 0$，$X = 6$

全过程项目管理，可表示为"$1+N+X=1+0+6$"，即全过程咨询方仅开展项目管理咨询服务，另外的招标、监理、造价、勘察、设计等专项咨询服务分包给其他工程咨询单位，同时全过程咨询方要负责协调各参建方之间相关事宜。所说的项目管理是指工作从项目前期至运营阶段的多主体、多目标、多阶段的集成管理，定位于一站式指导，即指导管理工作不仅指对建设项目的指导，要协助业主进行项目理念的宣贯、对文件的解说、对政策的解读、对矛盾的解决和对使用者进行运营指导，才能更好地实现服务价值。在工程项目管理策划中要突破常规策划模块，从业主角度、社会资源角度、使用者角度作为项目管理的探索点，要以人为本，考虑投资人的资金、社会的影响、使用者的体验进行项目策划工作。同时突破以往项目管理作为规则规范的制定者，要基于规范、规定，以风险预警、建议指导、沟通渠道等方面为落脚点扩展服务内容。在全过程项目管理过程中，知识分享与沟通机制的设计对项目管理效率的影响最为重要。

2. 标准全咨：1 = 项目管理，$N = 3$（招监造），$X = 3$（可勘设）

标准全过程工程咨询，可表示为"$1+N+X=1+3+3$"，即业主将项目管理、招标管理、工程监理、造价管理等咨询工作委托给全过程工程咨询方对建设项目进行全过程的相关管理，而可研、勘察、设计工作分包给其他专业咨询单位，实现对技术咨询与管理咨询考核的分离。技术类咨询可以通过一些具体的数据指标反映，具有层层分解的量化指标，而管理类咨询是细致、繁杂、需要投入大量时间和精力的工作，但其好坏很难用具体数据或指标来定论。标准全过程工程咨询立足于专业的人做专业的事原则，将专项咨询工作进行专业分包，减少工程咨询方需要多种专业知识员工的负担，适合规模中等且具有多种资质的咨询单位。主要注意的是在开展标准全过程工程咨询模式中，要注重技术与管理结合的手段和工具，如价值工程分析方法、限额设计、设计方案经济比选优化、可施工性分析等。同时要培养和提升自身管理咨询分包方的能力和策略，无论项目各咨询方采用联合体形式还是分别与业主签订咨询服务合同，工程咨询方的资源整合与管理协调都影响着项目管理效率的提高和整个建设项目成功的实现。

3. 全能全咨：$N=1$ = 项目管理，$N=6$（可勘设招监造），$X=0$（设计单位主导）

全能全过程工程咨询，可表示为"$1+N+X=1+6+0$"，即业主将项目管理、招标管理、工程监理、造价管理、可研、勘察、设计工作等咨询工作全部委托给全过程工程咨询方对建设项目进行全过程的相关管理，实现建设项目全过程、全目标、全阶段的咨询服务。随着建设规模的不断增大和业主需求的多样化，传统的阶段大型工程咨询单位可组成集咨询、规划、勘察、设计、设备采购、项目管理、施工管理、建设监理、试车生产、考核验收、融资、培训、诊断评价等诸多功能的大型集团型工程咨询单位，从事工程建设项目全过程各个阶段的技术性和管理性服务。基于建设项目全生命周期的全能全过程工程咨询服务，遵循着建设项目的客观规律，为业主方提供解决确定性目标与不确定性目标的咨询方案，对项目管理的不同目标进行协调，对项目各项咨询活动进行综合性的管理与控制，最终形成高协同、高效率、一体化的补位型工程咨询服务项目。

9.2 基于 $1+N+X$ 的全过程工程咨询的服务内容

9.2.1 基于 $1+N+X$ 的全过程工程咨询模式下业主目标

1. 项目前期阶段的项目管理目标

在建设项目前期阶段，业主目标是通过投资决策实现项目产品的成功，契合企业和社会发展战略，因此，该阶段咨询任务是帮助业主解决决策科学化的问题。全过程工程咨询方需要在充分占有信息并对其进行分析的基础上，对建设项目实施总体的策划、协调和控制，为建设项目的决策者提供有价值的咨询意见。

2. 项目实施阶段的项目管理目标

在项目实施阶段，业主致力于项目管理目标的实现，传统的评价项目管理成功的标准是"铁三角"标准，即时间、费用和质量标准，也就项目按照规定的进度，在投资预算的范围内，在质量限定的条件下完成任务。绝大多数项目都有明确的进度安排、费用预算和质量的约束，业主的主要目标还是在项目是否按规范运作的问题上。除了铁三角以外，项目实施阶段还有安全性标准、合作愉快、长期合作等目标。因此，全咨单位的咨询任务是帮助业主解决如何高效管理的问题。项目实施阶段可分为设计阶段、招标采购阶段、施工阶段和竣工阶段，业主目标通过每一阶段的咨询任务的实现来达成。

（1）设计阶段的项目管理目标　业主在设计阶段的目标是设计工作在可行性研究的基础上，能够按照业主的投资范围内和预期的时间范围内，达到科学的设计标准，实现业主最初的功能需求。在此阶段，业主希望项目参与方就项目细节达成最终意见，协商确定好实施方案及合适的价格，并确保设计工作能够有效地用于成本、工期及质量的预测。项目此时进入了一个法律程序阶段，在很大程度上受到法律法规、合约、技术标准和行业规范的约束。而作为项目最高层的决策者和指挥者，业主应当在此时完成设计管控任务的策划安排，或委托全过程工程咨询单位编制设计管控方案并辅助业主进行管理和控制。在此过程中，业主需要确定整个建设项目的设计风格，审核设计进度，合理指导设计过程，为设计人员和专业准备足够的项目信息，在关键节点做出决策等。

(2) 招标采购阶段的项目管理目标　在招标采购阶段中，业主项目管理的目标是选择合适的项目承包方，并配备相关管理团队，协调项目任务使得项目建设顺利完成。业主需要明确签订哪些合同、合同的估算或概算金额、采用何种发包模式、合同的执行时间以及合同的形式等，主要工作包括招标策划、招标文件编制、招标过程管理和合同条款策划。

(3) 施工阶段的项目管理目标　在该阶段，业主的目标就是确保项目各个阶段所制定建设目标的顺利，项目产品的有用性、可靠性、生产能力、载荷能力等通过项目建设得以达成，重要的是要完成预期进度、质量、工期、安全等目标，实现项目管理成功。通常业主在项目建设工作中是一个名义上的参与实体，其主要的任务是管理和监督承包商按照合同履行义务，并提供具有履行所需资源，同时确保自身能够履行所有支付条款中规定的责任，并向全过程咨询方和承包商支付费用。

(4) 竣工阶段的项目管理目标　在项目竣工阶段，全咨方需要对项目各个方面进行整体的评估，从业主、项目管理实施项目相关方和其他成员利益的角度出发，拟定或反馈建设过程中的教训以及可供未来其他项目相关各方的利益。其中，业主的主要目标包括评价项目各个方面的执行情况，确保通过该工程获得的知识和经验能对今后其他项目的实施有一定的借鉴，同时对新设施进行初步评估，建立与之相适应的目标，以满足设施要求。

3. 运维阶段的项目管理目标

运维阶段是项目全生命周期持续时间最长、费用最高的一个阶段，需要大量项目设计阶段和施工阶段的信息和经验，因此全咨方在运维阶段进行咨询服务是最有优势的。运维阶段项目管理也是实现业主企业战略目标和项目目标的最重要时期，此时业主的主要目标是整合人员、设施、环境和技术，对工作、生活空间进行规划、整合和维护的管理，满足使用人对建筑物的基本需求，增加自身的投资收益。

从项目前期决策开始，到项目的竣工及运维均涉及项目管理咨询服务，基于此进行项目管理的一体化方案，更有利于完成业主项目管理的目标，全过程工程咨询单位可将项目管理工作进行集成，形成全生命周期的项目管理链条。

9.2.2　基于 1+N+X 的全过程工程咨询模式的服务清单

基于 1+N+X 的全过程工程咨询模式中，"1"代表的是全过程项目管理。建设项目全过程项目管理是指项目全生命周期的决策管理、勘察管理、设计管理、合同管理、投资管理、招标采购管理、施工组织管理、参建单位管理、验收管理以及质量、计划、安全、信息、沟通、风险、人力资源等管理与协调。

"N"代表的工作内容视具体情况而定，包括但不限于决策咨询、造价咨询、招标代理、监理、运营维护咨询等专业咨询。专业咨询服务应尽量前延后伸，其开展应以如何实现咨询服务整体价值最大化为目的，发挥专项咨询信息和成果的价值。投资咨询包括编制项目建议书、环境影响评价报告、节能评估报告、可行性研究报告、安全评价、社会稳定风险评价等工作。造价咨询包括投资估算编制与审核、项目经济评价报告编制与审核、设计概算的编制与审核、工程量清单和招标控制价的编制与审核等工作内容。其他的专项工作不在概述。

"X"则指的是除"N"以外的其他单项工作，但工程勘察和工程设计是业主自分包的咨询服务。基于 1+N+X 的项目管理类服务主导全过程工程咨询服务清单见表 9-1。

表 9-1 基于 1+N+X 的全过程工程咨询服务清单

服务		项目决策阶段	建设实施阶段				运维阶段
			招标采购阶段	设计阶段	施工阶段	竣工验收阶段	
1	全过程项目管理	项目全生命周期的策划管理、勘察管理、设计管理、进度管理、质量管理、合同管理、投资管理、招标采购管理、施工组织管理、参建单位管理、验收管理以及质量、计划、安全、信息、沟通、风险、人力资源等管理与协调					
N/X 专项咨询	决策咨询	1. 项目建议书编制、评审;2. 环境影响评价报告编制、评审;3. 节能评估报告编制、评审;4. 可行性研究报告编制、评审;5. 安全评价报告编制、评审;6. 社会稳定风险评价编制、评审;7. 水土保持方案编制、评审;8. 地质灾害危险性评估编制、评审;9. 交通影响评价编制、评审					
	招标采购		招标采购策划,编制招标文件(含工程量清单、招标控制价、合同条款等),发布招标(资格预审)公告,组织招标文件答疑和澄清,组织开标、评标工作,编制评标报告报投资人确认,发送中标通知书,协助合同签订等				
	勘察、设计咨询			1. 勘察方案审查;2. 初步勘察、详细勘察审查;3. 勘察报告审查;4. 方案设计、初步设计和施工图设计的优化、评审;5. 施工图设计技术审查	1. 设计交底和图纸会审;2. 现场重大和关键工序施工方案的合理化建议;3. 设计变更管理;4. 现场施工的配合工作	参与项目地基与基础分部工程、主体结构和单位工程验收	

(续)

服务		项目决策阶段	建设实施阶段				运维阶段
			设计阶段	招标采购阶段	施工阶段	竣工验收阶段	
N/X专项咨询	造价咨询	1. 投资估算编制与审核；2. 项目经济评价报告编制与审核	1. 设计概算的编制与审核；2. 确定设计限额设计指标；3. 对设计文件进行造价测算与经济优化建议；4. 施工图预算的编制与审核；5. 分析项目投资风险，提出管理措施	1. 工程量清单编制与审核；2. 招标控制价编制与审核；3. 项目合约规划；4. 清标；5. 拟定合同文本，协助合同谈判；6. 编制资金使用计划	1. 合同价款咨询（包括合同分析、合同交底、合同变更管理工作）；2. 施工阶段造价风险分析及建议；3. 计算及审核工程预付款和进度款；4. 变更、签证反索赔管理；5. 材料、设备询价；6. 施工现场造价管理；7. 项目动态造价分析；8. 审核及汇总分阶段工程结算	1. 竣工结算审核；2. 工程技术经济指标分析；3. 竣工决算报告的编制或审核；4. 配合完成竣工结算的政府审计；5. 审定工程的最终结算造价进行	项目维护与更新造价管理
	工程监理				1. 建立项目监理规划和实施方案；2. 进度管理；3. 质量管理；4. 职业健康安全与环境管理；5. 工程变更、索赔及施工合同争议处理；6. 信息和合同管理；7. 协调有关单位之间的工作关系	1. 工程验收策划与组织；2. 分部分项工程验收；3. 竣工资料收集与整理；4. 工程质量缺陷管理	
	运维咨询						1. 项目后评价；2. 项目绩效评价；3. 设施管理；4. 资产管理
其他服务				规划咨询、投资咨询、BIM咨询、绿建咨询、工程勘察、工程检测、海绵城市设计、地质灾害危险性评估、当地政府报批报建所需要的咨询服务等涉及组织、管理、经济和技术等有关方面的工程咨询服务			

9.2.3 基于 1+N+X 的全过程工程咨询模式的融合性业务

项目管理咨询服务主要承担传统咨询模式下业主进行协调管理的工作内容，因此，项目管理的工作任务与业主的需求、能力等因素相关。如项目业主不具备项目管理能力的情况下，业主只需负责监督落实的工作，项目管理咨询需要承担所有的工作事项并负主要责任，而在业主具备较强的项目管理能力情况下，项目管理咨询只需要协助业主开展项目管理工作，并负次要责任。本节以"业主不具备项目管理能力"的情况为例进行分析，针对"1+N+X"模式开展的全过程工程咨询服务，以项目管理作为贯穿主线，采用沟通与协调手段，将此模式中的"1+"进行开发，增加各咨询业务的融合与协调，避免业务的简单加总造成业主的管理负担，工作重点着眼于项目的目标控制以及建设项目过程管理。

1. 项目管理总体策划

在项目立项之后，为了把项目决策付诸实施，需要对咨询服务进行总体策划，形成了具有可行性、可操作性和指导性的实施方案。一方面，需要与其他专项咨询业务策划共同组成完整的策划体系，提升全过程工程咨询服务整体的跨专业协同效果。另一方面从全生命周期角度对全过程项目管理业务的开展进行全面、细致筹划，保障项目管理跨阶段服务的融合效果。其中涉及整个实施阶段的工作，包括项目的决策阶段、实施阶段及竣工移交阶段，其主要内容可以用 5W1H 概括，即 Where（工程地点及环境）、What（项目的目标要求及范围）、Who（什么人做，各自的责权利）、When（项目的起止日期）、Why（何种方法来实现管理目标）、How much（项目所花费用）。

（1）项目实施的目标分析和再论证　项目目标规划是项目实施策划的第一步。全过程工程咨询团队应根据项目实施的内外部客观条件重新对项目决策策划中提出的项目性质和项目目标进行分析和调整，进一步明确项目实施的目标规划，以满足项目自身的经济效益定位和社会效益定位，从统筹全局的角度帮助业主把握整个项目管理的目标和方向。项目目标的分析和再论证包括编制三大目标规划：投资目标规划，在项目决策策划中的总投资估算基础上编制；进度目标规划，在项目决策策划中的总进度纲要基础上编制；质量目标规划，在项目决策策划中的项目定义、功能分析与面积分配等。

（2）项目组织策划　项目实施的组织策划是指为确保项目目标的实现，在项目开始实施之前以及项目实施前期，针对项目的实施阶段，逐步建立一整套项目实施期的科学化、规范化的管理模式和方法，即对项目参与各方、业主方和代表业主利益的项目管理方在整个建设项目实施过程中的组织结构、任务分工和管理职能分工、工作流程等进行严格定义，为项目的实施服务，使之顺利实现项目目标。组织策划是在项目决策策划中的项目组织与管理总体方案基础上进一步深化编制的，是项目参与各方开展工作必须遵守的指导性文件。

组织策划主要包括组织结构策划、任务分工策划、管理职能分工策划和工作流程策划。首先，根据将确定的项目总体目标进行目标分解形成所需完成的各项任务，再根据各项不同的任务，选定合适的组织结构形式。其次，对各专业团队或个体的主要职责进行分工，对项目组织结构进行说明和补充，将组织结构中的职责进行细化扩展。然后，以工作任务为中心，规定任务相关部门对此任务承担何种管理职能。最后，依据建设项目管理的任务进行项目管理工作流程的设计。

（3）项目目标控制策划　项目目标控制策划是指在明确了项目管理的组织的前提下，

根据项目实施的不同阶段和项目管理的不同任务，明确项目主持方的项目管理工作内容以及项目各参与方共同遵守的项目管理制度。项目目标控制策划工作内容主要包括项目实施进度控制策划、项目实施投资控制策划、项目实施质量控制策划等。为了统一项目各参与方的职责与义务，项目实施策划还应包括有针对性的项目管理制度。

（4）项目管理策划　确定项目实施各阶段的项目管理工作内容，包括投资控制、进度控制、质量控制、合同管理、信息管理和组织协调。同时需要确定项目管理工作流程，建立编码体系，通过项目结构分解（WBS），明确项目管理的主要任务，找出项目管理过程中的重点、难点、里程碑事件及风险因素，结合项目实际情况，制订相应的应对措施。

项目分解结构是在功能分析的基础上得出的，表明了项目由哪些子项目组成，子项目又由哪些内容组成。项目分解结构及编码是项目管理工作的第一步，是有效进行项目管理的基础和前提。项目分解结构的好坏，将直接关系到项目管理组织结构和项目合同结构的建立，并进一步影响到项目的管理模式、承发包模式、项目总投资规划、项目总进度规划等工作。

（5）项目合同策划　合同策划是项目管理策划中另一项非常重要的工作，合同策划的好坏将直接影响项目的投资、进度、质量目标能否实现。合同策划内容主要包括合同结构的确定、合同文本的选择、招标模式、合同跟踪管理、索赔与反索赔等。其中合同结构的确定是非常关键的环节之一。

（6）项目计划管理　在完成全过程项目管理服务总体策划后，全过程工程咨询团队需要就各专业咨询工作的开展编制相应的计划文件。各计划文件需要体现全过程项目管理服务总体策划的服务思路与相关程序，在此基础上形成细分专业和工作的计划成果文件，以便对全咨项目过程实行管理、控制和协调等。在计划文件的形成过程中，需要使用多种计划的比较才能确定最优计划，这是一种方案对比择优的思路。其中主要涉及报批报建计划、资源需求量计划、资金需求量计划、资金使用计划、招标管理计划、设计计划、场地计划、项目控制计划、施工计划、项目进度计划等。

2. 建设项目全过程管控

在"1+N+X"的全过程工程咨询模式中，通过在全生命周期阶段的工作任务设置，可实现项目管理条线的跨阶段服务，一方面提升项目管理工作自身的连续性，另一方面也有助于通过项目管理业务拉通其余咨询条线，提升咨询服务整体连贯性。为业主提供决策到实施的整体性项目管理咨询服务，形成信息指令一致性的项目管理体系。全过程的管控具体表现在以下任务设计中。

1）项目管理协助项目决策的进行，利用项目管理咨询团队经过项目学习、组织学习和个人学习积累了丰富的项目实施管理问题，通过介入前期决策的管理工作，将其具备的隐性知识进行共享，以便在项目前期解决实施中可能发生的风险和问题，提升后期的项目管理效率。协助前期决策的主要工作内容包括配合策划团队进行组织协调，解决组织内部各单位及人员的分工及配合问题；对策划团队的成果、进度等进行检查监督，参与项目价值的定义、识别和评估等。通过对前期策划进行管理，有助于项目管理团队深入了解业主意向、设计理念、投资目标，从全生命周期管理的角度开展项目各阶段工作。

2）项目管理参与到设计阶段的工作中，主要协助工程设计团队设计理念与业主建设意图的契合，协调业主与设计团队的活动，提升设计过程的管理效率。项目管理参与到招投标阶段的工作中，协助招标代理团队进行招标文件的编制、对招标代理团队的工作流程、进度和质量等进行管理。同时需要优化沟通渠道进行设计与采购环节的协调沟通，设计方提供的技术规范书是招标采购团队开展设备采购工作的基础，而设备厂家提供的技术资料则是设计方开展初步设计和施工图设计的前提。

3）项目管理与造价咨询中，应当在投资管控中注重过程结算的管控，过程结算意味着投资管控的重心将从竣工结算向期中计量支付转移，对项目管理咨询成果提出了更高的准确性与时效性要求，另外，需要项目管理人员具有更高水平的沟通管理的服务要求。首先，项目管理实施策划与工程造价有着密切关系，发承包双方均必须重视施工组织设计的编制、管理以及优化，特别是施工方案的变化带来的措施项目费的影响。其次，在建设项目进行过程管理，重点审查进度计划是否合理，并对施工过程阶段的工程技术资料进行汇总存档，确保变更和现场签证等引起价款调整事项办理的规范性、完整性、真实性和准确性。加强信息管理，保证过程结算相关资料的准确和完整。同时项目管理团队激励监理人在建设过程中对进度、质量、安全、造价等方面的监督活动。

4）项目管理咨询团队可在运维阶段提供诸如后评价报告编制等咨询服务，实现施工阶段与运维阶段的有效衔接。在运营阶段，需要对建设项目的决策和实施进行评价和总结，需要对建设项目进行运营管理，透过运营管理检验其决策是否科学有效。由于运营阶段涉及的服务范围广，项目管理团队可借助在前期与实施阶段的工作经验，从建设项目的反馈评价及其运营需求影响决策阶段两个方面对项目后评价、项目绩效评价、运营管理和资产管理来拓展咨询服务。

3. 编制价值实现效果评价报告

直到项目运维阶段，项目管理团队在咨询领导小组的领导下以价值策划报告为基础，完成全过程工程咨询价值实现效果评价工作，从使用者感受、功能实现程度、全生命周期成本等各方面进行综合分析。项目价值实现效果的评价为价值管理体系中最后一环，完成价值策划、价值实现到价值评价的价值体系闭环管理。同时通过评价报告对价值管理策划、实现过程进行反思总结，有助于积累价值管理经验。价值实现效果评价报告需要对工程价值的识别、策划和实现过程进行详细说明，并设立相应的测量指标（Liu，等，2019），具体见表9-2，结合各咨询团队意见对最终的效果进行总体的总结评价。

表9-2 项目价值增值的测量指标

序号	测量指标内容
1	实现项目既定功能的前提下，实际投资比计划投资少
2	实现项目既定功能的前提下，提前竣工使得收益提前
3	实现项目既定功能的前提下，去除冗余功能，优化结构
4	项目管理过程中，发承包双方的信息沟通融洽，争议得到友好解决
5	项目管理过程中，融入了新技术、新工艺思想，提升了价值创造力
6	项目管理过程中，事前为后期施工提供了便利，降低运营维护成本
7	项目管理过程中，消除施工对环境的负面影响，力求做到绿色施工
8	项目结束后，发承包双方的信任关系增进，愿意未来继续合作
9	项目结束后，发承包双方的信誉获得提高，获取了市场竞争力

4. 项目协调

全咨项目实施过程中，会产生不可避免的冲突，常见的冲突原因有项目成本进度质量目标方面，项目计划与工作内容、项目组织内外部方面、管理程序方面等。项目协调是指项目管理者为实现项目的特定目标，对项目内外各有关部门和活动进行调节，调动相关组织的力量，使之密切配合、步调一致，形成最大的合力，以提高其组织效率的综合管理过程，需要以一定的组织形式、手段和方法，对项目管理过程中的各种冲突关系进行疏通，对产生的干扰和障碍予以排除的过程。因此，在以项目全生命周期的管理过程中，仅注重主要协调矛盾的解决和对参与者行为进行控制是不够的，还应协调各组织间、组织内成员之间的关系，化解项目管理过程中的冲突。

（1）项目协调的原则与范围　全过程工程咨询方在项目管理过程中进行协调，一般应符合以下原则：目标一致原则，协调的目的是使组织成员充分理解组织的目标和任务，并使个人目标与组织目标相一致，从而促进组织总目标的实现；效率原则，协调的目的不是掩盖、抹杀问题，也不是"和稀泥"，而是通过发现问题、解决问题，使部门之间、人与人之间更好地分工、合作，从而提高组织效率；责任明确原则，规定各部门、各岗位在完成组织总目标方面所应承担的工作和职责范围，同时，还要明确互相协作的责任，反对相互扯皮；加强沟通原则，沟通是协调的杠杆，信息沟通越有效，发生误会、扯皮的可能性就越小，组织的协调性就越强，反之，组织的协调性也将越低。协调的主要范围见表9-3。

表9-3　项目协调的范围

序号	协调工作	分类	备注
1	项目内部关系协调	人际关系的协调	解决人员之间在工作中的矛盾
2		组织关系的协调	解决项目组织内部的分工与配合问题
3		供求关系的协调	包括项目实施过程中所需人力、技术、资金、设备、材料、信息等的供应，解决供求平衡问题
4		相关配合关系的协调	业主、承包商、全过程咨询方等的配合
5	项目外部的协调	与近外层关系的协调	包括业主与施工单位、设计单位、供应单位、公共事业单位等参与单位的关系的协调
6		与远外层关系的协调	包括与政府部门、金融组织的关系，应按有关法规、公共关系准则和经济联系处理
7	项目实施过程中的协调	目标因素之间的协调	如成本与质量之间、进度与安全之间
8		管理协调	增强施工过程中各专业咨询配合问题
9		技术协调	如减少技术错误带来的不协调问题，与环境的协调
10		项目参与者之间、项目经理部内部的组织协调	

（2）项目信息集成系统专项服务　咨询单位需要利用技术和手段实现和谐有效的项目协调，其中最有效直接的方式就是建立项目信息集成系统，既有利于全咨项目各参与方进行信息交流与沟通，同时还能提升项目管理团队的管理效率。项目信息集成系统主要分为两类：项目信息共享平台和项目管理信息系统。

1）项目信息沟通共享平台。全咨项目各参与方之间的信息传递和知识分享是跨越组织范畴，极易造成信息失真、知识隐匿等问题进而影响项目绩效改善的效率。在服务过程中，项目管理方利用项目信息沟通共享平台对信息进行集中和共享式的存储与管理，提高全咨项目各参与方信息交流的效率，降低信息交流的成本。同时使项目信息的使用者可以不受时间和空间的限制，并改变了信息的传送媒介。另外，信息的集中表达和有效管理，获取时可以根据业务处理和决策工作的需要来获取信息，缓解"信息过载"现象，提高信息利用和项目决策的效率。如项目信息门户（Project Information Portal，PIP），一种基于Internet技术标准的、以项目组织为中心的工程项目信息管理与协同工作解决方案，具有开放、协作和个性化等特点，其功能结构如图9-1所示。

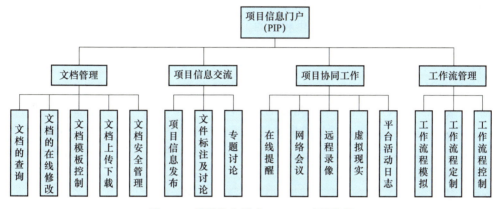

图9-1 项目信息门户（PIP）功能结构

2）项目管理信息系统。为实现项目管理的目标控制，保证项目实施过程中指令的一致性，需要项目管理团队在项目各参与组织之间建立以计算机信息技术为基础的项目管理信息集成系统，收集和处理项目实施过程的信息，保证业主、施工方、全咨方以及材料供应方获取项目准确的实施信息，并依据获取的数据进行项目控制。而组织间信息系统的设计受到组织功能、业务流程、组织柔性等因素的影响，因此，项目管理团队需要根据具体项目有针对性地调整项目管理集成系统的功能。如项目管理信息系统（Project Management Information System，PMIS），主要是运用动态控制原理，对项目管理的投资、进度和质量方面的实际值与计划值相比较，找出偏差，分析原因，采取措施，从而达到控制效果。

9.3 基于1+N+X的全过程工程咨询项目实施

9.3.1 基于1+N+X的全过程工程咨询的组织结构

基于1+N+X的全过程工程咨询服务模式中，需要以项目管理为核心开展各项专业咨询服务，因此，需要在全咨团队中成立项目管理咨询领导团队，确定以项目管理部门主持整个项目的策划、管理和后评价工作，同时需要协调配合其他专业咨询部门完成工作，真正实现以项目管理运作方式来设计全咨单位组织架构。同时以专业项目管理服务为部门设置原则，资源集中应对项目发散。另外，随着项目复杂性的增加，意味着项目实施过程中的风险大，因此对项目管理者的协调、专业知识、经验等方面的要求更高。同时业主管理能力的高低和项目复杂程度的不同，造成多种业务模式，此时规模较大的工程咨询单位可采取项目导向型矩阵组织结构，根据业主需求进行人员配备，调整项目管理团队中专业咨询工程师的种类，形成有针对性的咨询方案，同时解决传统矩阵式多重领导问题。

全咨单位内部主要包括决策部门、职能部门、专业咨询部门、项目管理办公室、专家系统以及临时性的全咨项目团队。

1）决策部门主要负责组建全咨项目团队并下达全咨任务，对职能部门进行资源管理的授权，并对项目办公室进行项目信息、合同、计划、监督管理。

2）项目管理办公室主要是为了建立项目管理标准，包括建立项目管理方法论，如定义项目执行标准，定义项目全生命周期标准等。其中，方法论给出企业承担项目的基本方法；提供模板，为项目执行的各个阶段提供相应的工作模板，如风险评估、情况汇报、预算和事后回顾等。其次，提供项目管理标准，如项目管理软件；提供项目仓库，如共享的计算机目录、项目文件。

3）专家系统是指由企业内部职能部门和专业咨询部门抽调专家，为各全咨团队配备"智囊团"，避免咨询人员向上级寻求帮助的烦琐程序，必要时可以聘请外部专家进行协助。

4）全过程工程咨询服务的项目成员不仅包括全咨单位内部的专业人士，还包括全咨单位将部分业务外包的工程咨询单位的人员和业主外包的咨询服务人员，这几方相互协同共同完成业主的需求目标。

最后，基于 1+N+X 的全过程工程咨询模式目的是灵活应对业主需求多样化和动态性，在业主需求与目标未明确的前提下，其业务范围与形态无法确定，需要根据需求变化相应调整咨询团队的组建策略。综合考虑全咨服务过程中各种专业咨询的服务内容，全过程工程咨询方内部团队理想的组织结构如图9-2所示。

9.3.2 基于 1+N+X 的全过程工程咨询项目工作任务分工

1. 全过程工程咨询方可选择的工作

全过程工程咨询方接受业主委托，承担项目的管理类与技术类的咨询工作，若涉及建设项目的全生命周期，建议全过程工程咨询方（全咨单位）应承担的工作详见表9-4，此表为最理想的状态，也可根据具体要求进行调整。

2. 全过程工程咨询团队总负责人

全过程工程咨询项目的总负责人是指由工程咨询方法定代表人书面任命，具有与全过程工程咨询业务相适应的业绩和能力，负责履行全过程工程咨询合同的工程咨询机构负责人。其主要负责与业主商讨咨询服务的有关决策并将决策传达给专业咨询负责人，同时最终确认向业主提供成果文件等，主要任务分工如下。

1）牵头制订项目全过程工程咨询服务的组织架构、专业分工、决策机制、管理制度、工作流程以及相关表格和成果文件模板等，并组织实施。

2）组织编制全过程工程咨询服务规划、咨询目标，核准专业咨询服务实施细则。

3）根据需求确定全过程工程咨询项目部人员及其岗位职责，特别是明确各专业咨询服务的负责人及其职责。

4）根据工程进展及全过程工程咨询工作情况调配全过程工程咨询项目部人员。

5）统筹、协调和管理项目全过程各专业咨询服务工作，检查和监督工作计划执行情况。

第9章 基于 1+N+X 的全过程工程咨询实施模式

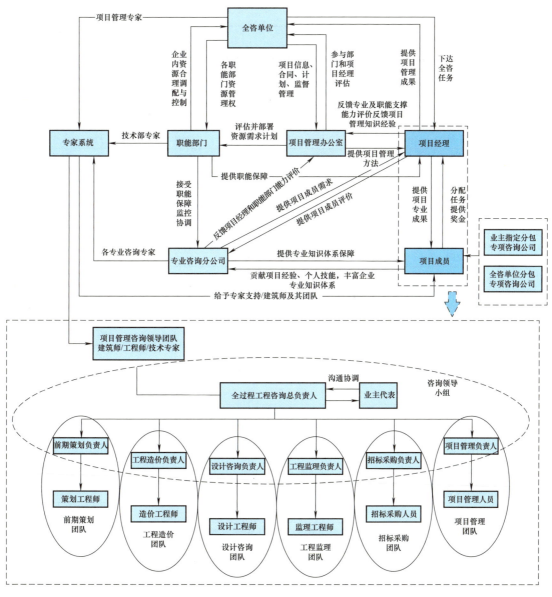

图 9-2 基于 1+N+X 的全咨服务模式中全咨单位组织架构

表 9-4 建议全过程工程咨询方应承担的工作

序号	职责	业主要求			
		业主内部的项目管理		全咨单位的项目管理	
		项目管理	项目协调	项目管理	项目协调
1	作为合同当事人	√		+	
2	协助制订项目建议书	√		√	
3	制订工程咨询方的职责	√		√	
4	对项目预算/融资安排提出建议	√		+	
5	对土地征用、转让和规划提出建议	√		+	+

（续）

序号	职责	业主要求			
		业主内部的项目管理		全咨单位的项目管理	
		项目管理	项目协调	项目管理	项目协调
6	安排可行性研究和报告	√	+	√	+
7	编制项目总体策划方案	√	+	√	+
8	编制项目手册	√	+	√	+
9	制订对专业顾问的要求	√	+	√	+
10	设计项目实施程序	√	+	√	+
11	选择项目团队成员	√	+	+	+
12	建立组织机构	√	+	√	+
13	协调设计过程	√	+	√	+
14	任命专业顾问	√		√	+
15	安排保险和担保	√	√	√	+
16	选择项目发包方式	√	√	√	+
17	准备招标文件	√	√	√	+
18	组织对承包商的资格预审	√	√	√	+
19	对投标者进行评审	√	√	√	+
20	参与对承包商的选择	√	√	√	+
21	参与对承包商的任命	√	√	√	+
22	建立项目控制系统	√	√	√	√
23	对项目实施过程进行监督	√	√	√	√
24	安排项目会议	√	√	√	√
25	确认工程款的支付	√	√	√	+
26	建立项目沟通/报告系统	√	√	√	√
27	承担项目总体协调	√	√	√	√
28	建立项目安全/健康管理程序	√	√	√	√
29	处理有关环境方面的问题	√	√	√	√
30	协调与有关政府部门的关系	√	√	√	√
31	监督项目预算和变更指令	√	√	√	√
32	编制项目最终决算	√	√	√	√
33	安排试车/投产	√	√	√	√
34	组织办理移交/使用	√	√	√	√
35	对市场营销/使用提供建议	√	+	√	+
36	组织编制维护手册	√	√	√	+
37	编制维护计划	√	√	√	+
38	编制维修程序/组织人员培训	√	√	√	+
39	制订物业管理计划	√	√	√	+
40	安排对反馈信息的管理	√	√	√	+

注：1. 职责及相应的责任和权力因项目不同而不同。
  2. √—建议应承担的职责；+—可能的额外职责。

6）参与组织对项目全过程各阶段的重大决策，在授权范围内决定任务分解、利益分配和资源使用。

7）参与或配合全过程各专业咨询服务成果质量事故的调查和处理。

8）调解业主与承包人的有关争议。

9）全过程工程咨询单位或业主委托授予的其他权责。

3. 全过程工程咨询领导小组

在全咨项目实施的不同阶段，全咨团队将编制内容深浅不同的总体策划文件，在前期决策阶段需要编制项目管理总体策划文件，项目管理总体策划文件是对项目管理工作规定的深化，并在项目实施的全过程中不断修改、补充和完善，应包含项目目标的分析和再论证、项目组织策划、项目管理制度与项目目标控制策划等内容。这项工作需要全过程工程咨询团队的咨询领导小组筹划和执行，包括全咨项目总负责人、全咨各专业负责人和业主代表。在编制策划文件的过程中，使全咨方对项目管理规划细节有充分了解，可在统一的结构编码体系下制订项目具体实施方案，对进度、质量、成本管理做出细致全面的安排；为后续业主与全咨各专业服务团队交流沟通提供便利。项目管理规划一般宜先讨论和确定项目管理组织的内容，待组织方面基本确定后，再着手编制项目管理制度。项目实施策划任务分工见表9-5。

表 9-5　项目管理总体策划任务分工

序号	策划任务	任务分工		
		业主代表	全咨总负责人	全咨各专业负责人
1	项目实施组织的策划	（1）对组织策划成果进行审核 （2）上报业主单位进行内部评审 （3）向全咨团队传达需要修改的部分 （4）对最终组织策划成果确认	（1）组织人员进行组织策划 （2）对组织策划成果进行初步审核 （3）对所需修改部分进行核实和分配	（1）建立合理的项目实施组织结构、任务分工和管理职能分工 （2）建立指令关系和通畅的信息流程 （3）调整所需修改部分
2	工程发包的策划	（1）对工程发包策划成果进行审核 （2）上报业主单位进行内部评审 （3）向全咨团队传达需要修改的部分 （4）对最终工程发包策划成果确认	（1）组织人员进行工程发包策划 （2）对工程发包策划成果进行初步审核 （3）对所需修改部分进行核实和分配	（1）对工程发包和设备采购划分合理的发包标段 （2）合理划分项目实施期间责任界面 （3）发包程序关键控制点的策划 （4）招标文件和合同条件的策划 （5）调整所需修改部分
3	合同结构的策划	（1）对合同结构策划成果进行审核 （2）上报业主单位进行内部评审 （3）向全咨团队传达需要修改的部分 （4）对最终合同结构策划成果确认	（1）组织人员进行合同结构策划 （2）对合同结构策划成果进行初步审核 （3）对所需修改部分进行核实和分配	（1）确定项目管理委托、施工、物资采购和运营管理合同结构方案 （2）确定总包和分包的合同结构关系方案 （3）确定采用各种合同类型和文本 （4）必要时辅助业主对专业咨询单位合同结构进行策划 （5）调整所需修改部分

(续)

序号	策划任务	任务分工		
		业主代表	全咨总负责人	全咨各专业负责人
4	项目目标规划	（1）对目标规划成果进行审核 （2）上报业主单位进行内部评审 （3）向全咨团队传达需要修改的部分 （4）对最终目标规划成果确认	（1）组织人员进行项目目标规划 （2）对项目目标规划成果进行初步审核 （3）对所需修改部分进行核实和分配	（1）对投资目标分解和论证，编制项目投资总体规划 （2）进行进度目标论证，编制项目建设总进度规划 （3）进行项目功能分解、建筑面积分配，确定项目质量目标等 （4）调整所需修改部分
5	管理策划	（1）对管理策划成果进行审核 （2）上报业主单位进行内部评审 （3）向全咨团队传达需要修改的部分 （4）对最终管理策划成果确认	（1）组织专业咨询人员进行管理策划 （2）对管理策划成果进行初步审核 （3）对所需修改部分进行核实和分配	（1）确定项目实施各阶段的项目管理工作内容，包括投资控制、进度控制、质量控制、合同管理、信息管理和组织协调 （2）确定项目管理工作流程，建立统一的编码体系 （3）调整需要修改部分
6	经济策划	（1）对经济策划成果进行审核 （2）上报业主单位进行内部评审 （3）向全咨团队传达需要修改的部分 （4）对最终经济策划成果确认	（1）组织人员进行项目实施经济策划 （2）对项目经济策划系列文件进行初步审查 （3）对融资方案进行初步审查 （4）对所需修改部分进行核实和分配	（1）编制资金需求量计划等经济策划文件 （2）配合造价人员对融资方案进行深化分析 （3）调整需要修改部分
7	技术策划	（1）对技术策划成果进行审核 （2）上报业主单位进行内部评审 （3）向全咨团队传达需要修改的部分 （4）对最终技术策划成果确认	（1）组织人员进行技术策划 （2）对技术策划成果进行初步审核 （3）对所需修改部分进行核实和分配	（1）对技术方案和关键技术进行深化分析和论证 （2）明确技术标准和规范的应用和制定 （3）调整需要修改部分
8	风险分析	（1）对风险分析成果进行审核 （2）上报业主单位进行内部评审 （3）向全咨团队传达需要修改的部分 （4）对最终风险分析成果确认	（1）组织人员进行风险分析 （2）对风险管理与工程保险方案进行初步审查 （3）对所需修改部分进行核实和分配	（1）进行政策、经济、技术、组织和管理风险分析 （2）确定项目风险管理与工程保险方案 （3）调整需要修改部分

4. 全过程项目管理团队

基于1+N+X的全过程咨询实施模式强调项目管理在项目建设全过程的作用，以改善工程咨询业务碎片化为目的，在以往项目管理团队必须做的工作任务基础上增加协调和配合工作，使得各专业咨询相互协作，达到整体最优效果。另外，项目管理团队还承担了一些有助于项目管理整体化的任务和工作，充分发挥项目管理团队在以往项目和本项目中的实践经验的价值，实现项目管理绩效的改善。因此，下面以全过程项目管理的项目管理团队新增的工作任务为主要分析对象，进行任务分工的阐述，见表9-6。

表9-6 以全过程项目管理为主线的项目管理团队任务分工

序号	阶段	工作项	任务分工	
			项目管理专业负责人	项目管理咨询人员
1	前期阶段	环境调查分析	（1）组织咨询人员进行环境调查分析资料汇总整理 （2）对环境调查分析资料报告进行审查	（1）整理汇总以往项目环境调查分析资料 （2）针对本项目可借鉴的资料形成报告
2		项目建议书报审	（1）组织咨询人员进行项目建议书报审 （2）对项目建议书完整性进行核对	（1）检查项目建议书是否完整 （2）负责项目建议书送审
3		编制技术评估报告	（1）组织咨询人员配合前期策划团队编写技术评估报告 （2）参与对技术评估报告的审查	（1）配合前期策划团队编写技术评估报告
4		可行性研究报审	（1）组织咨询人员进行可行性研究报审 （2）对可行性研究完整性进行核对	（1）检查可行性研究是否完整 （2）负责可行性研究送审
5		项目价值的定义、识别和评估	（1）组织咨询人员配合前期策划团队进行项目价值的定义、识别和评估 （2）参与对项目价值的定义、识别和评估工作的审查	（1）配合前期策划团队进行项目价值的定义、识别和评估
6	设计阶段	执行设计进度管理	（1）组织咨询人员检查工程监理团队执行设计进度管理的情况 （2）对检查情况总结上报，及时纠偏	（1）检查工程监理团队执行设计进度管理的情况 （2）出现的问题及时上报专业咨询负责人
7		可施工性分析	（1）组织咨询人员检查工程设计团队执行可施工性分析的情况 （2）对检查情况总结上报，及时纠偏	（1）检查工程设计团队执行可施工性分析的情况 （2）出现的问题及时上报专业咨询负责人
8		建立项目的信息编码体系及信息管理制度	（1）组织专业咨询人员构建信息编码体系 （2）组织专业咨询人员建立信息管理制度 （3）对技术策划成果进行审核	（1）构建信息编码体系 （2）建立信息管理制度 （3）整理形成技术策划成果
9		建立会议制度、各种报表和报告制度	（1）组织专业咨询人员建立会议制度、各种报表和报告制度 （2）对沟通和上报制度成果进行审核	（1）策划会议制度、各种报表和报告制度 （2）整理形成制度文件
10		设计阶段信息的收集、整理和分类归档	（1）组织专业咨询人员对设计阶段信息的收集、整理和分类归档 （2）对信息归档文件进行审核	（1）对设计阶段信息进行收集 （2）对设计阶段信息进行整理 （3）对设计阶段信息分类归档

(续)

序号	阶段	工作项	任务分工	
			项目管理专业负责人	项目管理咨询人员
11	招标阶段	清标、评标	（1）组织咨询人员配合招标采购团队开展清标评标工作 （2）参与对清标、评标相关文件的审查	（1）配合招标采购团队开展清标评标工作
12	施工阶段	总结评估以及回访	（1）组织专业咨询人员进行总结评估以及回访 （2）对总结评估成果和回访成果进行审核	（1）对项目实施过程进行总结评估，形成文件存档 （2）定期对项目进行回访调查，形成报告
13		编制建筑使用说明书、房屋维修手册等材料	（1）组织专业咨询人员编制建筑使用说明书、房屋维修手册等材料 （2）对编制手册成果进行审核	（1）编制建筑使用说明书、房屋维修手册等材料 （2）整理形成手册成果文件
14		运营管理人员培训	（1）组织专业咨询人员对运营管理人员进行培训 （2）对培训材料和程序进行审核	（1）编写运营管理人员培训手册 （2）对运营管理人员进行培训
15		配合运营的系统调试与修正	（1）组织专业咨询人员配合运营的系统调试与修正 （2）对存在问题进行审核	（1）配合运营的系统调试与修正 （2）对存在问题进行总结上报
16		项目的维修保养和回访	（1）组织专业咨询人员进行项目定期维修保养 （2）组织专业咨询人员进行项目定期回访 （3）对存在问题进行审核	（1）对项目定期维修保养 （2）对项目定期回访 （3）对存在问题进行总结上报
17		运营期绩效考核报告的编制	（1）组织专业咨询人员编制运营期绩效考核报告 （2）对报告成果进行审核	（1）编制运营期绩效考核报告 （2）将报告成果上报
18	运维阶段	运维费用支付审核	（1）组织咨询人员检查工程造价团队执行运维费用支付审核的情况 （2）对检查情况总结上报，及时纠偏	（1）检查工程造价团队执行运维费用支付审核的情况 （2）出现的问题及时上报专业咨询负责人
19		延续更新咨询	（1）组织咨询人员检查工程设计团队执行延续更新咨询的情况 （2）对检查情况总结上报，及时纠偏	（1）检查工程设计团队执行延续更新咨询的情况 （2）出现的问题及时上报专业咨询负责人
20		辅助拆除	（1）组织咨询人员检查工程设计团队执行辅助拆除的情况 （2）对检查情况总结上报，及时纠偏	（1）检查工程设计团队执行辅助拆除的情况 （2）出现的问题及时上报专业咨询负责人

9.3.3 基于 1+N+X 的全过程工程咨询项目参与方管理职能分工

基于 1+N+X 的全过程工程咨询实施模式中，业主自行外包工程设计工作，全过程工程咨询团队参与方主要涉及前期策划团队、工程造价团队、招标代理团队、工程监理团队、项目管理团队以及咨询领导小组,其中咨询领导小组包括全过程工程咨询总负责人和各专业负责人共同组成。管理职能分为主要职能和辅助职能两种,主要职能有筹划(P)、决策(E)、执行(D)、检查(C),其中决策职能分为全咨总负责人决策(E1)和咨询领导小组共同决策(E2)。辅助职能有提供信息(I)、组织协调(O)和参与配合(A)。下面采用管理职能表的形式,对1+N+X全咨实施模式中参与全过程项目管理的不同专业团队的管理职能进行阐述,全面描述全过程项目管理中各项咨询工作中专业团队相互配合的情况。

1. 项目前期阶段全咨各专业团队参与全过程项目管理职能分工

在前期策划阶段,全咨各专业团队进行协调配合,其中项目管理专业负责人配合全咨总负责人完成全咨总服务规划,项目管理团队共同制定项目管理咨询服务规划并完成项目报批报建工作。另外,需要参与配合技术评估报告和价值策划工作。各专业团队管理职能分工见表9-7。

表9-7 项目前期阶段管理职能分工表

任务	主要工作项	职能分工						
筹划—P、决策—E(E1—咨询总负责人,E2—咨询领导小组)、执行—D、检查—C、信息—I、组织—O、配合—A		工程设计	全咨团队					
			前期策划团队	工程造价团队	设计咨询团队	招标采购团队	工程监理团队	项目管理团队	咨询领导小组
全咨服务策划	项目管理总体策划							A	PD
	全过程项目管控计划		A	A	A	A	A	PD	E1
规划咨询	环境调查分析		PD					I	
相关报告编制评审	项目建议书报审							D	
	编制技术评估报告		DO			A		A	
	可行性研究报审							D	
	设计任务书	DO	A	A	C			A	E2
价值策划	项目价值的定义、识别和评估	A	PDO	A	A	A	A	A	E2

2. 勘察设计阶段全咨各专业团队参与全过程项目管理职能分工

在勘察设计阶段全咨各专业团队进行协调配合,其中项目管理团队需要分析和论证进度、质量和投资总目标,并分别就进度、质量和投资编制规划和实施计划,并对进度、质量和投资的执行情况进行控制。项目管理团队根据现场管理经验提出可施工性改进意见并负责可施工性分析报告的审查工作,同时需要进行项目信息管理和报批报建工作。各专业团队管理职能分工见表9-8。

3. 招投标阶段全咨各专业团队参与全过程项目管理职能分工

在招投标阶段全咨各专业团队进行配合协调,其中项目管理团队负责招标采购过程管理,对招标采购工作的进度和成果文件进行合理性审查,还需要辅助评标,评标过程中可结合项目总体计划对施工进度计划进行审核。其管理职能分工见表9-9。

表 9-8 勘察设计阶段管理职能分工表

任务	主要工作项	工程设计	职能分工					
筹划—P、决策—E（E1—咨询总负责人，E2—咨询领导小组）、执行—D、检查—C、信息—I、组织—O、配合—A			全咨团队					
			前期策划团队	工程造价团队	设计咨询团队	招标采购团队	工程监理团队	项目管理团队	咨询领导小组
进度管理	分析和论证项目总进度目标		I				A	PD	
	编制项目实施的总进度规划						A	PD	E1
	编制设计阶段项目实施进度计划	A					A	PD	E1
	执行设计进度管理	A			A		D	C	
	编制工程发包与物资采购工作的详细进度计划					IA	A	PD	E1
	进度目标和总进度计划的分析与调整						DC	C	
质量管理	分析和论证项目的质量目标		I				A	PD	E1
	确定项目质量的标准和要求	A					D	PD	
	设计提出的材料、技术、设备的分析	IA					C	C	
	阶段性设计文件	D	A	A	C		A		E2
	设计优化	A		IA	PD				E2
	设计过程质量跟踪						D	C	
	可施工性分析	DO			A		A	C	
投资管理	分析论证项目总投资目标		I	A			A	D	
	编制和调整设计阶段资金使用计划	IA		A			A	PD	E1
	对设计方案提出投资评价	IA		D				C	
	编制及调整设计估算、概算、施工图预算	IA		PD	A			C	E1
	限额设计管理	DO		A			A	C	

(续)

任务	主要工作项	职能分工						
筹划—P、决策—E（E1—咨询总负责人，E2—咨询领导小组）、执行—D、检查—C、信息—I、组织—O、配合—A		工程设计	全咨团队					
			前期策划团队	工程造价团队	设计咨询团队	招标采购团队	工程监理团队	项目管理团队	咨询领导小组
信息管理	建立项目的信息编码体系及信息管理制度						A	D	
	建立会议制度、各种报表和报告制度						A	D	
	设计阶段信息的收集、整理和分类归档	IA		IA			IA	D	
报批报建管理	设计方案报批	A						D	
	开工报建						A	D	

表 9-9　招投标阶段管理职能分工表

任务	主要工作项	职能分工						
筹划—P、决策—E（E1—咨询总负责人，E2—咨询领导小组）、执行—D、检查—C、信息—I、组织—O、配合—A		工程设计	全咨团队					
			前期策划团队	工程造价团队	招标采购团队	工程监理团队	项目管理团队	咨询领导小组
招标采购信息	招标采购需求	A		I	D		C	
	施工单位及供应商信息收集				D		C	
招标方案编制	进度计划等				D		C	
招标	发售招标文件				D		C	
	组织现场踏勘、投标预备会				PD		C	
	补遗文件编制及审核			A	PD		C	
	组建评标委员会				D		C	
开标、评标、中标	开标				D		C	
	清标、评标			A	D		A	
	中标公示				D		C	
	发出中标通知书并退还投标保证金				D		C	
合同签订	合同签订	A		A	PD	A	C	

4. 施工阶段全咨各专业团队参与全过程项目管理职能分工

施工阶段涉及项目管理的工作有进度管理、质量管理、投资管理、合同管理、信息管理等，审查工程监理团队的进度控制、质量控制和成本控制的执行情况。其中，信息管理需要借助信息平台进行，各咨询团队可以通过信息平台及时汇总和移交档案、定期在信息平台录入数据、参与信息管理培训等，实现专业团队信息交流与协同工作。另外，在运维准备阶段全咨各专业团队还需要组织各专项咨询团队对策划、设计、招投标及施工阶段工作进行总结评价和回访，以及编制建筑使用说明书等材料、培训运营管理人员、移交设备设施、配合运营的系统调试与修正、质保期管理等工作。其管理职能分工见表9-10。

表9-10 施工阶段管理职能分工表

任务	主要工作项	职能分工							
筹划—P、决策—E（E1—咨询总负责人，E2—咨询领导小组）、执行—D、检查—C、信息—I、组织—O、配合—A		工程设计	全咨团队						
			前期策划团队	工程造价团队	设计咨询团队	招标采购团队	工程监理团队	项目管理团队	咨询领导小组
进度管理	审查施工进度计划						D	C	
	编制年、季、月度工程综合计划						D	C	E1
	检查、分析和调整施工进度计划						D	C	
	编制设备采购及设备监造工作计划	A		A			D	C	E1
	施工进度跟踪控制						D	C	
	影响进度的问题处理						D	OC	
	进度协调						A	D	
	审查各年、季、月进度控制报告						D	C	
质量管理	设计交底及图纸会审	D			A		A	C	
	设计变更控制和技术核定	A			A		D		E2
	设备制造单位和材料审查				A		D	C	
	施工过程相关质量文件审核						D	C	
	施工单位相关资格、标准和成果的审查					A	D	C	
	设备制造、装配、组装、出厂管理						D	C	
	确定重大和关键工序施工方案					A	D	C	E2
	工程变更方案比选	A			A		D	C	E2
	施工过程的质量跟踪						D	C	
	处理工程质量事故						A	D	E1
	质量事故的跟踪检查						D	C	
	隐蔽工程、检验批、分项工程和分部工程验收				A		D	OC	
	工程竣工预验收				A		D	OC	
	专项验收、技术验收、单位工程验收、试生产				A		D	OC	

(续)

任务	主要工作项	职能分工							
筹划—P、决策—E（E1—咨询总负责人，E2—咨询领导小组）、执行—D、检查—C、信息—I、组织—O、配合—A		工程设计	全咨团队						
			前期策划团队	工程造价团队	设计咨询团队	招标采购团队	工程监理团队	项目管理团队	咨询领导小组
造价管理	编制、调整施工阶段资金使用计划			A			D	C	
	施工过程造价动态管理			D			A	C	
	技术经济比较和论证			D	A		A		
	施工阶段采购管理造价控制			D		A	A	C	
	进行工程计量			D			D	C	
	处理索赔事项			D			C		E1
	工程款支付审核			D			D	C	E1
	工程变更管理			D			D	C	E1
	工程签证审核			D			D	C	E1
	工程结算管理			D			A	C	E1
	编制投资控制最终报告			A			A	D	
信息管理	编写相关施工管理文件						D	C	
	督促各施工、采购单位整理提交工程技术资料						D	C	
	工程信息的收集、整理、存档		A	A	A	A	A	D	
	组织提交竣工资料		A	A	A	A	A	D	
合同管理	跟踪和控制合同履行						D	C	
	合同变更处理					A		D	E1
	施工合同争议处理			A		A	D	C	
	施工合同解除						D	C	
	保修合同签订						D	C	
安全管理	安全生产相关文件、方案、措施审核						D	C	
	审查制度、资格、手续等						D	C	
	施工过程安全监督						D	C	
	组织现场安全综合检查						D	C	
	意外伤害事故的调查和处理						D		E1
	巡视检查危险性较大的分部分项工程专项施工方案实施情况						D	C	
	整改安全事故隐患						D	C	

(续)

任务	主要工作项	工程设计	职能分工 全咨团队						
筹划—P、决策—E（E1—咨询总负责人，E2—咨询领导小组）、执行—D、检查—C、信息—I、组织—O、配合—A			前期策划团队	工程造价团队	设计咨询团队	招标采购团队	工程监理团队	项目管理团队	咨询领导小组
运维准备	总结评估以及回访		A	A	A	A	A	D	
	编制建筑使用说明书、房屋维修手册等材料				A		A	OD	
	运营管理人员培训							D	
	设备设施移交						A	D	
	配合运营的系统调试与修正						A	D	
	质保期管理				A		A	D	

5. 运维阶段全咨各专业团队参与全过程项目管理职能分工

在运维阶段，全咨各专业团队需要检查和处理工程质量问题，并相互配合完成项目后评价的工作。其中可拓展的执行工作有项目的维修保养和回访、运营期绩效考核报告的编制等工作，并对运维费用支付审核、配合项目延续更新以及协助专业拆除公司制订建筑安全绿色拆除方案等工作进行审查，其管理职能分工见表9-11。

表9-11 运维阶段管理职能分工表

任务	主要工作项	职能分工 全咨团队						
筹划—P、决策—E（E1—咨询总负责人，E2—咨询领导小组）、执行—D、检查—C、信息—I、组织—O、配合—A		前期策划团队	工程造价团队	设计咨询团队	招标采购团队	工程监理团队	项目管理团队	咨询领导小组
工程质量缺陷处理	检查和记录工程质量缺陷					D	C	
	监督实施缺陷处理					D	C	
	调查工程质量缺陷原因，确定责任归属					D	CE	
项目后评价	项目后评价报告的编制	A	A	A	A	A	D	
	项目价值实现效果评价	A	A	A	A	A	D	C
运维咨询	项目的维修保养和回访			A		A	D	
	运营期绩效考核报告的编制						D	
	运维费用支付审核		D			A	C	
延续更新	配合项目延续更新			D			C	
辅助拆除	协助专业拆除公司制订建筑安全绿色拆除方案等			D			C	

9.3.4 基于 1+N+X 的全过程工程咨询工作流程

1. 全过程项目管理咨询服务的工作流程

基于 1+N+X 的全咨服务模式中,"+"的融合与协调主要体现在针对业主需求、项目特征、参与方能力以及项目过程等进行协调融合,为业主提供定制化的咨询服务。因此,将项目管理前延后伸形成全过程项目管理,旨在发挥项目管理团队项目协调和信息集成的优势,在业务交互活动发生时,能为业主提供一种稳定和连续的咨询服务。全过程项目管理体现在前期阶段的项目管理规划工作和协助前期策划团队的工作,如进行项目目标控制策划,在明确项目管理组织的前提下,明确各参与方需要共同遵循的项目管理制度。在设计阶段主要是进度、成本、质量和协调管理等,招标采购阶段审查招采工作的进度和成本,施工阶段项目管理工作需侧重信息管理与沟通管理,运维阶段主要开展项目后评价、运营管理和更新维护等。全过程项目管理咨询服务的工作流程如图 9-3 所示。

2. 基于 1+N+X 的全咨服务模式中融合性业务工作流程

(1) 项目管理总体策划的工作流程　在 1+N+X 的全过程工程咨询服务实施模式中,项目管理总体策划是全过程工程咨询团队在开展全咨服务前必须进行的一项工作,也是第一项工作。全过程工程咨询团队通过搜集工程项目的资料,在把握项目信息的基础上,针对项目的决策、实施和生产运营,或决策、实施和生产运营的某个问题,进行组织、管理、经济和技术等方面的科学分析和论证,为项目建设的决策、实施和生产运营服务。项目管理总体策划包含两个层面的策划,一方面是项目本身的策划,主要是对项目目标的策划,将项目的构思具体化,使之成为具有可操作性的目标;另一方面是项目实现途径的策划,在项目目标策划的基础上,分析、研究实现项目目标所应遵循的方法与程序,制订可行的项目计划,形成项目管理的策划。具体如图 9-4 所示。

(2) 招标策划的编制与实施管控工作流程　项目管理团队需要组织建立招标采购管理制度,规定招标采购管理与控制的程序和方法,对招标采购工作进行审查管理。而招标投标活动是在国家相关部门监督管理下有秩序地进行的一项涉及面广、竞争性强、利益关系敏感的经济活动,因此,全咨单位进行招标采购的项目管理工作需要根据现行法律法规的规定。项目管理团队通过前期协助招标采购团队制定招标采购制度管理,在招标采购过程中,协助工程造价团队和招标采购团队开展工作,同时管理招标采购的过程,主要有招标流程合规化的监督、成果文件的审定、协助处理投诉质疑等。招投标活动完成后,开展招标采购流程评价,将参与主体在执行过程中的利弊得失、经验教训进行总结,为投资人同类型招标采购提供借鉴,为项目部及公司决策层提供参考。招标策划的编制与实施管控工作流程如图 9-5 所示。

(3) 设计过程协调管理工作流程　传统的设计工作做到技术上可行和经济上合理达到业主要求即可。虽然此模式工程设计为外包咨询服务,但设计工作需要考虑建设项目的整体协调性。设计工程师需要与造价工程师、监理工程师、投资咨询工程师、项目管理人员等相互协作,共同辅助业主做出对项目产品和流程的最优决策。因此,项目管理团队需要根据设计过程协调管理制定相应的制度和流程,以便实现减少工程设计与不同专业之间协调困难的问题。设计协调方法主要包括设计协调会议制度、项目管理函件、设计报告制度等三种方式,具体见表 9-12。

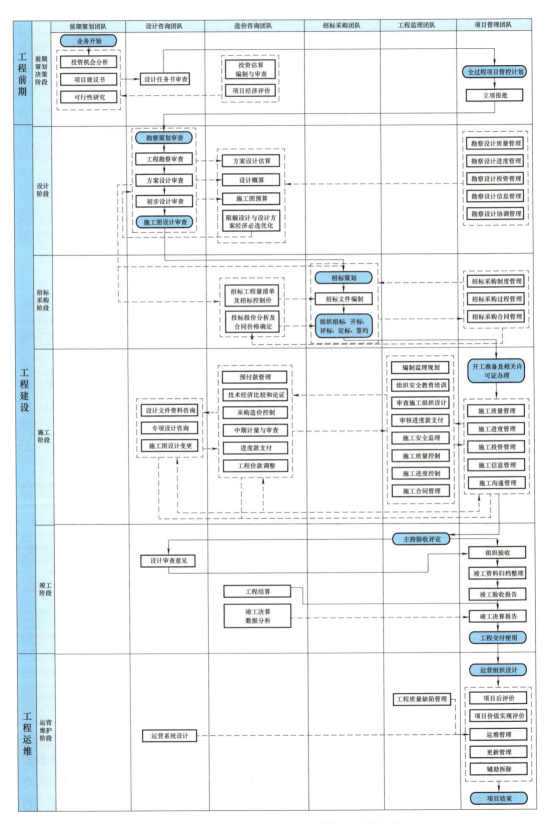

图 9-3 基于 1+N+X 的全咨实施模式工作流程图

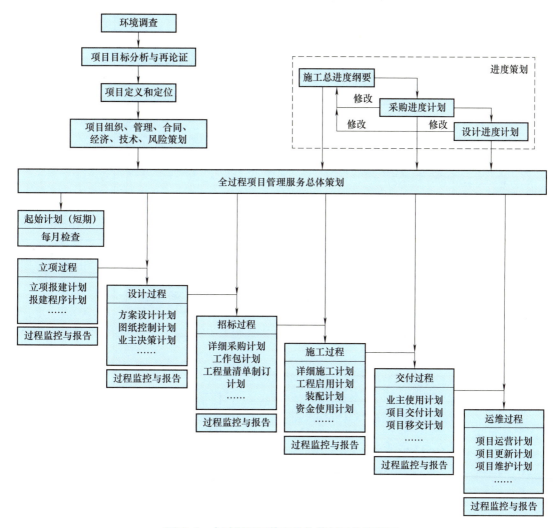

图 9-4 全过程项目管理总体策划工作流程图

在设计协调中,项目管理团队主要就业主与工程设计单位之间的协调,招采人员和投资人员与设计人员之间的协调,设计单位与施工承包商之间的协调等工作,使众多不同专业的人员共同参与到建设项目的设计阶段。可以利用促进设计效率与质量的技术,如交互式网页、BIM 信息管理平台等。设计协调需要组织跨越职能团队,使下游人员参与到上游决策中,同时追求基于整合的设计战略,并进行多方案设计,从中做出最佳选择。需要接受关于投资管控、招标采购和可施工性方面的批评性意见,须为平衡项目成本与特定建筑物功能提供反馈,使建筑项目达到全生命周期成本与建筑物形式、功能、工期之间的平衡点。同时随着设计的进行,应该认真考虑在设施完成后如何实施运营活动,设施内部布局不调整可能造成相对较高的运营成本,例如生产中的过多移动。全过程工程咨询领导小组对设计工作的协调如图 9-6 所示。

(4) 基于过程结算的投资管控工作流程 投资管控是贯穿项目全过程的工作,以往项目管理团队的工作主要包括确定项目投资控制目标和计划,对项目的工程造价团队的工作进

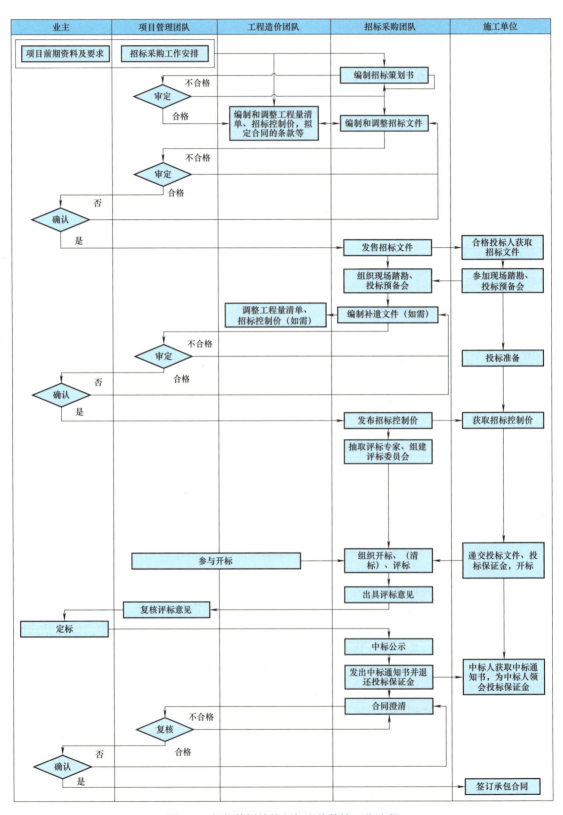

图9-5 招标策划的编制与实施管控工作流程

表 9-12 设计协调的方法

序号	设计协调方法		作用
1	设计协调会议制度	设计方与业主方设计协调会议	主要用于设计方与业主方的定期交流和沟通，将业主方对于设计方工作的想法和意见提供给设计方
2		设计方现场协调会议	主要用于施工过程出现的设计问题的解决，及时解决施工过程中出现的技术问题
3		设计方与材料设备供应方设计协调会议	主要解决材料设备采购中出现的需要设计方解决和确认的问题
4	项目管理函件		记录和确认工程日常事务，解决工程设计中的突发问题，是业主方项目经理的书面指令，对设计协调会议制度的重要补充
5	设计报告制度		主要是每个月的工作进度报告，对当月设计工作情况的小结

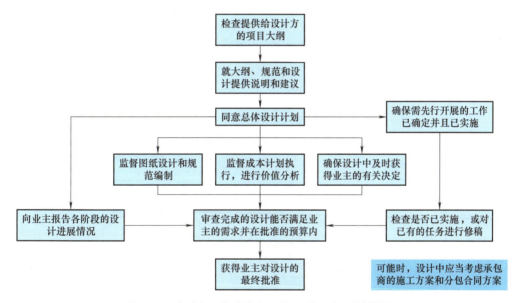

图 9-6 全过程工程咨询领导小组对设计工作的协调

行过程和结果的考核，协调设计方与施工单位协同开展工作。而过程结算的推行对项目投资管控提出了更高的要求：一方面，对咨询服务提出了更高水平的现场沟通与项目过程管控的精细化程度要求。显然，过程结算的推行对全咨团队和其他参与方成员之间配合程度提出了更高要求，要求规范施工合同管理的程序，避免发承包双方争议，减少事后算总账的重复性工作，节省审计成本。另一方面，对咨询成果提出了更高的准确性与时效性要求。在项目实施过程，项目管理、工程造价和工程监理之间对已完工程量的结算、索赔、进度款支付等问题达成一致意见，并形成汇总整理成准确全面的过程文件。因此，在投资管控中，全过程工程咨询团队要对项目投资实行精细化管理，同时重视过程文件和资料的整理归档，保证结算相关资料的准确和完整，以便提高结算工作效率，同时预防和控制项目投资风险。施工阶段投资管理的工作流程如图 9-7 所示。

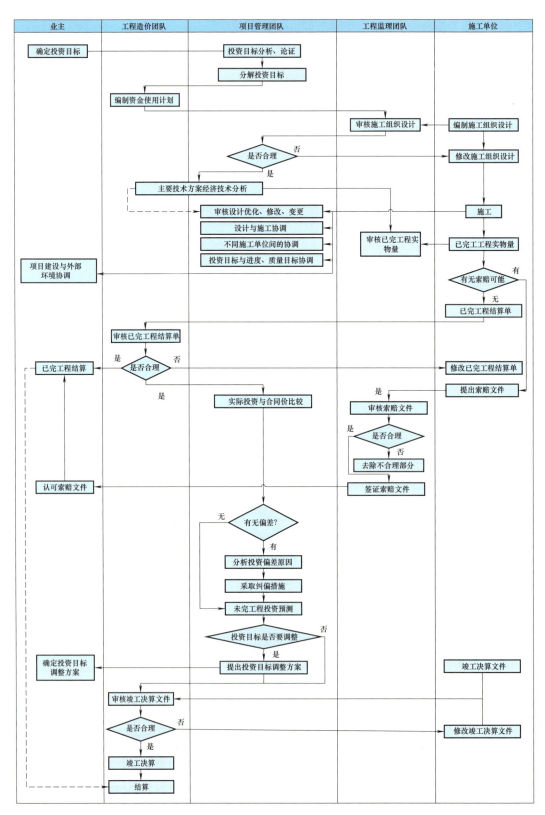

图 9-7 施工阶段投资控制工作流程

9.3.5 基于 1+N+X 的全过程工程咨询成果文件

在基于 1+N+X 的全咨服务中，项目管理团队开展的咨询服务主要分为两类，一种是项目管理，针对项目建设工作进行管理，如勘察设计管理、招标采购管理、实施过程管理、竣工管理、设施管理等；另一种是建设管理咨询，主要是对人员咨询业务的操作规范性进行管理，如投资政策咨询、项目风险评估、管理制度咨询、项目信息管理咨询等。在基于 1+N+X 的全过程工程咨询服务中，项目管理团队的主要的成果文件见表 9-13。

表 9-13 项目管理团队全咨服务成果文件汇总

序号	服务分类	业务名称	服务成果文件
1	项目管理	项目建议书阶段管理	(1) "项目建议书"咨询意见
2		项目可行性研究阶段管理	(1) "可行性研究报告"咨询意见 (2) "环境影响评价报告"咨询意见 (3) "节能评估报告"咨询意见 (4) "项目安全预评价报告"咨询意见 (5) "社会稳定风险评价"咨询意见 (6) "水土保持方案"咨询意见 (7) "地质灾害危险性评估"咨询意见 (8) "交通影响评价报告"咨询意见
3		投资估算编制管理	(1) 投资估算分析报告
4		项目勘察管理	(1) 勘察任务书 (2) "地质勘查报告"咨询意见
5		项目设计管理	(1) 设计任务书 (2) "方案设计文件"咨询意见 (3) "初步设计文件"咨询意见 (4) "施工图设计文件"咨询意见
6		设计阶段造价管控	(1) "设计概算"咨询意见 (2) "施工图预算"咨询意见
7		招标策划管理	(1) 建设项目招标策划方案
8		招标文件管理	(1) "建设项目招标文件"咨询意见
9		招标过程管理	(1) 建设项目清标报告 (2) 招标投标情况报告
10		合同管理	(1) 建设项目合同 (2) 建设项目合同台账
11		实施阶段质量管理	(1) 建设项目质量管理制度 (2) 工程整改通知单
12		实施阶段进度管理	(1) 建设工程进度计划 (2) 建设资源供应计划

(续)

序号	服务分类	业务名称	服务成果文件
13	项目管理	实施阶段投资管理	(1) 建设项目资金使用计划 (2) 工程造价动态管理报告
14		实施阶段安全文明施工管理	(1) 安全检查记录表 (2) 现场安全文明施工与环境保护管理资料
15		实施阶段设计管理	(1) 设计图纸台账 (2) 设计变更通知单 (3) 设计管理阶段性报告 (4) 技术核定单
16		竣工验收管理	(1) 竣工验收报告 (2) 竣工验收资料
17		竣工结算管理	(1) 竣工结算审核报告
18		竣工资料管理	(1) 工程竣工文档资料 (2) 工程竣工图纸资料 (3) 影像资料
19		竣工移交管理	(1) 阶段性工作报告
20		竣工决算管理	(1) 工程竣工决算报告
21		项目保修管理	(1) 质量保修阶段管理制度 (2) 质量保修台账
22		项目后评价	(1) 项目后评价报告 (1) 项目价值实现效果的评价报告
23		项目绩效评价	(1) 项目绩效评价报告
24		项目设施管理	(1) BIM 运维模型 (2) 设施管理台账 (3) "保险、保管、保全服务"
25		项目资产管理	(1) 各类分析报告 (2) 各类评估报告 (3) 招商策划文件 (4) 租赁管理文件
26	建设管理咨询	投资政策咨询	(1) 政策环境分析报告 (2) 经济环境分析报告 (3) 社会环境分析报告 (4) 建设项目政策法规汇编
27		项目风险评估	(1) 风险管理体系设计文件 (2) 风险评估报告 (3) 风险防范措施清单

(续)

序号	服务分类	业务名称	服务成果文件
28	建设管理咨询	管理制度咨询	（1）组织结构图 （2）组织职务图 （3）组织职能图 （4）组织功能图 （5）组织管理制度办法
29		项目信息管理咨询	（1）项目信息标准 （2）项目信息管理制度 （3）信息管理平台方案 （4）信息管理测试报告 （5）信息管理优化报告 （6）档案资料清单

9.4 基于1+N+X的全过程工程咨询服务案例分析

9.4.1 某大型商业综合体全过程工程咨询项目概况

1. 项目背景

某大型商业综合体项目为集办公、娱乐、餐饮、购物、休闲和酒店等多功能于一体的综合性民用建筑群，规模庞大，系统复杂，业态多样。项目建筑面积49.2917万 m^2，整个地块内设整体4层地下室，相互连通，包括商业、酒店、后勤及车库，地下建筑面积17.5117万 m^2；地上为两栋办公楼项目、一座商业项目、一栋商务大酒店，集中绿地和配套商业设施和市场设施，地上建筑面积31.7万 m^2。

2. 组织模式

该项目业主方为某投资公司在项目所在地成立的房地产开发有限公司，项目交付方式为施工总承包，总承包方是某国企施工单位。项目管理工作则是委托一家单位（D单位），由其提供全过程、全方位的项目管理咨询服务，包括设计管理、造价管理、招投标管理、进度管理、质量管理及安全管理等，并协助业主进行项目外部市政配套征询及手续办理工作等。而不同专业设计工作由业主分包给多家设计单位。工程监理则是由业主指定分包，是项目质量、安全的监督者。同时业主聘请建筑、机电、灯光、装饰、幕墙、造价、景观以及商业等顾问对于项目建设过程中的专业问题进行咨询。

该项目符合1+N+X的全过程工程咨询实施模式，业主主要负责核心业务的决策，原则上不参与具体事务的管理，而是通过全过程工程咨询单位传达落实指令，全过程工程咨询单位是业主与其他参建单位的桥梁。全过程工程咨询项目各参与方的组织结构如图9-8所示。

3. 业主方聘请全过程工程咨询单位进行全过程项目管理的目的

业主作为一家当地刚组建的房产公司，管理力量相对比较薄弱，期望项目管理团队是对建设方管理团队的补充及加强。另外，全过程工程咨询单位作为业主头脑及手脚的延伸，为业主提供全过程的项目管理，主要作用在于为业主的决策提供第一手、真实全面的资料，并提供相应的解决方案供业主选择，使业主从烦琐的日常工作中解放出来，将主要精力放在关键性的、重大的决策工作中。

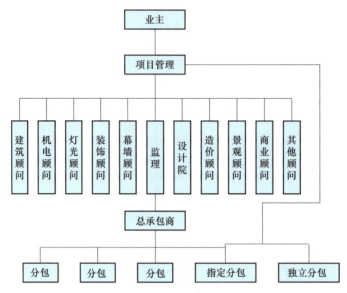

图 9-8　某大型商业综合体全过程工程咨询项目组织结构图

4. D 单位的全过程工程咨询服务内容

D 单位是作为业主代表，从项目的开始到完成，对其进行全过程的计划、协调和控制，目的是为了满足业主的要求，强调一种全方位、全过程的服务理念。在该全过程工程咨询项目中，D 单位秉承以策划为先导，以协调和控制为手段，落实项目管理的目标。D 单位全过程项目管理服务内容如下：

1）项目前期策划阶段项目管理：主要包括项目功能需求定位、策划项目立项报建、策划项目合同架构、策划管理组织架构、策划项目管理大纲、制定管理制度等工作。

2）项目规划及设计阶段项目管理：制定送审管理程序和工程设计审批制度，送审项目设计方案，协助业主、设计单位和顾问划分项目各方的工作界面。

3）招标采购阶段项目管理：主要包括施工场地的"七通一平"等准备工作，施工方案的审查与优化，专业分包及甲供设备招标的策划等工作。

4）施工阶段项目管理：主要包括进度管理、造价管理、合同管理等工作。

5）竣工验收及移交管理：主要包括项目竣工验收管理、项目移交管理等工作。

9.4.2　D 单位开展全过程工程咨询服务的管理模式

1. D 单位简介

D 单位主营业务有建设监理、项目管理、造价咨询、风险管理、机电顾问、节能顾问、价值工程和 BIM 咨询等咨询服务。其中，D 单位具备开展全过程项目管理的能力与资源，拥有专业技术、专业管理方法和交付策略。在该项目中，D 单位凭借多个成功的项目前期服务案例，高素质的管理团队利用从实践中积累的经验实现了全方位和全过程的项目管理咨询服务。

D单位以往就在项目建设各阶段进行相关项目管理咨询服务，在前期策划阶段为业主提供项目投资策划的专业化服务，主要有协助进行项目概念设计，提供获取项目场地建议，论证项目技术、经济上的可行性，评估项目风险，策划项目投融资安排，项目采购模式及成本计划建议，项目实施方案设计，编制项目管理手册等，在建造实施阶段为业主提供制订项目实施方案，主要有控制工程质量及现场管理，合同管理，处理工程争议及索赔，价值工程运用，构建信息交流渠道，制订进度计划，监督实施以及偏差控制，加强变更管理，制订风险管理方案并督促落实，协调各方关系，组织项目相关会议等。在竣工移交阶段，提供主要的项目管理服务有组织和参与项目的调试，试运行和移交，组织竣工结算，制订项目维护计划，协助选择项目运营商，协助办理相关政府的审批验收手续，索赔和反索赔管理，组织移交培训，提交项目总结报告等。

2. D单位开展全过程工程咨询服务的组织策划

（1）D单位开展咨询服务的工作组织结构　该项目的项目管理团队的组织结构如图9-9所示，考虑项目规模较大，系统复杂，因此特别设置土建、机电、安全职能经理职务，其余则主要是从专业为界面设置。

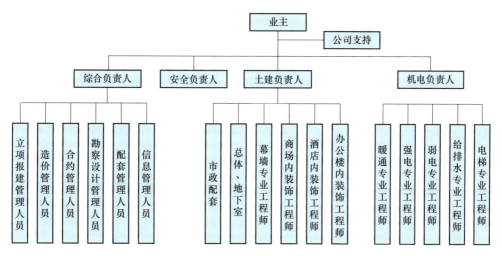

图9-9　D单位开展咨询服务的工作组织结构

（2）D单位开展全过程工程咨询服务的任务分工　该项目的项目管理目标可分为进度目标、质量管理目标、安全管理目标、文明施工管理目标、成本控制管理目标。以专业为界搭设项目管理团队，分为综合、土建、机电、安全四大管理小组。其任务分工如下：

综合管理小组设有立项报建人员、造价管理人员、合同管理人员、勘察设计管理人员、信息管理人员和配套管理人员。其中立项报建人员负责立项报建策划、报批报建执行等工作；造价管理人员负责审查投资估算、设计概算以及施工图预算，同时审核QS单位编制的项目资金使用计划，审核工程计量与支付和合同价款的调整，审核竣工结算等工作；合同管理人员负责项目合同架构策划、招标阶段的划分、专业分包策划、甲供设备招标策划、施工阶段合同管理等工作；勘察设计管理人员负责拟定勘察任务书、审查勘察设计方案及进度计划等工作；信息管理人员主要负责建立信息管理标准、流程、制度，另外还需要利用BIM技术进行可视化分析、工程量统计以及碰撞检查等；配套管理人员主要负责配套商业和市政设施的对接与管理工作。

土建和机电管理小组配备了土建、机电各专业工程师,主要负责综合协调业主、总承包商和各专业顾问之间的资源与信息,审核各项专业设计方案,由具备相应资质的人员组成。

安全管理小组主要负责建立安全生产责任制,督促各参建单位监理专门的安全生产管理体系,建立健全事故应急处置办法;督促监理单位对施工单位编制的安全技术措施或专项施工方案进行审查;对危险性较大的专项方案进行审查;建立项目环境保护管理制度,确定环境保护管理目标,制订污染防治措施等工作。

(3) D 单位开展全过程工程咨询服务的管理职能 在该项目中,项目管理团队主要对项目的关键质量保持关注,而日常监督、管理,还是以监督监理单位执行为主。项目管理要发挥整个项目所有参建单位的管理力量,而不是事事亲为。将管理职能分为主要职能和辅助职能两种,主要职能有筹划(P)、决策(E)、执行(D)、检查(C),辅助职能有提供信息(I)、组织协调(O)和参与配合(A)。以项目竣工阶段的项目收尾任务为例进行举例说明,全咨负责人领导下的各专业团队的管理职能分工见表 9-14。

表 9-14 D 单位开展咨询服务的管理职能分工表

序号	工作任务	主要工作项	职能分工									
			业主	工程监理	工程设计单位	总承包方	QS单位	全咨团队				
筹划—P、决策—E、执行—D、检查—C、信息—I、组织—O、配合—A								立项报建	合约管理	造价管理	勘设管理	信息管理
1	项目移交管理	项目收尾管理计划	EC					D	D	D	D	PI
2		项目收尾管理计划评审	EC					A	A	A	A	CI
3		工程竣工结算	EC	D		D			PC			I
4		项目建议书报审	EC	DC		D	A		PC			I
5		项目资金动态支付清单	EC			D			PC			I
6		工程竣工验收备案	EC	D	D	D		PC				I
7		项目管理总结	EC					A	A	A	A	D
8		项目管理资料组卷、移交	EC	D	D	D		A	A	A	A	D
9		房产及地籍测绘	EC				PD				A	I
10		产权证办理	EC				PD					I
11		工程竣工审计	EC				ID		PC			I
12		工程移交	EC			D		A	A	A	A	PI

3. D 单位的项目管理工作计划安排

(1) 项目的立项报批策划 项目管理团队从项目进度考虑,根据自身在相关项目建设程序管理的经验,进行审批制和核准制的权衡,选出适合项目的立项报建的程序。若资料齐全,即以前酒店单独立项报批时提交的资料仍有效,可立即着手办理;若资料不齐全,资料准备困难,并且按既定的合并立项程序进行申办存在较大问题时,建议业主可以回到原分开立项(酒店与商场和办公楼分开立项)程序中。同时,考虑到整个项目将来经营模式(售或租）的选择将决定酒店、商场、办公楼（南楼和北楼）四个单体项目产权是否需独立分开。项目管理团队从核准制与备案制对该项目的差异做了全面的分析，并且考虑商务大酒店可能提前开业的可能性，最终建议业主将酒店、商场、办公楼分开，按备案制立项。

（2）合同架构的策划 项目合同架构的搭设，不仅仅是项目组织架构的另一种表现形式，而且也反映了业主对项目资源如何最有利划分的一种策划，是项目能得以顺利运行的基石。

项目管理团队协助业主确定了以总承包为主，专业分包纳入总承包范围、甲供设备作为独立供应合同，供应商与业主单独签订配套类合同作为独立合同，并与业主单独签订的独立工程合同、总承包合同和指定专业分包合同并行，进而构成项目合同框架，如图9-10所示。

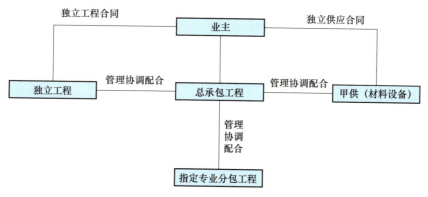

图 9-10 项目合同框架图

其中，总承包工程是指业主与总承包商签署的合同，总承包方需要按照总承包合同约定为整个项目承担总承包责任，对整个项目的进度、质量、工期负责，并对指定专业分包单位承担连带责任。指定专业分包工程指在总承包合同内约定，并由专业分包承担的专业分包工程，业主经过招投标后确定分包工程的中标单位及中标价，分包安装合同由总承包方与分包单位签署（纳入专业分包分工程的仅为安装价款，供应及制作为单独签订合同）。甲供合同指由业主采购并与供应单位签约，及免费供应给相应的安装单位进行安装的主要材料及设备采购合同。业主可以在总承包合同或其他分包合同内委托他们承担对供应单位的管理责任，包括进场计划、验收货、竣工验收等责任，也可要求安装单位提供付款的审核意见等。

（3）设计变更管控的工作模式 所有的设计变更严格执行先预评估，后执行的原则，即按评估、变更费用申请、工程结束现场确认三部曲履行，如图9-11所示。

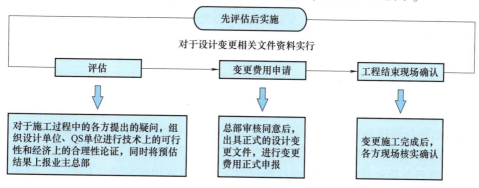

图 9-11 设计变更处理三部曲

该项目管理过程中的设计变更审批流程具体如图 9-12 所示。

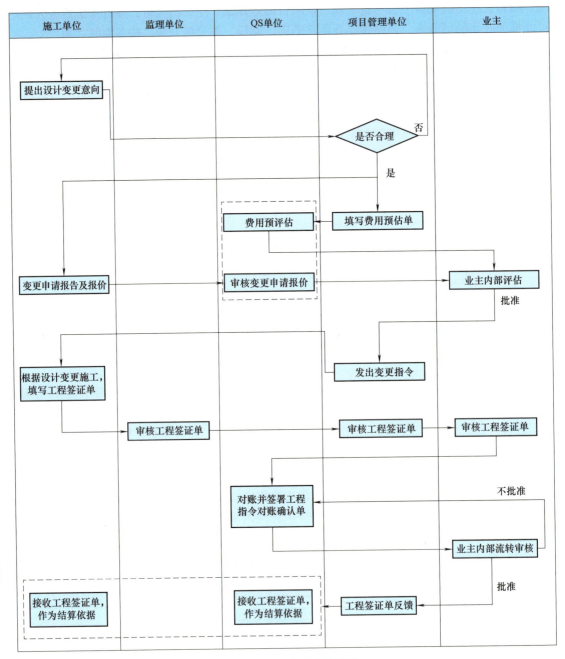

图 9-12 设计变更审批流程

4. D 单位开展全过程项目管理的工作流程

该项目的项目管理是从项目开始到完成,对其进行全过程的计划、协调和控制,在前期决策阶段、设计阶段、招标采购阶段、施工阶段以及运营维护阶段均有较为复杂的项目管理工作。而 D 项目单位在开展全过程项目管理时,为了更好地契合业主的需求,同时维护业主应当的核心利益,采用了多种方法与策划方案。具体如图 9-13 所示。

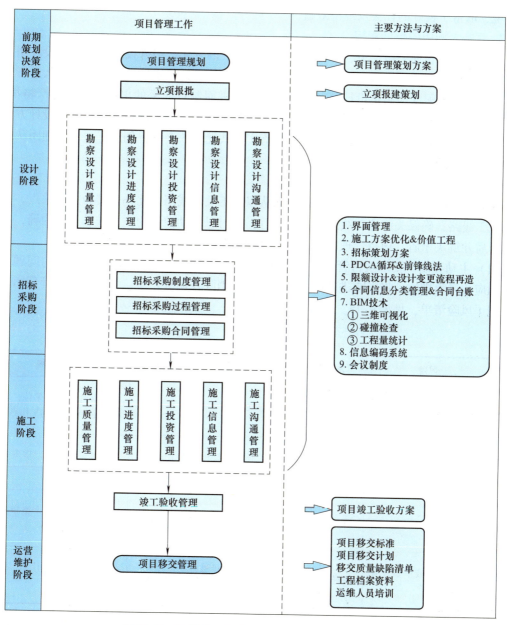

图9-13 D单位开展全过程项目管理的工作流程

9.4.3 某大型商业综合体全过程工程咨询实施的工作重点

1. 价值工程在该项目中的运用

在该项目的项目管理过程中,成功运用了价值工程的理念。该项目基坑挖深在20m以上,采用地下连续墙+4层钢筋混凝土水平支撑作为基坑支护体系。在内支撑体系的选择问题上,成功运用了价值工程的理念。最终取得了如下成果:南北办公楼圆满并超额完成2014年度的进度目标;商业大都会提前3个月结构封顶;商业大酒店提前1个月结构封顶;在施工期间,周边建筑物沉降均控制在5cm以内。这些成功为项目的顺利开展提供了良好的环境，取得了良好的社会及经济效益。

2. 商务大酒店的设计管控

该项目酒店管理公司变更，设计方案发生颠覆性的变化，另外设计周期短，设计团队众多，协调难度大，这均加剧了设计工作的困难程度。针对这一困境，项目管理团队进行管线综合优化，最大限度地满足设计师对空间的要求。进而制订周密的出图计划，并严格执行。必要时，实行人盯人的办法。最终，如期完成商务大酒店室内装饰招标工作。从设计方案论证、扩初方案、施工图设计和机电调整方案落实，共耗时5个月，创造了项目管理团队在设计管理历史上的记录。

3. 施工阶段进度管控

在项目进度控制的过程中，项目管理团队以施工关键线路南北办公楼为关注重点，兼顾关键施工线路，确保关键施工线路的按期实行。同时以主动控制为主，被动控制为辅，尽量暴露矛盾并解决矛盾。项目管理团队对工程进度的跟踪管理模式分为以下两点：

（1）主动控制　要求项目管理团队有预见性地发现在项目进展过程中存在的问题，并采取相应的风险措施，将影响进度的风险控制及时消除在萌芽之中。为此，项目管理团队分析编制了风险清单，见表9-15。

表9-15　风险清单（节选）

序号	风险	活动	危险源	等级	处理措施
1	部分工程项无人施工	招投标	工程清单漏项	IV	协调造价咨询单位，划分清楚各专业之间的工作界面
2	无法按时开工	施工准备工作	防水、防火等材料检测没有及时检测	IV	督促监理单位，指令承包商及时检测
3	甲供设备无法安装	招投标	甲供设备选型错误	IV	督促机电顾问严格审核招标文件的技术文件
4	专业分包或甲供设备没有及时进场	招投标	专业分包或甲供设备招标工作启动过晚	IV	编制全面招标计划，并按计划实施

（2）被动控制　该项目中，被动控制的实施方式为：将整个项目按工程进行逐级分解，至少分解到分部工程。每周按PDCA的程序进行一次循环检查，发现有偏离的分部项目需查清原因并采取措施，该项目中采用了前锋线法对项目进度进行跟踪管理。

4. 信息编码系统及会议制度的建立

（1）信息编码系统的建立　项目管理团队针对项目的具体情况，编制该项目的信息编码系统，如图9-14所示，以便计算机检索及管理。

（2）会议制度的建立　项目管理团队针对该项目需求，建立了该项目的会议制度，工程例会制度、项目管理例会制度（与业主方）、技术协调会议、工程造价例会制度、招投标会议、设计交底会议、其他专题会议等。

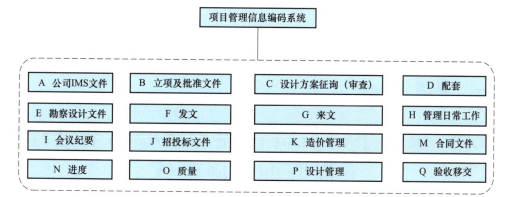

图 9-14　项目管理信息编码系统图

第 10 章
EPC 模式下以投资管控为核心的全过程工程咨询实施模式

/本章导读/

- 全过程工程咨询是破解国内建设项目 EPC 模式推行困境的关键路径之一，构建以投资管控为核心的全咨模式是 EPC 项目业主的迫切需求。
- 以投资管控为核心的全咨模式是以预防建设项目投资失控为目标，需建立合理的投资管控咨询的管理体系，并以目标管理和全过程动态成本管理为特点。
- 以投资管控为核心全咨的服务清单要体现目标策划、目标成本优化与动态管控的 PDCA 循环。
- 以投资管控为核心的全过程工程咨询服务模式的实施需要回答：做什么？谁来做？怎么做？为了回答这三个问题，勾画出以造价团队为主导的全过程工程咨询项目的组织结构、任务分工、管理职能分工、工作流程等具有通用性的内容。

10.1 EPC 模式下以投资管控为核心的全过程工程咨询的服务特征

10.1.1 EPC 交易模式的基本概念及特征

1. EPC 交易模式基本概念

工程项目交易是业主通过建设市场，以货币为媒介，获得工程项目、材料设备、子项目或咨询管理的过程。工程项目交易模式是站在工程交易理论以及实践基础上对工程项目交易方式（发包方式）、工程项目交易管理方式（业主方管理方式）、工程项目合同类型（计价方式）等交易要素的提炼和组合。通常以项目业主为主导，与各类承包商之间就前期筹划、勘察设计、设备及材料采购、建造施工、运营维护等全生命周期中的各个阶段选择的一系列交易要素。

EPC（Engineering, Procurement and Construction）交易模式被用作工程总承包模式的一个代名词，泛指业主将工程的设计、采购、施工、试运行的全生命周期或部分阶段的核心建设工作委托给总承包商进行管理实施的工程交易模式。概念侧重于承包商的全过程参与性。EPC 总承包商依据与业主所签的委托合同规定,在质量、安全、工期和造价等项目目标方面对工程全权负责,而业主对承包商进行质量管理、安全管理、工期管理、投资管理、变更管理等宏观层面上的管理工作。

2. EPC 交易模式的特征

(1) 具有单一责任主体,由总承包商对业主负责 在 EPC 模式中,由单一总承包商牵头,负责设计、采购、施工等工作的连贯进行。按照 FIDIC 银皮书的规定,EPC 模式采用二元管理体制,如图 10-1 所示。即不再设置工程师角色,组织结构中主要的利益相关者为业主和 EPC 总承包商,此时合同中的承发包双方呈现出相互信任的伙伴式关系,仅要求业主派遣业主代表负责项目的监督管理工作。

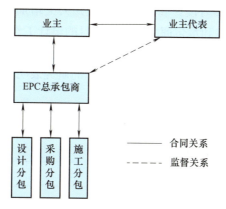

图 10-1 EPC 模式下双边关系组成的项目组织结构

基于信任的前提,EPC 总承包商被赋予相当大的权利,其工作范围可能覆盖整个建设工程的总体策划以及整个建设工程实施组织管理的策划和具体工作。业主基本不干涉承包商的工作,但仍保留一部分对项目的控制权。依据 FIDIC 银皮书,业主具有审批分包商招标名单、招标技术文件、批准招标结果以及管控 EPC 总承包关键人员的权利与义务,可见业主可以跟踪和了解承包商的工作,对其进行监管并提出意见,只是开展下一项工作之前不需要业主批准前一项工作。为了保证项目的顺利进行和投资的可控性,提供监督管理任务的业主需要有一定的专业匹配能力和项目管理能力,业主可通过自管的项目管理方式或雇佣项目管理公司作为自己的管理咨询顾问,通过一定的方式构成业主代表,对总承包商需要履约的合同责任进行监管。业主代表和 EPC 承包商之间没有合同关系。总承包商可将承包范围内的工作委托给分包商完成,由分包商与总承包商签订分包合同,但分包商的全部工作仍由总承包商对业主负责。

综上所述,"单一责任制"使得工程责任明确,减少了业主方的工作接口、工作参与力度以及协调管理的工作量。业主与 EPC 总承包商签订工程总承包合同,总承包商对总包合同及分包合同内规定的工作全权负责。

(2) 以设计为主导,强调设计和施工的融合性 EPC 中的设计指的是 Engineering,强调的不再是单纯的设计过程,而是强调全过程的设计管理,以设计为主导,设计和建造进行深度融合。

一方面，与 DBB 模式相比，EPC 模式在设计过程中合理的搭接了采购和施工工作，体现出设计施工一体化。在考虑项目的功能、规模、质量不变的情况下，通过将设计和建造深度融合，展现出设计施工一体化带来的增值途径（王卓甫，2014）：其一，通过设计和施工的搭接，促进建设工程工期的缩短。其二，通过设计施工一体化，为优化工程设计以及改善工程的可建造性搭建了平台，并以承包商作为设计施工的单一责任主体，增强了设计优化的内生动力，进而促进工程造价的降低。其三，以设计为主导，设计和施工的融合减少了工程的招标次数以及项目协调的工作量，通过将 EPC 项目交由一个主体，在明确责任主体的同时降低了交易成本。

另一方面，不同于传统模式下由业主完成全部设计内容，这里的设计为主导指的是总承包商需要以设计为主导统筹管理项目的各项工作，从而降低业主协调设计和施工的工作量。但是，这并不意味着业主不参与设计管理。EPC 模式大大增加了承包商在设计过程中的主动权和控制权，但依然是业主和承包商共同完成项目的设计工作，业主也需要完成一定比例的设计工作，来对项目的要求和内容进行定义，通过合理确定总承包商与业主完成设计的比例来推动项目的成功。美国联邦建设委员会（FCC）的研究表明，业主参与设计的深度不同，项目绩效的高低也不同，见表 10-1。

表 10-1　业主参与设计深度与绩效的关系

序号	业主参与设计深度	项目绩效
1	15%或更少的设计	最差
2	完成 15%至 35%的设计	最优
3	完成超过 35%的设计	中等

美国建筑师学会（AIA）将项目设计主要分为了概念性规划设计阶段、方案设计阶段、设计深化阶段、施工图设计阶段四个阶段，其中设计工作的 0~10%发生在概念性规划设计阶段，9%~30%发生在方案设计阶段，30%~50%发生在设计深化阶段，50%~100%发生在施工图设计阶段。张尚（2013）通过总结国外学者及研究机构对工程总承包模式下业主完成设计比例的相关文献，发现业主参与设计的深度通常介于 30%~50%之间。即业主通常完成概念性规划设计阶段、方案设计阶段、设计深化阶段的部分或全部工作之后将设计工作委托给承包商，以便在承包商理解项目范围、设计意图的前提下，给了承包商更多的自主权，从而保证设计过程的顺利推动。EPC 模式下业主方参与的设计深度见表 10-2。

表 10-2　EPC 模式下业主方参与的设计深度

序号	业主完成设计比例	业主承担的设计工作
1	0~10%	业主不提供任何设计文件，仅详细描述项目的要求
2	10%~30%	业主提供方案设计，把详细设计交给设计—建造承包商完成
3	30%~50%	业主提供更为详细的设计文件

（3）采用总价合同计价方式　合同是建设项目实施过程的指导性文件，合同的计价方式决定了业主和承包商之间项目风险的分配比例和方式。EPC 工程总承包项目的合同形式

一般采用总价合同，即在确定的工作范围和内容的条件下，除非业主增减工程量或发生设计变更，总价合同总是一次包死，不再进行调整的，且付款方式通常为按功能节点支付的里程碑式，而不是验工计价。EPC 承包商通过完成合同约定范围内的工作而应得的报酬，从而使得业主的投资更加易于确定和控制。这种合同形式下，EPC 总承包商承担工程大部分的风险，业主通过合同的形式，通过提高交易成本的方式，把大部分的风险转移到了承包商身上。

然而，业主与总承包商之间的交易费用体现在缔约成本上，总承包商与分包商的交易成本会通过投标报价间接地转移给业主，所以项目中所有的交易成本最终都归结于业主的交易成本。在 EPC 项目的实际操作中，由于业主所提供的项目的基础设计文件的设计深度达不到准确的工作量深度，因此承包商在投标报价时所提供的固定总价中包含了一笔不可预见费。从而采取总价合同会增加了业主的缔约成本。

除此以外，设计-采购-施工相融合的 EPC 模式在采取总价合同计价方式时，还会延伸出一系列潜在的负增值（王卓甫，2014）：其一，EPC 模式下，设计工作很大程度上纳入了工程总承包商的服务范围内，因此业主方的设计工作的监管要求会提高，进而增加业主方的交易成本。其二，相对于传统的 DBB 模式，EPC 项目对投标方提出的招标要求大大提高，从而导致项目招标的市场竞争力大大减弱，可能会拉高合同价格，增加业主方的交易成本。

10.1.2　EPC 交易模式的困境及对全过程工程咨询的需求

EPC 交易模式是基于信任的集成范式。从 EPC 交易模式的特征可以看出其采取的不再是像 DB、DBB 模式那种业主、承包商、工程师三元制衡的结构，而是只有业主和承包商双方组成的二元管理机制，这种模式的基础便是业主与承包商基于信任的前提进行合作，业主放管、承包商自觉，双方均不利用对方的漏洞破坏双方之间的信任关系。

从关系治理视角出发，将信任分为基于制度、法律、情感的信任，可以发现信任对 EPC 工程供应链管理绩效具有显著正向影响（柯洪，2015）。蒋卫平、张谦、乐云（2011）等通过构建了信任、信任前因以及项目成功的整体理论模型，发现信任对项目成功有重要的作用，且受信方的声誉、能力以及双方之间的沟通、合同、相互性以及双方的言行一致性是促进信任的重要因素。然而，中国情境下，这种高信任度的 EPC 模式与现阶段的中国建筑市场匹配度较低，进而制约了传统的 EPC 模式在中国的顺利推行。

1. 中国建筑市场初始信任缺失

长期以来在中国建筑市场上通常采取设计、采购、施工各个建设环节相分离的传统发包模式，EPC 总承包模式是在 20 世纪 90 年代才引入中国，相对国外来说，中国接触 EPC 等总承包项目的时间较短，项目管理体系和市场等都不太健全。在这种情景下，受 DBB 模式各建设环节相互割裂、各参建单位相互对立、业主对各分包环节分别管理、业主监管力度大等传统思维的影响，在 EPC 模式下使得工程建设过程的"破碎性"无法弥合，业主仍然会保留一部分项目控制权，且双方依然存在不信任的状态。同时各部门发布的 EPC 相关的政策文件依然基于传统模式制定，存在贯穿工程项目全生命周期的内容不齐全、各方责任要求不明确、信任机制缺乏等缺点。

根据国际惯例可知，基于信任条件下的 EPC 发包模式中，业主对总承包商的招标通常在可行性研究阶段完成后就开始。然而，通过对国家发布的一些政策文件进行整理可知，目前业主的招标节点不是统一的，依据住建部规定，根据具体项目的不同特点，可行性研究、方案设计以及初步设计完成之后这三个阶段都存在可能，对于政府投资项目更是明确要求应该设置预算后审。表明中国情境下很多情况下都背离了业主放松监管、总承包商增强控制的信任模式的初衷。

2. 承发包双方缺乏互信关系

EPC 项目中的承发包双方对信任前因的认知有限，且业主对承包商存在道德风险的消除预期。一方面，受信方的声誉和能力是保证信任产生的要素之一，然而 EPC 工程项目具有规模大、建设过程复杂、专业涉及广、工艺程序复杂等特点，而长期以来中国建筑市场存在对设计、施工、采购等环节进行分包的割裂现象，现在不论是设计企业牵头还是施工企业牵头做总承包，都很难找到有实力、有能力承担工程总承包任务的企业，就算存在，业主对其是否有能力整合全过程的承包管理工作持不信任的态度。

另一方面，信任的形成是相互的，施信者要对受信者可信任性的信号做出判断，受信者也应该给予施信者可信任行为充分行事的信赖（Papadopoulou P，2001）。中国信任度低的情境下，业主担心给予承包商过高的项目控制权后，由于承包商和业主的利益目标不一致，承包上会利用双方信息上的不对称做出损害业主利益的事情，从而产生道德风险，进而导致业主对承包商呈现不信任态度。由于隐含项目风险的厌恶偏好，继而采用不合理的风险分担方案以总价合同的方式将风险施加给承包商并加强对建设过程的严格管控。承包商则受长期以来 DBB 模式下不信任感知的影响，存在利用信息优势及合同中的漏洞产生机会行为的倾向，加之业主的风险规避行为激化了承包商的不公平感知，从而进一步加强了承包商道德风险。

中国情境下的 EPC 承发包双方所采取的行为都在一定程度上违背了该模式应用的初衷。通过建立博弈模型对承发包双方进行互信程度分析，发现在中国严格的招投标制度以及对腐败问题的防控的情境下，信息不对称的合作双方往往被动采用"不信任，不信任"的合作策略，从而导致业主与承包商之间冲突频发。由于双方博弈过程中的"囚徒困境"的存在，国际环境中的强信任度的 EPC 模式在中国的推行必然存在阻碍和瓶颈，极易导致 EPC 项目的投资失控。

3. 全咨模式下 EPC 项目的新三角关系

基于业主与总承包人之间缺乏信任，市场缺乏信用和约束等一系列信任缺乏的原因，需要建立起信任和监督相匹配的组织模式，通过低信任度与高监督的组合来适应并推动中国情境下 EPC 模式的发展，因而低信任度的条件下业主是否有能力控制工程总承包的行为便显得格外重要，业主有必要通过增强管控、集成管理、提升自身专业能力、增进双方信任水平解决 EPC 项目中的诸多困难，真正做到管好工程。同时需要第三方的介入来减少承发包双方之间的沟通屏障，促进资源、信息的沟通，通过"一手遮两方"来协助承发包双方保证预期目标。

在 EPC 项目中，嵌入全过程工程咨询改变了以往的组织模式，构成了一个新的三角关系。该组织模式加强了全过程工程咨询单位的作用，给予其整体性治理的能力，强调了严格管控的重要性以及承发包双方之间信息协同共享的必要性。全过程工程咨询单位作为业主项目管理职能的延伸，拥有较强的专业知识和能力，通过与业主签订合同，与其他参建方建立起管理监督关系，协助业主并配合工程总承包单位对项目各阶段的实施重点严格监督协调并给予建议。同时协调项目中各参建方对项目集成总控，治理碎片化的局面。嵌入全过程工程咨询单位后的新三角组织结构如图 10-2 所示。

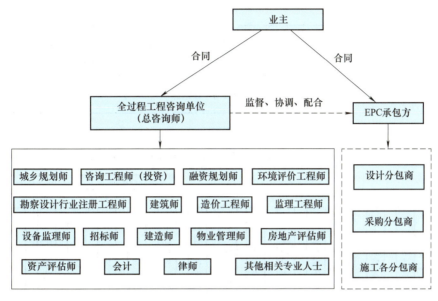

图 10-2　嵌入全过程工程咨询单位后的新三角组织结构

咨询业务的经济学理性根植于"为信息弱势方提供救济"及"控制交易成本"。在招标节点前移的 EPC 模式下，承包商总是比业主拥有更多的信息，引入全过程工程咨询单位，业主和全过程工程咨询方共同组建全过程工程咨询团队，通过 BIM 手段实现各参建方资料和数据信息共享，保证其技术、知识、信息等各方面的整合，缓解了信息不对称的状态。技术管理团队配合监理团队全程介入总承包实施工程中，通过强有力的监管，积极发掘设计、施工过程中偏离业主要求的现象，并给予其以技术方案上的建议，协助承包商的同时协助业主对承包商信息无法确定的恐惧，增加业主的信任度。通过全过程工程咨询单位内部团队之间横向的配合对 EPC 项目各实施阶段进行纵向控制，减少了双方不公平感知及信任缺失所带来的项目争端，有效地控制了交易成本，解决业主多方面的困难和问题。

10.1.3　以投资管控为核心的全过程工程咨询特点

1. 以投资管控为核心的全过程工程咨询管理体系

投资管控是项目管理的核心，贯穿项目的策划、设计、招标、实施以及竣工等各个阶段，是项目管理全过程的最长链条。投资管控与传统的造价控制不同，传统的造价控制是分段的、事后的、被动的管理，单从对施工过程进行造价控制的角度静态反映估算、概算、预算、结算、决算等费用问题，不能反映管理的思想。而投资管控则是一种全过程、全方位、动态的管理，其强调的不单是费用的控制，而是以业主目标为导向，在保证进度和质量要求的前提下，严格控制全过程的成本支出，确保好的投资效益。

EPC 模式下以投资管控为核心的全过程工程咨询服务旨在提供贯穿于项目全生命周期的综合咨询服务整体解决方案，为保证业主目标的实现提供组织管理、目标实现以及整体投资最优等方面的帮助,及整体性、综合性的管理和服务。以 EPC 与全过程工程咨询相融合的运作模式为原型,以实现投资管控为导向,构建以指引体系、实施体系、支撑体系三部分组成的全过程工程咨询体系。形成的管理体系运作模式如图 10-3 所示。

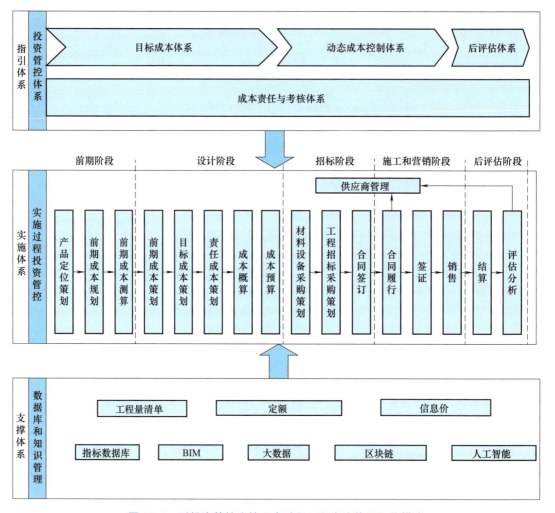

图 10-3　以投资管控为核心全过程工程咨询体系运作模式

（1）指引体系　指引体系在全过程工程咨询体系中能够为工作的顺利开展指出目标和方向,在这里指的是咨询单位为了满足业主目标及工程建设的顺利开展而提供的投资管控体系。这一管控体系是目标成本、责任成本和动态成本跟踪联动管理体系,能够指引实施过程开展全面规范的目标投资管理。

（2）实施体系　将一味地压缩实施过程中必要的项目费用开支当作投资控制的主要手段,反而使项目整个策划和实施进度目标受到很大影响,风险增大,导致项目的最终实际成本大大增加,利润降低。因此,实施体系应以指引体系为指导,针对性建立合理的控制实施方案。一方面,通过发掘既定咨询服务重点下各个阶段的项目管控增值点,有针对性地提供咨询服务,另一方面,基于"PDCA"的动态成本跟踪目标,及时发现实施过程中投资失控风险点,通过不断地"检查、纠偏、反馈",保证投资在计划状态内。

(3) 支撑体系　支撑体系指推动投资管控目标实现的方法和工具，除了清单、定额、信息价等传统工具以外，还包括指标数据库、BIM 数据库、区块链、大数据等管控新工具。这些工程投资管控信息化的技术支持不仅能够支撑目标成本的建立，还能在一定程度上规避工作内容深度交叉的各个运行阶段之间存在的工作分割、信息不流畅带来的问题，实现全过程投资的合理管控。

2. 以成本管控为主导的全过程工程咨询服务的特点

(1) 全过程全方位的投资控制目标　全过程工程咨询服务不再是对各咨询阶段及控制环节咨询工作的简单罗列，而将全建设期的咨询工作看作一个有机整体，在决策指导设计，设计指导交易，交易指导施工，施工指导竣工的同时，努力使后阶段的信息向前期集成（严玲，2012）。通过转变传统模式下碎片式、分阶段对各个投资控制阶段的被动投资控制，主动地介入到工程项目全建设期的管控工作中，不但保障了全过程工程咨询单位投资管控过程的完整性，使每阶段的目标逐一实现，而且克服了各阶段管理脱节的弊病，确保最终投资目标的实现。

可见，以投资管控为核心的全过程工程咨询服务强调以整体的思想通观全局，改变过去只关注施工工程的"事中"成本控制和竣工阶段的"事后"控制，而忽略投资目标制定等"事前"控制的局面，坚持"事前、事中、事后"相结合的理念，在目标确定的基础上，对各阶段持续监控，并对投资管控目标逐步完善、补充、修正，如图 10-4 所示。

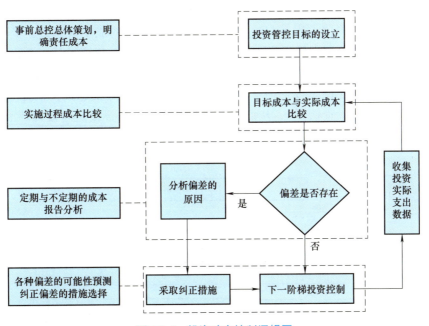

图 10-4　投资动态控制逻辑图

事前控制处于确定项目投资意图和项目功能的重要阶段，包括投资立项阶段和招标前的设计环节。一方面，前期的投资目标成本作为后期指导初步设计、施工图设计的标杆，其合理确定会很大程度的影响后期投资控制目标的准确度，只有在项目前期明确业主的需求，确定准确的投资目标成本，才能为后期固定总价合同的确定提供依据。另一方面前期阶段的合理推行是对后期成本信息的"向前集成"，在项目前期就充分考虑后期实施情况，贯穿全过程投资控制的思想，咨询单位以始为终，在前期明确项目的功能设计，从而减少总承包商因设计不符或施工不符等原因引起变更造成的投资失控。另外，全过程工程咨询方还应在成本目标的基础上，明确责任成本，强调造价控制的单一责任制，保证在已定目标下，实现全责、全过程、全方位的控制。

事中控制工作包括成本管控和成本核算。由于EPC项目的前期，业主的功能需求及设计图纸深度都没有完全确定，投资目标成本会随着阶段性工作的进行而不断深化，因此对于项目全生命周期不同阶段的投资目标会根据实际需求进行相应的调整，需要以动态成本管理的角度进行考虑。依据"PDCA"原理，通过不间断的多阶梯的循环，使管理中的问题不断被发现、解决，投资管控在此过程中得到不断的提升改进。

事后控制位于投资控制过程的收尾环节，是对整个投资过程的梳理和总结，在采用"事前、事中、事后"相结合的逻辑过程进行投资控制时，如果事前控制和事中控制能够落实到位，则项目的投资目标成本就已经了达到很好的控制。但是依然需要配合事后控制。如在项目后评价过程中，通过协助业主完成项目后评价工作来提升业主前期控制意识、明确事中控制的重点环节，对今后的投资管控工作起到积极的推动作用。

（2）投资目标成本的逐渐明确和细化　由于在明确项目投资控制的目标成本基准后，实际的投资成本还不能完全确定，随着设计图纸逐渐深化，同时也会导致项目投资估算值逐渐细化，此时，投资管控目标即为实现在投资控制范围内的设计输出。

随着设计过程的推动，为保证最终的投资成本不超过原定的目标成本，需要在整个设计过程中通过限额设计、价值工程等方法和手段不断重估工程的成本效益，逐步明确投资目标，在宏观上为各个阶段制定投资管控目标。如图10-5所示，概念设计、深化设计、初步设计、施工图设计等各个环节的投资目标呈现相对性，上一环节的投资目标应制约下一阶段的设计工作，做到"施工图总投资预算＜扩初总投资概算＜方案总投资估算＜概念设计、立项成本及竞赛方案总投资估算"，从而实现各阶段的投资目标设定与设计环节环环相扣，保证设计工作在既定预算中进行，总投资不被突破。

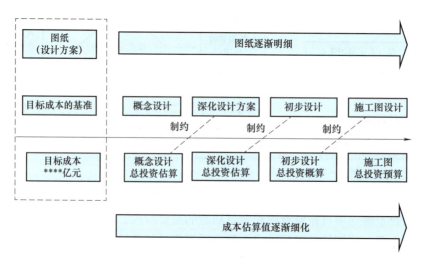

图10-5　设计过程中投资目标成本的细化

10.2 EPC 模式下以投资管控为核心的全过程工程咨询的服务内容

10.2.1 以投资管控为核心的全过程工程咨询业主目标

DBB 模式下，通常先确定工期和质量标准，再通过招标确定合理的合同价格。而工程总承包模式下，由于设计尚未完成，难以确定详细的质量标准，通常是先确定了价格（如招标限价或控制价）和工期，招标完成后，详细的质量标准在实施过程中逐渐清晰。招标时，发包人可根据发包人要求等确定预期的质量标准以及相应的招标限价。工程总承包招标更倾向于价值最大化，即同时考虑质量和价格的竞争性。

由于合同价格、质量标准和工期之间的确定顺序的变化，易引发承包商对设计的极致简化。虽然发包人可以在招标文件中对功能定位、建设标准、材料品牌等均做出较详尽的要求，而设计阶段，承包人在满足发包人基本要求的基础上，可能会对设计做简化，如材料选用同等品牌的低档次、节点做法简化等，以赚取更高利润，有损发包人的投资效益。

因此，在工程总承包模式下，业主方需以投资管控为核心约束承包人的设计和项目管理工作，达成造价可控、结算顺畅、项目管理压力小、EPC 总承包人能动协商、缩短工期的建设目标。基于此，业主视角下的工程总承包项目的投资控制就是围绕投资目标成本的确定、优化、控制等展开，具体如下：

1. 前期策划确定投资目标

在前期策划阶段，业主目标是通过投资决策实现项目产品的成功，契合企业发展战略，实现投资收益和社会效益。这一阶段的咨询任务包括协助业主解决决策科学化的问题，而决策的依据主要来源于两个方面，一是拟建项目的需求和市场需要，二是项目的投资估算。可见，决策的深层原因在其经济性，在确保建筑方案满足功能、安全、美观的基础上应时时关注其经济性，确定动态投资目标。

2. 设计阶段投资目标的优化

设计阶段是概念和方案变为实施的转成阶段，EPC 项目招标前期的设计阶段业主方也需要完成一定比例的设计工作（通常包括概念性规划设计、方案设计、初步设计的部分或全部工作），来对项目的要求和内容进行定义，以便于承包商更好的理解业主要求。此时，业主目标为通过设计将业主的建设意图以建设项目实物的形式表现出来，并确保设计能够有效地用作对投资、质量、工期的预测。由于设计可以不断的被优化和深化，投资目标可以不断被调整，因而，造价及投资目标可根据设计的修改逐渐调整，更加合理化。

3. 招标阶段可控价款的确定

招标阶段，业主目标为综合考虑投资、时间、拟建项目难度等问题，选择适合的 EPC 总承包商，并配备相关管理团队，协调项目任务使得项目建设顺利完成。同时将早期投资目标具体化，落实为具体的合同控制，保证投资可控。通过合约进一步确定建设项目的功能、规模、标准、建设成本、完成时间等，并逐步将暂定合同价变为实质合同，始终保证项目的量价在可控范围内。

4. 实施阶段严格变更管理

施工阶段（项目实施）业主的目标是确保项目各阶段所指定建设目标的顺利实施。此阶段是实现业主投资意图的重要环节，同时也是项目管理周期中工程量投入大，人力、物力、财力投入最多的阶段，项目实施过程工期的延长或缩短必然导致投资的变化，质量的不合格也会影响项目建成后使用过程中的全生命周期成本，可见实施阶段的投资管控是对成本、工期、质量、信息等多目标的协调统一。由于此阶段 EPC 总价合同已签订，投资控制基本确定，因而，此时投资控制的重点在于合同管理目标的协调（成本、进度、质量）、变更及索赔管理上。严格按照合同进行过程结算，建立施工过程变更与签证控制目标，在过程中严加控制。

5. 竣工阶段确保最终结果的经济性

竣工阶段，业主的目标主要包括批准移交计划和进度，以及界定业主/供应商的权责，尤其是接受标准、所需项目文件中的条款、缺陷责任、试运营的安排等。通过建立竣工阶段的管理制度，落实项目各方面的评估和审查工作，从而确保最终结果的经济性。全过程工程咨询方需要对竣工验收计划编制拆分计划，确保检查工作如期完成。同时以目标成本为控制依据，在合同和变更的基础上做好验收和结算工作。

6. 运维阶段确定成本最优的运营方案

运维阶段是在业主接收项目之后，对后期运营维护进行管理的重要过程。在这一阶段需要适时对建设项目的决策和实施进行评价和总结，通过运营管理，检验其决策是否科学有效，此时业主目标是通过评估、评价项目各方面的执行情况并为项目提供清晰的运营方案，确保建筑物的全生命周期成本最优。

10.2.2　以投资管控为核心全过程工程咨询的服务清单

2019 年 5 月颁布的《房屋建筑和市政基础设施项目工程总承包管理办法》（征求意见稿）第三十条特别指出："工程总承包项目的建设单位和工程总承包单位应当加强设计、施工等环节管理，确保建设地点、建设规模、建设内容等符合项目审批、核准、备案要求。"可以看出在项目控制权大量转移给总承包单位的 EPC 模式下，建设单位（业主）仍然需要配合总承包单位对项目实施阶段进行共同监管。即在将工程项目集成委托给具有设计能力、采购能力、施工能力、融资能力、管理能力等多方面条件的 EPC 承包商时，业主方也应当同时具备对 EPC 总承包进行管控的能力。而全过程工程咨询单位的出现正是顺应了这一要求，可以以业主独立代理人的身份，在 EPC 总承包介入之前开始为建设项目提供咨询服务。

在以投资管控为核心的建设项目中，应将"策划先导"的思想贯穿全过程，保证"纠偏为主旋律"，实现目标制定到目标实现全过程的循序渐进，环环相扣。这里的全过程是项目建设的全生命周期，包括策划阶段-设计阶段-招标阶段-施工阶段（项目实施）-竣工阶段-运营阶段。根据建设阶段的不同，将投资管控分为两类，一类为全过程全方位的投资目标确定，另一类为项目实施过程造价的有效控制。以投资管控服务为核心的全过程工程咨询模式的服务清单见表 10-3。

表 10-3 以投资管控为核心全过程工程咨询服务清单

服务类型		投资管控	全过程投资控制的专项服务
事前投资目标成本的确定与优化	前期阶段		1. 投资估算编制 2. 项目经济评价报告编制与审核 3. 项目投资风险分析
	设计阶段	1. 投资管控服务策划 2. 投资管控目标确定 3. 目标成本确定 4. 责任成本确定 5. 利润性论证 6. 设计过程投资目标成本优化 7. 建立指标数据库	1. 整体设计方案经济分析 2. 专项设计方案经济分析 3. 初步设计技术经济分析（如果有） 4. 发包人要求编制 5. 设计限额确定 6. 设计优化造价咨询
	招标策划		1. 编制招标策划 2. 模拟工程量清单编制与审核 3. 最高投标限价编制与审核
事中动态成本纠偏与管控	实施阶段	1. 组织招标选择总承包人 2. 材料、设备品牌的确认 3. 合同履约管理 4. 结算与审计	1. 组织项目招投标组织和管理 2. 施工图预算的审查 3. 材料和设备材料价格市场调研与采购 4. 过程结算 5. 变更、签证及索赔管理
	竣工阶段		1. 工程验收策划和组织 2. 交付工程的符合性审查 3. 审核和汇总各阶段工程计算 4. 审定工程的最终结算价款 5. 竣工结算审核 6. 竣工决算报告编制和审核 7. 工程技术经济指标分析 8. 配合完成竣工结算的政府审计
事后投资效果评价	运维阶段	1. 运营管理计划编制 2. 项目维护与更新造价管控	1. 运营费用估算 2. 项目后评价 3. 项目绩效评价

10.2.3　以投资管控为核心的全过程工程咨询服务内容

以投资管控为核心的全过程工程咨询服务内容包含两个方面，其中合理确定项目投资目标是造价控制的基础，各阶段的有效控制是其实现的手段。

1. 事前目标成本的确定

（1）决策阶段建设项目目标成本的初步确定　投资目标成本是基于产品定位和当前市场成本水平而预先确定的成本控制标杆，能够有效地保证项目管理成本目标的实现。EPC模式下的工程项目投资目标成本作为主导建设和开发的控制线，往往包含从项目策划到项目运营的全生命周期成本。为了防止成本在确定过程中出现遗漏的现象，应当将目标成本的确定覆盖项目建设所需的全部成本。其组成部分包括建安成本、单体综合成本、合约成本、财务成本、税金、运营成本等。

1）目标成本的完成节点确定。在建设工程项目中业主通常将早期目标成本作为设计、招投标等后续工作的限额。EPC项目下早期投资目标成本的确定往往是在设计图纸不完善的初步设计完成之前进行的，如图 10-6 所示。此时仅有业主对项目前期的"功能性要求"，无具体的工程量指标。这使得项目的投资目标需要在既定的投资范围和工期要求内随阶段性工作的不断深化而得以实现，可见，投资控制是一个复杂的系统工程，是各阶段投资的集成，需要用整体的思想通观全局，提供全过程一体化的服务。

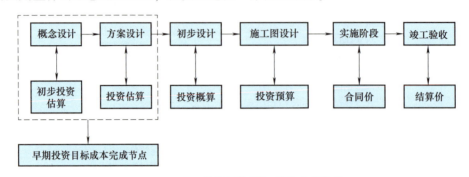

图 10-6　项目前期投资目标成本完成节点

2）目标成本标杆确定及指标数据的建立。投资目标成本的确定分为两种情况，一种是没有设计方案的情况，这种情况下可以根据同类项目的相关数据进行投资分析；另一种是有设计方案或设计方案不详细的情况，此时，可以根据明确的设计方案要求进行投资估算，当方案不详时可以根据经验推断部分分项的估算。但总的来说，投资目标成本是建立在同类工程的数据库和分类工程的投资估算模版基础上，基于投资目标成本标杆得到的，并随着业主要求的不断明确和设计的不断深入逐步调整和完善。

建设项目投资目标成本标杆是建设项目目标成本的估计值，这个估计值是基于可行的投资估算方法和可靠的历史数据得到的。作为建设项目投资成本管理和评价的目标，随着投资估算方法的优化及历史投资数据资料的增加，投资目标成本的估算值也会越来越准确。

投资目标成本往往包含从项目策划到项目运营的全生命周期成本，建立全生命周期的指标数据库能够支撑目标成本标杆确定及目标成本建立。指标数据库能够为投资管控中重要工作的开展提供经验数据及指标标准。根据数据库中不同阶段成本的特点及已完工程的相关数据和特点将已完工程和拟建工程的信息进行对比，选择适合的投资估算模型，根据产品定位和当前市场成本水平预先确定成本控制标杆，并确定各阶段全生命周期投资目标成本的标杆，如图 10-7 所示。这样就形成了成本标杆序列，同时，按照应用的要求，对数据进行统计、评估和分析，为拟建项目目标成本的确定提供参考。

3）投资风险分析。投资风险分析能够在一定程度上预测项目对不确定性因素变化带来的影响，从而提前发现项目的敏感性和稳定性，为投资目标的正确确定提供参考依据。

尤其，在采取总价合同的 EPC 模式下，业主将通过提高交易成本的方式，把大部分的风险转移到了承包商身上，明确业主和总承包的风险分担，确定 EPC 项目风险总量，对目标成本的合理确定非常重要。EPC 项目风险因素主要包括政策风险、合同风险、经济风险、自然风险、技术风险、管理风险六个方面。根据项目的具体情况及上述六个方面的影响因素对项目风险总量进行准确确定，并为风险分担设计提供奠定基础。不同介入时点的 EPC 项目由于工程项目发包范围不同，各参与方已知信息的完备程度也不同，风险分担也不同，如果介入点过于靠前，则承包商掌控项目的大部分控制权及风险，在对投资风险分析，应重视设计方案与业主目标偏离所引起的风险及投资增加。而对于 EPC 介入时点靠后的情况，应重视业主自身风险应对的成本。总之，在确定投资目标成本时，应重视特定项目的投资风险分析，将应急及风险准备金包含在目标成本之内。

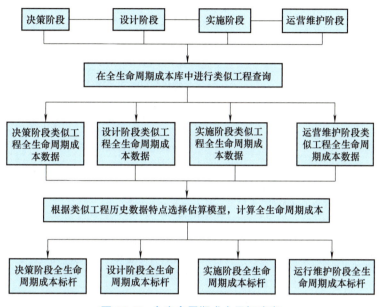

图 10-7　全生命周期成本目标确定

4）成本计划。成本计划是业主根据合理确定的投资目标，做出的投资实际值与目标值的动态化控制。其目的是将项目预算分配到项目的工作中，为投资控制提供基础。"成本控制"与"预算"二者是相辅相成的，"预算"是用来确定一个项目的总成本及项目的预期回报，为项目确定成本界限。而成本计划是一个动态的概念，指对资金在何时使用以及在哪些方面使用做出计划。

成本计划应包括项目的各个阶段，其目标是在预算范围内尽可能的建造好的建造物，当成本计划确定后，可作为贯穿建设项目全过程的成本控制和监督的基准，为制订各个项目详细的成本计划提供帮助。

（2）设计过程目标成本的优化　随着设计过程的推动，项目的投资目标成本也在逐渐细化和清晰，因此，需要在设计的各个环节，制定相应的投资管控目标，并分析和审核投资计划值，从而实现投资管控目标，即为实现在投资控制范围内的设计输出。同时，针对不同设计环节，选择性的采用限额设计、价值工程等方法和手段不断重估工程的成本效益，并运用动态成本控制的手段对设计过程投资成本的推动、追踪、反馈，逐步明确投资目标，最终输出主要投资管控成果，见表 10-4。

1）设计方案经济性比选。EPC 模式下，招标节点的前移使得业主将一部分设计工作委托给 EPC 承包商实施和管理，但业主依然保留一部分设计工作，以便承包商能够更好地理解设计意图。如完成设计方案及其之前的设计工作，甚至完成初步设计工作。此时，需要全过程工程咨询单位参与并完成总体设计方案编制，或专项设计方案的编制工作。设计方案决定了后期的采购方案及施工方案的选取，以确保投资目标及工期目标的实现。合理的设计方案既可以减少工程建设期的投资成本，又能够降低项目后期运营使用阶段的维护成本。

表 10-4 不同设计深度目标成本控制方式

序号	设计过程	主要设计输出	投资管控目标	投资管控手段	主要输出成果
1	概念方案设计	1. 总平面图 2. 外立面效果图 3. 部分立面图、剖面图	在有限的设计资料基础上,通过合理假设及对标输出成本控制手段	合理假设	1. 造价会议纪要 2. 概念总投资估算报告
2	方案设计深化	1. 各楼层平面布局图、剖面图及立面图 2. 主要的建筑、结构、机电等设计说明	通过与设计团队深度交流工作,对项目对标数据及假设深入研究、矫正,获得进一步细化的项目成本控制目标	方案比选	方案比选报告、成本动态跟踪表、50%方案总投资估算报告、100%方案总投资估算报告
3	初步设计	1. 完整设计说明(包括各专业) 2. 相对完整的立面图、平面图、剖面图 3. 部分重要的标准节点图纸 4. 各功能区域的划分及其平面布置图 5. 机电系统的主要系统图及其平面布置图 6. 主要材料表	通过控制更细致的设计输出,使得分部分项科目的成本目标均在控制范围内	限额设计;材料、设备选型,功能区专题造价研究	材料与设备选型报告、初步设计总投资概算报告
4	施工图设计	1. 全套施工图纸 2. 技术规格说明书	通过施工图预算的控制手段,确保采购金额在合理范围内	限额设计;成本动态跟踪	施工图总投资预算

因此需要重视设计方案的比选工作,针对设计方案提供估算成本意见,选择出最具性价比的方案。通过对可行工程的设计方案进行经济分析,结合实际情况,从若干设计方案中选取功能完善、经济合理、技术先进的最优方案。一方面通过对多项可选设计方案的比选和计算,确定价值系数更高的设计方案作为备选的实施方案;另一方面,通过各参与方的配合及共同交流,以功能分析为出发点,在保证功能的前提下,对技术先进性和经济合理性进行平衡,逐步优化工程成本的方案内容。

2)限额设计。限额设计是合理确定投资限额,科学分解投资目标,进行分目标的设计实施,设计实施的跟踪检查,检验信息反馈用于再控制的过程。在宏观上为各阶段制定投资控制目标,其运作可以看作对总投资目标的分阶段控制。限额设计的引入实现了方案设计、初步设计、施工图设计等环节的纵向控制。通过确定各设计阶段的限额值,严格做到投资成本控制设计。其包括两方面的重点内容,一是项目的下一阶段按照上一阶段的投资限额设计技术要求,二是项目的局部依据分配的投资限额完成业主的设计要求。

全过程工程咨询单位应该积极地介入到限额设计的实施和审核过程中,一方面,将经批准的设计任务书中的项目总投资作为进行限额设计的主要依据,并依据设计任务书中规定的建设方针、设计原则、各项技术经济指标,将设计任务书中规定的投资限额分配到各单项和单位工程,做好初步设计的投资限额分配工作,同时,将限额设计与设计方案比选工作紧密联系起来,以确定满足设计深度及性价比高的初步设计限额值。另一方面,咨询单位要与业主方、总设计分包等参与方共同协作,确定限额设计估算值,并做好该限额估算值的审查工作,结合实际情况及设计标准的相关规定,对其进行层层审核,做到限额设计的动态控制。

3）基于价值工程的目标优化。通过 WBS 对目标成本进行分解,并对各投资目标进行限额设计以后,需要借助价值工程优化设计以进一步明确目标成本。价值工程理念的设计优化注重的不单单是追求设计过程中花费的成本最低,还要考虑经济与技术的平衡,注重提高工程的效率和价值,或带来其他收益,实现设计的功能价值最大化。

价值工程的三要素分别是价值、功能、生命周期成本,这三者之间存在关系:$V=F/C$,其中,V 为价值,F 为功能,C 为成本。根据价值的表达式,提高产品价值有五种途径:①在提高产品功能的同时,降低产品成本,这可使价值大幅度提高,是最理想的提高价值的途径;②提高功能,同时保持成本不变;③在功能不变的情况下,降低成本;④成本略有增加,同时功能大幅度提高;⑤功能略有下降,同时成本大幅度降低。

根据项目的具体情况选择以上五种提高产品价值的途径,对设计进行优化,达到提高设计质量、节约投资,实现良好的经济效益的效果,从而进一步明确目标成本的目标。

(3) 以投资管控为目的的招标策划　设计阶段为了充分实现目标成本,应确定合适的发包方式,可将投资管控工作延伸至招标策划。

招标策划的重点工作包括:业主需求分析、标段分析、招标方式选择、合同策划、时间安排等,充分做好这些招标工作的策划、计划、组织、控制等方面的研究,并采取有针对性的预防措施,可以有效地减少招标工作实施过程中的被动局面,提高招标质量和后期投资管控的水平。全过程工程咨询单位需要了解招标过程中的细节工作,并将工作关键成果进行整理和汇总,编制形成招标策划书,这一过程的工作流程如图 10-8 所示。

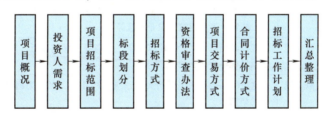

图 10-8　招标策划书编制程序

1) 业主要求的编制。招标文件是全面体现业主方投资意图的重要文件,前期招标文件编制的越完整后期合同策划越简单,项目的推行越顺利,因而招标文件的合理策划是对 EPC 项目进行事前控制的重要组成部分。其中"项目功能描述书"是 EPC 招标文件的核心组成部分,在 EPC 模式下的项目功能描述书替代了传统模式下施工招标文件中的设计图纸及设计规范,通过提出业主对项目的总体目标的要求来为 EPC 承包商投标及实施提供基本依据。

项目功能描述书又称业主要求,是 EPC 招标文件的核心组成部分,是业主和承包商相互配合完成项目目标、实现项目价值的重要纲领。此时需要确定的内容主要包括工程的预期目的、工作范围、设计及其他技术标准、性能指标等。结合《中华人民共和国标准设计施工总承包招标文件》（2012 年版和 2017 年版）、《FIDIC 设计采购施工（EPC）合同条件》（FIDIC 银皮书）中发包人要求相关部分的内容进行整理汇总,发现业主要求主要体现在对项目的功能要求、工程范围、工艺要求、时间要求、技术要求（包括技术标准、建筑、施工与环境等方面的技术标准和要求）、竣工检验、文档和信息管理要求、项目管理以及对分包商信息等方面，全过程工程咨询单位可以此为依据对 EPC 项目招标中文件中的业主要求进行编制。

2）模拟工程量清单的确定。模拟工程量清单是针对 EPC 项目中招标节点的前移，无法在招标阶段提供准确的工程量清单而编制的一种工程量清单的衍生品和替代品，其作为在设计图不完整时进行招标计价的方式，需要以现有工程项目数据，参照类似工程和有关的数据参数，以国家相关计价规范为依据并结合项目本身特点和现行市场价格等进行编制。以此来对 EPC 项目进行模拟的工程量预估，并以此为依据确定最高投标报价。

第一步，确定 EPC 承包商的承包范围。充分了解业主对项目的预期要求，以及拟建项目的规模、功能、结构类型、建设地点、周围环境信息、技术标准等信息，并确定招标的项目及专业，根据了解到的项目的基本情况对模拟工程量清单涉及的项目范围做出初步确定。

第二步，类似项目的选择。在确定了项目的基本情况及招标范围后，需要根据拟建项目的基本情况选择与其各方面内容吻合度高的类似项目，为模拟清单的编制提供参考，并以类似工程的工程量清单作为模拟工程量清单的编制模板。在这个模板的基础上通过对比拟建项目和类似项目，根据项目的承包范围、项目特点、功能要求等对工程量清单进行增加和删减，以确定项目的主要工程量清单。其中，选取类似工程的基本要求见表 10-5。

表 10-5 选取类似工程的基本要求

序号	基本要求	内容
1	拟建工程与类似工程所在地区相同	建设地点差异表现为：两地土壤、地质、水文情况、气候、自然条件的差异，且材料、设备的来源、运输情况不同、不同地区政策环境等，这些将会对拟建项目工程的早期估算产生影响
2	拟建工程与类似工程的工程类型相同	工程类型主要指的是工程的项目类型相同，项目类型可以分为居住、商业、办公、旅馆、工业建筑、农业建筑等
3	拟建工程与类似工程的建筑规模相同	规模越相似，二者的建筑面积、层高等指标越接近，选取的已建类似项目与拟建项目规模为 0.5~2 之间
4	拟建工程与类似工程的结构相同	这里的结构相同主要指大类建筑结构相同，可分为钢结构、钢筋混凝土结构、砖混结构等
5	拟建工程与类似工程的建设时期相近	项目的建设时间不同，所采用的技术、标准等方面可能发生变化。影响工程施工的技术因素相对稳定，则较早之前完工的类似工程仍然具有参考价值，但是影响工程施工的各项技术因素变化较快，则期限应缩短，可能只有近期完工的类似工程才具有说服力

第三步，编制模拟清单。在对项目的主要工程量进行确定之后，需要系统的对模拟工程量清单进行系统的编制，并依据拟建项目的项目特征对清单工程量进行调整和完善，并通过对技术、材料、工艺、设备、经济等方面对模拟工程量清单进行讨论复核，从而完善清单中的项目特征、工程量、数量、计价单位及计算规则等信息。

第四步，编制招标控制价。根据已经编制好的模拟工程量清单并结合现行规范及相关定额、当地的市场平均价格确定清单综合单价，得出项目的招标控制价。通过对得到的招标控制价与前期确定的项目目标成本进行对比，确定价格的合理性。

3）合同风险分担策划。EPC 模式下应当改变过去将关注重点放在合同的不完备性导致的项目实施过程中所产生的矛盾纠纷以及经济损失上，应当变"被动"为"主动"，将 EPC 合同管理的重点应放在合同的策划上。

在 EPC 总承包合同条款中，不管是明示规定还是隐含在合同条款中的暗示规定，都对合同风险的分配做出了相关的规定。通过在合同签订前对各方所承担的风险进行分析，对各方的权责利进行的分析，从而利用合同更好的分配项目实施过程中存在的风险以及各参与方的权利、义务和责任。从而摆正各参与方之间的关系，防止重大问题的不协调及工作中的风险及障碍造成的重大损失。

在 EPC 项目风险总量恒定的前提下，EPC 总承包商介入时点不同，EPC 项目的发包范围不同，业主和承包商的风险分担范围存在差异，全过程工程咨询单位应针对不同的介入时点，在合同策划中确定合同风险分担机制中的关键因素，并对风险进行归责。

对于 EPC 承包商介入时点在可行性研究之后的项目，可行性研究阶段完成的工作较为宏观，这些工作旨在判断项目是否可行，而不需要精确度量。这一类项目业主的参与度较低，对项目的影响力及控制力均较弱，因此，业主承担风险的意愿也较低。而总承包商愿意谋求更多的收益并承担较多的风险，这一类项目与《FIDIC 银皮书》（1999 版）的风险分担机制更为契合，风险分担优化及合同条款设计见表 10-6。

表 10-6 可行性研究之后介入的 EPC 项目风险分担优化及合同条款设计

			FIDIC 银皮书规定（1999 版）	合同条款设计
通货膨胀风险和材料及设备价格上涨风险	分担结果		总承包商	共同承担
	承担的风险范围	业主	—	物价波动幅度超过合同专用条款约定幅度时，对超过的部分采用约定的价格调整公式调整合同价款
		总承包商	全部物价上涨风险	物价波动幅度未超过合同专用条款约定幅度时，合同价款不予调整
不良地质条件风险	分担结果		共同承担	共同承担
	承担的风险范围	业主	由总承包商执行业主指令保护新发现的有价值物品带来的风险	① 由总承包商执行业主指令保护新发现的有价值物品带来的风险 ② 承包商因纠正项目基础资料中的错误造成费用增加时应在一定范围内允许调价，调价范围可由双方商议后在专用条款中约定；造成工期延误时合理延长
		总承包商	除此之外未预见到的困难带来的费用和延误	① 总承包商未执行业主指令保护新发现的有价值物品带来的风险 ② 约定范围以外的费用和延误
设计工期延误风险	分担结果		共同承担	共同承担
	承担的风险范围	业主	① 由业主提出的变更带来的风险 ② 由业主行为引起妨碍带来的风险	① 由于业主未及时组织专利商或第三方设计单位与承包商进行数据和资料的协调造成设计进度延误 ② 业主未按约定时间提供项目基础资料或提供的资料不真实、不准确、不齐全或业主提出变更造成承包商设计停工、返工或修改导致工期延误 ③ 当设计文件按照合同约定应由业主报送国家有关部门完成行政审批报送时，因审批迟延造成工期延误
		总承包商	由于承包商原因造成延误	由承包商原因造成设计文件存在遗漏、错误和缺陷的，承包商自费纠正，并承担由此造成的设计进度延误

对于 EPC 承包商介入点在初步设计完成之后的项目，业主通常将项目的设计完成到一定程度后再交由 EPC 承包商，相较于介入时点在可行性研究之后的项目，业主对于项目整体把控度更高。而对于承包商而言，其工作范围相对较小，自身的利润空间也相对缩减，因而承担风险的意愿也在下降。因此，对于这一类项目而言，部分风险更倾向于业主与承包商共同承担（如共同分担范围模糊或不合理的条款）。此类项目与《建设项目工程总承包合同示范文本》的风险分担条款设置更为契合，风险分担优化及合同条款设计见表 10-7。

表 10-7 初步设计之后介入的 EPC 项目风险分担优化及合同条款设计

			建设项目工程总承包合同示范文本	合同条款设计
通货膨胀风险和材料及设备价格上涨风险	分担结果		共同承担	共同承担
	承担的风险范围	业主	依据工程造价管理部门公布的价格调整进行合同价格调整	超出约定幅度的物价变动。其中，合同中约定的增减款项依据价格调整公式调价；未约定的款项依据造价信息调价
		总承包商	合同中未约定的增减款项	约定幅度以内的物价变动

2. 事中投资控制

（1）招投标阶段的全过程工程咨询服务　全咨单位协助业主进行招投标，包括以下工作内容：

1）接受投标文件、开标。投标人在完成项目的投标文件后，应在开标前规定的时间前向业主递交投标文件。业主在收到投标人递交的投标文件后，给投标人回函说明收到了投标文件；如果投标文件递交的时间超过了规定的时间，以及因为其他原因造成投标文件不合格，业主应该把投标文件退给投标人。

在规定的正式开标日期和时间，业主应在检查每个投标书并显示它的密封性完好后开标。开标后即可进入投标书评审阶段，包括技术评审和商务评审两部分，每部分又可以分为初步评审与详细评审。

2）评标委员会组建。招标人应当在开标前依法组建评标委员会。评标委员会的人员为 5 人以上单数，由招标人代表和有关技术、经济等方面的专家组成。其中，技术、经济等方面的专家不得少于成员总数的 2/3，招标人代表应是熟悉相关业务的人员，政府投资和国有投资为主的项目，招标人代表应具备相关专业高级职称，评委应当全部从评标专家库中随机抽取产生。

依法必须招标的一般项目的评标专家，可从依法组建的评标专家库中随机抽取；特殊招标项目可以由招标人从评标专家库中直接确定。

3）清标。清标是指在开标后、评标前对各投标人递交的投标文件进行审查分析，《清标报告》一般由招标代理机构编制完成，供评标委员会参考，其组成包括：

一是投标文件符合性检查和实质性响应检查。清标过程中发现投标文件出现未响应招标文件、违反国家有关规定，以及报价的不合理性、算术性错误的，招标代理机构应在清标中如实载明，并建议评标委员会按无效标处理。

二是商务报价分析。采用国家标准计价规范的工程量清单商务标，清标应主要包括下列内容：

① 审查全部报价数据计算的正确性，包括报价的范围和内容是否有遗漏或修改报价中单一价格的计算是否正确。对于有标底的，应把承包商的报价同标底比较，发现有较大差异之处，分析其原因、评价其合理性。

② 分析报价构成的合理性，如前期费用、管理费用、主体工程和各专业工程项目价格的比例关系，可以判断投标报价是否合理，还可以判定投标人是否采用了严重脱离实际的不平衡报价法。

③ 投标人对支付条件有何要求或给予业主何种优惠条件，主要包括支付币种比例、外汇货币种类、汇率高低、延期付款的利息要求等。

④ 分析资金流量表的合理性及所列数字的依据。

⑤ 分析合同付款计划，看投标人是否采用了严重不平衡报价法，过大地提高了前期工程的付款要求。

⑥ 对投标人的财务能力、借款能力和资信可靠程度做进一步审查，并审查保函是否可接受。

三是与商务报价有关的技术标相关内容符合性分析。商务报价分析的同时，应检查商务报价与技术标相关内容，包括与商务报价有关的施工措施、施工组织设计等符合性情况。技术标内容出现下列情况且投标人未能做出合理解释的，招标代理机构应提请评标委员会可视为投标文件存在重大偏差，做无效标处理：措施项目报价与施工组织设计明显不符；措施费中仅有人工费报价；以周转性材料摊销完毕、机械闲置或折旧完毕等为由明显偏低的报价；单项措施费用项目除采用先进技术方案降低费用外，采用零报价或象征性报价。

四是提出意见或建议。招标代理机构应记录、并书面整理需投标人澄清、说明或补正事宜的清单。清标报告应由招标代理项目组负责完成，报告应由以下内容组成：

① 招标工程项目的范围、内容、规模等情况。

② 对投标价格进行换算的依据和换算结果。

③ 投标文件算术计算错误的修正方法、修正标准和建议的修正结果。

④ 在列出的所有偏差中，建议作为重大偏差的情形和相关依据。

⑤ 在列出的所有偏差中，建议作为细微偏差的情形和进行相应补正所依据的方法、标准。

⑥ 列出投标价格过高或者过低的清单项目的序号、项目编码、项目名称、项目特征、工程内容、与招标文件规定的标准之间存在的偏差幅度和产生偏差的技术、经济等方面原因的摘录。

⑦ 投标文件中存在的含义不明确、对同类问题表述不一致或者有明显文字错误的情形。

⑧ 其他在清标过程中发现的，要提请评标委员会讨论、决定的投标文件中的问题。

4）投标澄清。评标问题澄清是评审阶段的一项主要工作内容，无论是技术评审还是商务评审。对评审工作中遇到的问题，都可以要求投标方进行澄清。问题澄清一般通过评标委员会统一对外采用传真的形式并根据评审进度，在整个评审过程中针对某些问题组织多次评审会。问题澄清主要包括对投标方递交的投标书中存在不明的问题要求澄清，要求投标人补送某些细节资料。

评标问题澄清一般有多次，在问题澄清阶段后期通过综合评价选择候选中标人，并确定评审中排名前三位的投标人。在进行最后一次问题澄清时，评标委员会只与最后入选的最具有竞争实力的投标方进行最后的技术方面和商务方面的澄清时。在这次澄清会后，评标委员会应允许排名前三位的投标人对自己的商务报价进行一次调整。

5）评标。①评标组织工作。投标文件开启后，评标工作由招标中心负责组织，工程和计划管理部相关人员负责对评标专家解释招标文件中的相关要求。评标完成后返回招标中心，招标中心汇总商务标及技术标评审结果，并形成评标过程和结果相关记录。②确定评标方法和评标标准。③形成评标结论。在定标会议召开以前，招标中心将评标意见进行汇总，并编制《评分汇总表》。招标中心组织人员、评标专家组织以及各部门指派的人员应在《评分汇总表》上签字确认，监督部门人员作为监督人签字确认。招标中心将上述评标资料提交给部门经理审核，并经主管领导审核后，报招标委员会决策。上述过程和结果必须严格保密，不得透露给任何无关人员。

6）协助定标。评标结束后，招标中心组织召开定标会议。由总经理、基建副总、工程管理部、计划管理部和合同管理部相关人员组成的招标委员会，在定标会议前，根据招标工程项目的特点首先确定定标原则，再依据确定的定标原则和评标意见确定中标候选人或者是否重新招标。

(2) 以变更管理为重点的合同价款管理　EPC实施过程中的设计变更往往是造成投资超合同、超预算的重要原因。设计变更是在工程项目建造过程中，由于建筑产品开发的各项需求而产生的对设计的修改或补充。基于项目实施过程中诸多的不确定性因素及业主功能的不明确性，EPC项目的实施过程中为了保证建筑项目的质量及经济性，难免会引起设计变更。全过程工程咨询单位应当配合发承包双方对设计变更做好严格的管控工作，确保设计变更后的项目总投资在可控范围内。

无论是业主方还是承包商的原因都会在一定程度上导致设计变更的产生，进而影响项目的投资效益。其中业主引起的设计变更而导致的价款调整，这一类变更通常包括对建筑产品定位的改变、设计工程范围的变化、业主修改主要标准及材料设备从而导致的设计方案、设计大纲以及主要结构体系的改变，以及由于业主要求模糊、设计失误、报建验收需要等必须发生的设计变更。另一类变更通常包括承包商设计部门为了落实新规范、新标准的实施而对原设计文件进行修改，设计图不完善或施工工序有缺陷引起的设计变更，以及承包商提出合理化建议进行设计优化等情况。此时，全过程工程咨询单位应做好审批工作，不允许承包商随意变更，并积极配合承包商推动其合理化建议的开展工作，在保证设计质量的前提下实现投资效益的最大化。

(3) 过程结算的咨询与实施

1）过程结算的概念。施工过程结算也称施工分段结算，是指发承包双方在建设工程施工过程中，不改变现行工程进度款支付方式，把工程竣工结算分解到施工合同约定的形象进度节点中，分段对质量合格的已完成工程进行价款结算的活动。

2）过程结算的依据。《建设工程工程量清单计价规范》（GB 50500—2013）中体现了过程计量与过程结算的相关规定，如：

"11.2.6 发承包双方在合同工程实施过程中已经确认的工程计量结果和合同价款,在竣工结算办理中应直接进入结算。

"11.3.1 合同工程完工后,承包人应在经发承包双方确认的合同工程期中价款结算的基础上汇总编制完成竣工结算文件,应在提交竣工验收申请的同时向发包人提交竣工结算文件。"

《建设项目工程总承包管理规范》(GB/T 50358—2017)中体现了过程计量与过程结算的思想,如:

"第二十一条(结算与审计) 采用固定总价合同的工程总承包项目在计价结算和审计时,仅对符合工程总承包合同约定的变更调整部分进行审核,对工程总承包合同中的固定总价包干部分不再另行审核,审计部门可以对工程总承包合同中的固定总价的依据进行调查。"

2020年1月8日召开的国务院常务会议上,明确提出:"出台实施及时支付中小企业款项相关法规。在工程建设领域全面推行过程结算,加大保函替代施工单位保证金推广力度。"很明显国家已经明确了顶层设计的政策方向,过程结算已经是大势所趋,接下来只需等待具体配套制度的落地。

3)过程结算的编制与审核内容。过程结算可以采用现行国家标准《建设工程工程量清单计价规范》(GB 50500—2013)计价的工程期中结算内容,截至本期结算日期发包人认可的已完工程价款:

① 已发生的分部分项工程价款。
② 已发生的措施项目费用。
③ 其他项目费用。
④ 规费和税金。
⑤ 工程变更费用、现场签证费用、工程索赔费用。
⑥ 其他相关费用(工程已进入现场的材料设备费用、工程已签订合同的材料设备采购合同已发生的费用、现场已发生的管理人员和机械费用、总承包管理费用及施工合同约定的与违约责任方相关费用等)。

(4)过程结算的实施方法 在确定了过程结算的编制与审核内容后,依次对各费用进行结算,见表10-8。

表10-8 过程结算的编制费用和内容

序号	名 称		金额(元)
1	分部分项工程项目价款		—
1.1	其中	分部分项工程清单项目工程量价款	
1.2		工程变更价款	
1.3		材料(工程设备)暂估价调整价款	
1.4		物价变化调整价款	

（续）

序号	名 称		金额（元）
2	措施项目价款		—
2.1	其中	与分部分项实体消耗相关的措施项目价款	
2.1.1		其中 模板施工费	
2.1.2		其中 脚手架施工费	
2.2		以固定费用计价的独立性措施项目价款	
2.3		与整个项目相关综合取定的措施项目价款	
2.3.1		其中 安全文明施工费	
2.3.2		其中 其他施工项目增加费	
3	其他项目价款		—
3.1	其中	专业工程暂估价调整价款	
3.2		计日工价款	
3.3		总承包服务费用	
4	现场签证费用		—
5	工程索赔费用		—
6	规费		—
7	税金		—
合计：（1+2+3+4+5+6+7）			—

1）分部分项工程。对于当期期末日止累计已完成的工程量计量，按截止申请结算，按合同约定的综合单价计价。

发生单价调整的项目，合同中已有适用于变更工程、新增工程单价的，按照已有的单价结算。合同中有类似变更工程、新增工程单价的，可以参照类似单价作为过程结算依据。合同中没有适用或类似变更工程、新增工程单价的，可根据由承包人或发包人提出适当的价格，经另一方确认后的单价作为期中结算的编制与审核依据。

材料暂估单价、工程设备暂估单价，按发承包双方确认的价格在对应的综合单价中进行调整，发承包双方对于材料暂估单价、工程设备暂估单价存在争议的，则应将无争议部分的价格计入工程期中结算审核报告书内。

对于发包人提供的材料设备价款，应予以扣除。

2）措施项目费用。根据施工合同约定的项目和金额计算。发生变更、新增的项目，以施工合同约定的计价方式计算，施工合同未约定的，措施项目费可按下列方法计算。

安全文明施工费，必须按照国家或省级、行业建设主管部门的规定计算。施工过程中，国家或省级、行业建设主管部门对安全文明施工费进行了调整的，措施项目中的安全文明施工费应相应调整。

以固定费用计价的独立性措施项目，按照项目的性质可以对应的工期、工程量或特定时点进行结算。如场地照管费、施工照明费可以对应工期进行结算；临时水电费、垂直运输费可以对应工程量进行结算;大型机械设备进出场及安拆、临时设施拆除费用可以对应特定时点进行结算,见表10-9。

表10-9 措施项目过程结算的编制费用和内容

合同项目编号	项目	起始费用(元)	与时间关联费用(元)	与工程进度关联费用(元)	拆除工程费用(元)	合计(元)
B1/1-F	接受现场实况	20 000.00	0.00	0.00	0.00	20 000.00
B1/1-G	合同范围	0.00	197 500.00	197 500.00	0.00	395 000.00
B1/1-J	车路及人行道	8000.00	5000.00	5000.00	2000.00	20 000.00
B1/3-L	工人住宿	200 000.00	80 000.00	80 000.00	40 000.00	400 000.00
B1/3-M	临时卫生设施	2160.00	8640.00	8640.00	2 160.00	21 600.00
B1/4-E	测试	0.00	100 000.00	100 000.00	0.00	200 000.00
B1/4-I	施工机械、脚手架等	819 000.00	2 220 500.00	2 220 500.00	200 000.00	5 460 000.00
B1/4-M	日间标志和晚间警告灯	1500.00	6000.00	6000.00	1500.00	15 000.00
B1/4-N	工地办公室和货棚	200 000.00	113 500.00	113 500.00	40 000.00	467 000.00
B1/5-B	消防设备	1000.00	4000.00	4000.00	1000.00	10 000.00
B1/5-F	临时排水和环保设备	10 200.00	40 800.00	40 800.00	10 200.00	102 000.00
B1/5-I	临时照明和供电	15 750.00	141 750.00	141 750.00	15 750.00	315 000.00
B1/5-J	围板、隔墙和走道	2500.00	2500.00	2500.00	2500.00	10 000.00
B1/5-K	招牌	2000.00	1000.00	1000.00	1000.00	5000.00

与整个建设项目相关的综合取定的措施项目费用,如已完工程及设备保护按照:已完工程及设备价值×1%的费率,工程结算可以期中结算时点已完工程及设备价值×1%进行计算。

3)其他项目价款。暂列金额,应按施工合同的约定计算实际发生的费用,并列入相应的分部分项工程费、措施项目费。

计日工,应按发包人实际签证的数量和确认的事项进行计算;发承包双方对于计日工价款存在争议的,则应将无争议部分的计价结果计入。

总承包服务费,应按照施工合同约定的计算方式进行计算。施工合同未明确约定的,可以对应于服务对象同期完成的价款为基数或按工程实施节点进行计取。

4) 现场签证费用。完成合同以外的零星工作时，按计日工作单价计算；完成其他非承包人责任引起的事件，应按合同中的约定计算。

5) 工程索赔费用款。应依据发承包双方确认的索赔事项和合同约定的计价方式进行计算，期中结算费用列入相应的分部分项工程费或措施项目费中。发承包双方对工程索赔费用存在争议的，则应将无争议部分的价款计入工程期中结算。

6) 规费和税金。应按施工合同的约定和国家或省级、行业建设主管部门的规定计算（规费和税金应先按照施工合同约定）。例如施工合同约定的税金为 3.3%，项目所在地规定税率为 3.577%，则期中结算应按照 3.3%，承包人实际仍按照项目所在地规定税率缴纳税金。

（5）过程结算的编制与审核注意事项　过程结算的编制与审核应遵循从约、及时、客观的原则，并注意：

结算范围、结算程序及结算节点是否与施工合同相符；结算内容的真实性、完整性和关联性；计量计价方式和组价价格；工程变更、现场签证及工程索赔程序的有效性；对往期期中结算成果的修正情况；材料（工程设备）价差的调整；工程预付款、质量保证金的扣除；总承包管理费的确认。

过程结算的推广意味着结算重心从竣工结算转向期中计量支付；并对造价工程师提出了更高的要求，在结算中要有更高的准确性与时效性，并应具备更高的现场沟通与驻场服务的能力。

3. 事后投资管控

（1）竣工阶段的投资管控　竣工阶段是 EPC 总承包商将项目移交给业主之后，业主对原定合同价格进一步调整和修正，确定最终结算价格的重要管理阶段。此时，全过程工程咨询团队应做好竣工结算的管理工作，审查 EPC 承包商提交的竣工结算资料，并保证计价依据与结算的相关性和有效性。可见，合理可靠的结算及计价方式是竣工结算管理有效落实的重要依据。全过程工程咨询单位应当牢牢地把握 EPC 模式下总承包合同以固定总价为主导按功能支付这一重要原则，据此依据具体项目的特征和内容条件来比较和选择合适的结算与支付方式。

国内的合同没有明确指出具体采取何种结算和支付方式，但均提到发包人应按照事先与承包人制定的计划表或者签订的合同支付相应的款项。住建部 2018 年颁布的《房屋建筑和市政基础设施项目工程总承包计价计量规范》（征求意见稿）第 9.2.4 项条款规定："建筑安装工程进度款支付周期应与合同约定的形象进度节点计量周期一致。"暗指工程总承包模式下房建和市政等基础设施项目可采用按里程碑进行支付的方式。《标准设计施工总承包招标文件》（2012 年版）第 17.3.1 款规定："除专用合同条款的另行约定外，工程进度款按月支付"，且第 17.3.2 款提出尽量采用进度分解表进行支付，可见也可采用月支付与里程碑支付相结合的方式。

除此以外，可结合具体项目的特征，并借鉴《设计采购施工与交钥匙项目合同条件》（2017 年版）（简称 FIDIC 银皮书）提供的支付方式。银皮书中提到了三种结算和支付方式，分别为分期按约定金额或比例进行结算与支付、按里程碑计划进行结算与支付以及按约定的永久工程主要工程量清单进行结算支付。通过对这三种支付方式进行分析，发现三者提供了三种不同类型的支付计划表，在支付原理、依据、支付方式及可控程度等方面都存在一定的差距，见表10-10。

表 10-10 三种支付方式的对比分析表

结算与支付类型	分期按约定金额或比例进行结算与支付	按里程碑计划进行结算与支付	按约定的永久工程主要工程量清单进行结算支付
结算与支付原理及流程	发承包双方将合同总价按金额或者比例进行拆分并确实相应的付款节点。承包商通过申请提交相应的支付申请报表来申请相应金额的支付	业主在招标文件中给出相应的里程碑节点和支付金额的百分比。承包商据此在投标时提交里程碑支付计划表，列明完成每个里程碑节点应支付金额的百分比	承包商将分部分项工程拆分并提交 BPQPW 让业主审核。承包商根据当期实际完成工作和 BPQPW 计算期中支付金额编制相应的支付申请报表申请支付
结算与支付的依据	1. 以时间为节点对总价合同金额进行拆分，以实际完工量为支付基础 2. 以对应的合同、支付申请表、现场签证为依据	1. 以里程碑节点为支付基础，并考虑计量工作的质量检验结果和预期功能 2. 以对应的支付申请表确定的支付比例和合同中相关条款规定为依据	1. 业主方提供了初步设计方案或不完备施工图为基础，以 BPQPW 为依据 2. 以期中支付申请表、支付证书等为依据
计价方式	主要包括以下两种： 1. 按合同总价分阶段支付 2. 按单元合计分阶段支付	里程碑节点有两种可选项： 1. 节点可以是时间节点 2. 节点可以是施工进度节点	计价方式： 参照永久工程主要工程量按实际完成工作进行支付
支付时间周期	以每月或者其他时间间隔为付款周期，对承包商分期结算	每完成一项里程碑工作	支付时间固定，每月或者每季度约定的某个日期
适用范围	项目简单、支付计划表基本不发生变化的情况	适合里程碑节点容易划分和把控的工业、生产类、安装类项目	工期较长且分部分项工程容易拆分的项目（如公路或铁路项目）
可控程度	对工期的控制作用较小，对承包商工作的积极促进作用小，一旦支付拖延，造成工期失控	对于工期控制作用很大，能有效地控制工期以及关键路径，也能很大程度上激励承包商	对于工期控制作用很大，能有效地控制工期以及关键路径，也能很大程度上激励承包商

EPC 模式下的结算支付不涉及重新计量工程量而是依据付款计划表，结算程序相对较为简单，可以有效地提高发承包双方工作的效率。只有选择了恰当的计价方式及结算程序，才能保障"承包商根据对应的付款计划表中的付款节点申请并提交相应的支付申请报表及进度报告在内的相关证明文件，业主在收到承包商提交的每期付款申请报告后，在规定的时间内审核并结合绩效进行支付"这一连串工作的运行，保证竣工过程的投资可控。

（2）运维阶段投资管控 从运营管理的角度看，建设项目需要进行资产管理、运营管理和拆除预案策划，确保建筑物的全生命周期成本最优，如全过程工程咨询单位需要为建设项目提供清晰的影响运营的主要设备材料清单，以及相关设备材料的使用要求和使用寿命，协助规划运营过程中大、中、小运营方案及费用估算。

从经验总结方面看，建设项目需要进行项目后评价、绩效评价等运行评价，运用科学合理的评价标准、评价指标、评价方法、对建设项目的经济性、效率性等进行公平、客观的评价，分析和总结建设过程中的经验及教训，从而提高资金的使用效率和效益，从项目实施过程中吸取教训，不断反馈和调节，提高工程项目效率的同时，提炼项目决策要点，为下一个项目提供更为完善的参考依据。

10.3 EPC 模式下以投资管控为核心的全过程工程咨询服务的组织结构

10.3.1 以投资管控为核心的全过程工程咨询项目的组织结构

EPC 项目通常具有投资金额大、材料设备等资源消耗量大、建设周期长等一系列特征，且建筑市场上由于投资失控而导致的项目失败的现象频繁发生，因而组建一个高水平的项目投资管理团队非常有必要。为发挥全过程工程咨询服务中投资管控的核心地位，在设计全咨单位组织框架时，应考虑以专业投资管控服务为部门设计原则，资源集中应对项目发散，并设置投资管控领导团队，真正实现以项目管理运作方式来设计全咨单位组织架构。全咨单位内部主要包括决策部门、职能部门、专业咨询部门、项目管理办公室、专家系统以及临时性的全过程工程咨询团队。

全过程工程咨询团队常常采取直线型组织结构，该团队以控制项目的投资为主导，并设置前期策划团队、工程造价团队、工程设计团队、工程监理团队、招标代理团队以及项目管理团队，在各团队设团队负责人，并将责任主体落实到各专业咨询团队内部的组织成员。该组织的框架结构主要是由三级纵向管理体系构成，从上到下分别为全过程工程咨询总负责人、专项负责人、各专业咨询工程师。其中，总负责人对全过程工程咨询服务负总责，总负责人及专项负责人共同组成咨询领导小组，组织和协调小组完成决策工作，同时需要协调配合其他专业咨询部门完成工作，各专项团队成员具体负责其责任范围内的技术咨询工作。总之，全咨团队通过明确的层级分工，充分发挥各咨询团队成员的积极性，为实现投资管控的目标努力，全过程工程咨询团队组织结构的理想模式如图 10-9 所示。

10.3.2 以投资管控为核心的全过程工程咨询服务的任务分工

以投资管控为核心的 EPC 项目全过程工程咨询实施模式中，投资管控是全过程工程咨询服务的核心工作，强调在质量标准既定、工期限定的情况下，严格控制项目的成本，实现项目的集成管理。此模式注重造价咨询业务与其他咨询业务的配合和协助，需要全过程工程咨询团队各专业咨询团队的沟通与协调，从而取得好的投资效益。其中全过程工程总负责人对全过程工程咨询服务的开展负总责，主要完成咨询服务的决策工作并将决策传达给相应专业负责人。各专业咨询团队相互协调配合，协力提供投资管控服务。全过程投资管控咨询项目的开展需以工程造价团队作为主导，充分利用工程造价管控的专业人士知识，其他专业咨询团队配合其完成项目投资管控目标。各阶段造价咨询团队开展的具体工作任务分工如下。

1. 前期策划全过程工程咨询服务

前期策划是开展和决定 EPC 项目全过程工程咨询投资管控行为的重要过程，需要立足于事先控制，对拟建 EPC 项目进行必要的建设必要性和经济可行性论证，并制定合理的投资管控目标成本，从而避免目标成本与实际成本的偏离。另外，要注重招标之前的方案设计工作，通过方案设计的经济性比选、限额设计、方案设计优化等对早期投资目标逐步优化。这一阶段以造价团队为主导的重点工作任务分工见表10-11。

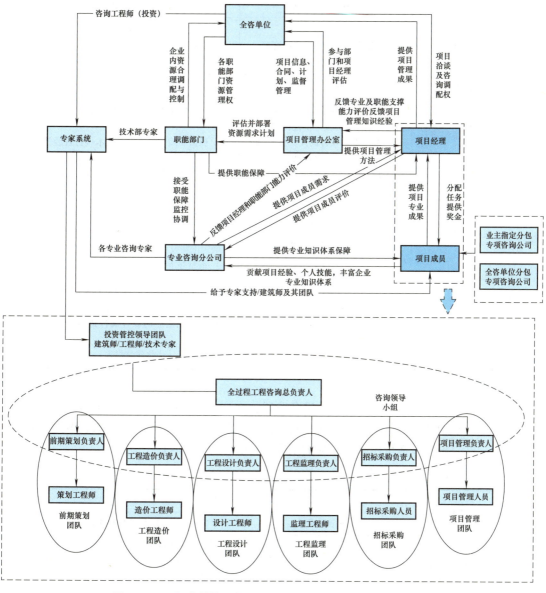

图 10-9 以投资管控为核心全咨服务模式下全咨单位组织结构

表 10-11 以造价团队为主导的全过程投资管控咨询项目前期策划任务分工

序号	策划任务	任务分工	
		专业咨询负责人	专业咨询人员
1	早期目标成本编制管理	组织早期目标成本编制管理	1. 基准标注的调查 2. 建立目标成本管理体系 3. 早期目标成本的编制和审查 4. 考虑项目风险的项目利润性论证

(续)

序号	策划任务	任务分工	
		专业咨询负责人	专业咨询人员
2	投资风险分析	组织投资风险分析工作的开展	1. 识别投资风险因素 2. 识别投资风险点 3. 确定投资风险金额
3	资金使用计划	组织资金使用计划编制	资金使用计划的编制
4	设计方案经济性分析	1. 组织咨询人员参与 EPC 承包商招标前总体方案经济性比选 2. 组织专家及咨询人员参与 EPC 承包商招标前专项经济性比选 3. 最优设计方案的审查	1. 对不同的总体设计方案进行经济性分析和比选 2. 提供经验结论，推荐技术可行且经济合理的最优设计方案 3. 编写技术方案经济分析报告
5	限额设计	1. 组织咨询人员限额设计工作 2. 限额设计的可行性审查	1. 确定限额设计指标 2. 分析招标前限额设计实现的可行性 3. 要求设计团队在目标成本内进行方案设计，并确定限额设计分解目标及关键控制点 4. 编制并下达限额设计指标书
6	方案设计优化	1. 组织咨询人员参与设计优化工作 2. 审查设计优化方案	1. 对 EPC 招标前的设计文件所涉及的技术方案等经济合理性全面分析，提出优化建议 2. 对优化前后的设计文件进行造价测算对比分析 3. 编制设计优化建议报告

2. 招标阶段全过程工程咨询服务

招标阶段是实现投资人建设目标的准备阶段，在这一阶段的全过程工程咨询服务主要是在前期目标成本的确定之后，进一步将投资目标落实到合同价款上，为实施过程中投资控制提供基础。这一阶段以造价团队为主导的工作任务分工见表 10-12。

表 10-12　以造价团队为主导的全过程投资管控咨询项目招标阶段任务分工

序号	工作项	任务分工	
		专业咨询负责人	专业咨询人员
1	招标采购策划	组织咨询人员进行招标采购策划	1. 招标采购范围确定 2. 招标采购类型确定 3. 编制主要设备材料设备采购计划
2	招标文件审查	1. 组织造价咨询人员参与招标文件的编制和审查 2. 参与招标文件的审核	1. 配合招标代理团队进行招标文件的编制 2. 审查招标工程的审批手续是否完成，资金是否落实 3. 审查招标文件中的项目功能描述书是否完备 4. 审查计价要求、评价方法及标准是否合理合法
3	模拟工程量清单编制	1. 组织造价咨询人员参与清单编制工作 2. 参与模拟工程量清单的审查	1. 要求招标代理团队对模拟工程量涉及的项目范围进行初步确定 2. 引导招标代理团队选择类似项目，以此作为模拟工程量清单的编制模板 3. 参与模拟工程量清单的编制工作

(续)

序号	工作项	任务分工	
		专业咨询负责人	专业咨询人员
4	招标控制价编制和审核	1. 组织咨询人员开展招标控制价的编制 2. 参与招标控制价的审核	1. 依据模拟工程量清单确定招标控制价 2. 审查编制依据的合法性、合理性、时效性和适用范围 3. 与招标前设计概算进行对比分析 4. 工程技术经济指标分析 5. 编写招标控制价评审报告
5	清标	1. 组织咨询人员采取清标工作 2. 参与投标报价的审查	根据合同要求出具对各投标人投标报价的清标报告
6	合同签订	组织咨询人员参与合同签订	1. 合同计价类型确定 2. 合同结算方式确定 3. 合同价款支付分解 4. 拟定主要合同条款 5. 对合同中造价条款进行审核和补充

3. 实施阶段全过程工程咨询服务

实施阶段即为业主与EPC承包商签订合同后，EPC承包商提供的集设计、采购、咨询一体化的工作过程，此时，业主与EPC承包商所签署的固定总价合同已约定了合同的固定价格，这也决定了承包商在负责项目设计、施工、采购等整体实施工作的同时，承担了项目的大部分风险及投资控制任务。全过程工程咨询服务重点便落在了协调项目管理目标，从而避免质量、工期的问题所引起的投资失控。此阶段以造价团队为主导的工作任务分工见表10-13。

表10-13 以造价团队为主导的全过程投资管控咨询项目实施阶段任务分工

序号	工作项	任务分工	
		专业咨询负责人	专业咨询人员
1	编制和调整资金使用计划	组织咨询人员参与此项工作	1. 确定资金使用计划的编制程序 2. 编制人员和材料的准备 3. 确定资金使用计划的编制方式 4. 确定资金使用计划 5. 项目投资偏差分析和纠正
2	初步设计概算审查	组织咨询人员参与初步设计概算审查	1. 审核设计总概算 2. 比较设计概算与修正投资估算，编制投资控制报表及报告
3	施工图预算审查	组织咨询人员参与施工图预算审查	1. 审核设计总预算 2. 比较设计预算与修正投资估算，编制投资控制报表及报告
4	变更审查	1. 组织专业人员参与设计变更审查 2. 参与设计变更审核	1. 设计变更与原预算的对比分析 2. 批准设计变更工作开展

(续)

序号	工作项	任务分工	
		专业咨询负责人	专业咨询人员
5	索赔处理	1. 组织咨询人员参与索赔处理 2. 审核索赔结果	1. 建立严格的索赔处理程序 2. 监督工程监理团队等进行有效的日常管理工作,做好施工情况记录 3. 索赔发生后迅速妥善处理
6	工程签证审查	1. 组织咨询人员参与工程签证审查 2. 审查工程签证	要求工程监理团队进行工程签证的审查
7	合同价款调整审核	1. 组织咨询人员参与该项工作 2. 审核调整后的合同价款	1. 提供合同价款咨询 2. 合同价款调整报告编制 3. 参与调整后的合同价款审核工作
8	工程造价动态分析	1. 组织咨询人员开展造价管控 2. 参与施工现场的造价管理 3. 组织提供月度、年度的项目投资情况分析	1. 提供施工阶段造价风险分析和建议 2. 工程造价动态管理 3. 协助对项目成本及利润分析,为后期造价咨询提供建议 4. 编制月度、年度的项目资金使用报告

4. 竣工阶段全过程工程咨询服务

竣工阶段是投资管控的重要阶段,是对原定 EPC 总价合同价格进行调整和修正,确定最终结算价格的重要阶段。此时,EPC 承包商按照合同约定完成设计、采购、施工乃至运营的全部工作,并交由业主进行审核。此时,全过程工程咨询服务关键节点包括竣工验收、竣工结算、竣工决算等一系列投资管控重要工作。此阶段以造价团队为主导的工作任务分工见表 10-14。

表 10-14 以造价团队为主导的全过程投资管控咨询项目竣工阶段任务分工

序号	工作项	任务分工	
		专业咨询负责人	专业咨询人员
1	竣工验收审核策划	1. 组织预验收 2. 组织咨询人员参与竣工验收审核工作	1. 制定竣工验收条件,确定竣工验收依据、程序和条件 2. 制订竣工验收计划 3. 审核竣工验收申请报告 4. 组织并审核竣工验收工作
2	竣工结算审核	1. 组织咨询人员开展竣工结算审查 2. 确定竣工结算审核结论	1. 收集竣工结算资料 2. 审查 EPC 承包商调教的竣工结算资料 3. 审核计价依据与结算的相关性、有效性 4. 出具正式结算审核报告
3	竣工决算管理	1. 组织咨询人员开展竣工决算管理 2. 组织竣工决算的审核工作	1. 清理各项财务、债务和结余物资 2. 核实工程变更情况 3. 对新增资产进行划分和核定 4. 编制竣工决算说明书及相关报表 5. 竣工决算审核工作 6. 参与竣工决算审计

5. 运维阶段全过程工程咨询服务

运维阶段是 EPC 项目投资管控的最终阶段，是在业主接收项目之后，对后期运营维护进行管理的重要过程。此阶段投资管控重点服务在于做好运营维护过程中的工作。此阶段造价咨询团队的工作任务分工见表 10-15。

表 10-15 以造价团队为主导的全过程投资管控咨询项目运维阶段任务分工

序号	工作项	任务分工	
		专业咨询负责人	专业咨询人员
1	运维管理计划编制	组织咨询人员参与运维管理计划编制	1. 完成总结评价及回访 2. 运维管理计划的编制 3. 运营费用估算
2	项目后评价	组织咨询人员参与项目后评价	1. 引导项目管理团队确定项目绩效评价目的 2. 要求项目管理团队拟定绩效评价对象和内容 3. 收集数据并拟定项目后评价方法 4. 确定项目绩效评价指标 5. 编制项目绩效评价报告
3	项目绩效评价	1. 组织项目绩效评价工作 2. 项目绩效评价报告审查	1. 确定项目绩效评价目的 2. 拟定项目绩效评价对象和内容 3. 进行数据收集及拟定方法分析 4. 编制项目绩效评价指标 5. 编制项目绩效评价报告
4	运营资产管理	1. 组织咨询人员开展运营资产管理 2. 相关成果文件的审核	1. 运营成本分析 2. 运营资产清查和评估 3. 参与资产招商策划和租赁管理

10.3.3 以投资管控为核心全过程工程咨询服务的管理职能分工

以投资管控为核心的全过程工程咨询服务是一个集成系统，贯穿前期阶段、招标阶段、实施阶段、竣工阶段、运营阶段，以生命周期理念为出发点，使工程造价在项目的全生命周期中处于核心地位，并充分与其他业务进行融合，实现投资、质量、工期的融合性综合管理。全过程工程咨询团队主要涉及前期策划团队、工程设计团队、工程造价团队、招标代理团队、工程监理团队、项目管理团队以及咨询领导小组。全过程工程咨询服务各咨询团队的主要职责包括筹划（P）、决策（E）、执行（D）、检查（C）、信息（I）、组织（O）以及配合（A）。下面采用管理职能分工表的形式对管理职能及任务分工进行综合表达。

1. 前期阶段（包括招标前的设计阶段）**全过程工程咨询服务管理职能分工表**

这里所说的前期阶段全过程工程咨询服务主要包括前期目标成本的编制及招标前的设计工作。这一阶段全过程工程咨询服务管理职能见表 10-16。

2. 招标阶段全过程工程咨询企业管理职能分工表

招标阶段咨询领导小组主要负责招标过程中重大决策及重要文件的审核工作，各专业咨询团队在此阶段的工作包括模拟工程量清单、招标控制价清单编制、工程经济技术指标分析、清标等保证成本可控的工作。这一阶段全过程工程咨询服务管理职能见表 10-17。

表 10-16　前期阶段（包括招标前的设计阶段）全过程工程咨询服务管理职能分工表

工作任务	主要工作项	职能分工						
筹划—P、决策—E（E1—咨询总负责人，E2—咨询领导小组）、执行—D、检查—C、信息—I、组织—O、配合—A		前期策划团队	工程设计团队	工程造价团队	招标代理团队	工程监理团队	项目管理团队	咨询领导小组
投资管控目标制定		AC		D				E2
目标成本编制	基准标注的调查	PD		A			I	
	建立目标成本管理体系	A		D				
	目标成本的编制和审查	A		D				E2
	分析和论证项目总投资目标	I		A		A	D	
设计方案经济性比选	总体设计方案经济性比选		IA	D			C	
	专项设计方案经济性比选		IA	D			C	
	编写设计方案经济分析报告		IA	D			C	
限额设计	限额设计管理		DO	A		A	C	
方案设计优化	优化建议的提出		PD	A				
	优化前后的设计文造价测算对比分析		IA	D			C	
	编制方案设计优化建议报告		PD	A				E2

表 10-17　招标阶段全过程工程咨询服务管理职能分工表

工作任务	主要工作项	职能分工						
筹划—P、决策—E（E1—咨询总负责人，E2—咨询领导小组）、执行—D、检查—C、信息—I、组织—O、配合—A		前期策划团队	工程设计团队	工程造价团队	招标代理团队	工程监理团队	项目管理团队	咨询领导小组
招标采购策划				A	D			CE2
招标文件的编制和审查	招标文件编制			A	D			CE2
	招标文件审查			A	D			CE2
模拟工程量清单的编制	模拟工程量清单的编制			A	D		C	
招标控制价编制和审查	编制招标控制价			D	A		C	
	与招标前设计概算进行对比分析			D	A			
	工程技术经济指标分析		A	D		A		
	编写招标控制价评审报告			A	D			CE2
招标	发售招标文件			A	D			CE2
	组织现场踏勘、投标预备会			A	D			
	补遗文件编制及审核				D		C	
	组建评标委员会				PD		C	

(续)

工作任务	主要工作项	职能分工						
筹划—P、决策—E（E1—咨询总负责人，E2—咨询领导小组）、执行—D、检查—C、信息—I、组织—O、配合—A		前期策划团队	工程设计团队	工程造价团队	招标代理团队	工程监理团队	项目管理团队	咨询领导小组
开标、评标、中标	开标			A	PD		C	
	清标、评标				D		C	
	中标公示				D		C	
	发出中标通知书并退还投标保证金			A	D		A	
合同签订	合同签订	A	A	PD	A		C	

3. 实施阶段全过程工程咨询服务管理职能分工表

实施阶段是 EPC 项目建设过程中的重要阶段，虽然 EPC 总承包商承担了项目的大部分风险及管控任务，但为避免其机会主义行为，实现"投资省、质量优、工期短"的最佳目标，需要全过程工程咨询各专业团队从业主的角度出发，相互协调配合，做好投资管控工作。这一阶段全过程工程咨询服务管理职能见表 10-18。

表 10-18 实施阶段全过程工程咨询服务管理职能分工表

工作任务	主要工作项	职能分工						
筹划—P、决策—E（E1—咨询总负责人，E2—咨询领导小组）、执行—D、检查—C、信息—I、组织—O、配合—A		前期策划团队	工程设计团队	工程造价团队	招标代理团队	工程监理团队	项目管理团队	咨询领导小组
编制和调整资金使用计划				A		D	C	
EPC 招标后设计费用审查	初步设计概算审查		IA	PD				E1
	施工图预算审查		IA	PD				E1
采购管理造价控制	采购管理造价控制			D	A	A	C	
变更审查	变更审查			D		D	C	E1
索赔处理	索赔处理			D		C		E1
工程签证审核	工程签证审核			D		D	C	E1
合同价款调整审核	合同价款调整报告编制			A	A	D	C	
	调整后合同价款审核			A	A	D	C	
施工过程造价动态分析	施工现场造价管理			D		A	C	
	月度、年度项目资金使用报告的编制			A		A	D	
	项目成本及利润分析			D		A	C	

4. 竣工阶段全过程工程咨询服务管理职能分工表

在竣工阶段，全过程工程咨询各专业团队相互配合，共同完成竣工阶段的重点工作，确保该阶段的投资管控工作得到有效落实，包括对 EPC 承包商按照约定移交的工程进行审核、竣工结算审核、竣工决算管理等工作。这一阶段全过程工程咨询服务管理职能见表 10-19。

表 10-19 竣工阶段全过程工程咨询服务管理职能分工表

工作任务	主要工作项	职能分工					
筹划—P、决策-E（E1—咨询总负责人，E2—咨询领导小组）、执行—D、检查—C、信息—I、组织—O、配合—A		前期策划团队	工程设计团队	工程造价团队	招标代理团队	工程监理团队	项目管理团队	咨询领导小组
	制定竣工验收计划	A	A	A	A	D	C	E1
竣工结算审核	审核竣工结算资料			D		A	C	E1
	出具正式结算审核报告			A		A	D	
竣工决算管理	清理各项财务、债务和结余物资			D		A	C	E1
	核实工程变动情况			D		A	C	
	对新增资产进行划分和核定			D		A	C	E1
	编制竣工决算说明书和相关报表			D		C	D	
	竣工决算审核			D		A	C	E1
投资控制最终报告	编制投资控制最终报告	A		A			D	

注：表头列对应 前期策划团队、工程设计团队、工程造价团队、招标代理团队、工程监理团队、项目管理团队、咨询领导小组

5. 运维阶段全过程工程咨询服务管理职能分工表

运维阶段同样需要各专业咨询团队共同对运维成本进行控制，包括项目绩效评价、运营成本分析、运营资产清查和评估等工作，并做好其他运营及保修管理。这一阶段全过程工程咨询服务管理职能见表 10-20。

表 10-20 运维阶段全过程工程咨询服务管理职能分工表

工作任务	主要工作项	前期策划团队	工程设计团队	工程造价团队	招标代理团队	工程监理团队	项目管理团队	咨询领导小组
	运营管理计划编制	A	D		A		D	E1
项目后评价	项目后评价报告编制	A	A	A	A	A	D	
	价值实现效果评价							E2
项目绩效评价	项目绩效评价	A	A	A	A	A	D	
运营资产管理	运营成本分析			D		A	C	
	运营资产清查和评估			D		A	C	
	参与资产招商策划和租赁管理	A	A	A	A	A	D	

10.3.4 以投资管控为核心全过程工程咨询服务的工作流程

1. 以投资管控为核心全过程工程咨询服务的整体工作流程

EPC 模式下的投资管理贯穿项目实施的始终，也是建设项目管理的核心。以投资管控为核心的全过程工程咨询项目团队的主要参与方包括前期策划团队、工程设计团队、工程造价团队、工程监理团队、项目管理团队等。其中，各专业咨询团队的专业负责人同项目组负责人共同构成咨询领导小组，组织、协调小组完成决策工作。以投资管控为核心的 EPC 项目全过程工程咨询服务的工作流程如图 10-10 所示。

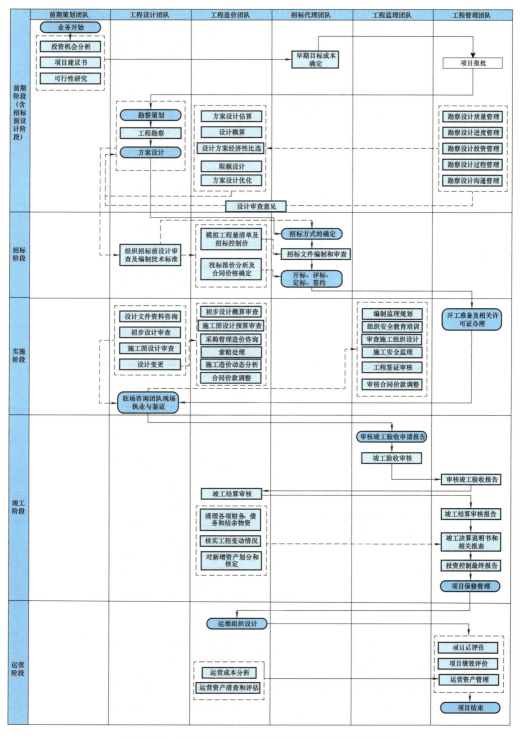

图 10-10　EPC 项目全过程工程咨询服务的工作流程

2. 以投资管控为核心全过程工程咨询服务专项重点工作流程

（1）招投标阶段的评标定标工作流程 以投资管控为核心的 EPC 项目的全过程工程咨询也包括一些专项咨询，其中，事中控制的重点工作之一就是协助业主进行评标定标工作，选择合适的承包人。具体工作流程见图 10-11。

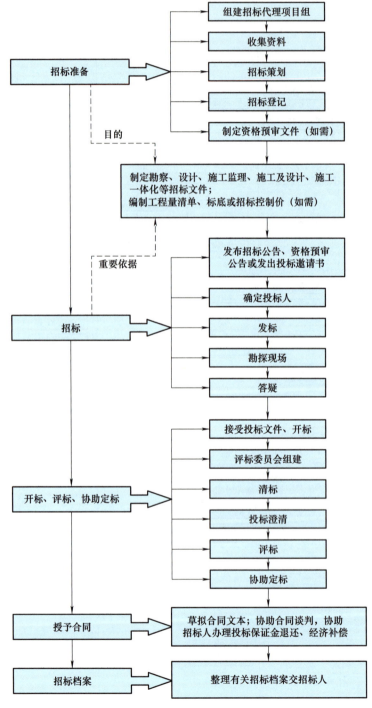

图 10-11　全咨单位协助业主评标定标工作流程

(2)过程结算程序 工程进度款的过程结算以合同约定为执行标准,主要工作包括已完工工程量的计量以及进度款的申请与支付两部分,合同约定视具体情况不同有所差异,但均应遵照相关法规文件的标准工作程序,具体如下:

根据《建设工程工程量清单计价规范》(GB 50500—2013)与《建设工程施工合同(示范文本)》(GF—2017—0201)对单价合同工程计量条款的规定,其工作流程如图10-12所示。

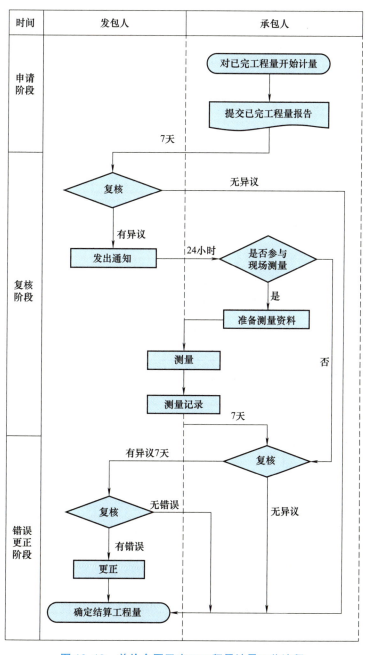

图 10-12 单价合同已完工工程量计量工作流程

依据《建设工程施工合同（示范文本）》（GF—2017—0201）、《建设工程价款结算暂行办法》（财建〔2004〕369号）以及《建筑工程施工发包与承包计价管理办法》（住建部令第16号）中对工程期中款支付程序的规定，归纳其支付流程如图10-13所示。

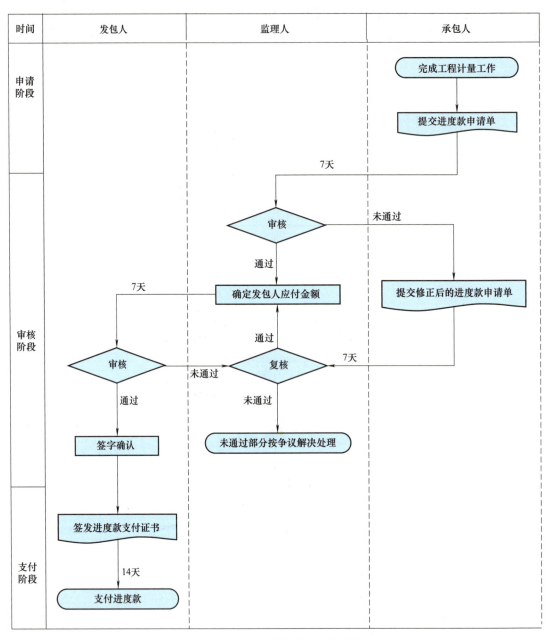

图10-13 工程进度款支付流程图

（3）竣工结算工作流程 根据《建设工程工程量清单计价规范》（GB 50500—2013）11.3.2到11.3.7及11.4条的规定，工程竣工结算申请、审核、支付整个工作程序如图10-14所示。

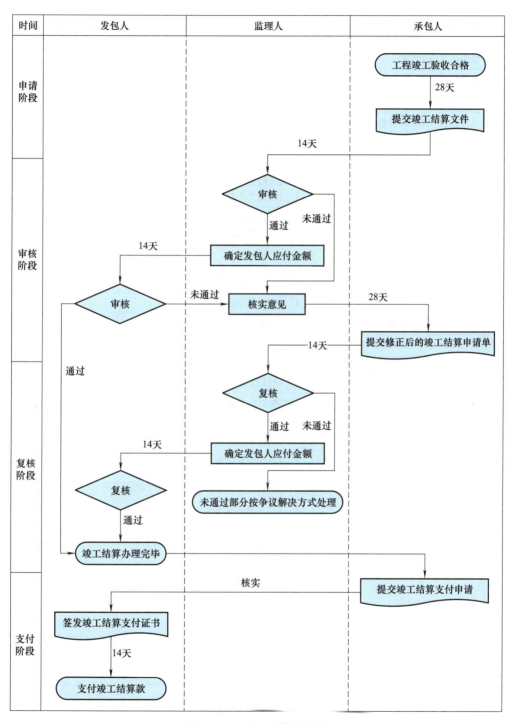

图 10-14 竣工结算流程图

10.3.5 以投资管控为核心的全过程工程咨询服务的成果文件

以投资管控为核心的 EPC 项目全过程工程咨询服务中主要的成果文件见表 10-21 所示。

表 10-21 以投资管控为核心的全咨服务成果文件汇总

序号	业务名称	服务成果文件
1	投资估算编制管理	《投资估算分析报告》
2	投资估算审核	《投资估算审核报告》
3	早期目标成本管理	早期目标成本计划编制
4	总体设计方案经济分析	《项目总体设计方案经济分析报告》
5	专项设计方案经济分析	《工程专项设计方案经济分析报告》
6	限额设计造价咨询	(1)《限额设计指标书》 (2)《关键控制点报告书》 (3)《设计文件造价测算报告》
7	设计优化造价咨询	(1)《设计优化建议报告》 (2)《设计优化前后造价对比分析报告》
8	设计阶段造价管控	(1)《"设计概算"咨询意见》 (2)《设计概算审核报告》 (3)《"施工图预算"咨询意见》 (4)《施工图预算审核报告》
9	项目投资风险控制报告编制	《项目投资风险控制报告》
10	项目资金使用计划编制	《项目资金使用计划编制》
11	模拟工程量清单编制和审核	(1)《模拟工程量清单》 (2)《模拟工程量清单审核》
12	招标控制价编制	《招标控制价(最高投标限价、标底)》
13	招标过程管理	(1)《建设项目清标报告》 (2)《招标投标情况报告》
14	实施阶段过程造价控制	(1)《合同价款咨询报告》 (2)《施工阶段造价风险分析报告》 (3)《工程计量与支付审核报告》 (4)《变更测算或签证、索赔审核报告》 (5)《工程造价动态分析报告》 (6)《工程技术经济指标分析表》
15	实施阶段质量管理	(1)《建设项目质量管理制度》 (2)《工程整改通知单》
16	实施阶段进度管理	(1)《建设工程进度计划》 (2)《建设资源供应计划》
17	竣工验收管理	(1)《竣工验收报告》 (2)《竣工验收资料》
18	竣工结算管理	《工程竣工结算审核报告》
19	竣工资料管理	(1)《工程竣工文档资料》 (2)《工程竣工图纸资料》 (3)《影像资料》
20	竣工决算管理	《工程竣工决算报告》
21	项目保修管理	(1)《质量保修阶段管理制度》 (2)《质量保修台账》

(续)

序号	业务名称	服务成果文件
22	项目后评价	《项目后评价报告》
23	项目绩效评价	《项目绩效评价报告》
24	项目资产管理	(1)《各类分析报告》 (2)《各类评估报告》 (3)《招商策划文件》 (4)《租赁管理文件》
25	投资政策咨询	(1)《政策环境分析报告》 (2)《经济环境分析报告》 (3)《社会环境分析报告》 (4)《建设项目政策法规汇编》
26	项目风险评估	(1)《风险管理体系设计文件》 (2)《风险评估报告》 (3)《风险防范措施清单》

10.4 以投资管控为核心的全过程工程咨询项目案例分析

10.4.1 日本中部国际机场全过程工程咨询项目概况

1. 项目背景

日本中部国际机场位于日本名城名古屋附近的爱知县常滑市知多半岛，该机场的一大特色是其建在伊势湾的海岛上。作为日本第一个民营国际机场，建成后将成为继成田、关西之后的日本第三个主要国际机场。该机场 2005 年 2 月 18 日正式启用，总工程费比预算节约 1200 亿日元（约为人民币 72 亿元）。

2. 项目组织模式

该项目是一个典型的 PPP+EPC 项目，由中部国际机场公司（PPP 投资方主建的 SPV 项目公司）负责该项目的建设和运营，此公司是由中央政府、地方政府以及其他 700 家企业共同出资设立的，其中政府资本 49%，民间资本 51%。

另外，该项目选择了佐藤技术咨询公司（Sato Facility Company，SFC）作为独立的全过程工程咨询服务提供商，在此项目中提供以投资管控为核心的全生命周期工程咨询服务。SPV 项目公司根据业主需求提供服务，并配合、协调承包商工作的顺利开展，全过程工程咨询项目各参与方的组织结构如图 10-15 所示。显然，这是全过程工程咨询的一体化组织模式，对咨询单位的能力要求极高，同时也要求业主与咨询单位之间存在良好的合作关系。

3. SFC 咨询公司一体化咨询服务范围

该项目由 SFC 公司负责全生命周期投资管控服务。SFC 公司站在业主的视角，为了提高 SPV 项目公司投资的效果，以第三者的角度出发，组织专业咨询团队，从策划阶段开始提供投资管理服务，工作范围覆盖前期阶段、招标阶段、实施阶段、运营阶段整个工程生命周期。各阶段的咨询内容如下。

1）前期阶段的咨询服务内容：主要包括基本标注的调查，企业实施管理系统构建，企业利润性论证等。

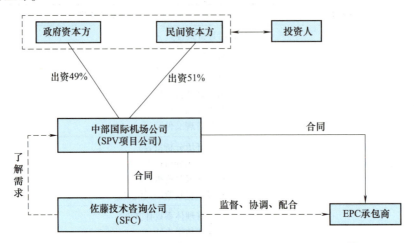

图 10-15　日本中部国际机场全过程工程咨询项目组织结构

2）设计阶段的咨询服务内容：主要包括设计阶段的 WBS 分解，提供以 VE 为目标的设计方案，设计过程企业费用的管理等。

3）招标阶段的咨询服务内容：最优的提货筹措方式的提案；施工者评价及选定相关意见；工程费用概算的计算，以及对工程费用累计的帮助；制定协议书过程中的支持及其相关建议等。

4）实施阶段的咨询服务内容：施工过程成本管理系统的制定；提供设计变更时相应的确认以及精算等帮助；高质量的验收及提供支付确认书等。

5）运营阶段的咨询服务内容：维护管理计划的立案；提出选定维护管理者的相关建议；维护及管理费用的计算等。

10.4.2　以投资管控为主导的全过程工程咨询管理模式

佐藤技术咨询公司（SFC）是一家以设施管理和物业管理为主营方向的公司，注重经济、有效的设施管理，维护管理以及运营服务，因而在该项目中 SFC 基于全生命周期造价管理（LCC），并以运营为导向，强调信息流向前集成的"早期目标确定"，注重全生命周期的设施管理，以及项目交付前设施管理的绩效评价和方案制订。

1. 全过程工程咨询项目实施的总体策划

该项目中，佐藤技术咨询公司（SFC）作为一家具有综合能力的咨询公司，受 SPV 项目公司的委托，提供从策划阶段开始，贯穿策划、设计、招标、实施、运营等各阶段的一体化投资管控咨询服务，旨在提供全生命周期的成本缩减技术，提高项目的投资效果。所提供的投资管控主要体现在三个方面，一是项目投资目标成本计划的制订，二是基于价值工程学的全生命周期成本优化，三是制订具备竞争力的订货采购策略，如图 10-16 所示。

其中，从策划阶段开始，SFC 组织专业的咨询团队，

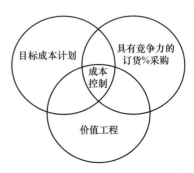

图 10-16　日本中西部国际机场项目投资管控的总体策划

以世界上其他同类机场为参考，设定工作实施目标，确定适合企业收益性的实施计划和指导方针，并明确设计目标。在设计过程中，将设施管理放在首要位置，保证设施性能、机能、成本目标能够实现的前提下，设计相应的目标并进行成本管理，同时在每次设计成果完成后，组织专业咨询人员参与研讨成本削减策略的制订。在订货采购过程中，SFC 公司提供的咨询服务主要为选择最适合的采购策略和参与采购策略的实施，此时，SFC 公司会组织专业咨询人员参与工作，并同 SPV 项目公司共同商讨，选择最低价格中标的公司及最优性价比的成本目标，并进行合同价格的确定及协议的签署。实施阶段 SFC 公司主要参与设计变更的管理工作，另外，SFC 公司的咨询服务范围一直延伸到运营阶段，在此阶段，依然组织专业咨询人员，组织并制订维护管理计划的立案以及相关费用的计算工作，导入重要业绩的评价指标（KPI），并关注项目交付后价值实现以及设施管理的绩效评价。

2. 全过程工程咨询管理职能分工

佐藤技术咨询公司（SFC）在该项目全生命周期投资管控中的角色定位是独立的业主代理方。这意味着 SFC 公司在全过程工程咨询过程中能够充分体现其专业性和独立性。其中，专业性体现在 SFC 公司能够充分发挥自身的专业背景知识及工程经验，组织专业团队，筹划并执行相应的专业咨询服务。独立性体现在 SFC 公司作为独立的咨询企业，需要承担其法人责任，担当管理不善给委托人造成损失的赔偿责任。这意味着 SFC 需要竭尽全力为业主着想，除了应当扮演好"专业顾问"这一角色，提供定制化专业咨询服务以外，还应扮演好"管家"和"协调者"的角色，充分发挥自身的协调能力、实施能力，主动承担更多的工作职责及管理职能。

该项目开展以投资管控为主导的咨询服务主要职责包括筹划（P）、决策（E）、执行（D）、检查（C）、信息（I）、组织（O）以及配合（A）。以下采用管理职能分工表的形式对管理职能及重点工作进行综合表达。具体的项目参与方管理职能分工见表 10-22。

表 10-22 日本中部国际机场全过程工程咨询管理职能分工

主要工作项		职能分工	
筹划—P、决策—E、执行—D、检查—C、信息—I、组织—O、配合—A		SPV 项目公司	SFC 公司
前期阶段投资目标成本确定	环境调查分析	AI	PD
	计划目标水准的设定	AIEC	D
	基准标注的调查	AIEC	DO
	项目目标预算的设定	EC	PDI
	项目规模目标的设定	EC	PDI
	项目质量及规格等级目标的设定	EC	PDI
	项目风险分析	EC	PDI
	企业实施管理系统	E	ID
	企业利润性论证	C	ID
设计阶段投资优化	设计阶段企业费用的管理	EC	OD
	以 VE 为目标的设计提案 — 以 VE 为目标的价值目标的设定	AEC	PDI
	以 VE 为目标的设计提案 — 机能/成本分析	A	DIO
	以 VE 为目标的设计提案 — 可替代方案的评价	AC	DI

(续)

主要工作项			职能分工	
筹划—P、决策—E、执行—D、检查—C、信息—I、组织—O、配合—A			SPV 项目公司	SFC 公司
招标阶段合同价格确定	分包方式的提案		EC	DI
	最优订货方式的提案		EC	DI
	根据市场价格确定目标标价格	市场单价的调查	A	PDOI
		施工条件的整理	A	CDI
		目标价格的确定	EC	D
	价格交涉及协议签署	竞标 VE	AEC	PDI
		价格交涉	EC	DC
		协议资料确认和签署	E	PDC
施工阶段变更管控	施工者评价，选定相关意见		EC	DI
	工事费用概算的计算		C	DIO
	工程费用累计的帮助		OC	AI
	制定协议书中的支持及其建议		EC	DIO
	施工各阶段成本管理系统的确定		E	ID
	提供设计变更时对应的确认		ED	AIO
	提供设计变更时对应的精算帮助		C	DIO
运维阶段运营成本预测	维护管理计划的提案		AEC	DI
	提出选定维护管理者的相关建议		C	D
	维护、管理费用的计算		AIEC	DCO

3. 信息管理系统（MIS）的建立与每月 MIS 报告的生成

专业性、独立性及丰富项目资源是独立造价咨询的核心作用体现，佐藤技术咨询公司（SFC）能够独立且成功地开展以投资管控为核心开展咨询服务，关键在于其建立了来自于项目信息的信息管理系统（MIS）。依托 MIS 系统中丰富的指标数据，能够为目标成本的确定、设计优化方案的确定、变更管理等重要工作的开展提供经验数据及指标标准。如在设计优化方案的确定过程中，依托 MIS 系统中典型及类似项目的指标数据能够为目标成本的确定提供参考，根据不同建造标准的指标结果，还能对比分析出性价比最佳的方案。

10.4.3 日本中部国际机场全过程投资管控咨询工作的重点

1. 全生命周期投资管控目标成本的确定——LCC 成本

（1）项目目标的设定 该项目在确定目标成本之前，首先对项目目标以及该项目在建设过程中可能会遇到的难题进行分析，综合考虑以上两点，设定了该项目的实施目标。

该项目是一个 PPP 项目，中部国际机场公司（SPV 项目公司）是由政府投资方和民营资本方共同出资设立的，从宏观上说，项目业主（包括政府投资方、民营资本方、SPV 公司）委托 SFC 公司作为业主独立代理人开展以投资管控为核心的咨询服务，旨在保证中部国际机场工程项目要求能够有效落实,希望建成具有经济性和竞争力的机场,以始为终,以运营为导向,想要以此为契机取得世博会的主办权,同时希望带动城市的发展。从整体上看项目目标主要体现在以下几个方面:在工期方面,对工期要求较紧,预定于 2005 年初竣工通航,希望能够在约定的日期竣工通航,确保工期目标的实现;在投资方面,重视机场项目的经济性和可行性,确保投资目标的落实,希望该项目的总投资不超过 7680 亿日元;在质量方面希望该工程能确保国际级的质量;在性能方面希望该机场是便捷的、连接陆海空的高性能机场,建成后可以 24 小时使用的国际机场枢纽。同时希望飞机的运用以及机场运营效率的最大化且兼顾到与环境和谐共存的问题。

基于项目目标的分析,明确该项目的"投资管控"是指以成本管理为核心的多项目目标管理。意味着,要在质量标准合格,工期限定的情况下,降低工程成本,实现好的投资效益。

为保障以上项目目标的实现,业主方应综合在项目目标上的需求并将其转化为业主目标。然而,在业主目标的具体落实过程中,难免要应对建设过程中可能会遇到的难题及挑战。例如,如何有效利用过去机场项目的经验教训;如何保证拟定成本的精细度;如何实现飞机运行及机场运营效率的最优化;如何兼顾项目与环境的和谐共存等。

综合项目目标及建设过程中可能会遇到的难题及挑战,确定了以下几点工作实施目标:设定可实现的成本目标值;提高项目费用的相对投资效果;确立管理国际机场建设项目的 QS 机能;构筑具有国际竞争力的实施体制等。

(2) 基准标杆的调查 为保障上述工作实施目标的有效落实,并为目标成本的确定提供方案参考,确定适合企业收益性的指导方针。SFC 公司组织了专业的咨询团队,选取国际上其他典型且成功的机场项目作为标杆,开展基准标杆的调查来对项目的规模及设施布局进行策划。标杆调查内容见表 10-23,主要体现在需求、支出、规格等级等方面。

表 10- 23 标杆调查项目列表例子

机场		主要体系	
机场照片	机场	乘客搭乘桥	终点站
机场布局	机场	入驻办公室	终点站
建设年限	机场/终点站	出入国审查	终点站
业主/运营者	机场/终点站	随身行李收放机器	终点站
经停航班公司	机场/终点站	IT 系统基础建设	终点站
旅客利用者人数	机场	系统使用方法	终点站
起飞降落次数	机场	运营费和维修费	
服务等级	机场	收入来源	机场
终点站		运营成本	机场
终点站照片	终点站	从业人数	机场
计划内旅客利用人数	终点站	能源成本	机场
休息时旅客利用人数	终点站	航班着陆费	机场
地点	终点站	供应内容	
终点站面积	终点站	投标供应	终点站
建设成本	终点站	供应方法	终点站

1）需求。SFC 公司对需求方面进行调查的内容包括标杆机场的年旅客数量、年飞机航次、年运输货物重量、航空及非航空收入等。此项调查旨在了解标杆机场的规模设定情况，并为该机场选择最合适的规模提供参考。

2）支出。对支出方面的调查内容主要包括调查标杆机场的建设费和运营费。此项调查为目标成本的设定起到了一定的参考作用，通过归纳并总结典型国际机场目标成本是如何设定的，使得该机场的建设费、运营费等方面有益处的计划得以实施。

3）规格等级。机场的定位不同，服务质量不同，会影响到机场的规模等级及服务水准。SFC 公司应当对其他机场的规格等级进行调查，分析其他机场 A 等、B 等、C 等目标服务等级是如何设定的，为该机场规模等级的设定提供依据和基础。

4）其他方面。除上述三个方面以外，SFC 公司开展基准标杆调查这一工作能为该项目所面临的其他挑战和难题提供参考，如对比其他标杆机场的情况，分析该项目是否具有扩建的可能性、安全性如何落实等。

（3）LCC 目标成本的设定　SFC 公司以上述基准标杆调查所得到的数据为依据，在考虑企业收支平衡和风险的基础上确定该项目的预算，并将标杆数据与假定数据进行对比分析，对项目诉求进行了精确的功能定位，从而为项目计划目标值的制定起到一定的协助作用。

另外，对目标成本进行确定时还需要借助企业的 ERP 系统指标库中类似工程指标数据，从而快速获得标杆项目的各项数据，同时制定了信息管理系统（MIS），按照 PDCA 的程序循环检查，SFC 公司通过计划会议的形式对项目全生命周期的造价、质量以及进度进行研讨和数据分析，并以报告书的形式呈现在 MIS 系统中并确定审查结果，从而确保目标成本在控制范围内，保证 LCC 下目标成本的实现。

（4）企业利润性论证　SPV 项目公司委托 SFC 公司全面参与全生命周期的投资管控，归根到底是为了建成具有很强经济性和竞争性的机场。因而，目标成本的设定要始终保证是以运营为导向的，在确定了 LCC 下的目标成本后，便要时刻对目标成本及可以提高收益性的策略做好充分的核查工作，依据目标成本中确定时所列出的项目成本清单，逐一进行核查。

2. 全生命周期投资管控的投资优化——限额设计及 VE 下的设计管理及协调

对建设项目的投资优化主要是在设计阶段，通过限额设计及 VE 下的设计管理及协调来实现，主要步骤如下：

（1）设计阶段的 WBS 分解　SFC 公司以在目标成本内有效完成预定的设施为目的，开展投资管控工作。其中 WBS 分解是开展项目管理工作的第一步。WBS 即为工作分解技术，其中，工作（W）可以理解为降低成本的总目标，分解（B）即为将总目标分解为不同的责任单元，分别体现降本增效的分目标，结构（S）为通过分解技术将项目按其内在的性质和结构逐级分化，设计出有清晰层次的结构。在设计阶段，SFC 公司通过 WBS 对设计工作进行分解，通过对工作的细化，将设计过程总目标成本分解到不同的设计专业，从而明确不同的专业界面，由分解后的各专业负责方分别负责成本目标的落实工作。通过 WBS 对各项工作进行分解，为限额设计及价值工程在设计过程中的运用奠定基础。

（2）限额设计　通过 WBS 对设计工作进行分解，将目标成本分解到各专业系统，SFC 公司组织专业咨询人员积极参与到投资控制的研讨过程中，分析各项工作的进度安排状况，工程成本状况等。比对经 WBS 分解后设计过程中各项工作子目标预计投资与现状估算额的差额,并参照世界上其他同类机场,对所涉及的各项技术经济指标展开讨论和分析,设置该项目的各项设计限额指标,研讨各项子目标成本的缩减策略。最终将各项数据输入到信息管理系统(MIS)中,可输出 MIS 报告及数据分析结果。

MIS 报告输出结果汇总了工程日程安排状况、工程成本状况、研讨事项等多项内容,并得到经 WBS 分解后的各项工作实际总工程费用预算构成比,如图 10-17 所示,专业咨询人员将 PDCA 理念运用到 MIS 报告审查过程中,当实际成本超过预期目标时,要通过研讨成本削减的策略,重新上传解决方案建议书,直到 MIS 报告审查满足目标为止。

(3)基于价值工程的投资优化 中部国际机场建设时,在采用全生命周期成本(LCC)的基础上引入价值工程的理念来实施项目价值管理(VE),SFC 公司希望通过自身的专业能力及与业主的团队合作,尽可能少的支出费用,实现投资金额的最大价值($V=F/C$ 最大化)。

国际机场	
业主	机场(株式会社)
项目经理	
设计顾问	
质量控制者	
其他的信息	

机场工程管理情报系统	
WBS项目	OO TOTAL
总工程费用	
用地	万 m²
基础设施	万 m²

工程日常安排的状况									
ID	WBS	项目		1999	2000	2001	2002	2003	2004	2005
	1	建设用地的整理	(个月)	基本规划				施工		
	2	基础设施	(个月)		基本规划		实施设计	施工		
	3	机场安全设施	(个月)		基本规划	实施设计		施工		
	3	排水、附带设施等	(个月)		基本规划	实施设计		施工		
	4	服务旅客设施	(个月)		基本规划	实施设计		施工		
	6~10	提取货物设施~通道设施	(个月)		基本规划 实施设计		施工			

工程成本的状况					
ID	WBS	项目	预算	现状估算额	签额
	1	用地的整理			
	2	基础设施			
	3	机场安全设施			
	4	排水、附带设施等			
	5	服务旅客设施			
	6~10	提取货物设施~通道设施			
		小计			

图 10-17 设计阶段的 MIS 报告书

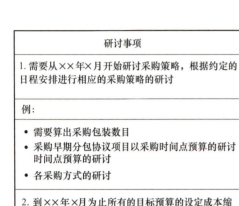
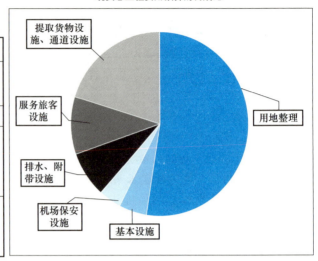

图 10-17　设计阶段的 MIS 报告书（续）

价值工程是以项目功能分析为核心，以项目价值实现为目标，以最小成本实现项目的必要功能的一种科学方法和手段。在该项目中，SFC 公司将 VE 思想贯穿在设计管理及协调工作中，通过与业主及设计方进行研讨，发现存在很多能够满足设计规划要求的设计解决方案，且均能在一定程度上提高投资效果，如能降低费用，提高工程的效率或价值，或带来其他利益等，并将这些基于价值工程理念的设计解决方案大致归纳为了四类：成本缩减型、机能提高型、复合型、扩大成长型。见表 10-24。

表 10-24　投资优化的价值工程方案

序号	分类	功能	示范
1	成本缩减型	能效性的改善	$V(\uparrow) = F(\rightarrow) / C(\downarrow)$
2	机能提高型	能效性的改善	$V(\uparrow) = F(\uparrow) / C(\rightarrow)$
3	复合型	效率的改善	$V(\uparrow) = F(\uparrow) / C(\downarrow)$
4	扩大成长型	战略的改善	$V(\uparrow) = F(\uparrow) / C(\uparrow)$

注：V 为价值、F 为功能、C 为成本。

另外，SFC 公司运用价值工程进行设计方案优化和比选，积极参与设计 VE 的提案工作。例如对于中部国际机场国内客运大楼的设计提案，建筑设计师对客运大楼设计的初步构思为将其设计成带有浓郁日本文化的千纸鹤的模样，然而，SFC 公司专业咨询团队就此设计成果集中展开讨论，并基于价值工程的思想，积极研讨成本削减的策略，认为将"折纸鹤"修改成"T"形楼，能够保证设计功能不变的前提下，有效地缩减成本，提高投资效果。最终，这一设计 VE 的提案运用，使得机场建设节约了 1200 亿日元，同时还使旅客由登记柜台步行至登机闸口的距离少于 300m，大大节约了旅客时间和后期的运营费用。

3. 基于目标成本的投资控制——订货采购过程的采购方式选择及合同策划

该项目在订货采购阶段开展成本管理的目的是选择最适合的采购策略。就 PPP 项目而言，国家层面出台了新的公共项目采购法案，该法案对采购方式合理化要求程度高，对采购人员资质要求高，需要订货统一管理，且成本意识高。SFC 公司依据改革后的采购服务法案所提的要求，提供订货采购过程中的相关服务。

（1）选择最合适的采购策略　SFC 公司在选择最合适的采购策略（指的是发承包方式）时，首先对采购过程中需要考虑的目标（如严守工期、成本缩减、确保成本透明度、风险最小化等）的重要程度进行打分和排序。其次依据工程目标的优先排序，分析顺位后的各个工程目标对成本的影响程度。最后通过优缺点评价的方式，对各种采购筹措方式的适用程度进行评价，如图 10-18 所示。通过对采购方式分析及讨论，最终选择了图 10-18 所示的第三种方式，认为这种方式不仅有利于目标成本的早期确定，还能保证在工程缩短的前提下，实现对承包方施工技术及设计深化技术的有效利用。

工程目标和优先顺序

顺位1 42%	施工成本的缩减 →（反应民间项目的成本）
顺位1 29%	竞争性的确保 →（促进竞赛反应现在建设市场的成本）
顺位1 23%	成本透明性的确保 →（确保价格细目的透明性）
顺位1 3%	工时的缩减 →（获得保护自然环境的施工技术）
顺位1 3%	工期的严守 →竞标 2001年12月 施工开始 2002年1月末
顺位1 0%	风险的最大化 →（尽可能地减少业主的风险性） 品质精度的确保 →（施工阶段确保设计质量水准的施工者）

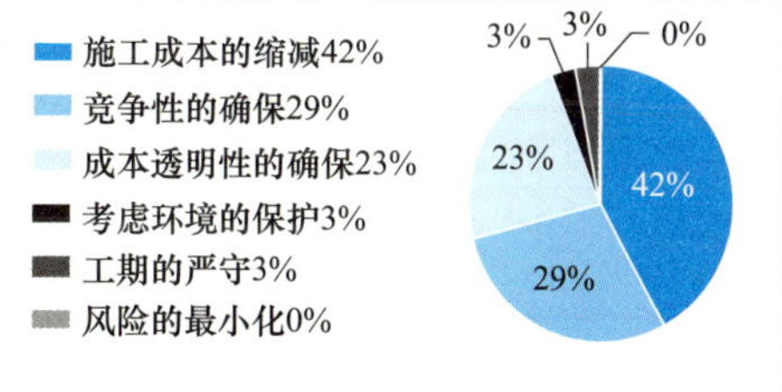

- 施工成本的缩减42%
- 竞争性的确保29%
- 成本透明性的确保23%
- 考虑环境的保护3%
- 工期的严守3%
- 风险的最小化0%

各分包调度方式评价一览表

评价项目 方式	工期	竞争性	价格的明示性	品质的确保	提案	风险
（1）原来的方式	△	◎	△	○	×	○
（2）竞标方式	◎	○	△	○	◎	○
（3）设计-建设方式GMP（最大价值保证）	◎	○	○	○	◎	○
（4）经营管理过程	◎	○	○	○	○	×
（5）CM方式（分离发包）	○	○	○	—	×	×
（6）BQ协约方式（单价协约）	○	○	◎	○	○	△
（7）竞标VE方式	△	○	△	○	—	○
（8）指定分包方式	○	△	△	○	◎	△
（9）性能分包方式	○	◎	△	○	◎	△

注：◎代表有很大的优点；○代表有优点；△代表有少许优点；×代表有缺点。

图 10-18　采购筹划策略的选择

（2）总价合同价格确定　该项目采取总价合同的形式，SFC 公司协助业主在招标节点前期的情况下，解决合同总价难以确定的难题。通过和业主方研讨，最终决定将此总价合同定位为 5~10 年的长期协议，通过对前期目标的逐步细化，逐渐确定合同价格。SFC 公司从工程规划及设计的初期阶段开始便对业主要求、早期目标成本等进行分析，确定有清晰范围的工作内容并与承包商签署总价合同，同时，随着项目实施过程的推进，SFC 公司更加充分地了解到机场建设的特殊性，对业主要求逐渐清晰，逐步将合同的范围及委托给承包商的内容进行细化，最终在合同期结束前确定最终的交涉价格。

4. 投资管控的重点——施工阶段设计变更管理

SFC 公司参与到施工过程的变更管理主要体现在两个方面，①做好确定设计变更的成本管理。确定设计变更的规则及流程，对实施过程中设计变更的要因及必要性进行验证，并以各个规定的施工阶段为单位（如旅客机场指挥塔工区为一个施工阶段），时时把控项目实施的预算情况，及时发现引起成本增加的要因并将其剔除。②做好设计变更的信息管理。为确保项目最终成本在预定范围内，借助于企业信息管理系统（MIS），对早期阶段设计信息进行收集，实现信息的共有化，同时借助 MIS 对变更决策进行分析，从而实现对设计变更成本的统筹把控。

5. 基于 KPI 指标的项目运维成本预测

SFC 公司在运维阶段是站在设施使用者的立场上提供咨询服务。这一阶段 SFC 公司的重要工作内容包括对运营管理计划进行提案、维护管理费用的计算等，这些工作的本质是通过对项目运维成本策划，给出一套完整的运营维护方案，确保在项目交付后设施使用者能够经济有效地开展维护管理及运营业务。

在此运营维护方案中，SFC 公司不仅通过 WBS 对营运维护成本进行了分解和整理，明确经 WBS 分解后各项成本的评估和管理办法。还引入了 KPI（关键绩效指标），确定有效的绩效管理指标，通过 KPI 指标确定运维方案的成本与运维方案设计。根据 KPI 明确了业务的要求事项和水准，从而快速把握运营管理的重要信息，能够帮助设施使用者以及设施管理者确定具有可操作性的战略目标以及节省成本的运维方针。

SFC 公司通过对 KPI 进行研讨，确保设定的 KPI 指标与机场的经营谋略相符合，使得运营阶段需要管理的业务重点更加明确化和定量化，从而使得设施使用者在明确机场维护和管理目标费用的同时提前预防故障、安全卫生等问题的发生。表 10-25 分别从设施使用者及设施管理者的角度分别截取了部分 KPI 指标。

表 10-25　设备机器等的维修业务情况（举例）

视角	KPI	服务水平
设施使用者	1. 使用中故障发生的频数 2. 问题发生的频数 3. 故障及问题修复的时间	1. 检查问题频数 2. 设施巡查频数 3. 紧急情况下对应体制、对应时间等
设施管理者	1. 由于维修、修缮等运营暂停的时间 2. 维修及修缮所需的劳动数量等	1. 工作人数、工作时间 2. 每台机器的共计工作时间

10.4.4　SFC 作为独立全过程造价咨询企业的作用

1. 独立造价咨询企业的核心价值

由于 SFC 公司要协调和解决的是相互独立的各专业之间的工作，所以就需要 SFC 公司具有专业性，其专业性主要体现在 SFC 公司应具有专业团队、专业经验和专业的协调能力；同时 SFC 公司本身是夹在业主与承包人之间的第三方组织，应该做到不偏不倚，为了工程能够高效地完成而独自存在，所以就需要 SFC 公司具有独立性，其独立性主要体现在法人责任（诚信）、管理能力、协调能力、实施能力和调解各方的能力等方面；最后，要想做好专业性和独立性的各项工作，SFC 公司需要有经验的沉淀和积累，即丰富的项目资源，主要体现在市场动态的把握、技术人员的支撑与保障、数据的积累分析。所以，专业性、独立性及丰富的工程造价数据是独立的造价咨询企业的核心价值。

2. 专业数据库的建立

SFC 公司非常注重对项目资源的储存，拥有一套独立的数据库，所以数据的积累与分析是重中之重，也是 SFC 公司核心作用的体现。

（1）丰富的指标数据库支撑目标成本的建立　指标数据库是针对已完工的、典型的项目造价数据，按照应用的要求，进行数据统计、分析和评估，形成典型项目的数量、价格经验数据，为新项目目标成本提供参考。

指标数据库的作用为：

1）相同建造标准的项目，指标数据可直接用于估算参考。

2）可对不同建造标准的指标进行对比，分析异同点，在设计与成本之间，找到性价比最佳的方案。

3）在成本限制的情况下，查看指标数据的建造标准，指导设计。

指标数据库的建立还可以更好地对承接项目进行技术经济指标的评估，并可以随时掌握市场动态价格的信息，更好地对承接项目进行成本估算。

（2）成本科目的建设是核心框架　成本科目的建设对于项目的估算起很大的作用。按照成本科目分析每一层级结构的对应指标，类似项目结合建造标准进行对比，分析数据高低的差异原因，将数据框架直接应用到估算。

（3）指标数据库的积累　在完成该项目全生命周期投资管控咨询服务过程中，指标数据库极大地帮助了 SFC 公司进行数据积累，为企业打造专属的综合单价库、单方造价库、材料价格库，并通过多项目统计，将企业全过程投资管控的经验量化、沉淀，应用于造价质量控制、投资估算及成本控制工作中，真正体现数据价值，帮助企业开拓业务范围，为客户提供多元化咨询服务。

第 11 章
工程咨询企业向全过程工程咨询服务的转型

 本章导读

- 工程咨询企业如何成长？如何转型升级？这是在全过程工程咨询背景下工程咨询企业需要回答的问题。
- 从业务拓展角度看，咨询服务产品的结构和供给方式需要创新。
- 从企业成长角度看，工程咨询企业转型升级可以通过业务增值化、一主多元化、并购重组和联合经营的路径实现。
- 利用战略分工具分析不同类型的工程咨询企业转型升级的战略途径。

11.1 工程咨询企业咨询的业务拓展分析

11.1.1 全过程工程咨询服务对咨询服务产品的新要求

1. 咨询服务产品结构与供给方式存在的问题

工程咨询企业作为经济组织在开放的系统条件下，为达成特定目标（包括提供产品或服务），需要在相关经济活动中对其内部可利用的相关资源进行最优配置。理想化的最优资源配置在实际中往往是难以实现的，主要是工程咨询企业的咨询服务产品结构低端与供给方式单一落后导致的，分为以下两个方面。

（1）全过程的咨询服务产品的潜在供给能力与主营产品供给的狭窄　一般而言，大多数变革期工程咨询企业已经具有了相关的专业资质，并有一定数量的专业技术人员，具备了对建设项目从项目前期投资咨询至后期运营管理全过程的专业咨询能力，这就意味着这些工程咨询企业在理论上已经具备了提供全过程咨询服务产品的能力。然而，这类工程咨询企业实际上仅能针对某一类或几类专业提供相应的咨询服务产品，这一矛盾使得变革期工程咨询企业所具备的专业资质与人才优势并没有在企业经营绩效上很好地得到发挥，资源并没有实现最有效地配置，且各种咨询服务产品生产的范围及多元化经营的抗风险优势均没有得以更好地发挥。

（2）咨询服务产品生产流程的固化与标准化程度还有待提高　咨询服务产品生产流程的固化与标准化程度暂时还不足以支持相对较为高端的产品形态。虽然，处于变革期的众多工程咨询企业在其主营咨询服务产品的生产过程中，对咨询服务产品的过程质量、成果质量及后续服务等方面都建立了较为明确的企业内部规章，但尚未制定针对具体作业层面的详细流程管理制度，从而同样的咨询服务产品其生产过程与质量受项目团队的影响较大。既不利于此类工程咨询企业形成咨询服务产品的生产特色，也不利于企业内部的知识管理，从而人员的变化或流动对于咨询服务产品的生产将产生较大的负面影响，使得变革期工程咨询企业不具备提供集成化咨询服务产品的能力。企业所具有的资质、人员、技术等专业性资源的有效配置整体绩效还有待进一步优化与提高。

2. 咨询服务产品的结构和供应方式新要求

（1）企业核心能力建设对咨询服务产品结构的要求　工程咨询企业核心能力的关键是企业特有的"知识和技能"，一般具有不可复制性。其中，技能不仅包括一般意义上的科学技术，还包括管理、组织及市场营销等方面的技能，以及按照一定方式组合在一起的技能/知识群。其中组织学习以及知识共享作为提升企业核心能力的重要途径。与咨询服务产品相关的，并能够体现本企业与其他企业存在明显区别的核心能力，一般往往在咨询服务产品的提供过程中集中表现，如产品的结构以及相应的生产方式。因此，从企业核心能力建设和咨询服务价值提升的角度考虑，咨询服务产品的结构应符合以下两方面的要求。

1）将基于项目管理全过程的综合性咨询服务产品作为企业的基本产品形式。由于工程咨询企业所提供的产品主要侧重于解决建设项目在实施过程中因专业分工所导致的信息不对称问题，这种产品的形式往往表现为专业化的咨询服务，并依附于建设项目的实施过程中。考虑到咨询服务产品与项目建设过程紧密相关这一特征，并结合客户希望降低其在项目建设实施过程中的市场型交易成本和管理型交易成本的需求，工程咨询企业的咨询服务产品应具有相当的综合性，且能涵盖项目管理的全过程。这部分服务产品从提升项目价值的角度考虑，属于相对较为低端的咨询服务产品，在工程咨询企业的产品结构中主要关注如何满足客户对咨询服务的基本需求。

2）将具有较高附加值的中高端咨询服务产品作为企业新的利润增长点。与仅局限于满足客户对咨询服务基本需求的相对较为低端的咨询服务产品不同的是，中高端咨询服务产品一般都具有较高的附加值。主要原因在于以下两个方面：①核心技术能力的体现。所谓核心技术能力，是指企业在主营业务领域对技术元的研发能力、应用能力、整合能力和延伸能力，它是市场层面的基础和依托。其中，技术元包括各种专利、专有技术、技能、学科知识、制造能力、产品和元件等。对于工程咨询企业而言，形成咨询服务产品核心技术能力的基础是项目团队的知识资本。②市场需求与企业供给的相对不均衡。中高端咨询服务产品在相当的程度上属于完全由客户根据自身个性化需求定制的服务产品，具有较大的市场需求，但由于这类咨询服务产品的供给在一般情况下尚不能完全满足来自于市场的需求，在一定程度上出现了市场需求与企业供给之间的相对不均衡。因此，工程咨询企业需要抓住机遇，调整产品结构，使其成为企业新的利润增长点。

（2）项目采购方式的演进对咨询服务产品供给方式的要求　为顺应工程项目采购方式由传统的 DBB 模式向 EPC、IPD 等集成管理模式的发展变化，工程咨询行业的咨询服务产品供给方式也需要匹配项目采购方式发生转变，以满足业主对工程咨询服务多样化的需求。

1）通过产品组合化为业主提供综合性工程咨询。在传统的 DBB 模式下，由于工程建设实施的分阶段进行，工程前期咨询、造价咨询、招标代理、施工监理等工程咨询企业通常分阶段介入工程建设实施环节提供咨询服务。由于工程项目的整体性与分阶段管理带来的负面效应逐步显现，以及工程规模扩大、业主对项目整体绩效关注度的提高等原因，致使对于集成化工程咨询服务的需求日益增大。而 EPC、PMC 等集成化的工程项目管理模式的出现，则更加速了上述咨询业务组合化与一体化的需求。此种产品供给模式在专业咨询产品门类齐全的综合性工程咨询企业中已经成为未来发展的主流，其主要经济学依据是通过专业资源整合形成规模经济与范围经济。以造价咨询为例，在传统的 DBB 模式下工程造价咨询企业通常分阶段提供如估算、概算、预算（标底）、结算的编制与审核等服务产品，在工程项目管理集成化理念的引导下，工程造价咨询业的产品供给方式正逐渐由分阶段的造价咨询走向全过程造价咨询服务，同时向招标代理、项目管理等专业领域延伸，以期为客户提供一揽子的造价咨询服务。

2）通过深度专业化为客户提供专业咨询。在综合性的工程咨询企业产品供给模式逐步走向组合化、一体化的集成发展方向的同时，一些专业性的规模较小的工程咨询企业则通过深度专业化来获取竞争优势，即主要专注于较狭窄的产品链，通过人员专业技术优势及其服务在某一个专业领域走集中化战略形成竞争优势。如为工程项目建设业主方提供项目前期评估咨询服务、专业性的试验检测等业务。其经济依据在于通过加大专用性人力资本投资力度以产品质量取胜，并由于企业规模小、组织成本低而提高组织绩效，且可以通过逐步构筑的声誉壁垒形成竞争优势。

11.1.2 基于项目价值提升的咨询服务产品结构拓展

1. 项目价值的确定

项目价值需要从两个不同的角度予以综合理解，首先从项目的使用方考虑，项目价值可以简单地理解为满足各方利益相关者需求的程度；其次从项目的建设实施方考虑，项目价值又可理解为项目建设实施方各种资源耗费的情况。对于不同类型的项目，项目业主的利益诉求往往存在着较为明显的差异。如业主为政府部门，其在此类项目中的利益诉求一般不以是否盈利作为项目目标，而是定位于该建设项目是否能够符合公众利益，满足公共需求，同时对项目实施的成本、质量和进度等都有较为严格的要求。对于一般的营利性建设项目，项目业主的利益诉求则主要考虑项目是否能够盈利，为其创造财富，同样，营利性项目的业主也对项目实施的成本、质量和进度等有着明确具体的目标需求。项目实施团队的利益诉求一般表现为能够从项目的建设过程中获得预期的利润，并能够积累项目建设经验，为未来的市场开拓奠定基础。项目最终用户的利益诉求主要体现在项目建设完成进入运营以后的阶段中，以项目的运营是否符合需要为重要标准。

2. 项目价值提升的方法与路径

若给定某一建设项目，由于不同利益相关者对该项目的利益诉求存在着差异性，将各方的不同利益诉求进行统一，尽可能满足各方的需求是体现项目价值的重要手段，也是实现项目价值提升的主要思路。国内目前对于此问题的研究还较为少见，概括而言，主要是利用价值管理的工具和手段，通过项目实施过程中不同阶段的信息集成，实现价值提升的。如万礼锋和尹贻林（2010）将项目建造、运营及设施管理阶段的信息流向前集成到前期策划设计阶段，即将项目建造期管理信息、运营期设施管理信息向前集成，采用价值管理的思想提升项目价值，缩减成本，使利益相关者对项目的功能期望与项目全生命周期成本达到最佳匹配状态。尹贻林和刘艳辉（2009）所认为的，通过建立项目群治理框架，可从组织管理、制度管理和集成管理三个层次实现大型建设工程的项目价值的有效提升。与此观点相类似，施建刚和吴光东（2011）也是从组织管理的视角，探讨了项目价值增值问题，但其研究是从组织之间的关系着手的，认为按照契约关系联结起来的，具有不同核心能力的项目型组织在构成项目导向型供应链时，各项目型成员组织之间的知识流与合作创新过程将促使项目价值实现增值。

3. 咨询服务产品的结构拓展

提升项目价值的核心在于通过集成化的项目管理方式，并使项目利益相关者之间形成知识共享与合作关系，将他们的各种不同的利益诉求进行有机的统一。工程咨询企业在项目建设中为业主提供专业性的咨询服务，能够有效地实现项目建设过程中的信息不对称问题。而从项目价值提升的角度考虑，工程咨询企业所提供的咨询服务产品实质上也是项目价值提升的重要组成部分。可从工程咨询企业在项目建设不同阶段中的作用分别予以阐述。

（1）项目决策阶段　项目决策阶段是通过对项目的投资环境和条件调查研究，对各种建设方案、技术方案以及项目建成后的生产经营方案实施的可能性、技术先进性和经济合理性进行分析和评价的过程。在此阶段，工程咨询企业的咨询服务形式主要表现为项目建议书、项目可行性研究等，要求它们对项目业主的目标进行充分的理解，并利用恰当的方法或工具，如价值管理的基本原理，对项目其他利益相关者（这里主要是项目的用户）的利益诉求进行充分的考虑，对项目的预期目标是否能够实现，是否合理等问题进行判断，并为设计阶段提供良好的基础。

（2）项目设计阶段　进入项目设计阶段，工程咨询企业的咨询服务形式是以勘察设计为主。在此阶段，项目业主的项目目标必须通过设计予以实现，同时，设计质量的优劣还将对项目的运营产生影响，如运营维护费用等。不仅如此，项目的功能将通过设计进行充分的展现，这也会直接关系到项目用户使用的便利性。因此，项目设计阶段在项目建设实施的整个阶段中也是极为关键的环节之一。这就要求，工程咨询企业在项目设计阶段能够与项目各方利益相关者进行充分的沟通，如与项目业主就其对项目所要达成的目标进行详细理解，与项目使用方或运营方就项目所要实现的各种具体功能进行沟通。

（3）项目施工阶段　在施工阶段，工程咨询企业的咨询服务形式包括招标代理、工程监理、项目管理等。此时，业主项目目标的实现程度则在相当大的程度上取决于项目实施团队的产出绩效。通过选择最优的项目实施团队，并在项目实施过程中加以必要的监督，是实现业主项目目标的最为常见的方式。工程咨询企业运用其在项目建设实施过程中积累的知识和经验，协助项目业主进行承包商、材料供应商的选择工作，并与由承包商、材料供应商等组成的项目实施团队进行沟通与协调，能够有效地保证项目管理的成功，获得良好的项目管理绩效。

综上所述，工程咨询企业的咨询服务产品也是实现项目价值提升的重要手段，但必须能够涵盖项目建设实施的全过程，即产品的基础形态为基于项目管理各阶段的专业咨询服务，在客观上促进了项目价值的提升。由于项目利益相关者对于提升项目价值的需求实际上是不断增加的，因此项目价值的提升在一定程度上也激励着工程咨询企业在上述基本形态的基础上，将所提供的咨询服务产品进行拓展，形成更为高端的增值型咨询服务产品。将基础型咨询服务产品拓展为增值型咨询服务产品的可行路径分为两种，一种是将基础形态的咨询服务产品进行集成,另一种方式是将某一特定咨询服务产品的深度加强。或者是对上述两种路径进行必要的整合。如对咨询服务产品在项目建议书、工程可行性研究、工程勘察、工程设计、项目管理、项目咨询、招标代理、造价咨询、工程监理等全套工程咨询服务的基础上,可就其中的某一个或若干个产品类别为客户提供更深层次的服务。以造价咨询为例,可将工程造价纠纷的司法鉴定、仲裁,合同纠纷的调解等作为本类别咨询服务产品的高端拓展方向。

11.1.3 基于价值链的咨询服务产品模块化供给方式

1. 工程咨询企业的价值链

(1) 工程咨询企业的价值链　由于工程咨询企业是知识密集、顾客导向型服务企业,其价值链也是知识密集、顾客导向型的,与以制造业为模型的价值链有着根本的不同之处。基于对比参照点,刘婷和薛求知(2006)对服务企业的价值链架构,构建出工程咨询企业的价值链构架,工程咨询企业的主要活动是营销与服务提供,而内部后勤、生产、外部后勤等最终表现为营销与服务的后台支撑与其同时进行,具有人力资本贡献价值高和服务定制化的特点(李冬伟,李建良,2011)。工程咨询企业的价值链如图11-1所示。

(2) 工程咨询企业的价值链管理对象　对工程咨询企业而言,无形的信息资源才是最重要的,包括知识、经验、信息和品牌资源等。信息资源也自然成为其价值链的主体部分。

首先,工程咨询企业必须高度重视企业品牌、知识和声誉等内部资源的管理。由于工程咨询企业的专业咨询服务在销售之前,无法通过实体的形式来证明其服务质量,所以主要是靠企业的承诺和长期以来建立的信誉来获得订单,国内外知名工程咨询企业的实践也表明,一个发展良好的工程咨询企业,更加依赖于良好的信誉、丰富的经验和信息以及与客户的长期合作关系。

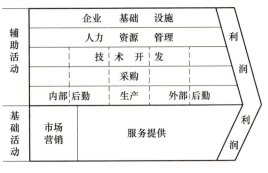

图 11-1　工程咨询企业的价值链

其次,工程咨询企业的经营业务在某些情况下比较容易接触到客户的隐私信息,对于工程咨询企业而言,只有深入了解某些内部信息才能更好地为客户提供服务,而这其中可能有部分信息是客户不愿公开的。在相当多的情况下,考虑到转换成本较高,许多客户倾向于选择信誉好、自己满意的固定工程咨询企业,并与之形成长期的合作关系,而这种长期关系对于工程咨询企业的价值增值往往具有放大效果。

(3) 工程咨询企业的价值链增值过程　工程咨询企业的价值增值并不是通过有形的投入将其转化为价值增值过程。由于咨询服务产品的特殊性,有时它需要借助某种实物形式来表现,但其本身的价值增值却远不只是存在于实物形态中的那一部分。实物只是咨询服务的载体,更多的价值增值寓于咨询服务的整个过程中。在与客户不断沟通的过程中,工程咨询企业通过分析客户的某些特殊需求,发现并为客户解决问题,甚至为客户设计或创造一些有形或无形的物品,或是对于客户业绩的评估和肯定等过程,都在创造价值。因为特殊的服务最大限度地满足了客户的需求,从而提高了客户的消费者效用,而工程咨询企业也就可以获得更多的生产者剩余。在服务过程结束后，工程咨询企业从服务中获得的经验、声誉等，为将来更高效地服务和产出或是获得与客户更多的合作机会创造了价值，而客户则在获得服务以后的很长时间里不断体验到工程咨询企业为自己所创造的价值。

2. 工程咨询企业价值链的模块化

由于价值链侧重于系统中各组成部分按照产品或服务的流程进行顺序式的纵向分工与整合，而模块化则侧重于子系统之间网络分布式的平行分解和整合关系，两者都是对特定系统进行解构和整合的动态过程。

价值链的模块化包括价值链的解构、整合和重建三个阶段：①价值链的解构是指按照一定的界面标准将价值链分解为具有独立的交易主体地位、具备一定价值功能的价值模块的过程。价值链解构的实质就是将构成价值链的各个能力要素进行模块化。②价值链的整合是指按照联系规则（界面标准）将独立的价值模块整合起来形成更加复杂的价值功能系统的过程。价值链模块化的基础是价值模块，是企业价值链中一组可以为企业带来特定产出的能力要素集合，是构成价值链的价值元素。③价值链的重建是指具有不同竞争优势的企业将单个价值模块进行跨企业的重新排列和组合，形成更有效力的价值链，它包括企业内外价值链的形成和融通两个阶段。

（1）工程咨询企业价值链的解构　工程咨询企业在咨询服务产品的提供过程中具有较为显著的阶段性，这与建设项目在实施过程中所体现出的阶段性特征是高度吻合的。建设项目的实施过程可以大致划分前期决策阶段、勘察设计阶段、招投标阶段、施工阶段、移交与运营阶段等。因此，对工程咨询企业价值链的解构可以基于工作分解结构（WBS）的基本思想，基于项目实施阶段的不同，将其价值链分解为若干个具有独立价值功能的价值模块。为使以上描述更具有针对性，本书以工程咨询中的工程造价咨询企业为例，分别从咨询服务的准备阶段、实施阶段、结束阶段进行工作分解，按阶段分解后的模块进一步细分为不同的价值模块构件。图 11-2 所示为工程咨询企业的价值链模块化分解示意。

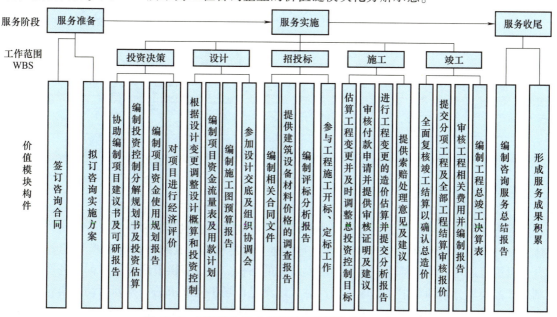

图 11-2　工程咨询企业的价值链模块化分解示意图

（2）工程咨询企业价值链的整合　对工程咨询企业的价值链进行模块化解构所形成的价值模块是实现企业价值增值的核心要素，将这些价值模块依照特定的整合原则，形成更为有效的价值增值体系。工程咨询企业的价值模块整合时，需要考虑人力资源、知识管理服务、信息共享、服务质量等服务模块的"融合剂"作用。对工程咨询企业的价值链进行以价值模块为框架，相应服务模块为内核的价值链整合，形成如图11-3所示的价值链整合模型（马士华等，2011）。

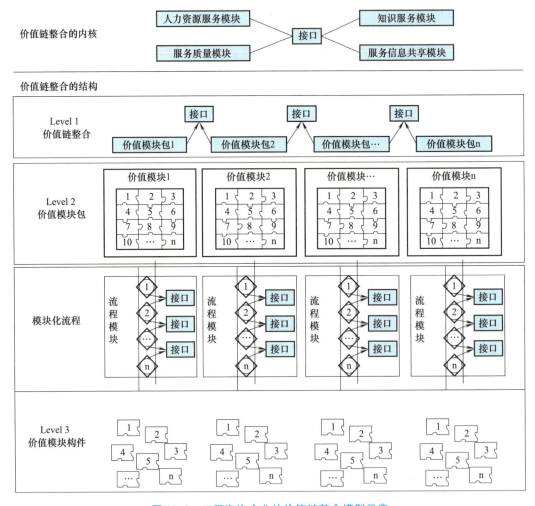

图11-3　工程咨询企业的价值链整合模型示意

3. 咨询服务产品的模块化供给方式

一般而言，工程咨询企业所处的环境往往会随着宏观经济的变化而受到相应的影响，而企业的咨询服务产品对外部环境的变化所做出的响应往往是相对滞后的。由于模块化的产品体系设计不仅仅只是基于分工，更是分工基础上的再整合，其基本内容是模块的分解与整合，再配以通用的界面标准，从而形成模块化的结构。通过提供模块化的咨询服务产品，即利用产品模块分解和集中来构成不同产品，以满足市场不同需求的一系列活动的集合，能够有效地应对"市场不确定性"和"产品的相对稳定性"的矛盾。基于上述分析，工程咨询企业的咨询服务产品模块化生产方式的构建应分步骤实施。第一步就是要对咨询服务产品的基本标准入手，从技术模块化与服务模块化两个方面实现产品模块化。第二步就是在企业层面技术标准化基础上，进一步将多个细分的产品模块按照功能原则重新聚合，即实现企业生产的模块化。

11.2 工程咨询企业的转型升级路径分析

工程咨询企业转型升级是具有不同竞争优势的咨询企业打破低技术、低效性困境，将单个或多个价值模块进行企业内或跨企业的重新排列和组合，形成更有效力的价值链的过程，也是工程咨询企业价值链重建的过程，主要分为两大类。第一种，工程咨询企业利用原有资源能力优势来拓展产品结构，将其咨询业务水平进行改造提升，加大对技术服务能力和技术创新能力的培养力度。在企业内完成对价值模块的重新排列和组合，增强咨询服务竞争力，主要包含业务增值化、一主多元化等转型升级路径。第二种，工程咨询企业利用资本积累优势或技术能力优势借助或整合其他企业资源能力来拓展产品结构，通过联合经营、战略联盟等新型竞合关系，或利用并购重组方式改善产品供应方式。

11.2.1 业务增值化转型升级路径

1. 业务增值化转型升级路径思路

业务增值化转型升级路径是指工程咨询企业通过提升技术创新能力，不断积累自身的技术能力和服务能力，将企业现有专业咨询服务精细化、深度化，使现有经营业务形成具有模仿障碍的竞争优势，提升企业咨询业务附加值。其中包括两种含义：一种是基于专业化的业务增值，即企业利用现有业务框架，加入高新技术或高精尖人才，提升业务水平与业务技术，做到专业且精益的咨询服务业务，使企业在工程咨询行业内具有技术壁垒的竞争优势；另一种是基于全过程的业务增值，企业现有业务不局限在某个环节，立足于项目全生命周期探索现有业务的价值点，并获取相关的企业能力与资源，形成贯穿项目全程的咨询服务，使咨询业务全过程化。业主增值化路径对企业资源要求较低，转型风险较小，适合于技术创新能力强、有较高业务服务能力的中小企业。

资本积累差、竞争能力弱的小型工程咨询企业，多数从事于常规性的业务，利润微薄，由于企业自身资源与能力上的劣势，无法涉及竞争激烈的红海战略，差异化的蓝海战略正符合企业定位。躲避竞争激烈、高手过招的转型路径，通过增加现有业务的附加值，为业主提供优质超值的咨询服务，本质上同时追求差异化与低成本（王建军，2007），降低转型升级成本的同时为客户创造价值，从而获得企业价值和客户价值的同步提升。业务增值化体现的是一种市场细分与业主需求细分的战略，企业服务不在"多而广"，而在"少而精"。如为工程项目建设业主方提供项目前期评估咨询服务、专业性的试验检测等业务。其经济依据在于通过加大专用性人力资本投资力度以产品质量取胜，并由于企业规模小、组织成本低而提高组织绩效，且可以通过逐步构筑的声誉壁垒形成竞争优势。因此，基于现有业务范围，通过业务增值化转型升级路径，咨询企业同样可以进入全过程工程咨询的浪潮中。

2. 业务增值化的关注要点

（1）工程咨询企业发展需求的客观性　企业选定业务增值化路径，不应仅仅在理论上推导可行性，必须慎重考虑在现实工程咨询行业中，是否确有必要通过维持现有咨询服务或开发具有全生命周期价值的咨询服务的途径来促进业务和利润的增加。只有确有客观需求且其目标明确、预测效益显著时，才可采用业务增值化途径。对于业务附加值的增加而言，必须通过深入的市场调研，准确把握客户对附加值的实际需求，并针对这些需求来选择业务增值的方式。对于中小工程咨询企业来说，这些途径的投入较大、人员组成较为复杂，一旦决策失误，企业就将蒙受经济损失。而全过程咨询企业的发展前景并不适合所有类型企业，同时并不是所有的建设项目都需要全过程工程咨询，因此，中小企业在选择转型升级路径时，也可采用保守策略，继续将现有业务依据自身所拥有的资源与能力进行增值，即业务增值化的第一种含义。

（2）业务增值化的途径 工程咨询服务质量是业主最关心的，在付出高昂的咨询费用时，业主想获得相应价值的服务。如何将业务质量水平提高到业主期望范围，获得物有所值甚至物超所值的咨询服务，可通过以下三个方面进行考虑：①企业可在业主购买的基本咨询服务的基础上，提供相配套增值服务，但不另外收取费用，对于增值服务的投入可视作为未来业务的投资，让业主获得满足感，提升业界口碑；②咨询业务向项目全生命周期延伸的方向进行增值，发掘企业核心业务的价值点；③业务技术水平的提升是业务增值最基本的要求，通过培养或招聘具有高技能的员工、与科研院所技术合作、运用信息化平台等方式，以达到持续性的业务创新与技术提升的目的。

（3）客户忠诚度的提高 选择业务增值的转型升级路径的企业一般具有咨询服务范围小、市场影响力较弱等特点，在转型升级后维持并提升企业业务数量，提升客户忠诚度以实现企业盈利目标是值得关注的问题。企业应提供个性化、异质化的咨询服务，增强客户对企业服务的依赖程度，进而提高客户的转换成本，提高客户忠诚度。另外，企业形象与企业服务质量的一致性对客户重复选择有重要影响，企业形象吸引着新客户的到来，而企业的咨询服务质量是通过老客户与新客户间的口碑来提升客户忠诚度。

3. 工程咨询企业专业增值化转型升级案例

咨询企业采用专业增值化路径成功的案例，以 A 项目管理企业为例，该咨询企业以提供工程咨询、工程监理等专业咨询为主要业务。后依托某大学的工程管理研究院、建设管理系的学术平台，如图 11-4 所示，借助大学专业优势与专家优势，将企业项目咨询服务增值化，形成具有异质性的项目管理服务典型类别，包括：城市（园区、片区）综合开发总体项目管理、复杂（群体）工程实务项目管理、行业（品牌）设施项目管理。

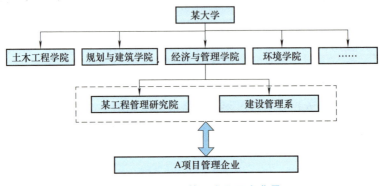

图 11-4　A 项目管理企业平台背景

企业以项目管理为主线，主要为大型复杂工程提供项目管理咨询服务，开展的咨询业务主要包括全过程工程咨询、项目管理、工程监理、造价咨询、招标代理、工程前期咨询、专项研究咨询、BIM 咨询和信息化 UI 及教育培训咨询八大模块，主要涉及新城开发、园区（片区）开发、公共建筑、文旅地产（主题乐园、度假区）、商业地产、工业地产、品牌设施、城市更新（历史建筑保护）等方面。

基于专业增值化转型路径，A 项目管理企业主要以提供市场细分的异质化服务，形成深度增值的项目管理咨询服务为主要手段。在基于以客户为中心的市场细分策略的前提下，A 项目管理企业根据自身的资源与能力，并判断复杂多变、深度不确定的市场环境，选择具有竞争优势的汽车品牌设施群体工程、BIM 技术应用、总体项目管理咨询等方面进行深度发展，挖掘专项咨询服务的增值点，使得经过细分后的市场可以被自己选择并占领，如图 11-5 所示。

从 2006 年开始，A 项目管理企业仅服务于个别地区的汽车品牌设施群体工程项目管理咨询，拓展到跨地域、跨品牌的设施群体工程项目管理咨询。主要服务于梅赛德斯奔驰、阿斯顿马丁、保时捷、捷豹、路虎等十余个高端汽车品牌，在汽车品牌设施项目的管理咨询经验长达 13 年。

其次，在 BIM 技术应用管理咨询服务方面，A 项目管理企业并没有选择"大而全"的策略，而是目标明确地对准医疗建设项目，形成 BIM+项目管理的

图 11-5　A 项目管理企业特色咨询服务

核心竞争优势，将项目管理专项咨询服务增值化，实现医疗建筑 BIM 应用技术的升级迭代，并达到 BIM 技术与医疗工艺流程的深度结合。主要项目有某市胸科医院科教综合楼、某大学附属医院可研综合楼、某大学附属医院病房综合楼等项目，随着 BIM 技术的精进，企业同时承担了中心城区城市更新等一批复杂工程全生命周期 BIM 咨询。通过以上两个方面，A 项目管理企业提供异质化与增值化专业咨询服务，实现行业中不可替代的地位。

另外，在大型复杂群体工程总体项目咨询服务领域，A 项目管理企业具有独特实践竞争优势。区别于一般意义的项目管理咨询服务，总体项目管理咨询无论从驾驭服务内容、组建服务团队、支持公司总部、整合外部资源都提出了更高的要求，能为公司带来长期品牌影响力和行业影响力，其咨询服务体现为全过程和特定管理目标。A 项目管理企业经手的总体项目管理咨询项目案例有：世博会园区建设总体项目管理咨询和 A、B 片区场馆及配套设施，世博村项目管理咨询，迪士尼度假区乐园酒店和玩具总动员酒店项目管理/施工管理咨询，某直辖市地区新中心开发总体统筹协调咨询，某市高铁东站区域基础设施群体工程总体项目管理咨询等新城或园区开发项目管理咨询。在咨询项目完成的过程中，企业总结出群体工程建设项目管理制度、流程和标准体系构建，形成自身独特的总体咨询服务的知识体系。

11.2.2　一主多元化转型升级路径

1. 一主多元化转型升级路径思路

一主多元化转型升级路径是工程咨询公司依据核心业务与核心竞争力，通过完善自己的上下游工程咨询的短板来逐渐形成全过程工程咨询公司，招聘相关技术员工、增加技术服务

资源与能力等方式，向附加值高价值链的两端延伸。这与仅通过扩大业务种类的范围，达到建设项目全生命周业务覆盖的多元化战略有所不同，区别在于一主多元化更多依靠企业核心能力与核心业务的延伸性，即利用企业优势资源与能力来挖掘市场潜在价值和自身的服务潜力，减缓企业转型升级的不确定性风险，形成企业竞争优势。

咨询企业的"一主多元化"战略主要有两层含义，一是指企业以优势咨询服务为主，积极开发相近价值链上附加价值高的服务，"相近"指以企业具有核心能力的核心产品为圆点，以相关性为半径，所涵盖的产品或服务的种类。二是指企业以业主委托的咨询服务为核心，为业主增值的角度配备其他相关的服务，让项目咨询物有所值，甚至物超所值。一主多元的战略要求咨询企业将咨询服务综合化、集成化，达到提高咨询服务的全面性与全过程性，为业主增值。一主多元化转型升级的基本要求是要有明确的核心业务，即一主多元化，切忌实行普通多元化战略，即无特色核心业务的多元化，容易造成工程咨询企业价值的流失。这种情况下的多元化也不应过度化，否则不仅会使协同作用降低，而且对公司业绩产生极大负面作用，即多元化的半径应恰当选择。一主多元化转型升级路径主要适合对项目前期或运营工作接触多，具备相当量的投融资与决策策划或运营管理与运营风险的经验积累，并致力于提高项目策划研发、项目运营更新和创新能力的企业。

2. 一主多元化的关注要点

（1）核心业务的选定　拥有强大的核心业务对企业的发展来说是至关重要的，强大的核心业务有利于企业把握经营重点，构建并强化企业核心能力，推动企业持续发展。分散的多元化经营往往需要企业进行资源的分散投资，这样通常会导致企业经营重点的模糊，从而引起企业整体经营业绩的下滑，并且也不利于核心能力的培育。强大的核心业务为围绕核心的一主多元化战略奠定了基础，为企业创造持续的发展提供了动力。核心业务发展伴随着核心能力的加强，两者的强化为企业一体多元化转型升级奠定了雄厚的基础。而对核心业务的选定方法有：利润分析法、客户评价法、价值链分析方法、价值均衡理论分析法等，基于微笑曲线理论是价值链理论的延伸。下面选定价值链分析方法进行介绍。

价值链分析方法是企业依据自身核心能力界定核心业务及业务范围的取舍的工具，通过对价值链分析，企业可以认识到自身能力有别于竞争对手的特征。

价值链分析方法提出可以用企业资源创造价值的大小和企业核心能力构成的二维矩阵图来分析企业核心业务及业务范围，如图11-6所示。在二维矩阵中，每一单元对应于企业资源与核心能力形成一组匹配关系。企业资源按其创造价值的大小分为核心资源、竞争资源和基础资源。企业核心能力的外在表现形态可界定为基础态核心能力、亚状态核心能力和成熟态核心能力（魏江，2002）。在这些匹配关系中，每种关系对应的战略选择不同，例如A_1、A_2、B_1，具备巩固与提升核心能力的潜力，应以强化发展。A_3业务最能体现企业的核心能力，应当对其进行巩固和提升，使企业获得持续的竞争优势。

（2）多元化业务的识别　企业可以多元化的领域很多，而要实现持续性增长，业务多元化必然要围绕在核心业务的周围。围绕核心业务进行多元化时，对多元化业务的识别，可根据相邻价值链、业主需求进行识别。

第一种是相邻价值链。价值链上各环节所要求的生产要素各不相同，任何企业都只能在"价值链"的某些环节上拥有优势，而不可能拥有全部价值增值环节的绝对优势，利用价值链来确定核心业务的方法。然而企业的营运是动态的，一定内外部环境下只集聚于价值链的核心环节会束缚企业的发展，企业可以基于核心业务在价值链上进行一定范围的延伸。具体体现为三种形式前向一体化、后向一体化以及前后双向一体化。

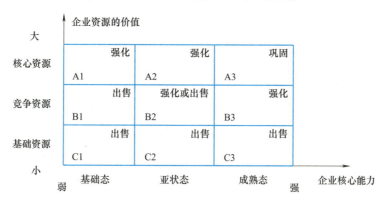

图 11-6　企业资源、能力与战略选择

第二种是业主需求。业主是企业生存与发展的土壤，业主方对企业核心业务的确定形成了强有力的制衡。企业的核心业务是服务于特定群体的。因此，进入新的客户群体也是企业一主多元化的形式，基于顾客细分，即通过持续搜索细分有特定需求的业主群体，并深入了解这部分业主群体，根据这些业主群体的要求调整和关注核心业务，对核心业务进行改进或较大幅度的开发，以满足这部分业主的需要。

（3）多元化业务的确定　正确的多元化不仅可以保护核心业务发展，还可以为企业带来营利性的增长。而错误的多元化不仅会导致该项目的亏本，还会分散核心业务的资源与能力、占据管理者的注意力及干扰投资者的选择。因此，在执行多元化之前必须对多元化业务进行评估确定，在进行多元化转型升级战略制定前，首先要明确业务的准入资质的问题，分析企业拓展业务的优势与劣势。其次，对多元化核心业务及自身可能带来的收益进行评估。主要评估的有：关于多元化业务是否增强或补充企业的核心业务；多元化业务是否为企业的核心客户增加价值；多元化业务执行的难易程度有多大；多元化业务是否可以引发后续其他连续的扩张及这些扩张在整体上对建立或保护核心业务是否必要等方面。再次，对涉及多元化的业务进行排序。企业依据评估结果，按照其重要性由高到低进行排序。在完成排序之后，要对重要性前列的多元化业务与企业战略重点是否匹配进行判断。最后，确定与企业战略重点相匹配且利于企业持续成长的多元化机会，该机会便成为企业执行一主多元化的目标所在。

3. 工程咨询企业一主多元化转型升级案例

中量工程咨询有限公司（中量咨询）是一家综合性咨询公司，成立于 2000 年，总部位于广州，扎根华南地区，业务辐射全国，企业组织架构如图 11-7 所示。其中，中量咨询特别设立新咨询发展研究院，与高校开展校企合作，对政府投资、专项债设计与发行、PPP 模式开展、BIM 技术实施等多个领域深入研究，为企业业务创新与拓展提供理论依据与科学性。起初，中量咨询的主营业务为工程造价咨询服务，随着企业战略调整及发展壮大，逐步铺设具有自身特色的咨询服务板块，现业务方向以工程造价为基因，开展工程建设项目全生命周期的全链条顾问服务。中量咨询现涉及政府投资决策与前期咨询服务、工程造价咨询服务及其延伸服务、全过程工程咨询服务等业务。

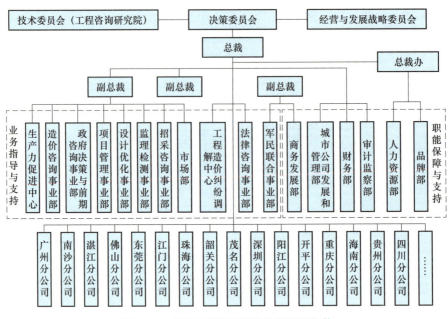

图 11-7　中量工程咨询有限公司组织架构

2017年，中量咨询被选为广东省首批全过程工程咨询试点单位之一，企业积极响应国家政策，企业上下形成工程造价与其他咨询联动发展，形成以工程造价带动业务拓展的发展思路。已完成的全过程工程咨询服务项目有广东省第十四届运动会主场馆、广东南粤银行总部大厦等。特别是，中量咨询提出"工程造价+"的延伸咨询服务产品，主要有"工程造价+法律""工程造价+投资决策咨询""工程造价+招标策划""工程造价+设计优化""工程造价+股东权益分配""工程造价+跟踪审计""工程造价+项目管理""工程造价+纠纷调解"等，真正实现以主营业务为核心，一主多元化的企业转型升级，具体如图 11-8 所示。根据此业务拓展方针，中量咨询已完成"工程造价+"的项目有湛江市中心人民医院、佛山华南新能源大厦、广东省科学院佛山产业技术研究院办公场所装修工程等。

工程造价+法律	工程造价+投资决策咨询	工程造价+招标策划
提供合约体系及风险管控体系建立、招投标及合同文件审查、履约过程风险评估及防范、工程索赔及反索赔等	投资机会研究、投融资策划、项目建议书、可行性研究、项目申请报告、资金申请报告编制、PPP咨询等	以工程特点、设计方案、前期报告、发包人要求等为前提，进行市场调研、技术交流、市场资源分析、招标模式构建等活动
工程造价+项目管理	工程造价+	工程造价+设计优化
由造价工程师牵头提供对建设项目自立项至竣工运营的计划、组织、指挥、协调和控制等全过程的项目管理或代建服务		通过对项目的建筑结构、地下空间利用、基础形式、建筑节能等方面进行方案经济分析、限额设计经济分析、设计优化经济分析
工程造价+纠纷调解	工程造价+跟踪审计	工程造价+股东权益分配咨询
充分尊重当事人的意思自治，能极大节省解决纠纷的成本，保密性强、不影响当事人再进行诉讼或仲裁	基本建设程序、建设资金、征地拆迁、招标投标、质量安全与进度、概预算执行等	以专业、客观、公正的精神，对股东权益分配进行评估与审核将帮助合作有效推进

图 11-8　中量工程咨询有限公司的"工程造价+"延伸业务图示

为拓展企业全过程工程咨询业务，中量咨询对组织管理模式进行了全面优化调整，从咨询业务创新到企业合伙人制度，再到工程咨询数字化管理，为响应全过程工程咨询服务发展做足准备，企业发展取得了长足的进步，并向全过程工程咨询顺利转型。截至2019年，通过规划合理的企业战略，优化企业管理模式，中量咨询在当年度行业排名中实现造价咨询企业总收入排名全国第90位，广东省内第7位；房屋建筑工程专业收入排名全国第42位，广东省内第4位；全过程工程咨询收入排名全国第67位，广东省内第7位；经济鉴证类收入排名全国第6位，广东省内第2位的成绩，企业一主多元战略取得良好的实际效果。

11.2.3 并购重组转型升级路径

1. 并购重组转型升级路径思路

工程咨询企业并购重组转型升级是指为获取其他企业战略性资源或能力，工程咨询企业改变自身资产规模与结构或控制权归属的企业行为，包括三种行为：企业并购、企业重组、企业并购重组。其中，企业并购是指企业为了获取其他企业的控制权而进行的交易活动，可以区分为兼并与收购两种行为。兼并是指两个或两个以上的企业合并为一个企业的活动，而收购指的是一家企业购买另一家企业的资产或股票，从而获得被收购企业的全部资产或对被收购企业的实际控制权。企业重组指的是按照市场规律，通过经济、行政、法律等手段，重新配置企业的资金、资产、劳动力、技术、管理要素，通过新的经营模式，使得企业获取或保持原有竞争优势的过程。企业进行并购或重组的转型升级路径时，并购与重组的关系是相互交杂的，两者的界限无法完全分清。

企业的并购重组活动通过资产、人力等方面的协同与补充，整合内部资源，优势互补，可以降低交易成本支出，实现企业利润最大化与成本最小化，产生经营协同效应，提升企业效率，提升企业价值。全过程工程咨询服务交易发生在业主与工程咨询企业之间，通过市场来进行调节与控制，这种交易风险大，交易成本高，不确定性高。企业若进行纵向兼并，将上下游产品纳入企业内部的生产链条，可将市场内部化，消除部分由于市场的不确定性所产生的风险，并降低交易成本。并购重组是企业从传统碎片化咨询服务向综合性、专业性咨询服务进化的重要途径，基于获取利润、行业竞争压力、政府政策的引导等方面的动因，通过并购重组路径获取核心竞争力，服务附加值也会随之升高，达到1+1>2的效果。但由于并购重组所需资本金、企业整合能力等资源庞大，因此这也是咨询企业转型升级难度系数最高的一条。并购重组则要求企业有较强的掌控能力和议价能力，在供应链上处于核心企业地位，该路径实现门槛最高，适用于自身咨询业务较为多样并有意向、有能力组成全种类咨询业务的企业。

2. 并购重组的关注要点

企业选择并购重组路径进行转型升级的过程中，要识别其关注要点，充分了解要点的注意事项，保障顺利实施并购重组的转型升级计划。

（1）时机的恰当性　从宏观角度分析，直接或间接制约并购重组的因素是国家的政策、法律法规。其中，企业所在地区的产业发展方向、企业并购重组相关政策、公司法等法律规定，对企业并购重组活动的成功与否起到决定作用。在我国企业发展相关法律法规不完备，政策的变化将导致并购风险的增加。从微观角度分析，并购过程需大量资本进行维持，资本积累是企业最基本的资源能力，实施前资本金的获取与结束后资本金偿还是衡量并购重组活动效率高低的重要指标。企业对现阶段自身能力及并购后的企业发展方向与资源能力认识不充分，将会导致并购后经营不善问题。

企业选择并购重组路径进行转型升级时，要充分考虑时机的恰当性，从影响企业转型升级的因素分析，首先要考虑外部环境因素，如国家政策、政策变化、企业所属区域的发展能力等，良好的外部环境将促进转型升级的进行，减少并购重组过程中的外部局限性。其次，从企业内部因素出发，要全面分析企业发展需求，对企业自身能力与资源进行充分考量，如资本积累量是否充足、并购后重组整合能力是否具备等。最后，被并购对象的时机分析，判断被并购企业是否适合自身的并购计划。企业选择被并购的情况主要是无法持续经营或主要持股人不愿继续持股。在被并购对象无法持续经营时进行并购活动，可以很大限度地降低并购成本，减少财务风险。因此，企业选择并购重组路径进行转型升级时，要把握良机，以确保并购重组方案的顺利实施。

（2）被并购对象的选择　企业在选择并购目标时，容易因选择不当而造成较大的风险甚至导致并购失败。一方面是因为并购时只看到被并购方的优势而未考虑其劣势，一味促成并购而缺乏深入调查。另一方面是因为在并购时对被并购方的长期发展战略与目标规划缺少分析。

合适的被并购对象能够与并购企业发挥协同效应，达到"1+1>2"的效果，而不恰当的并购对象则会导致双方不能在并购后相适应，产生较大的风险。企业在选择并购重组标的时，要注意：第一，被并购企业的选择要符合企业自身的发展战略目标。比如，选择向产业链上下游发展的企业可以选择纵向一体化的并购方式，选择上游供应商或者下游客户作为并购对象，而选择跨产业转型升级的企业就可以进行多元化并购与跨行业并购。第二，关注被并购企业涉及业务前景与发展潜力。选择并购标的时要注意国家的限制性政策，考虑标的公司所在地的法律政策及市场环境。第三，关注被并购企业的合法合规性。确保并购标的符合上市公司的标准，财务规范，股权资产清晰，降低并购风险。第四，关注被并购企业能为并购企业带来的效益。作为转型升级的路径之一，并购重组所能实现的效果极为重要。一般情况下，并购标的要具备并购方所没有的核心资源与能力，才能使得依托并购重组的转型升级效果显著。

（3）并购后的整合　在依托并购重组进行转型升级的过程中，并购后的整合是确保转型升级效果的重要环节。企业在并购重组后，要在技术、运营、生产、资金、文化、人力资源、管理等方面进行整合，若不能将双方的优势结合起来，扬长避短，就会出现不相容甚至对抗的情况，导致较大的风险。并购后的整合包括市场整合、技术整合、生产运营整合、人力资源整合等几个方面。首先，市场整合是指使并购双方的产品向双方的市场渗透，巩固原有市场，开拓新市场，以达到市场协同效应。其次，通过技术整合，不仅可以增强并购双方中技术较弱乙方的知识溢出效应，还可以最大程度上发挥协同效应，进一步进行技术升级。而通过服务过程整合即共用资源或共用信息交流平台进行协同经营，最大程度上节约成本，发挥服务协同效应。此外，人力资源整合也是并购后非常重要的一个环节。由于公司文化的差异，并购后可能会导致沟通交流不利，员工认同度低等问题，因此，很多企业在进行并购重组时都重视自主经营，可以借鉴跨国并购中，被并购方会保留原有组织构架的稳定性，进行本土化经营，而并购方则充分授权，适度管控，以达到人力资源的协同效应。

3. 工程咨询企业并购重组转型升级案例

（1）C工程咨询有限公司　C工程咨询有限公司（简称C公司）是某直辖市建筑科学研究院有限公司下属的国有控股公司，隶属上海国资委。该公司自1987年开始提供监理服务，1989年成为全国第一批建设工程监理的试点单位，此时C公司是"C院建设工程咨询监理部"。2004年，更名为某建设监理咨询有限公司，随后成立C工程项目管理有限公司、C造价咨询有限公司两家子公司。2010年更名为C工程咨询有限公司，并购某机电工业工程监理有限公司。2011年并购某地铁咨询监理科技有限公司，2013年并购某工程建设管理有限公司，2017年入选全国首批全过程工程咨询试点企业，并购西南地区某市建设监理有限公司。经过四次并购重组，C公司成为全国监理咨询服务中实力强劲的企业，也成了直辖市的著名商标。C工程咨询有限公司组织结构如图11-9所示。

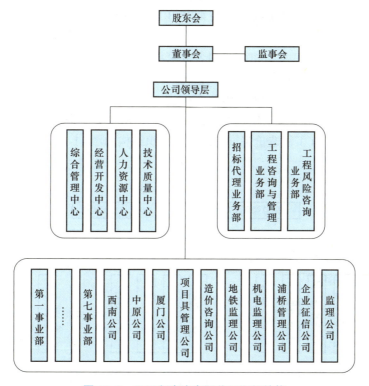

图11-9　C工程咨询有限公司组织结构

在采用并购重组转型升级路线过程中，C公司先后收购了三家监理咨询企业，通过整合类似企业价值链，提升自身核心竞争力——监理服务的技术水平。并购企业后对业务执行规范化、标准化、科学化工作程序，各方优势得以发挥，产生协同效应，以达到提升监理咨询服务的附加值。C工程咨询有限公司转型历程如图11-10所示。与此同时，C公司还积极发展工程咨询、项目管理、工程造价、招标代理等咨询业务。现从事的经营业务范围包括工程监理、项目管理、招投标代理、造价咨询和工程咨询等。C公司在维护核心业务与核心能力发掘方面设有专业技术委员会，包括CIM与工程管理咨询、审计处与市政轨交、主体架构与安全、钢结构与幕墙以及绿色建筑及机电五个，对相应业务提供技术支持，开发相关专业前沿技术并完善现有的知识体系。

图 11-10 C 工程咨询有限公司转型历程

（2）D 工程造价咨询有限公司　D 工程造价咨询有限公司（简称 D 公司）创立于 1996 年，是西南地区某省最大的 PPP 综合性咨询和 BIM 咨询机构。D 公司以传统造价咨询和财务咨询为依托，从单一向综合、传统向高端、应用向研究、区域向全国的战略转型升级，在服务技术提升上与国内顶尖大学和行业知名专家深度合作。企业通过并购重组转型升级方式，先后组建工程造价咨询有限公司、会计师事务所有限公司、资产评估有限公司、司法鉴定所、工程招标代理有限公司，成立 PPP 咨询中心、投融资咨询中心、BIM 咨询中心和绩效评价中心，建立 PPP 全生命周期管理与咨询、PPP+BIM 全生命周期管理与咨询、BIM 项目管理咨询系统框架。D 工程造价咨询有限公司组织结构如图 11-11 所示。

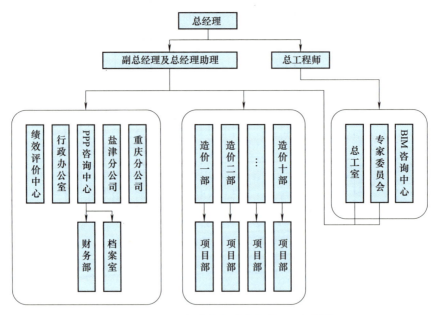

图 11-11　D 工程造价咨询有限公司组织结构

与 C 公司不同的是，D 公司在整合其他企业价值链的过程中，选择拥有不同类型业务的并购对象，通过组合并购对象的微笑曲线，实现自身企业价值链的延伸，同时提升企业的附加价值，形成"帝国"类型的商业模式。现业务范围包括：全过程工程造价咨询、投融资咨询、PPP 项目全生命周期咨询、BIM 技术全生命周期咨询、招标代理、财务管理咨询、绩效评价等专业化、一体化项目投资咨询服务整体解决方案提供商。

11.2.4 联合经营转型升级路径

1. 联合经营转型升级路径思路

联合经营是指由多个不同地理位置、不同组织类型的企业,以企业的发展需求和各方的共同利益为基础,以提升工程咨询服务质量、项目增值为目标,以具有法律约束力的契约为保障,以企业拥有的互补性资源为前提,形成的联合开发、优势互补、利益共享、风险共担的合作团体。主要体现为不同企业之间通过联合经营的方式,自主创新、完善彼此的价值链,核心竞争能力强的大企业带动小企业,拉动整体经营组织的附加价值增加。成员可以通过参与联合经营后协同合作享受其"福利",由于来自不同类型、不同地区的参与成员的核心资源整合,扩大各个成员的发展优势,所以他们相互合作能够增强信息发布的覆盖力,能够形成资源汇聚的最大化,从而为组织整体经济和技术发展带来巨大贡献。

联合经营的实现形式有股权式联合经营、契约式联合经营等。联合经营是以参与成员的业务合作需要为基础组建的运营团体,具有三个发展特征,即合作的互利性、关系的平等性及目标的一致性。工程咨询是企业在联合经营过程中,将外部资源与自身资源进行有效整合,建立一个互惠互利的组织体系,共同参与到某项建设项目咨询的过程。虽然合作经营参与成员中企业的业务技能不同,但拥有互惠互利的平等关系,主要是资源享有平等性、地位的平等性等。各参与成员之间朝着为项目增值的目标进行联合,在过程中实现自身价值的实现与提升,一致性的目标是保障联合经营稳定发展的重要手段。联合经营的实现对企业的技术积累、物力和财力要求相对较低,可实现性强,几乎适用于所有可组合类型的专业型咨询企业。

2. 联合经营的关注要点

(1) **自身竞争优势的培养** 一般来说,联合经营以合作为前提,虽然以合作为前提可以实现资源的互补并产生协同效应,但是会使企业在关键技能和能力上长期地依赖别的公司,合作观点着重于共同创造价值以及利益源于机理,却忽略单个企业如何将共同创造的价值转化为企业自身的实际利益,从而逐渐丧失自己的竞争优势。

对于联合经营中企业竞争优势的维持和培养,首先,从企业内部出发,提升自身资源与能力在合作关系中的重要度,规定企业员工从经手的项目中积累咨询经验,可从项目资料整理、经验总结分享等方面入手。为提高核心竞争力,企业可设立技术创新奖惩体制,从物质手段上鼓励企业员工为竞争优势提升做出努力。其次,借鉴联合经营组织中优秀企业伙伴的经营经验,如人员配备、业务流程、企业管理方式、企业战略制定等。但维持培养竞争优势要以组织共同利益为前提,切忌为一己私利而损害整体利益,导致联合经营关系的破裂。

(2) **联合经营伙伴的选择** 合作伙伴选择是否恰当对联合经营成员合作关系具有直接性的影响,恰当地选择联合经营的合作伙伴能够有效调节联合经营参与成员间合作与竞争的关系,促进联合经营成员有效合作的实现。

联合经营在选择合作伙伴时,方面,要综合考虑每个成员的各方面的资源与能力,尽可能寻求核心竞争力较强的合作方,与核心竞争力强的组织形成良好的伙伴关系。寻求核心竞争力强的合作伙伴不仅可以调动其他联合经营潜在成员加入联合经营的积极性,加强他们加入联合经营合作的极大信心,还可以增强联合经营现有成员与具有核心竞争优势的企业进行密切的合作,共同分享各自的新技术、新知识,坚持互补的发展,形成紧密合作和合理竞争的良好氛围,从而实现联合经营整体的协同价值和成员的个体价值。

另一方面，考虑到企业成员能否在联合经营价值链进行专业化分工，能否实现价值链各个环节上的良好协作，能否为了新的技术创新研发而共同努力等。由于每个成员分布在价值链的各个环节中，各自发挥自身优势，彼此之间相互联系、相互协作、相互影响，在价值链上实现专业化分工，共同形成联合经营整体的价值创造链，较好地完成每一环节的技术研发与转移，从而实现提高各自在市场中的竞争力，为联合经营成员之间的有效合作关系提供保障。如果所选的合作伙伴由于彼此之间存在竞争关系而对自身的技术有所保留，不能实现产业链上的良好协作，联合经营整体产业链的分工就会受到影响。

同时选择伙伴时，还应该结合自身的长期发展战略目标，同时各方都有意组建长期合作伙伴的关系，以保证联合经营成员合作关系稳定且持久地存在，组建联合经营的目的就是希望将所有合作伙伴的竞争优势进行整合形成联合经营整体的竞争优势。

（3）成员之间的信任　联合经营成员彼此的信任对合作关系也存在着较大影响，如果联合经营内部的成员能够相互之间信任彼此，那么他们之间就可以有效地开展竞争与合作，进而为联合经营的稳定运行提供保障，但是如果联合经营成员内部相互信任程度较低，合作伙伴之间就无法进行有效的合作与竞争，甚至由于彼此之间缺乏信任而互相损害彼此的利益，极大地损害了联合经营的利益。

因此采用联合经营路径的企业应逐步健全信任机制（收益分享机制），可以建立信任评审体系和有效沟通交流平台，积极培养成员间浓厚的信任氛围，加强联合经营成员内部的信息沟通与交流，加大和增强成员间的亲密程度和信任度，相信成员合作伙伴能够有效地完成所承接的任务，从而有效地维持彼此之间的合作关系，如果联合经营各方之间没有信任的基础存在，那么联合经营友好合作与良性竞争的关系就得不到有效地保障，甚至会破坏现有的合作关系，出现恶性竞争的现象，最终破坏联合经营和各自的健康发展。

3. 工程咨询企业联合经营转型升级成功案例

咨询企业采用企业联合经营路径成功的案例，以 E 工程管理股份有限公司（简称 E 公司）与 F 大学建筑设计研究院有限公司（简称 F 设计院）战略合作为例。

E 工程管理股份有限公司是一家集团化、综合性的大型咨询企业，成立于 1985 年，是基于电子工业部电子行业发展对基本建设的需求成立的三家直属工程公司之一，而某市工程建设承包公司即为 E 工程管理股份有限公司的前身。2013 年 E 公司与当地高铁新城管委会合作，企业开始尝试多元化经营战略。2017 年，E 公司被列为全国首批全过程工程咨询试点企业，标志着企业转型升级发展战略正式开始。E 公司业务范围覆盖 20 多个省，60 多个市级以上城市及 12 个海外国家，目前拥有工程监理、工程咨询、造价咨询、人防监理、设备监理、工程设计等覆盖工程建设管理全价值链最高等级资质，能够为房建、市政、水利、交通、能源、铁路等各个领域业主提供项目前期咨询、设计管理、造价咨询、招标采购、工程监理、工程项目管理及代建、全过程工程咨询等分阶段、菜单式、全过程的专业咨询服务。E 工程管理股份有限公司组织结构如图 11-12 所示。

F 大学建筑设计研究院有限公司始建于 1953 年，依托于 F 大学高校学术资源，是国家重点高校中最早成立的甲级设计研究院之一，与美国、日本、德国、澳大利亚、加拿大、新加坡等国家的国际知名设计公司先后进行合作，历年来获得近 900 项国家、部、省级优秀设计奖、优质工程奖及科技成果奖。其业务范围涉及工程设计，包括建筑工程、城市设计、智能建筑设计、室内设计、风景园林与景观设计、市政公用工程等方面；工程勘察；古建筑和

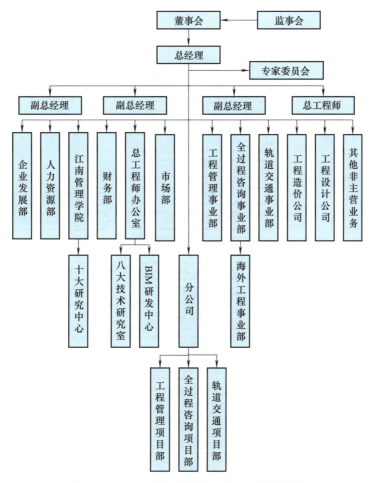

图 11-12 E 工程管理股份有限公司组织结构

近现代建筑的维修保护、文物保护规划；工程规划咨询、土地规划；所有民用建筑项目节能评估。F 大学建筑设计研究院有限公司组织结构如图 11-13 所示。

2019 年 3 月 21 日，E 公司与 F 设计院正式签订战略合作协议，这是两家实力雄厚企业的强强联合、优势互补战略合作。F 设计院在建筑设计领域具有很高的知名度和行业地位，在开展全过程工程咨询和 EPC 方面具有得天独厚的优势，并在民用建筑设计、人防工程设计、绿色建筑设计、建筑工业化、BIM 技术应用等领域均有深入的探索与研究。而 E 公司是国内最早从事工程监理、最早转型从事项目管理与代建以及最早探索实践全过程工程咨询服务模式的咨询企业，该企业在 2005 年就开始探索和实践项目管理与代建、项目管理含监理，公司拥有大批工程实践经验丰富的技术人员和大量的工程实践数据，并建立起各个专业领域数据库。E 公司与 F 设计院两家咨询企业的联合经营，将各自核心技术资源分享交流，两家企业均可通过协同合作获得双赢收益，不仅为 F 设计院探索全过程工程咨询带来新的契机，而且 E 公司也可将项目管理业务提前至前期，增加其附加值。从事不同工程咨询服务企业采用联合经营转型路径，合作后可以提升咨询服务质量与效率，同时提升自身企业的竞争优势，产生"1+1>2"的效果。

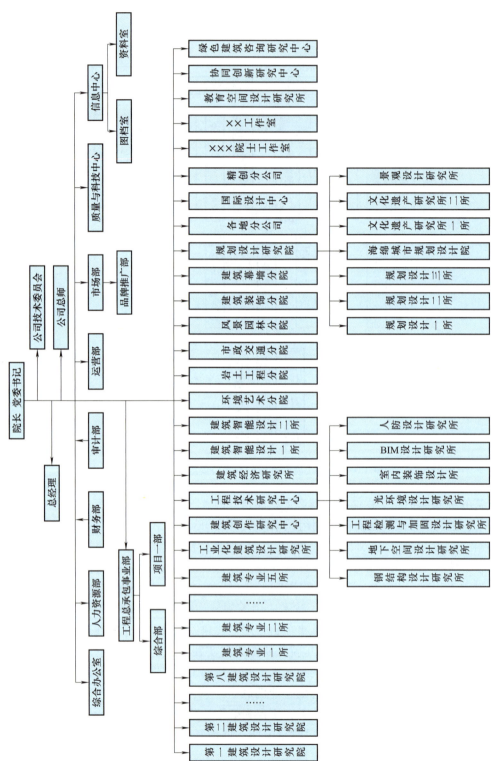

图11-13 F大学建筑设计研究院有限公司组织结构

11.3 不同类型工程咨询企业转型战略分析

11.3.1 勘察设计企业转型升级战略分析

1. 勘察设计企业发展现状分析

通过对住房和城乡建设部发布的《2014 年—2018 年工程勘察设计统计公报》显示的数据进行对比分析可知，2014 年至 2018 年间，勘察设计企业由 19 262 家增加到 23 183 家。其中，工程勘察企业 1776 家增加至 2057 家；工程设计企业 13 915 家增加至 20 604 家；工程设计与施工一体化企业 3571 家减少至 522 家。勘察设计企业数量总体增长较快，其中工程设计企业涨幅大，但同时工程设计与施工一体化企业下降幅度大，工程设计与施工一体化企业有向设计企业与施工企业分化的现象，具有舍弃资本需求量高的发展趋势。

自从业人员情况看，从 2014 年至 2018 年年末，勘察设计企业从业人员 250.28 万人增长至 447.3 万人，而专业技术人员 128.72 万人增长至 188.2 万人。其中，2018 年高、中级职称人员占专业技术人员比例分别为 9%、15.1%，相较于 2014 年占比均有所下降。由此看出，勘察设计企业从业人员数量增长近一倍，但专业技术人员增长数量并不成比例，行业内人员平均技术水平有所降低。

从业务情况看，勘察设计企业业务涉及工程勘察、工程设计、工程总承包、其他工程咨询业务等。勘察设计合同额自 2014 年的 17 952.58 亿元增加至 2018 年的 50 352.7 亿元。其中，工程勘察、工程设计均增长约一倍，而工程总承包增长近 3.5 倍，其他工程咨询业务均有明显下降。五年内，工程勘察设计企业业务量增长近 3 倍，尤其是工程总承包此类附加价值高的业务逐渐发掘，同时工程总承包的咨询服务发展空间巨大。

从 2014 年到 2018 年勘察设计企业的利润总额及其增长率来看（图 11-14），虽然勘察设计行业呈现增长快速的状态，总体市场规模逐年增长，企业利润增幅却涨幅平缓。总体来看，勘察设计业务处于项目建设前期，影响力与优势较为明显。市场环境竞争压力较小，工程勘察设计企业发展速度快，多数企业转型做工程总承包业务利润较高，行业发展势头强势。但从业人员专业水平提升速度并未与发展速度成正比，是行业快速发展的弊端。

图 11-14 2014 年—2018 年勘察设计企业总利润及总利润增长率

2. 勘察设计企业转型升级的压力与动力

（1）转型升级压力

1）项目管理能力缺乏。勘察设计企业（特别是仅有设计资质的），大多存在业务结构单一、业务延伸不足、企业规模小等特点，除设计以外的统筹管理工作以及外部协同工作有所欠缺，对施工管理阶段也较为陌生。由于传统工程项目的角色定位中，勘察设计企业以专业技术服务供应商的角色存在，使得即使拥有较多资质的设计院，也很难承接同一项目中的多项服务，以致缺乏多专业统筹管理能力。在设计总包项目的开始，虽然设计人员在设计专业中进行了统筹多子专业的技术管理，但仍缺乏从工程项目总控的角度出发的管理多项专业服务能力，这与现阶段发展成为"全过程"服务企业的要求严重不符。

2）长期以轻资产发展，融资能力与方式弱。我国传统的设计公司是以创新型和服务型为特点的企业，其中，部分企业长期把轻资产当作重点进行发展。但是，针对长期把轻资产作为发展中心的传统设计企业而言，其组织管理结构行政化，融资担保能力差，可抵押的固定资产积累较少，导致这些企业的融资能力弱并且融资方式较为单一，这已经成为制约传统设计企业快速转型发展的重要因素，限制了需要资本积累较多的转型升级路径。

3）资源整合能力不足，转型升级过程漫长。企业对于勘察设计相关的服务采购拥有较多的资源，但更多停留在专业技术合作，对于非自身业务领域的资源较少，要朝向全过程工程咨询转型，需经过较长的实践期进行积累和整合。勘察设计企业多数没有建立供应商资源库，对材料、设备和工艺等的数据统计集中在效果和规范上而非综合控制。而全过程工程咨询要求咨询企业有全过程资源整合能力，传统的设计公司亟待培养这方面的能力。

4）行业与技术融合不够紧密，人才供给与需求失衡。目前勘察设计行业内技术创新多是停留在设计图纸上，难以将技术创新的真正价值传递到运营阶段，导致很多新技术的应用形同虚设。同时互联网+设计的趋势并没有强化勘察设计企业对信息化技术的应用，数据的价值没有被重视，无法将数据转化为具有可感知价值的产品。而随着人工智能等技术的发展，所有可标准化、可量化的工作都随着技术的进步对于人员的需求减少，同时出现了对于人才的新的需求。当前，行业面临人才的职业价值难以发挥，成就感、获得感正在减弱，直接体现在不少细分行业出现人才净流失现象。而与此同时，随着行业环境变化以及企业转型发展的需要，设计单位对人才的需求也趋向多元化，现有的人才队伍难以支撑。一方面，设计院设计人员普遍只负责设计工作，对策划、工程造价、招标代理等后续环节不过多涉及，不具备覆盖工程项目全过程的复合型管理能力；另一方面，设计企业还在一些关键领域缺少专业管理人才，包括经济、金融、商务、项目管理、法律等领域，成为制约企业提质增效发展的重要因素之一。

（2）转型升级动力

1）技术优势明显。在工程项目制度建设和实践中，发达国家十分重视设计和管理的融合在项目目标实现中的价值，例如美国建筑师学会（AIA）合同体系中B141"业主与建筑师的标准合同"和A201"施工合同通用条件"中对建筑师的权利和职责的规定，要求建筑师需要提供设计和管理的全过程设计咨询服务，建筑师一定程度上从事部分业主项目管理的内容。在设计和施工割裂的模式下，采用设计与管理的融合既可以保证设计意图有效落实，又能促进业主项目管理目标的实现。因此业主在选择全过程咨询企业时，技术是其首要考虑的因素。

2）价值链前端优势明显，对工程的认识较为全面。相比其他专业咨询企业，设计院占据产业链前端，对业主的需求和工程功能要求更加清楚明确，技术咨询能力较强，可以充分发挥技术对工程质量、造价、安全等方面的把控。同时，设计业务专业性要求非常高，其他咨询业务人员难以在短时间内培养较好的设计管理能力，而设计单位价值链前端优势明显，吸收了咨询行业较为优质的人才资源，因此人才综合素质较高，设计人员较易弥补造价、策划等方面管理的缺陷，完善跨专业管理的能力（王宏海，2017）。国际上许多大型工程公司都是从设计起家，通过兼并、重组等方式发展全过程工程咨询。住建部公布的40家全过程工程咨询试点单位名单中，约有70%为设计院。

3）良好的行业声誉。在国外工程咨询和项目管理实践中，业主对受托方的信任是影响服务范围确定的一项重要因素。例如，美国的建筑市场，是否聘请工程咨询师以及服务范围的确定完全基于业主对工程咨询师信任程度，主要根据工程咨询师的业绩和声誉判断。全过程工程咨询很大程度上代替了业主进行项目管理，业主的信任自然是其模式能够实际发挥效果的关键，相比之下，设计院的声誉普遍较好，其发展全过程工程咨询服务比较容易得到业主认可。

4）企业集成性强。一方面由于设计单位具备较强的设计能力，通过各设计专业之间的协同性设计较易实现设计专业间的集成，形成完整的技术系统。另一方面，设计人员能够更深入地挖掘到造价管控、现场施工管理等需求，并结合需求进行集成设计，且全过程工程咨询团队内部管理人员具备较强的设计管理能力，有助于实现以设计为核心的供应链集成（陆帅，2019）。

3. 实施差异分析

（1）全过程工程咨询总负责人的选择　全过程工程咨询总负责人应当选择具备项目管理能力的建筑师，一方面其具备快速发现技术问题并解决技术问题的能力，可对项目设计质量进行把关。另一方面由于全过程工程咨询总负责人还需要进行大量的协调、统筹工作，对总负责人的管理能力要求较高，只懂技术不懂管理的建筑师无法满足全过程工程咨询跨阶段、跨专业管理的需求。

（2）弱化监理在勘察设计阶段的管理职能　由于设计团队对项目目标建立了全面的认知，且能够清楚把握项目整体进展情况，有能力从全局角度对设计阶段进行管理。而根据目前市场情况，设计单位实施全过程工程咨询的模式下监理业务有可能进行分包，由分包单位对全过程工程咨询单位进行管理的职能分工不符合实践。因此，设计作为全过程工程咨询实施单位的模式下需要弱化监理的职能。

4. 建议

（1）注重项目总体效果最优　设计为主导的模式下容易出现由于过度关注设计而弱化了其他咨询服务的情况，比如在咨询领导小组的决策过程中，由于全过程工程咨询总负责人为设计单位委派，难免偏向于利于设计的结果，而忽视了项目造价的合理性。这种隐性的偏向对实现工程价值最大化的目标可能会产生一定的消极影响。设计单位在实施全过程工程咨询项目时需要避免咨询服务之间资源分配的不均衡，并以项目总体效果最优为导向进行协作。

（2）以限额设计和可施工性分析为主线　传统咨询模式下，设计单位虽然能够实现技术系统的集成，但设计方案的经济性、可施工性一直有待提升。而全过程工程咨询模式下设计单位若想要破除传统咨询模式下设计咨询服务的短板,发挥"1+1>2"的组合效果,需要注重与造价、施工的紧密配合,而限额设计和可施工性分析是两种有效的途径。设计单位在进行组织架构、目标定义以及职能分工等过程中,要牢牢把握住这两条主线。

11.3.2 工程监理企业转型升级战略分析

1. 工程监理企业发展现状分析

通过对住房和城乡建设部发布的《2014年—2018年建设工程监理统计公报》显示的数据进行对比分析可知,2014年至2018年间,工程监理企业由7279家增加到8393家。其中,甲级资质企业从3058家增长至3677家;乙级资质企业从2744家减少到3502家;综合资质企业从116家增长到191家;事务所资质企业从27家减少至10家。工程监理企业数量总体增长不大,各类资质企业涨幅较低,其中乙级企业数量明显增多,同时事务所资质企业下降、综合资质企业上升,有综合化发展趋势。

自从业人员情况看,截至2018年年末,工程监理企业从业人员比2017年增长9.1%。而专业技术人员比2017年增长3.09%,占年末总从业人员80.63%。其中,高、中、初级职称人员占专业技术人员比例分别为15.2%、42.9%、23.68%。由此看出,工程监理企业从业人员数量增幅不大,但专业技术人员占比较高,人员技术水平较好。

从业务情况看,工程监理企业业务覆盖面增大,涉及工程勘察设计、工程招标代理、工程造价咨询、工程监理、工程项目管理与咨询服务、工程施工及其他业务六大块。工程监理合同额占总业务量自2014年的52.53%减少到2018年的32.48%,相应的营业收入由占总营业收入的43.4%减少到30.68%。其他各类业务的营业收入占比有一定的增加,但变化幅度不大。五年内,工程监理业务量的下降,表明附加价值低的业务逐渐被工程监理企业所舍弃,转而向其他咨询业务发展。

从2014年到2018年工程监理企业的利润总额及其增长率来看,如图11-15所示,虽然工程监理行业呈现增长缓慢的状态,但总体市场规模逐年增长,企业利润增幅却在急剧增加。总体来看,工程监理企业的发展更加多元化,以项目管理为主的业务类型多样化,行业发展势头强势,处于企业生命周期的聚合阶段。

图11-15 2014年—2018年工程监理企业总利润及总利润增长率

2. 工程监理企业转型升级的压力与动力

（1）工程监理企业转型升级压力

1）监理行业定位不准确，企业资质不全面。在传统工程咨询业中，工程监理业务定位于为项目实施阶段提供项目管理服务，即施工过程的监理工作。而从建设项目的全生命周期来看，此环节咨询业务的附加价值低，无法在过程中产生较高项目价值，从业主角度看，工程监理企业陷入容易被忽视甚至可有可无的尴尬境地。但全过程项目管理对建设项目具有全过程控制管理的影响，即从项目前期阶段的项目定位开始，到项目运营阶段的运维使用的全过程。而培育全过程项目管理，监理企业则要面对缺少工程设计、招标采购、其他咨询服务的相关资质。而且监理企业在监理资质和建立技术水平上，还不能够满足全过程工程咨询服务的需要。

2）监理企业权利无法得到释放。建筑物的工程实体的建设依靠承包商来实施，承包商作为受监管方，而通常工程监理企业作为第三方技术咨询服务机构，没有独立的法律支持和独立的行使职权。工程监理企业并没有真正的话语权和独立权，要行使项目建设全过程监理与管理职责是非常困难的，监督责任和权利不能得到充分实施，不仅不利于全面有效地控制工程质量，而且提供全过程项目管理成为难题，更无法为项目和业主增值。

3）监理费取费不合理，人才流失严重。业主的监理意识一直较低，业主缺乏监理信任，监理工作质量难以评估，部分监理企业收取的费用低，监理单位之间的相对价格和恶性竞争。监理行业门槛低，资质等级不高，收费标准低，从业人员素质低使得监理企业陷入低价竞争、低端领域同质化竞争，形成了恶性循环。由于监理费取费不合理，进而企业得不到高利润的回报，企业在经营成本上就会更加的重视，企业待遇低下难以吸引优秀人才，造成人才流失，行业从业人员素质低下。

（2）工程监理企业转型升级动力

1）开展全过程工程咨询的意愿更为强烈。培育全过程工程咨询的相关文件中涉及"1+N+X"的服务模式，其中"1"是项目管理，作为主要提供项目管理咨询业务的工程监理企业，从原有较为低端、劳务化的工程监理向更为高端、附加值更高的全过程工程咨询服务转型升级，彻底提升行业水平，转变行业形象，是一个重大的历史机遇；其次，工程监理企业通过向上下游延伸服务，取得相比监理业务费用更高的取费，将有助于提升利润空间，集聚行业优质人才，同时带给监理技术人员更大的转型动力，促进其成为工程咨询行业重塑形象的主力军。

2）更能从适应工程总承包实施需要提供全过程工程咨询服务。国家全力推行工程总承包和培育全过程工程咨询，实现两者相辅相成、相互促进发展，来提升中国建筑业的实施与管理水平。但一些业主单位在进行"EPC工程总承包"发包时以缺少"完整、准确、清晰"的工程承包范围和工作内容的招标文件作为发包依据，对占造价主要部分的主材、设备通常实行暂估价，待施工过程中再认质认价。由于缺乏发包计价依据，大多演变为"费率招标"，未形成价格竞争机制。

综合实力较强的工程监理单位，拥有设计、招标、造价、工程管理等各方面技术人才，可以对招标文件上的内容包括设计标准、工作内容界定、施工技术标准、合同价格及计价和价格调整原则、材料设备品牌范围及技术参数要求等做出清晰的定义，围绕项目业主的投资目标，高度整合勘察、设计、监理、造价、招标等业务资源和专业能力，提供全过程一体化的项目决策咨询和全过程管理控制服务,更有助于工程总承包的实施。

3) 在全过程工程咨询能力建立上已具备先发优势。自《关于培育发展工程总承包和工程项目管理企业的指导意见》(建市〔2003〕30号)提出项目管理概念以来,一些大型工程监理企业依靠国家政策层面的支持和市场环境的需要,通过提供全过程项目管理、项目代建服务,已经涉足投资咨询、市场定位、招标采购、工程造价、绿色建筑、物业运维管理等相关咨询服务领域,积累大量的实践经验和相关知识,具备向工程咨询上下游产业延伸的能力和条件。同时有利于实现业主工作内容的有效转移,业主除承担必要的监督工作以及审批工作之外,大部分工作任务可以全部转移至项目管理单位实施,大大减轻了建设单位的工作量,且业主只需要对全过程工程咨询单位的工作进行监管,执行监督职能的对口单位减少,监管的复杂度大大降低。

4) 更利于组合服务之间的融合。相比于其他专项咨询服务而言,项目管理服务的阶段涵盖了整个项目周期,工作延续性非常强,能够为项目实现管理闭环提供基础,并且能够在项目全生命周期内持续为其他咨询团队提供各方面的协助。此外,对项目目标、业主需求、团队理念认识深刻,有助于其在项目实施过程中,基于同一工程目标对其他咨询团队进行有效的管理监督并不断修正偏差。另一方面,项目管理业务本身与其他专项咨询业务具备高度关联性,且项目管理人员具备良好的资源分配能力,因此,以项目管理为主导的业务组合,可以有效避免由于主导业务的核心作用而出现的资源倾斜或过度扩张的情况,防止由于组合而导致部分业务被弱化。

3. 实施差异分析

(1) 全过程工程咨询服务组织架构 由于项目管理业务承担了部分业主的管理职能,因此需要在全过程工程咨询单位内部进行管理监督工作,形成了"自己做,自己管"的局面,但在全过程工程咨询项目部组织架构设计中,项目管理团队与其他咨询团队处于同一实施层级而不是独立的管理角色,因此容易出现团队之间的管理矛盾,导致项目管理难以有效发挥其管理职能。因此,需要根据项目需求以及项目管理单位组织模式对全过程工程咨询服务组织架构进行一定的调整,如将项目管理团队调整至第三层级,其他咨询团队调整至第四层级。

(2) 全过程工程咨询总负责人的选择 需要综合项目总体需求以及项目管理单位的能力选派全过程工程咨询总负责人,不仅需要考虑其统筹、协调、把控能力,更要着重考虑总负责人对造价、设计等专业性要求较高的咨询服务的管理能力。总负责人在具备丰富的项目管理经验的基础上,也需要具备扎实的专业技术管理能力,才能发挥协调各专业共同进行决策的作用。

4. 建议

(1) 与业主界定清晰的权责界面 由于目前全过程工程咨询缺乏完善的法律法规体系,容易出现业主与全过程工程咨询单位的权利、责任难以区分,导致授权不清、责任逃避等问题。因此,在全过程工程咨询项目开展前应该就业主与全过程工程咨询单位的职责界面进行明确、详细的规定。在此基础上才能进行全过程工程咨询内部工作任务的分配。

(2) 提高技术管理能力 全过程工程咨询中需要组合多项专业咨询服务,其中部分咨询服务对专业技术能力要求较高,项目管理单位虽然具备优质的统筹管理能力,但若不具备相应的技术管理能力,则难以对其他咨询的工作进行管理以及检验其成果质量。因此,项目管理单位需要注重技术管理能力的培养。

11.3.3 工程造价企业转型升级战略分析

1. 工程造价企业发展现状分析

通过对住房和城乡建设部发布的《2014年—2018年工程造价咨询统计公报》显示的数据进行对比分析可知,2014年至2018年间,工程造价咨询企业由6931家增加到8139家。其中,甲级工程造价咨询企业从2774家增加到4236家;乙级工程造价咨询企业从4157家减少到3903家;专营工程造价咨询企业2170家增加到2207家;兼营工程造价咨询企业4761家增加到5932家。近五年,工程造价咨询企业数量总体上升,甲级企业数量明显增多,同时专营下降、兼营上升,向综合化发展。

自从业人员情况看,截至2018年年末,工程造价咨询企业从业人员比2017年增长23.3%。而专业技术人员比2017年增长22.8%,占全部造价咨询企业从业人员69.54%。其中,高、中、初级职称人员占专业技术人员比例分别为22.87%、51.18%、26.95%。由此可以看出,工程造价咨询企业从业人员数量有较大的增幅,由于增幅较大,导致专业技术人员占比下降。

从业务情况看,造价咨询企业业务覆盖面增大,涉及工程造价咨询、招标代理、建设工程监理、项目管理、工程咨询五大块,各类业务的营业收入占比有一定的变化,但变化幅度不大。按工程建设的阶段划分,分为前期决策阶段、实施阶段、竣工结(决)算阶段、全过程工程造价咨询、工程造价经济纠纷的鉴定和仲裁的咨询。2018年,各类业务收入占工程造价咨询业务收入比例分别为8.9%、21.1%、40.0%、25.7%和2.4%,五年内,前期决策阶段与实施阶段有所降低,而竣工结算阶段则有较大增长。

从2014年到2018年工程造价咨询企业的利润总额及其增长率来看,如图11-16所示,虽然工程造价咨询行业呈现可持续发展状态,总体市场规模逐年增长,但利润增幅却在下降。

图11-16 2014年—2018年工程造价企业总利润及总利润增长率

总体来看,造价咨询企业的发展相对理性,业务类型在根本上没有变化,行业仍处于低水平同质化竞争阶段。

2. 工程造价企业转型升级的压力与动力

(1)转型升级压力

1)业务范围狭窄,微笑曲线断且短。工程造价咨询企业主要聚焦于施工阶段的算量、计价业务和竣工签的结算、决算业务。而传统以算量计价业务为代表的工程造价咨询业务量将会减少,且算量计价业务与咨询顾问业务脱节,以往的利润大盘将会缩水。另一方面,造价咨询业务并未着眼于项目的全生命周期价值,不仅忽视建设项目设计阶段是投资控制关键点,而且传统工程造价咨询业务以项目建成交付作为业务流程的终点,项目前期咨询、后期评估能力较弱,使得造价咨询结果对项目的决策影响力偏低,也对整个项目未来的运营成本考虑不足。

2)专业技术水平有限,附加价值低。以从业人员角度看,工程造价咨询业务多数为简单的计量计价工作,对从业人员的学历要求不高,高职水平就可胜任一般的业务工作。相比造价管理业务而言,造价咨询企业在策划、管理、协调方面缺乏人才与经验。因此,工程造价企业的人力资源与知识资源质量低,专业技术水平有限,整体核心竞争力欠缺,导致咨询服务质量参差不齐。

3)管理水平落后,转型升级难度大。造价咨询企业拘泥于类型单一的造价咨询服务是普遍情况,其并没有从传统的造价服务产业中脱离,并没有体现全过程造价管理的重要优势,BIM技术与大数据技术的发展,使其沦为简单可替代的算量计价业务。同时,EPC模式和PPP模式的迅速崛起,导致能提供基于DBB模式信息不对称方案的优势消亡。面对信息优势的丢失、综合性专业服务能力不强的局面,造价咨询企业间竞争也未将低水平同质化竞争状态打破,落后企业陷入竞争压力大、利润总量小的"红海战略"中,而其根本原因是业务模式和服务产品的创新不够。

(2)转型升级动力

1)成本测算优势明显。与其他类型咨询企业相比,造价咨询企业对项目建设成本计算方式和过程更为熟悉,主要工作是协助管控成本。将成本管控的切入点由项目实施阶段前移至项目决策阶段或项目准备阶段,可为业主实现投资目标,达到成本节约的目的。工程造价咨询业务技术限制较低。工程造价原理普适性强,业务流程和知识自成系统,在不同项目类型中容易转移使用。因此工程咨询企业更容易参与到不同的项目中,融入性和协作能力较强。

2)全过程造价管理先发经验优势。工程造价咨询已率先在全行业开展了全过程工程造价咨询。全过程工程造价咨询,是近年来政府大力提倡、行业协会积极支持、相当一批有实力的企业大力践行的一种服务方式,已得到了广泛的认可,并积累了初步经验。中国建设工程造价管理协会在总结各地造价咨询企业开展全过程工程造价咨询的基础上,已经颁布了我国第一部实施工程建设全过程咨询的"团体标准"——《建设项目全过程造价咨询规程》,并相应还颁布了一系列分阶段造价咨询的操作规程,为提高造价咨询企业和造价执业人员的全过程咨询服务水平提供了有力的技术支撑与保障。

3)投资管控能力强。造价单位作为全过程工程咨询的实施单位,能够保证在项目开展的全过程不同环节都落实关于投资控制的措施,充分利用专业技术和合理方法,从项目整体角度实现对项目资源、造价、风险和利润的计划与控制,帮助业主实现投资效益最大化。

4)服务范围广。相比于监理、招标代理等咨询单位而言,造价单位可通过提供包括投资估算、设计概算以及运维费用管控等服务在内的全过程造价管理服务,服务范围覆盖了项目全生命周期。其次,造价管理工作与设计、施工、招投标等都具有高度关联性。因此,造价单位在全过程工程咨询服务的任意阶段都可以实现与全过程工程咨询其他咨询团队的协作，为全流程、跨专业管理提供了基础。

3. 实施差异分析

为了提升投资效益、提高管理效率，造价单位应当选择具备较强管理能力的造价咨询工程师担任全过程工程咨询总负责人，一方面有助于项目全流程的造价管控，将投资控制落实到全过程工程咨询服务的各个阶段，另一方面有助于结合造价管理经验，提升造价与其他咨询服务的融合程度，便于进行项目整体的统筹。

4. 建议

（1）提升设计管理能力　通过调研市场现状可知，目前市场上造价单位往往不具备设计能力，设计业务可能采用分包的方式。而造价单位作为全过程工程咨询单位，若不具备对设计业务的管控能力，则无法对设计过程进行管理，从而难以保证设计成果质量，加剧自身的风险。因此，造价单位需要注重培养设计管理能力，一方面有利于对设计成果的把控，另一方面也能进一步提升造价与设计业务的融合性。

（2）注重信息化手段　造价单位应当重视信息化技术对其提升全过程工程咨询服务水平的作用，通过 BIM、大数据等技术手段，搭建信息平台，充分挖掘造价信息的价值，一方面有利于解决全过程工程咨询项目的信息"孤岛"问题，另一方面也有利于造价单位进行数据储备，打造企业的核心竞争力。

（3）发展长期合作单位　为了满足市场上对综合性、多元化咨询服务的需求，咨询单位必须具备提供一站式咨询服务的能力。而造价单位相对于项目管理单位、设计单位，规模较小且利润较低，因此难以通过兼并、重组等方式发展扩展其业务范围。因此对于造价咨询企业来说，可尝试发展长期合作单位，基于长期合作关系，双方建立良好的沟通机制，可避免需要重复花费资源和时间进行磨合所造成的浪费，也更能保障咨询成果的质量。

11.3.4　招标代理企业转型升级战略分析

1. 招标代理企业发展现状分析

通过对住房和城乡建设部发布的《2013 年—2017 年招标代理机构统计公报》显示的数据进行对比分析可知，2013 年至 2017 年间，招标代理机构由 5731 家增加到 6209 家。其中，甲级资质机构从 1480 家增加到 1938 家；乙级资质机构从 2898 家减少到 2557 家；暂定资质机构从 1353 家增加到 1714 家。截至 2017 年年末，仅具有单一招标代理机构资格的企业有 1342 家，具有两个及两个以上资质的企业则有 4867 家；在全国范围内，工程招标代理机构个数前五有：山东、广东、江苏、浙江、四川。总体上看，招标代理机构总体数量增长不大，各类资质企业数量变化平缓，同时进行招标代理咨询资质的企业一般具有两项或两项以上的咨询资质，综合资质企业上升，业务呈多元化趋势，有综合化发展势头。

自从业人员情况看，2013 年至 2017 年，招标代理企业从业人员从 485 771 人增加到 604 173 人。而专业技术人员占年末正式聘用人员总数的 88.98% 下滑到 85%。其中，高、中、初级职称人员的增长幅度较小。由此看出，招标代理企业从业人员数量增长明显，但专业技术人员占比却在下降，人员平均基数水平有下降趋势。

从业务情况看，招标代理企业业务覆盖面增大，涉及工程招标代理、工程监理、工程造价咨询、项目管理与咨询服务、其他业务等。其中招标代理中标金额从 70 014.06 亿元增长至 137 111.62 亿元，其合同约定酬金占比稳定，变化不大。然而，2013 年至 2017 年工程招标代理机构的营业收入总额从 2436.62 亿元减少至 2277.09 亿元,虽然招标代理行业呈现增长趋势,总体市场规模逐年增长,但企业营业收入增幅却急剧减少。2016 年和 2017 年招标代理机构营业收入出现负增长困境,如图 11-17 所示。总体来看,行业发展形势并不乐观,企业转型升级较为急迫。

图 11-17 2013 年—2017 年招标代理企业营业收入及营业收入增长率

2. 招标代理企业转型升级的压力与动力

(1) 转型升级压力

1) 从业人员素质水平较低,体现不出招标代理的价值。2013 年—2017 年以来,虽然招标代理从业人员中,中、高级职称和工程注册类人员数量有所增加,但目前总体人员水平素质还是较低。服务人员水平素质不高,很难给业主提供招标流程以外的其他服务,传统的程序化招标代理服务,技术服务含量低,因此招标代理行业被社会的认可度不高。

2) 业务范围狭窄,不符合全过程咨询服务的政策。从建设工程项目建设全过程来看,从事招标业务的招标代理机构,业务面主要是项目准备阶段,虽然项目实施期配合施工过程中也有招标业务,但涉及内容较少。从全过程咨询服务咨询链条来讲,招标代理只是全过程咨询的一个点,业务范围相对狭窄,单纯从事招标代理服务的企业缺乏企业核心竞争力。

3) 资质门槛降低,行业恶性竞争。从 2013 年 12 月 10 日国务院公布关于《取消和下放一批行政审批项目的决定》(国发〔2013〕44 号),到 2017 年 12 月 28 日住建部办公厅发布《关于取消工程建设项目招标代理机构资格认定加强事中事后监管的通知》(建办市〔2017〕77 号),从国家层面对各类招标代理行业资质进行逐步取消,准入门槛降低。这是因为我国经济增速放缓,依法必须招标的范围逐步缩小,招标代理服务费放开,造成招标代理行业的竞争日趋激烈。某些地市部分项目出现低于成本价代理服务、"0 收费"服务,造成招标代理行业的恶性循环。

(2) 转型升级动力

1) 招标代理咨询业务处于全过程工程咨询的中间阶段,起到承上启下的纽带作用。招标代理为业主选择合适的承包商,实现业主对项目建造的需求,承包商的优劣是项目成功的重要条件之一。在此过程中,招标代理机构对全过程工程咨询业务内容均有所涉及,对整个咨询服务有整体的把控,具有一定的知识储备。

2) 招标代理机构主要战场是合同的编写与签订,对合同结构和内容熟悉度高,因此招标代理机构对建设项目的总体目标和合同目标的理解超越设计、施工和监理单位,更具有完备的合同解读能力与执行能力。

3）开展招标代理业务需要与多方进行沟通，为投标人解答各项疑问事项，协调评标各项事宜。因此，从事招标代理的人员和公司具备较强的沟通协调能力，完成各专业人员的协调工作，并进行各专业咨询业务的整合。

3. 实施差异分析

为了提升投资效益、提高管理效率，招标代理单位应当选择具备较强管理能力的咨询工程师担任全过程工程咨询总负责人，一方面有助于项目全流程的管控，将项目管理落实到全过程工程咨询服务的各个阶段，另一方面有助于结合招标代理经验，提升招投标工作与其他咨询服务的融合程度，便于进行项目整体的统筹。

4. 建议

（1）提升造价与设计管理能力　招标代理企业通常公司规模小，行业地位低，从事的咨询服务往往是标书的起草编写以及开标、评标等流程事务。而很少具备造价专业人员和经验，对于技术壁垒较高的设计技术更知之甚少。因此，为保证承担全咨服务的成果质量，需要扩展自身资源与能力，尤其是造价和设计管理能力。一方面有利于对项目投资和设计成果的把控，另一方面也能提升招标采购、造价与设计管控的融合性。

（2）发展长期合作单位　为了满足市场上对综合性、多元化咨询服务的需求，咨询单位必须具备提供一站式咨询服务的能力。而招标代理企业相对于项目管理单位、设计单位、造价企业来说，规模较小且利润较低，因此难以通过兼并、重组等方式发展并扩展其业务范围。因此对于招标代理企业来说，可尝试发展长期合作单位，基于长期合作关系，双方建立良好的沟通合作机制，可避免需要重复花费资源和时间进行磨合所造成的浪费，也更能保障咨询成果的质量，为业主节省管理成本和时间，减少协调工作。

参 考 文 献

[1] ANDERSON S, OYETUNJI A. Selection procedure for project delivery and contract strategy [C] //Proceedings of the Construction Research Congress, 2003.

[2] ABDI M, AULAKH P S. Locus of uncertainty and the relationship between contractual and relational governance in cross-border interfirm relationships [J]. Social Science Electronic Publishing, 2015, 43 (3): 771-803.

[3] ARIÑO A, REUER J J. Alliance contractual design [J]. Handbook of Strategic Alliances, 2004, 572: 149-167.

[4] BOEHM B W, ROSS R. Theory-W software project management principles and examples [J]. IEEE Transactions on Software Engineering, 1989, 15 (7): 902-916.

[5] BLACK C, AKINTOYE A, FITZGERAID E. An analysis of success factors and benefits of partnering in construction [J]. International Journal of Project Management, 2000, 18 (6): 423-434.

[6] BRADY T, DAVIES A. Learning to manage mega projects: the case of BAA and heathrow terminal 5 [J]. Organization Science, 2006 (3): 1331-1351.

[7] Construction Industry Institute. Project delivery systems: CM at risk, design-build, design-bid-build [R]. Austin, Tex: Construction Industry Institute, 1997.

[8] COVELSKI M A, DIRSMITH M W, HEIAN J B, et al. The calculated and the avowed: techniques of discipline and struggles over identity in big six public accounting firms [J]. Administrative Science Quarterly, 1998, 43 (2): 293.

[9] DOLOI H. Relational partnerships: The importance of communication, trust and confidence and joint risk management in achieving project success [J]. Construction Management and Economics, 2009, 27 (11): 1099-1109.

[10] DI VINCENZO F, MASCIA D. Social capital in project-based organizations: Its role, structure, and impact on project performance [J]. International Journal of Project Management, 2012, 30 (1): 5-14.

[11] FOSS N J, HUNTED K, MICHAILOVA S. Governing knowledge sharing in organizations: levels of analysis, governance mechanisms, and research directions [J]. Journal of Management Studies, 2010, 47 (3): 455-482.

[12] WINCH G M. Three domains of project organizing [J]. International Journal of Project Management, 2014, 32 (5): 721-731.

[13] GRANT R M. Prospering in dynamically-competitive environments: organizational capability as knowledge integration [J]. Organization Science, 1996, 7 (4): 375-387.

[14] GIBSON C B, EARIEY P C. Collective cognition in action: accumulation, interaction, examination, and accommodation in the development and operation of group efficacy beliefs in the workplace [J]. Academy of Management Review, 2007, 32 (2): 438-458.

[15] GRAY J V, HANDLEY S M. Managing contract manufacturer quality in the presence of performance ambiguity [J]. Journal of Operations Management, 2015, 38: 41-55.

[16] HUO B, YE Y, ZHAO X. The impacts of trust and contracts on opportunism in the 3PL industry: the moderating role of demand uncertainty [J]. International Journal of Production Economics, 2015, 170: 160-170.

[17] HOMBURG C, STEBEL P. Determinants of contract terms for professional services [J]. Management Accounting Research, 2009, 20 (2): 0-145.

[18] LUNDIN R A, SÖEDRHOLM A. A theory of the temporary organization [J]. Scandinavian Journal of Management, 1995, 11 (4): 437-455.

[19] LIU L, BORMAN M, GAO J. Delivering complex engineering projects: reexamining organiz ational control theory [J]. International Journal of Project Management, 2014, 32 (5): 791-802.

[20] KENIG M E. Project delivery systems for construction [M]. 3rd ed. Arlington, VA: Associated General Contractors of America, 2011.

[21] KAMARA J M, ANUMBA C J, ENBUOMWAN N F O. Client requirements processing in construction: a new approach using QFD [J]. Journal of Architectural Engineering, 1999, 5 (1): 1-12.

[22] JUNYING L, ZHIXIU W, MARTIN S, et al. How contractor behavior affects engineering project value-added performance [J]. Journal of Management in Engineering. 2019, 35 (4): 04019012.

[23] LEVAITT H J. Why hierarchies thrive [J]. Harvard business review, 2003, 81 (3): 96-102, 141.

[24] MAYER K J, ARGYRES N S. Learning to contract: evidence from the personal computer industry [J]. Organization Science, 2004, 15 (4): 394-46.

[25] MANZ C C, MOSSHOLIER K W, LUTHANS F. An integrated perspective of self-control in organizations [J]. Academy of Society, 1987, 19 (1): 3-24.

[26] OYETUNJIA A, ANDERSON S. Relative effectiveness of project delivery and contract strategies [J]. Journal of Construction Engineering and Management, 2006, 132 (1): 3-13.

[27] PISHDAD P B, BELIVEAU Y J. Analysis of existing project delivery and contracting strategy (PDCS) selection tools with a look towards emerging technology [C] // Proceedings of the 46th Annual International Associated School of Construction (ASC) Conference. Boston, 2010.

[28] POPPO L, RYU Z S. Alternative origins to interorganizational trust: an interdependence perspective on the shadow of the past and the shadow of the future [J]. Organization Science, 2008, 19 (1): 39-55.

[29] PRENCIPE A, TELL F. Inter-project learning: processes and outcomes of knowledge codification in project-based firms [J]. Research Policy, 2001, 30 (9): 1373-1394.

[30] PAPADOPOULOU P, ANDREOU A, KANELLIS P, MARTAKOS D. Trust and relationship building in electronic commerce [J]. Internet Research, 2001, 11 (4): 322-332.

[31] POPPO L, ZENGER T. Do formal contracts and relational governance function as substitutes or complements? [J]. Strategic Management Journal, 2002, 23 (8): 707-725.

[32] MÜLLER, RALF, Ebrary, Inc. Project governance [J]. Strategic Direction, 2011, 27 (2).

[33] ROBBINS S P, COULTER M. Management [M]. Upper Saddle Rive: Prentice Hall, 2011.

[34] RICHARD L, MILLS P K. An information processing approach for deciding upon control strategies and reducing control loss in emerging organizations [J]. Journal of Manage ment, 1996, 22 (1): 113-137.

[35] SOHN T, VARSHAVSKY A, LAMARCA A, et al. Mobility detection using everyday GSM traces [C] // Proc of International Conference on Ubiquitous Computing. 2006.

[36] TURNER J R, KEEGAN A. The versatile project-based organization: governance and operational control [J]. European Management Journal, 1999, 17 (3): 296-309.

[37] Das T K. Resource and risk management in the strategic alliance making process [J]. Journal of Management, 1998, 24 (1): 21-42.

[38] WUYTS S, GEYSKENS I. The formation of buyer—supplier relationships: detailed contract drafting and close partner selection [J]. Journal of Marketing, 2005, 69 (4): 103-117.

[39] MENG X H. The effect of relationship management on project performance in construction [J]. International

Journal of Project Management, 2012, 23 (7): 188-198.

[40] ZOLLO M, WINTER S G. Deliberate learning and the evolution of dynamic capabilities [J]. Organization Science, 2002 (3): 339-351.

[41] 艾樱, 尹兆梦. 自我控制要求: 一种新的压力源? [J]. 华中师范大学研究生学报, 2014, 21 (2): 1-5.

[42] 陈建勋, 王凤彬, 张婷婷. 控制机制对组织能力的影响路径研究: 基于组织情境视角的实证检验 [J]. 管理评论, 2012, 24 (10): 117-124.

[43] 曹启龙, 盛昭瀚, 周晶, 等. 基于公平偏好的我国政府投资项目代建制激励: 监督模型 [J]. 中国软科学, 2014 (10): 144-153.

[44] 成虎, 宁延. 工程管理导论 [M]. 北京: 机械工业出版社, 2018.

[45] 丁继勇, 王卓甫, ANUMBA C, 等. 建设工程项目交付方式与项目绩效研究综述 [J]. 土木工程学报, 2014, 47 (4): 131-144.

[46] 丁士昭. 全过程工程咨询的概念和核心理念 [J]. 中国勘察设计, 2018 (9): 31-33.

[47] 丁士昭. 借鉴国际经验深化建设管理领域改革 [J]. 建筑, 2017 (18): 16-18.

[48] 丁士昭. 工程项目管理 [M]. 北京: 中国建筑工业出版社, 2006.

[49] 费方域. 交易、合同关系的治理和企业——威廉姆森交易成本经济学述评之二 [J]. 外国经济与管理, 1996 (6).

[50] 冯敏杰, 宁延, 张云晓, 等. 家庭装修行业交易失信现状及对策研究 [J]. 工程经济, 2017, 27 (5): 56-60.

[51] 郭斌, 王端旭. 高技术公司 R&D 部门的员工绩效评价 [J]. 科研管理, 2003 (2): 77-82.

[52] 郭延吉. 组织中的隐性知识的共享 [J]. 情报理论与实践, 2004 (2): 130-133.

[53] 顾昕, 郭科. 从按项目付费到按价值付费: 美国老人医疗保险支付制度改革 [J]. 东岳论丛, 2018, 39 (10): 79-87.

[54] 郭斌, 王端旭. 高技术公司 R&D 部门的员工绩效评价 [J]. 科研管理, 2003 (2): 77-82.

[55] 皇家特许建造学会. 业主开发与建设项目管理实用指南: 第3版 [M]. 李世蓉, 毛超, 虞向科, 译. 北京: 中国建筑工业出版社, 2011.

[56] 何清华, 何祎林, 高宇. 集成项目交付 (IPD) 模式合同条件研究 [J]. 工程管理学报, 2018, 32 (1): 1-6.

[57] 蒋兆祖, 刘国冬. 国际工程咨询 [M]. 北京: 中国建筑工业出版社, 1996.

[58] 蒋黎晅. 建筑业企业多项目知识资源协同管理研究 [D]. 南京: 东南大学, 2016.

[59] 金淑霞. PPP 项目合同违约责任归责原则研究 [D]. 重庆: 重庆大学, 2018.

[60] 蒋卫平, 张谦, 乐云. 基于业主方视角的工程项目中信任的产生与影响 [J]. 工程管理学报, 2011, 25 (2): 177-181.

[61] 柯洪, 甘少飞, 杜亚灵, 等. 信任对 EPC 工程供应链管理绩效影响的实证研究: 基于关系治理视角 [J]. 科技管理研究, 2015, 35 (12): 194-202.

[62] 梁永宽, 袁静. 建设项目合同治理的衡量与现状: 基于业界的问卷调查与案例研究 [J]. 建筑经济, 2009 (12): 24-27.

[63] 李勇, 屠梅曾. 企业内部知识管理中的知识共享问题分析 [J]. 科学学与科学技术管理, 2002 (6): 72-74.

[64] 李鹏飞. 价值工程在建设项目限额设计中的应用 [D]. 北京: 中国科学院大学, 2014.

[65] 乐云, 刘明强, 张馨月, 等. 重大工程组织学习机制的演化博弈分析: 基于全过程咨询介入机制的业主与咨询方合作视角 [J]. 工业工程与管理, 2019, 24 (2): 157-166.

[66] 李维安. 网络组织: 组织发展新趋势 [M]. 北京: 经济科学出版社, 2003.

[67] 陆帅，吴洪樾，宁延．全过程工程咨询政策分析及推行建议［J］．建筑经济，2017，38（11）：19-22．
[68] 李志成，王震，祝振兵，等．基于情绪认知评价的员工绩效压力对亲组织非伦理行为的影响研究［J］．管理学报，2018，15（3）：358-365．
[69] 陆宁，史玉芳．建设项目评价［M］．北京：化学工业出版社，2009．
[70] 刘婷，薛求知．服务业跨国公司战略动机选择：以价值链为分析工具［J］．上海经济研究，2006（4）：57-63．
[71] 李冬伟，李建良．基于知识价值链的智力资本构成要素实证研究［J］．科学学研究，2011，29（6）：890-899．
[72] 马士华，周振坤，林勇，等．基于BOM的模块化服务平台设计研究［J］．工业工程与管理，2011，16（2）：5-11，17．
[73] 倪国栋．基于知识管理和组织学习的代建绩效改善研究［D］．中国矿业大学，2012．
[74] 戚安邦，张连营．项目管理概论［M］．北京：清华大学出版社，2008．
[75] RICHARD L．组织理论与设计［M］．北京：清华大学出版社，2017．
[76] 苏东水．产业经济学［M］．北京：高等教育出版社，2000．
[77] 沙凯逊，张琳，房勤英．全面深化改革背景下我国建筑业的制度创新［J］．建筑经济，2017，38（5）：5-7．
[78] 沙凯逊．建设项目治理：从外生到内生［J］．项目管理技术，2010，8（10）：13-17．
[79] 孙秀霞．项目驱动型企业组织柔性和效率的协同演化研究［D］．大连：大连理工大学，2016．
[80] 孙秀霞，朱方伟．项目驱动型组织如何破解效率与柔性的均衡困境：一项多案例比较研究［J］．南开管理评论，2016，19（5）：77-90．
[81] 孙继德，傅家雯，刘姝宏．工程总承包和全过程工程咨询的结合探讨［J］．建筑经济，2018，39（12）：5-9．
[82] 石慧．合同功能视角下国际工程标准合同比较研究［D］．天津：天津大学，2017．
[83] 宋宇名，乐云，王亚琴．建设项目组织文化与项目绩效关系实证研究［J］．预测，2018，37（2）：22-28．
[84] 施建刚，吴光东．项目导向型供应链跨组织合作创新：基于知识流的研究视角［J］．科研管理，2011，32（12）：9-16．
[85] 《投资项目可行性研究指南》编写组．投资项目可行性研究指南［M］．北京：中国电力出版社，2002．
[86] 汤文仙，李攀峰．企业归核化发展：企业核心能力的调整［J］．管理学报，2005（5）：609-614．
[87] 王卓甫，杨高升，洪伟民．建设工程交易理论与交易模式［M］．北京：中国水利水电出版社，2010．
[88] 王玉洁，苏振民，佘小颉．IPD模式下项目团队激励机制设计与分析［J］．工程管理学报，2013，27（4）：72-76．
[89] 王伟，王平．全过程工程咨询概念辨析［J］．建筑，2018（1）：25-27．
[90] 王守清，伍迪，彭为，等．PPP模式下城镇建设项目政企控制权配置［J］．清华大学学报（自然科学版），2017，57（4）：369-375．
[91] 吴红梅．推进全过程工程咨询的思考与建议［J］．中国工程咨询，2019（5）：23-25．
[92] 万礼锋，尹贻林．基于价值管理的工程项目价值提升途径研究［J］．建筑经济，2010（4）：104-106．
[93] 王要武，李清志，袁红平．AIA合同文件介绍及其与FIDIC合同的比较研究［J］．建筑经济，2007（11）：88-91．
[94] 王宏海，邓晓梅，申长均．全过程工程咨询须以设计为主导、建筑策划先行［J］．中国勘察设计．2017（7），50-57．

[95] 王卓甫，丁继勇，王道冠，等．基于增值的水电工程总承包模式应用决策分析框架［J］．水力发电学报，2014，33（3）：317-323，330．

[96] 王建军，吴海民．"蓝海战略"的经济学解释［J］．中国工业经济，2007（5）：88-95．

[97] 魏江，叶波．企业集群的创新集成：集群学习与挤压效应［J］．中国软科学，2002（12）：39-43．

[98] 熊媛媛．知识密集型创新联盟内异质组织间知识共享机制研究［D］．长沙：湖南大学，2016．

[99] 向鹏成，薛雨桐．全过程工程咨询背景下的监理工程师职业素质提升研究［J］．建筑经济，2019，40（5）：24-28．

[100] 谢东升．全过程工程咨询服务的总体策划工作内涵探讨［J］．建设监理．2019（5），9-12．

[101] 尹贻林，杨红雄．中国工程咨询业及专业人士制度研究［M］．天津：天津大学出版社，2006．

[102] 严敏．中小工程咨询企业组织绩效改善研究［M］．天津：天津大学出版社，2013．

[103] 俞小明．对深圳市逐步取消强制监理制度的思索［J］．建设监理，2014（5）：5-6．

[104] 严玲，史志成，严敏，等．公共项目契约治理与关系治理：替代还是互补？［J］．土木工程学报，2016，49（11）：115-128．

[105] 严玲，张思睿．基于交易特征的全过程工程咨询合同研究［J］．建筑经济，2019，40（8）：48-53．

[106] 严敏．工程咨询企业组织运行机制创新路径研究［D］．天津：天津大学，2010．

[107] 杨飞雪，汪海舰，尹贻林．项目治理结构初探［J］．中国软科学，2004（3）：80-84．

[108] 尹贻林，赵华，严玲，等．公共项目合同治理与关系治理的理论整合研究［J］．科技进步与对策，2011，28（13）：1-4．

[109] 袁明慧，武永峰．基于委托代理理论的代建合同授权分析［J］．信息化建设，2016（7）：333-334，336．

[110] 杨卫东．推行全过程工程咨询的思考和认识［J］．工程管理年刊，2017，7（00）：45-54．

[111] 余宏亮，李依静，肖月玲．全过程工程咨询收费标准研究及应用［J］．建筑经济，2018，39（12）：10-14．

[112] 杨维．浅谈德国工程设计的工程师审核制度［J］．中外建筑，1999（4）．

[113] 严玲，闫金芹，王浩．建设工程全过程造价咨询业务的实现路径：集成咨询的视角［J］．工程管理学报，2012，26（4）：72-76．

[114] 尹贻林，刘艳辉．基于项目群治理框架的大型建设项目集成管理模式研究［J］．软科学，2009，23（8）：20-25．

[115] 周宇，王汉平，何自华．工程建设项目管理模式研究与展望［J］．石油规划设计，2009，20（3）：19-20．

[116] 周志强，田银华，邹新月．家族企业职业经理人激励研究：基于代理理论与管家理论融合视角［J］．华东经济管理，2011，25（9）：109-112．

[117] 郑边江．基于成本补偿的代建制激励合同设计［J］．建筑经济，2010（11）：87-90．

[118] 赵振宇，宋琦，邢玫，等．美国建筑师学会（AIA）建筑合同条件及其特点［J］．中国工程咨询，2002（4）：50-52．

[119] 张娜，宁延．项目前期策划工作的矛盾性特征分析［J］．工程经济，2019，29（9）：25-28．

[120] 张尚．设计—建造项目中业主完成的设计比例［J］．国际经济合作，2013（8）：72-76．

[121] 庄惟敏．建筑策划导论［M］．北京：中国水利水电出版社，2000．

[122] 周和生，尹贻林．政府投资项目全生命周期项目管理［M］．天津：天津大学出版社，2010．